文/白/对/照

群书治要

三

〔唐〕魏徵 褚亮 虞世南 萧德言 撰

刘余莉 萧祥剑 主编

目 录

卷二十一　后汉书(一) ················· *1200*

卷二十二　后汉书(二) ················· *1250*

卷二十三　后汉书(三) ················· *1304*

卷二十四　后汉书(四) ················· *1358*

卷二十五　魏志(上) ··················· *1410*

卷二十六　魏志(下) ··················· *1476*

卷二十七　蜀志 ······················· *1544*

　　　　　吴志(上) ··················· *1564*

卷二十八　吴志(下) ··················· *1588*

卷二十九　晋书(上) ··················· *1638*

卷三十　　晋书(下) ··················· *1698*

卷二十一　后汉书（一）

本纪

世祖光武皇帝，讳秀，字文叔，南阳人，高祖九世孙也。更始元年，遣世祖行大司马事，北渡河，镇慰州郡。进至邯郸，故赵缪王子林，以卜者王郎为天子，都邯郸。二年，进围邯郸，拔其城，诛王郎，收文书，得吏民与郎交关谤毁者数千章。世祖为不省，会诸将烧之，曰："令反侧子自安。"

更始立世祖为萧王。世祖击铜马、高湖、重连，悉破降之，封其渠帅为列侯。降者犹不自安，世祖敕令各归营勒兵，乃自乘轻骑，案行部陈。降者更相语曰："萧王推赤心置人腹中，安得不投死乎？"由是皆服。

即皇帝位，封功臣皆为列侯，大国四县，余各有差。博士丁恭等议曰："古帝王封诸侯，不过百里，强干弱枝，所以为治也，今封诸将四县，不合法制。"帝曰："古之亡国者，皆以无道，未尝闻封功臣地多而灭亡者也。"乃遣谒者，即授印绶。

建武十三年，诏曰："往年已敕郡国，异味不得有所献御，今犹未止，非徒有豫养导择之劳，至乃烦扰道上，疲费过

本纪

世祖光武皇帝,名秀,字文叔,南阳人,是汉高祖第九代孙。更始元年(公元前23年2月),更始帝刘玄派遣刘秀行使大司马的职权,向北渡过黄河,安抚慰问州郡的百姓,进军到了邯郸。原西汉赵缪王之子刘林,拥戴一个卜卦相士王郎(自称汉成帝之子)称帝,建都于邯郸。更始二年,刘秀进军包围邯郸,攻克该城,杀死了王郎,收缴其公文书信,得到官员民众与王郎勾结串通并有诽谤之语的信件上千封。世祖根本不看,会集将士们,当众烧毁了书信,说:"让那些参与做这些事而心里不安的人放心吧。"

更始帝封刘秀为萧王。刘秀攻打铜马、高湖、重连等起义军,全都攻破并使他们归降,封他们的首领为列侯。那些投降的人心中仍然不安,世祖便令他们各自回营操练队伍,自己轻装单骑,到降兵营中巡视军伍行阵。降者见此互相说道:"萧王以赤诚的心对待我们,我们怎能不以死相报呢?"从此大家都对世祖心悦诚服。

世祖即位,功臣都被封为列侯,封给大诸侯国四县之地,其余大小各有不等。博士丁恭等人提议说:"古时帝王分封诸侯土地,方圆不过百里,实行削减地方势力,加强中央权力的政策,因此天下才易于治理。现在封给诸将四县之地,是不符合法令制度的。"光武帝说:"古代灭亡的国家,都是因为君王不行正道,从未听说给功臣封地多而导致灭亡的。"于是派遣谒者立即给功臣颁发了印绶。

建武十三年,光武帝颁发诏书说:"往年已敕命各郡国,不准向皇上进献奇珍异味,而到现在还未停止。这样做并不仅仅因为进献

所,其令大官勿复受。明敕宣下,若远方口实,可以荐宗庙,自如旧制。"时兵革既息,天下少事,文书调役,务从简寡,至乃十存一焉。

十七年,幸章陵,修园庙,祠旧宅,观田庐,置酒作乐,赏赐焉。时宗室诸母,因酺悦,相与语曰:"文叔少时谨信,与人不款曲,唯直柔耳,今乃能如此!"帝闻之,大笑曰:"吾治天下,亦欲以柔道行之。"

二十一年,鄯善王、车师王等十六国,遣子入侍,愿请都护。帝以中国初定,未遑外事,乃还其侍子,厚加赏赐。

中元二年,帝崩。遗诏曰:"朕无益百姓,皆如孝文皇帝制度,务从约省。"初,帝在兵间久,厌武事,且知天下疲耗,思乐息肩,自陇、蜀平后,非儌急,未尝复言军旅。皇太子尝问攻战之事,帝曰:"昔卫灵公问陈,孔子不对,此非尔所及也。"每旦视朝,日晏乃罢。数引公卿郎将,讲经论治,夜分乃寐。皇太子见帝勤劳不怠,承间谏曰:"陛下有禹、汤之明,而失黄、老养生之福,愿颐养精神,优游自宁。"帝曰:"我自乐此,不为疲也。"虽身济大业,兢兢如不及。故能明慎政体,总揽权纲,量时度力,举无过事。退功臣而进文吏,戢弓矢而散马牛。虽道未方古,斯亦止戈之武焉。

前有提前饲养、精挑细选之劳,甚至运送还会骚扰沿途百姓,并且劳民费时,每过一关口都要提供凭证方可入内,所以命令太官不要再接受。明确告诫下面,若有远方进献的食物,可用来宗庙祭祀,自应遵从前朝旧制办理。"当时战争停息,天下安定,很少有战事。公事文书及赋税徭役都从简从轻,甚至仅是过去的十分之一。

建武十七年,光武帝亲临家乡章陵县,修缮宗庙,祭祀先人之墓,巡视田园农舍、设宴招待亲友乡人,颁发赏赐。当时宗室中的女性长辈,因酒喝得高兴而互相感叹道:"文叔小时候恭敬守信,跟人交往不会殷勤应酬,只是坦率温和,如今当了皇帝还能像过去一样!"光武帝听了大笑说:"我治理天下也想使用温和安抚的方针啊!"

建武二十一年,鄯善王、车师王等十六国,派遣儿子入朝陪侍天子,并请求设置都护官监护西域。光武帝因中原刚刚平定,无暇顾及境外的事务,于是就送还他们的儿子,并给予优厚赏赐。

中元二年,光武帝驾崩,遗诏说:"我没为天下百姓做什么事,死后丧事按照孝文皇帝那样,务求节俭。"当初,光武帝在军中时间很长,厌恶战事征伐,并且深知天下百姓困顿贫耗,无不希望卸下重担,休养生息。自从陇、蜀平定之后,如不是紧急事件,就不再谈论军事。皇太子曾经问起攻战的事情,光武帝说:"过去卫灵公向孔子问作战的阵法,孔子不予回答。这也不是你该问及的事。"光武帝每天很早临朝听政,天色很晚才退朝。经常带领公卿、郎官、将领们讲学经论、研讨治国之道,深夜才休息。皇太子看到光武帝勤苦劳累从不懈怠,就趁闲暇时进谏说:"陛下具有夏禹、商汤的贤明,却有失黄帝、老子一样养生的福气,希望您能保养精神,悠闲自安。"光武帝说:"我自以此为乐,并不感到疲倦啊。"光武帝虽然成就了帝业,但仍小心谨慎唯恐有失。所以能明察为政要领,全面掌握朝政大

孝明皇帝讳庄，世祖第四子也。永平二年春，宗祀光武皇帝于明堂。礼毕，登灵台，诏曰："朕以暗陋，奉承大业，亲执珪璧，恭祀天地。仰惟先帝受命中兴，拨乱反正，以宁天下，封泰山，建明堂，立辟雍，起灵台，恢弘大道，被之八极。而胤子无成、康之质，群臣无吕、旦之谋，盥洗进爵，踧踖惟惭。其令天下自殊死以下，谋反大逆，皆赦除之。"冬，幸辟雍，初行养老礼，诏曰："三老李躬，年耆学明；五更桓荣，授朕《尚书》。《诗》曰：'无德不报。'其赐荣爵关内侯，食邑五千户。三老五更，皆以二千石禄，养终厥身。其赐天下三老，酒人一石，肉四十斤。有司其存耆耋、恤幼孤、惠鳏寡，称朕意焉。"

六年，诏曰："先帝诏书，禁民上事言圣，而间者章奏颇多浮辞，自今若有过称虚誉，尚书皆宜抑而勿省，示不为谄子嗤也。"

八年，日有蚀之，诏曰："朕以无德奉承大业，而下贻民怨，上动三光。日蚀之变，其灾尤大。永思厥咎，在予一人。群司勉修职事，极言无讳。"于是在位者，皆上封事各陈得失。帝览章，深自引咎，乃以所上班示百官。诏曰："群寮所言，皆朕

权,审时度力,言行、举止没有过失。他谢退武功之臣而任用文职官吏,收藏起弓箭武器,放牛马回归民间,虽然治国之道还未能和古代相媲美,但也算是古人所称颂的"止戈之武"吧。

孝明皇帝,名庄,是光武帝第四个儿子。永平二年春,在明堂祭祀光武皇帝,祭礼结束,登上灵台,颁诏说:"朕以愚昧浅陋,继承帝业,亲自执掌珪璧,敬祭天地之神。敬思先帝受天命中兴汉室,拨乱反正,以求天下安宁。封禅泰山,修建宗庙明堂,设立大学,筑造学宫,弘扬正理大道,惠及八方极远之地。而我虽即位却没有周成王、周康王那样的资质,群臣没有吕尚、周公那样的谋略。净手洗爵,进奉醇酒,恭敬之余自感惭愧。诏令天下自犯死罪以下的,包括谋反、大逆不道之人,都予以赦免。"冬天,孝明皇帝驾临辟雍,初次举行养老礼。颁诏说:"三老之一的李躬,年过六旬、学问精深。任五更的桓荣,教授朕学习《尚书》。《诗经》说:'没有施恩不报的。'赐予桓荣关内侯爵位,食邑五千户;三老、五更都为二千石的俸禄奉养终生;赐给天下的三老每人酒一石,肉四十斤。有关官员们要慰问六七十岁以上的老人,体恤幼童孤儿,善待鳏寡孤独之人,这样才合乎朕的心意啊!"

永平六年,孝明皇帝颁布诏书说:"先帝曾下诏书,禁止臣民上书称颂帝王,而近来所上的奏章仍有不少浮夸言辞。从现在起,如果今后还有虚夸溢美的奏章,尚书都应该加以制止,不要阅览,以示不被谄媚之人所欺骗。"

永平八年,发生日食,皇帝下诏自省道:"朕因没有德行,继承了帝业,而对下使人民生怨,对上扰动日月星三光。日食异象,预示着其灾祸很大。长思这个严重的罪过,其责任在朕一人。群臣应尽忠职守,直言规劝不要有所隐讳。"于是,凡在职的官吏都上书各自陈述

之过。人冤不能理,吏黠不能禁,而轻用民力,缮治室宇,出入无节,喜怒过差。永览前戒,竦然兢惧。徒恐薄德,久而致怠耳。"

十二年,诏曰:"昔曾闵奉亲,竭欢致养;仲尼葬子,有棺无椁。丧贵致哀,礼存宁俭。今百姓送终之制,竞为奢靡。生者无担石,而财力尽于坟土;伏腊无糟糠,而牲牢兼于一奠。糜破积世之业,以供终朝之费。子孙饥寒,终命于此,岂祖考之意哉!又车服过制,恣极耳目;田荒不耕,浮食者众。有司其申明科禁宜于今者,宣下郡国。"

十八年,帝崩。遗诏:"无起寝庙,藏主于光烈皇后更衣别室。"帝遵奉建武制度,事无违者。后宫之家,不得封侯与政。馆陶公主为子求郎,不许,而赐钱千万,谓群臣曰:"郎官上应列宿,出宰百里,有非其人,则民受其殃,是以难之。"故吏称其官,民安其业,远近肃服,户口滋殖焉。

论曰:明帝善刑理,法令分明,日晏坐朝,幽枉必达。外内无幸曲之私,在上无矜大之色。断狱得情,号居前世十二。故后之言事者,莫不先建武、永平之政。

政务的得失。明帝看过奏章后深深自责,就把所上奏章展示给百官看。并下诏书说:"群臣所言之事,都是朕的过失。百姓蒙冤而不能申诉,官吏狡诈未能制止,轻率动用民力,修补宫殿房舍,出入没有节制规律,喜怒失度无常。永察前朝的教训,就会戒慎恐惧。唯恐我这浅薄的德行,久而久之会使自己懈怠懒惰啊!"

永平十二年,皇上颁诏曰:"昔日曾参和闵子骞,竭力奉养父母,使其欢心;仲尼埋葬儿子孔鲤,有内棺而无外椁。办丧事贵在心存哀思,礼仪宁可省俭。现在老百姓办理丧事都竞相奢侈比阔。活着的人连一担一石的粮食都没有,却把财力全用在丧葬上。伏祭和腊祭等祭日连糟糠都吃不上,却把牲畜全用于祭奠。浪费世代积蓄的家业,来供应一个早晨的费用,子孙们受饥受寒,最终怕是要毙命在这件事上。这难道是祖先们的本意吗?再说丧葬的车与礼服,都超过了礼制,恣意放纵,只图耳目外观的体面,田地荒芜不去耕种,不劳而获的人日益增多。有关官吏应申明适合现状的禁令,并把它向各郡国宣布贯彻。"

永平十八年,明帝驾崩,遗诏:"不要建造寝宫庙宇,将我的牌位放在母亲光烈皇后的更衣侧室。"明帝遵照奉行建武时期的制度,凡事没有违背的。后宫的家属,不得封侯参与政治。馆陶公主曾经为儿子请封为郎官,明帝没有允许,只是赐其钱千万。并告知群臣说:"郎官与上天列宿相对应,外出为官就要管辖百里的地方,如果用人不当,老百姓就要受其灾殃,因此我没有准许公主的请求。"所以当时的官吏都各称其职,老百姓安居乐业,远近的民众肃然敬服,住户及人口大量增加!

史官论赞说:明帝精通刑法政务,法令分明。天色很晚还坐朝理政,有冤屈之事必能通晓。朝廷内外没有宠幸偏袒的私行,身居上位没有骄矜尊大的情形。审理和断案合情合理,受刑的人仅仅是前

孝章皇帝讳炟，明帝第五子也。少宽容，好儒术，显宗器重之。建初元年，诏曰："朕以无德，奉承大业，夙夜栗栗，不敢荒宁，而灾异仍见，与政相应。朕既不明，涉道日寡，又选举乖实，俗吏伤民，官职耗乱，刑罚不中，可不忧与！昔仲弓、季氏之家臣，子游、武城之小宰，孔子犹诲以贤才，问以得人。明政之小大，以人为本；乡举里选，必累功劳。今刺史、守相，不明真伪，茂才、孝廉，岁以百数，既非能显，而当授之政事，甚无谓也。每寻前世举人贡士，或起畎亩，不系阀阅。敷奏以言，则文章可采；明试以功，则治有异迹。文质斌斌，朕甚嘉之。其令太傅、三公、中二千石、二千石、郡国守相，举贤良方正能直言极谏之士各一人。"

四年，诏于，是下太常、将、大夫、博士、议郎、郎官及诸生、诸儒会白虎观，讲议五经同异，帝亲称制临决焉。七年，诏曰："车驾行秋稼，观收获，因涉郡界，皆精骑轻行，无他辎重。不得辄修道桥，远离城郭，遣吏逢迎，刺探起居，出入前后，以为烦扰也。动务省约，但患不能脱粟瓢饮耳。所过欲令贫弱有利，无违诏书。"

元和二年，诏曰："令云：'民有产子者，复勿算三岁。'今

代十分之二。所以后代向君王进谏言事之人,没有不尊崇建武、永平之政的。

孝章皇帝,名炟,是明帝的第五个儿子。少年时待人宽容,喜好儒家学说,明帝很器重他。建初元年,颁诏说:"朕没有德行,继承帝业,日夜战战兢兢,不敢荒废懈怠,贪图安逸。但是异常的自然灾害仍然出现,说明治政还是不力。朕既不明智,经历治国之道的时间又少;加之所选官员名不符实,才智凡庸的官吏伤害百姓,官职混乱,我怎能不忧虑呢?从前仲弓是季氏的家臣,子游是武城的县官,孔子尚且教诲他们要任用贤才,询问是否用人得当。说明政事无论大小,以用人为根本。从乡里推荐选拔的人,必须要是多次立下功劳的。而如今的刺史、守相不明了其中真伪,推举的茂才、孝廉每年数以百计,他们并非是才能显著之人,却要授予他们政务,这样很没有意义。每考究前代选拔、举荐的人才,有的是被启用于田亩之间,不拘于出身门第。让他们各陈其言,那么他们的文章必然可以采纳;明白考验他们实际的功绩,那么从政方面定会有其过人之处。既有文采,又很朴实。朕非常喜欢这样的人才。命令太傅、三公、中二千石、二千石、郡国守相,推举贤良方正、能够直言极谏之士各一人。"

建初四年又颁诏,命令太常、将、大夫、博士、议郎、郎官和诸生、诸儒在白虎观集会,讲说商讨"五经"的异同,章帝亲自到场主持决断。建初七年,诏书说:"皇帝巡视秋季的庄稼,考察收获情况,因而来到郡界。随从都是精骑,轻装疾行,没有辎重。不得擅自整修道路、桥梁;不准派官吏远离城郭来迎接,伺候起居,出入于朕前后,成为百姓的烦扰。出巡务必减省节约,只要粗食瓢饮就行了。所过之处希望有利于贫弱之民,不得违背诏书旨意。"

元和二年,皇帝下诏书说:"胎养令上说:'老百姓有生孩子者

诸怀妊者,赐胎养谷人三斛,复其夫勿算一岁,著以为令。"又诏曰:"方春生养,万物莩甲,宜助萌阳,以育时物。其令有司,罪非殊死,且勿案验,及吏民条书相告,不得听受,冀以息事宁民,敬奉天气。立秋如故。夫俗吏矫饰外貌,似是而非,揆之人事则悦耳,论之阴阳则伤化,朕甚餍之、甚苦之。安静之吏,悃愊无华,日计不足,月计有余。如襄城令刘方,吏民同声,谓之不烦,虽未有他异,斯亦殆近之矣。间敕二千石,各尚宽明。而今富奸行赂于下,贪吏枉法于上,使有罪不论,而无过被刑,甚大逆也。夫以苛为察,以刻为明,以轻为德,以重为威,四者或兴,则下有怨心。吾诏书数下,冠盖接道,而吏不加治,民或失职,其咎安在?勉思旧令,称朕意焉。"又诏曰:"律,十二月立春,不以报囚。《月令》,冬至之后,有顺阳助生之文,而无鞫狱断刑之政。朕谘访儒雅,稽之典籍,以为王者生杀,宜顺时气。其定律,无以十一月、十二月报囚。"

三年春,北巡狩,敕侍御史、司空曰:"方春,所过无得有所伐杀。车可引避,引避之;骖马可辍解,辍解之。《诗》云:'敦彼行苇,牛羊勿践履。'《礼》,人君伐一草木不时,谓之

免除徭役和赋税三年。'现在那些正怀孕的妇女，赐给她们胎养谷每人三斛，免除其丈夫徭役赋税一年，把这些写下来作为法令。"又颁诏说："当前正是春季生养时期，万物正在萌芽，应该帮助它萌发阳气，来培育当季作物。命主管官吏，若不是极刑死罪，暂时不要查案验审；并且官吏民众有分条列事上书相告者，也不得受理。希望以此息事宁人，敬奉天命。立秋以后恢复常例。那些才智平庸的官吏表面做作、掩盖真相，似是而非，以揣测人心来行事，政绩听起来很好，若以阴阳自然规律而论就有伤风化。朕非常厌恶这种现象，也很苦恼。那些安分稳重的官吏们，至诚不虚华，他们的功绩按日统计似乎不足，按月累计则有余。像襄城县令刘方，官吏和老百姓都异口同声说他无烦苛之政，虽然没有其它特别的功绩，这也接近称职的要求了。近来敕命各太守为政务求宽和明正。现在富豪奸佞在下行贿，贪官在上枉法，使得有罪者不被定罪，而无罪者却遭受刑罚，这是极为大逆的事。把苛刻看作明辨，把刻薄看作精明，把从轻处治作为恩德，以暴察重罚作为权威，这四种情况或有一种出现，都会使下民百姓生怨恨心。我多次颁发诏书，派出传递旨意的使者交接于道，而官吏们得不到整治，或有怠忽职守之人，其过失究竟在什么地方？还望大家认真省思往日的诏令，以达成我的心意！"又下诏说："颁布律令，规定十二月立春时，不准判决囚犯。《月令》中记载冬至以后，有顺从阳气而助生长的条文，而没有审理案件判刑之政。朕谘询访问文人雅士，考查典籍，认为实行王道者或生或杀，应当遵循时令节气。因而制定法律，不要在十一月、十二月判决囚犯。"

元和三年春，皇帝到北方视察邦国州郡，命令侍御史、司空说："当前正值春天，所过之处不得有砍伐杀戮的行为。车驾可以让路的，就绕道而行；驾车的骖马可以解开不用的，就解开它们。《诗经》

不孝。俗知顺人,莫知顺天。其明称朕意。"

论曰:魏文帝称:"明帝察察,章帝长者。"章帝素知民厌明帝苛切,事从宽厚。感陈宠之议,除惨之狱科;深元元之爱,著胎养之令。割裂名都,以崇建周亲;平徭简赋,而民赖其庆。又体之以忠恕,文之以礼乐。故乃蕃辅克谐,群后德让。谓之长者,不亦宜乎!在位十三年,郡国所上符瑞,合于图书者,数百千所。呜呼懋哉!

孝和皇帝讳肇,章帝第四子也,在位十七年而崩。齐民岁增,辟土日广。每有灾异,辄延问公卿,极言得失。前后符瑞八十一所,自称德薄,皆抑而不宣。旧南海献龙眼、荔支,十里一置,五里一候,奔腾阻险,死者继路。时临武长汝南唐羌县接南海,乃上书陈状。帝下诏曰:"远国珍羞,本以奉宗庙。苟有伤害,岂爱民之本耶?其敕太官,勿复受献。"由是遂省。

皇后纪序

夏、殷以上,后妃之制,其文略矣。《周礼》王者立后,三夫人,九嫔,二十七世妇,八十一女御,以备内职焉。后正位宫

说：'芦苇丛生在道旁，别放牛羊来踩踏。'《礼记》也说：'君王砍伐一草一木不合时令，便叫做不孝。'一般人只知道顺人行事，却不知道遵循天道。当显明此意，以符合朕的心意。"

史官论赞说："魏文帝认为'明帝是苛察之人，章帝是德高望重的人。'章帝素来了解百姓厌恶明帝的苛刻严峻，因此凡事讲求宽厚。有感于陈宠的建议，废除了残酷的刑罚条目；深切关爱百姓，制定出养护胎孕的法令；划分出郡国名城，用来重建至亲的世系；平衡徭役减少赋税，因而百姓仰赖其福泽；又能以忠恕之道体恤臣民，用礼乐教化百姓。所以诸侯藩王能够和谐，公卿大臣互相礼让。所以称章帝为德高望重的君王，不是很恰当吗？他在位十三年，郡国出现吉祥的征兆，与河图洛书上相合者就有数百千件。真是太美好了！"

孝和皇帝，名肇，是章帝的第四子，在位十七年后去逝。他在位期间国家人口逐年增加，开拓的疆域日渐广阔。每当遇有自然灾害发生，则马上请教公卿，请他们大胆直言陈说朝政得失。各地前后出现吉祥的征兆有八十一处，而和帝还自称德行浅薄，都压下来不许宣扬。从前南海郡进贡龙眼、荔枝，每隔十里设一个驿站，五里设一驿馆，沿途道路艰险，使者飞奔急驰，累死者不绝于路。当时临武县县令汝南人唐羌，其县境与南海接壤，于是上书陈述这一情况。和帝下诏说："远方进贡的珍馐美味，本来是进献祀奉宗庙的，如果因此而伤害了百姓，这哪里是爱民的本意呢？敕令太官不要再接受这一贡物了。"从此取消了这一进贡。

皇后纪序

夏、商以前，皇后妃嫔的制度，这方面的文献很少。《周礼》记载，君王立皇后，设三夫人，九嫔，二十七世妇，八十一女御，以配备

闱，同体天王。夫人坐论妇礼，九嫔掌教四德，世妇主知丧祭宾客，女御序于王之燕寝。颁官分务，各有典司。女史彤管，记功书过。居有保阿之训，动有环佩之响。进贤才以辅佐君子，哀窈窕而不淫其色。所以能述宣阴化，修成内则，闺房肃雍，险谒不行者也。故康王晚朝，《关雎》作讽；宣后晏起，姜氏请愆。及周室东迁，礼序凋缺，诸侯僭纵，轨制无章。齐桓有如夫人者六人。晋献升戎女为元妃，终于五子作乱，冢嗣遘屯。爰逮战国，风宪愈薄，适情任欲，颠倒衣裳，以至破国亡身，不可胜数。斯固轻礼弛防、先色后德者也。

秦并天下，多自骄大，宫备七国，爵列八品。汉兴，因循其号，而妇制莫厘。高祖帷薄不修，孝文衽席无辨，然而选纳尚简，饰玩少华。自武、元之后，世增淫费，至乃掖庭三千，增级十四，妖幸毁政之符，外姻乱邦之迹，前史载之详矣。及光武中兴，斫雕为朴，六宫称号，唯皇后、贵人。贵人金印紫绶，俸不过粟数十斛。又置美人、宫人、采女三等，并无爵秩，岁时赏赐充给而已。明帝聿遵先旨，宫教颇修，登建嫔后，必先

内宫职务。皇后是后宫正位,体制与天子一致。夫人负责讲论妇礼;九嫔掌管教授妇德、妇言、妇容、妇功四德;世妇主管丧祭和宾客之事;女御掌管皇上的食宿。赐授官位、分配职务,各有主管。女史官手执红管笔,专记后宫的功过。后妃们安居时有保阿的教诲;行动时有环佩叮当的响声。进献贤德女子以辅佐君王,怜爱娴静柔美的贤淑女子,而不贪图其美色。因此能够继承和发扬女德的教化,修成内宫的妇职、妇道,后妃们和顺恭敬,没有不正当的因私请托之行。因此当周康王不能按时上朝时,就有诗人作《关雎》一诗来劝谏后妃们谨守妇道,以勉君王。周宣王和嫔妃晚起,王后姜氏请求君王惩罚自己,使宣王惭愧改过。等到周平王向东迁都至洛邑后,周室的礼法制度就开始衰败丧失,诸侯们也违礼放纵自己,规范制度无法可依、无章可循。齐桓公宠爱的如夫人(小妾)就有六人,晋献公宠信骊戎小妾骊姬,竟然将她升为嫡夫人,最终导致齐国五公子作乱,晋国大公子申生遭骊姬陷害遇难。后来到了战国时期,风教纲纪更加衰微,人们任情纵欲,伦常失秩,最终导致破国亡家,这样的案例不可胜数。这都是由于轻视礼义教化、放松防备、重女色而轻道德所造成的啊!

秦始皇统一天下后,骄傲自大。后宫具有七国的美人,爵位列有八品。汉王朝创立,沿袭秦的称号,而后宫妇制没有整理。高祖内宫淫乱,孝文帝让慎夫人与皇后同席而坐,不分尊次。不过选择纳娶尚算得上简约,装饰、玩物不奢华。从武帝、元帝以后,奢侈过分的费用代代增加,甚至发展到后宫有三千人之多,级别增至十四种。妖冶受宠的嫔妃美人败坏朝政的征兆、外戚乱邦的事件,前朝史书的记载已很详尽了。到光武帝重振汉室,去掉华美雕饰,崇尚质朴,六宫的称号只有皇后、贵人。其中得到黄金印章和系印的紫色绶带,俸

令德，内无出阃之言，权无私溺之授，可谓矫其弊矣。虽御己有度，而防闲未笃，故孝章以下，渐用色授，恩隆好合，遂忘淄蠹。自古虽主幼时艰，王家多釁，必委成冢宰，简求忠贤，未有专任妇人，断割重器。唯秦芈太后始摄政事，故穰侯权重于昭王，家富于嬴国。汉仍其谬，知患莫改。东京皇统屡绝，权归女主，外立者四帝，临朝者六后，莫不定策帷帟，委事父兄，贪孩童以久其政，抑明贤以专其威。任重道悠，利深祸速。身犯雾露于云台之上，家婴缧绁于圄犴之下。湮灭连踵，倾辀继路。而赴蹈不息，焦烂为期，终于陵夷大运，沦亡神宝。诗书所叹，略同一揆。故考列行迹，以为皇后本纪云。

明德马皇后，伏波将军援之小女也。永平三年，立为皇后。既正位宫闱，愈自谦肃。能诵《易经》。好读《春秋》、《楚辞》，尤善《周官》。常衣大练，裙不加缘。诸姬主朝请，望见

禄不过粮食几十斛而已。另外设置美人、宫人和采女三个等级，但她们并没有爵位和俸禄，只是每年按时赏赐他们以满足其需要罢了。明帝遵照先帝旨意，对皇宫中的礼教进行了很大的修整，升封嫔妃、皇后，首先注重美德。后宫没有越职参与国政的言论，权力不依靠偏爱来授予，可以称得上是纠正了过去的弊端。虽然明帝对自己要求严格有度，但是防范还是做得不够扎实，所以从章帝以后，逐渐地按美色授权，只顾情投意合，却忘记了因此受污染而倾败的教训。自古常有因君主年幼而致时局艰难、王室多祸乱的事，所以一定是委托太宰挑选、访求忠诚贤能之士，没有专门任用妇女而中断皇统的。只有从秦昭王始，其母宣太后开始摄政，使得穰侯魏冉的权力比昭王还要大，家中财富比皇室还要富庶。汉朝仍在延续这种妇女摄政的错误做法，明知是弊病却不改变。东汉世代相传的皇室帝位屡遭断绝，政权归于女主，由外戚扶立的就有安、质、桓、灵四帝，临朝听政的皇后多达六位，国家政策没有不是出自后宫的，她们把国家大事委托给自己的父兄，贪立年幼的皇帝以便她们能长期专权，压制贤明的大臣使她们专擅威福。执掌朝政是一件任重道远之事，以此牟利越深广，灾祸来的就越快速。这些临朝的太后，大多身患疾病被幽禁于云台之上，父母兄弟也被关押于监狱之中；覆灭之事接连发生，翻车之祸不绝于路。虽然如此，但甘冒赴汤之险的人却从未止息，都以崩溃灭亡为终，最终使国运衰落，帝位沦亡。《诗经》《书经》所感叹的，大概都是同一个道理。因此考定编排皇后们的事迹，编成《皇后本纪》。

明德马皇后，是伏波将军马援的小女儿，永平三年，立为明帝的皇后。她在正式成为皇后后，越加谦恭庄敬。她能读诵《易经》，喜欢读《春秋》《楚辞》，尤其喜欢《周礼》。常穿粗厚丝帛做的衣服，

后袍衣疏粗。反以为绮縠,就视,乃笑。后辞曰:"此绘特宜染色,故用之耳。"六宫莫不叹息。

时楚狱连年不断,囚相证引,坐系者甚众。后虑其多滥,乘间言及,恻然。帝感之,多有所降宥。每于侍执之际,辄言及政事。多所毗补,而未尝以家私干欲。宠敬日隆,始终无衰。

自撰《显宗起居注》,削去兄防参医药事。帝请曰:"黄门舅旦夕供养且一年,既无褒异,又不录勤劳,无乃过乎?"太后曰:"吾不欲令后世闻先帝数亲后宫之家,故不著也。"帝欲封爵诸舅,太后不听。明年夏,大旱,言事者以为不封外戚之故,有司因此上奏,宜依旧典。太后诏曰:"凡言事者,皆欲媚朕以要福耳。昔王氏五侯,同日俱封,其时黄雾四塞,不闻澍雨之应。又田蚡、窦婴,宠贵横恣,倾覆之祸,为世所传。故先帝防慎舅氏,不令在枢机之位。诸子之封,裁令半楚、淮阳诸国。常谓:'我子不当与先帝子等。'今有司奈何欲以马氏比阴氏乎!吾为天下母,而身服大练,食不求甘,左右但着皂布,无香薰之饰者,欲身率下也。以为外亲见之,当伤心自敕,但笑言太后素好俭。前过濯龙门上,见外家问起居者,车如流水,马如游龙,苍头衣绿褠,领袖正白,顾视御者不及远矣。故不加谴怒,但绝岁用而已,冀以默愧其心,而犹懈怠,无忧国忘家之虑。知臣莫若君,况亲属乎?吾岂可上负先帝之旨,

裙子不饰花边。宫中姬妃朝见皇帝时，远远看到皇后衣袍粗疏，反而认为是好的绸缎，到跟前一看，就笑了。皇后说："这种粗厚丝帛特别适合染色，所以用它做衣服。"六宫没有人不赞叹的。

当时刑狱连年不断（明帝弟楚王刘英被告谋反，牵连者皆入狱），囚犯互相举证牵连，获罪入狱的人很多。马皇后担心其中多有冤屈，找机会与明帝谈及此事，并流露出悲伤的神情。明帝很感动，对那些囚犯大多有所宽免。每当她服事皇帝时，常常谈到朝政之事，对皇帝执掌朝政有很多补益，但是她从不以自家私事干预朝政。明帝对她宠爱敬重日益加深，自始至终不衰。

马皇后自撰《显宗起居注》，其中删减了她的哥哥马防参与侍奉医药的事。章帝问她说："黄门舅日夜供养服侍先帝将近一年，既不给他特殊褒奖，又不记载他的功劳，这不是太过分了吗？"马皇后说："我不想让后世人知道先帝多次亲近后宫的家属，所以不记载。"章帝打算给几位舅舅进封爵位，太后不准。第二年（建初二年）夏天，大旱，议事者认为这是没有封外戚的缘故，官吏因此上奏，应该依照先前的制度封侯外戚。太后颁诏说："凡是进言议事的人，都是想巴结我来求得好处罢了。以前，汉成帝在同一天加封了太后的弟弟王谭、王商等五位侯爵，当时黄色的雾气到处弥漫，却不见时雨的回应。再者田蚡、窦婴，尊荣显贵、专横放肆，颠覆之祸，为后世所传闻。所以先帝谨慎防备舅氏，不让他们居于朝廷机要之职。对几个儿子的封赏，仅仅让他们享有楚、淮阳等诸侯国一半的封地。先帝常说：'我的儿子不应当跟先帝的儿子等同。'现在有司为什么要拿马氏和阴氏相比呢？我身为天下母仪，之所以身穿粗帛，饮食不求甘美，左右侍从也只穿帛布，没有熏香之类装饰物，是想以身作则给下边做个表率。我以为外戚看到这些情况，应当反躬自问，但他们

下亏先人之德,重袭西京败亡之祸哉!"固不许。

帝省诏悲叹,复重请曰:"汉兴舅氏之封侯,犹皇子之为王也。太后诚存谦虚,奈何令臣独不得加恩三舅乎?且卫尉年尊。两校尉有大病,如令不讳,使臣长抱刻骨之恨。宜及吉时,不可稽留。"太后报曰:"吾反覆念之,思令两善。岂徒欲获谦让之名,而使帝受不外施之嫌哉!昔窦太后欲封王皇后之兄,丞相条侯言,受高祖约,无军功,非刘氏不侯。今马氏无功于国,岂得与阴、郭中兴之后等耶?常观富贵之家,禄位重叠,犹再实之木,其根必伤。且人所以愿封侯者,欲上奉祭祀,下求温饱耳。今祭祀则受四方之珍,衣食则蒙御府之余资,斯岂不足,而必当得一县乎?吾计之熟矣,勿有疑也。夫至孝之行,安亲为上。今数遭变异,谷价数倍,忧惶昼夜,不安坐卧,而欲先营外封,违慈母之拳拳乎!吾素刚急,有胸中气,不可不顺也。若阴阳调和,边境清静,然后行子之志。吾但当含饴弄孙,不能复关政矣。"

只是笑着说我平日喜爱节俭。我前段时间过濯龙园门上时,看到外家前来问候我生活起居,他们坐车如流水,御马似游龙,奴仆们都穿着绿色袖衣,衣领雪白,回头看一看为我驾车的御者,与他们相差太远了。我故意不加以谴责,只是停发他们每年的开支费用,希望能用这种办法使他们私下觉得羞愧,但是他们仍然懈怠如故,没有忧国忘家的思虑。了解臣下者莫过于君王,何况我是他们的亲属呢?我岂能上违先帝之旨意,下损先人之德行,重蹈西京外戚败亡之祸呢?"所以,马皇后坚决不同意加封外戚。

章帝看了太后的诏书而悲叹,又请示说:"汉王朝创立,对舅氏的封侯,犹如封皇子做王一样。太后确实态度谦虚,但为何令儿臣唯独不得加恩于三位舅舅呢?再说卫尉廖舅年岁很高,两校尉防舅和光舅都重病在身,如有不测,定使儿臣长抱刻骨的遗憾。应该在他们在世时加封,不能再延迟了。"太后回报说:"我曾经反复考虑过此事,总想做到两全其美。岂能只图获得谦让之名,而让皇帝遭受不施恩于外戚的嫌疑呢!昔日文帝之母窦太后打算加封景帝王皇后之兄,丞相条侯周亚夫说,受高祖盟约,没有军功,非刘氏者不得封侯。当今马氏对国家没有功劳,怎能和阴氏、郭氏中兴汉室的皇后相比呢?我常看到富贵之家,禄位重叠,犹如一年两次结果的树木,根部一定会损伤。再说人之所以想封侯,是想上可祭祀祖先,下可求得温饱罢了。如今外戚的祭祀可以收到四方进献的珍品,吃穿的开销来自于皇家府库的余资,这难道还不够,而一定要得到一县之封吗?我已经考虑成熟了,不要再有疑惑了。凡称得上至孝的行为,是要让父母安心。当今国家多次遭受灾异,谷价数倍增涨,我日夜忧愁惶恐,坐卧不宁,若是想着先加封外戚,这不是违背了慈母拳拳之心吗?我平日为人刚正性急,胸有郁气,不可不理顺啊!如果阴阳调和,边境清静,然后

其外亲有谦素义行者，辄假借温言，赏以财位。如有纤介，则先见严恪之色，然后加谴。其美车服、不轨法度者，便绝属籍，遣归田里。广平、巨鹿、乐成王，车骑朴素，无金银之饰，太后即赐钱各五百万。于是内外从化，被服如一，诸家惶恐，倍于永平世。乃置织室，蚕于濯龙中，数往观视，以为娱乐。常与帝旦夕言道政事，及教授诸小王，论议经书，述叙平生，雍和终日。

天下丰稔，方垂无事，帝遂封三舅廖、防、光为列侯。并辞让，愿就关内侯。太后闻之曰："圣人设教，各有其方，知人情性莫能齐也。吾日夜惕厉，思自降损，居不求安，食不念饱，冀乘此道，不负先帝，所以化导兄弟，共同斯志，欲令瞑目之日，无所复恨，何意老志复不从哉！"廖等不得已，受封爵而退位归第焉。

和熹邓皇后讳绥，太傅禹之孙也。选入宫为贵人，恭肃小心，动有法度。帝深嘉爱焉。及后有疾，特令后母兄弟入亲医药，不限以日数。后言于帝曰："宫禁至重，而使外舍久在内省，上令陛下有幸私之讥，下使贱妾获不知足之谤，上下交损，诚不愿也。"帝曰："人皆以数入为荣，贵人反以为忧，深自抑损，诚难及也。"每有宴会，诸姬贵人，竞自修整，簪珥光彩，袿裳鲜明，而后独省素，装服无饰。阴后以巫蛊事废，立

再按你的想法去办。那时我只当含饴弄孙,不再参与政事了。"

凡外亲有谦恭恬淡、忠义行为的,太后总是借助温和的话语勉励,赏赐他们钱财与爵位。如果有人犯有细小的过错,太后先表现出严肃认真的神色,然后再进行批评教育。对于那些车服华美不遵守法度的,便取消他们宗室的谱籍,遣送回故乡。广平王、巨鹿王、乐成王的车骑朴素,没有金银的装饰,太后即赐钱各五百万。于是朝廷内外都受到教化,衣被车服规制划一,外戚们惶恐的程度,比明帝永平之世还要加倍。太后又设置织室,在濯龙园中养蚕,经常前往观视,当做一种娱乐活动。她平日常跟章帝谈论国家政事,并教授诸位幼年王子,议论研讨经书意旨,叙述平生往事,终日和乐融融。

当时天下富足,边陲安宁无事,于是章帝加封三位舅父马廖、马防、马光为列侯,他们都谦逊推让,希望只做关内侯。太后听说了这件事,说:"圣人实施教化,方式各不相同,是因为懂得人的性情是不同的。我日夜警惕谨慎,思索自己要谦恭自下,居不求安,食不思饱,希望能奉行此道,不负先帝。所以教化开导兄弟,共同有志于此,以求瞑目之日不再有什么遗憾。岂料人老了还是不能达成自己的志向啊!"马廖等人不得以,接受封爵后便退位还家了。

和熹邓皇后,名绥,是太傅邓禹的孙女。初选入宫中为贵人,为人恭肃谨慎,一举一动都合乎法度,深得和帝的嘉许和钟爱。她有病时,和帝特令她的母亲和兄弟入宫亲理医药,不限天数。她对和帝说:"皇宫是圣上居住、处理政务之要地,臣下不得随意出入,而您让外戚久住宫中,上使陛下您容易蒙受宠爱私家之嘲讽,下会使贱妾落个不知礼的毁谤,这样上下都受到损伤,我实在不希望这样。"和帝说:"人们都以能多次入宫为荣,贵人您反以此为忧,深自谦让,实在是难能可贵啊!"每当有宴会时,皇妃、贵人们都竞相装饰打扮,

为皇后。是时方国贡献，竞求珍丽之物，自后即位，悉令禁绝，岁时但供纸墨而已。

列传

冯异，字公孙，颍川人也。建武二年，为征西大将军，大破赤眉，屯兵上林苑，威行关中。六年，朝京师，帝谓公卿曰："是我起兵时主簿也，为吾披荆棘、定关中。"既罢，使中黄门赐以珍宝、衣服、钱帛。诏曰："仓卒芜蒌亭豆粥，呼沱河麦饭，厚意久不报。"异稽首谢曰："臣闻管仲谓桓公曰：'愿君无忘射钩。臣无忘槛车。'齐国赖之。臣今亦愿国家无忘河北之难，小臣不敢忘巾车之恩。"

岑彭，字君然，南阳人也。拜廷尉，行大将军事。与大司马吴汉等，围洛阳数月，朱鲔等坚守不肯下。帝以彭尝为鲔校尉，令往说之。鲔曰："大司徒被害时，鲔与其谋。又谏更始，无遣萧王北伐。诚自知罪深。"彭还，具言于帝。帝曰："夫建大事者，不忌小怨，鲔今若降，官爵可保，况诛罚乎？河水在此，吾不食言。"彭复往告鲔，鲔乃面缚，与彭俱诣河阳，帝即解其缚，拜鲔为平狄将军，封扶沟侯。建武八年，彭与吴汉围隗嚣于西城。公孙述将李育守上邽，盖延、耿弇围之。敕彭曰：

发簪、耳饰光彩靓丽,衣着华丽漂亮,而唯独她朴素无华,衣服不刻意修饰。阴皇后因巫蛊之事被废,立邓贵人为皇后。当时四方诸侯国为了进贡,竞相寻求珍贵华美之物。自从邓皇后即位后,命令全部禁绝,每年只供奉纸墨而已。

列传

冯异,字公孙,颍川郡人。建武二年,为征西大将军,大破赤眉军,屯兵于上林苑,威势影响到关中地区。建武六年,朝拜京师洛阳。光武帝向公卿们说:"冯异是我起兵时的主薄,为我披荆斩棘,平定关中。"朝罢,命令太监以珍宝、衣服、钱帛赏赐冯异。颁诏说:"过去兵荒马乱很是仓促,芜蒌亭的豆粥、滹沱河的麦饭,这种深情厚意永远无法报答啊!"冯异叩首谢恩说:"臣听说管仲对齐桓公说:'愿君王别忘了我曾射中您衣带钩之罪,臣也不敢忘记您把我从囚车释放出来之恩。'齐国终于依赖管仲而称霸。臣今天也希望国家不要忘记在河北的困顿,小臣也不敢忘记陛下在巾车乡擒获我、又赦免而录用我的恩德。"

岑彭,字君然,南阳郡人。光武帝任命他为廷尉,摄行大将军的职事。与大司马吴汉等,围攻洛阳数月,朱鲔等坚守不肯投降。光武帝因岑彭曾经给朱鲔当过校尉,命令他前往劝降。朱鲔对岑彭说:"大司徒刘伯升遇难时,我曾经参与过谋划;还曾劝谏更始,不要派遣萧王北伐,我确实知道自己的罪大。"岑彭回来,向光武帝详细禀报了这些情况。光武帝说:"成就大事的人不记恨小怨,朱鲔今天如果投降,可保全他的官爵,又何谈诛罚他呢?今有黄河水在此作证,我绝不食言。"岑彭又回去告诉朱鲔,朱鲔于是自己反绑双手,和岑彭一块到河阳,光武帝当即为他解去捆缚,授予朱鲔平狄将军,封为

"两城若下,便可将兵南击蜀虏。人苦不知足,既平陇,复望蜀,每一发兵,头须为白。"

臧宫,字君翁,颍川人也。匈奴饥疫,自相分争,帝以问宫,宫曰:"愿得五千骑以立功。"帝笑曰:"常胜之家,难与虑敌,吾方自思之。"建武二十七年,宫与杨虚侯马武上书曰:"匈奴人畜疫死,旱蝗赤地,疫困之力,不当中国一郡。万里死命,悬在陛下,福不再来,时或易失,岂宜固守文德,而堕武事乎?"诏报曰:"《黄石公记》曰:'柔能制刚,弱能制强。'柔者,德也;刚者,贼也。弱者,仁之助也;强者,怨之归也。舍近谋远者,劳而无功;舍远谋近者,逸而有终。逸政多忠臣,劳政多乱民。故曰:务广地者荒,务广德者强;有其有者安,贪人有者残。残灭之政,虽成必败。今国无善政,灾变不息,百姓惊惶,人不自保,而复欲远事边外乎?孔子曰:'吾恐季孙之忧,不在颛臾。'且传闻之事,恒多失实。苟非其时,不如息民。"自是诸将,莫敢复言兵事者。

祭遵,字弟孙,颍川人也。从征河北,为军市令。世祖舍中儿犯法,遵格杀之。世祖怒,命收遵。时主簿陈副谏曰:"明

扶沟侯。建武八年,岑彭与吴汉包围隗嚣于西城。当时公孙述的大将李育驻守在上邽,被盖延、耿弇包围,光武帝下令岑彭:"西城、上邽两城如果能攻下,便可带兵向南攻打蜀地。人苦于不知足,既已平定了陇地,又想着攻取西蜀,每发一次兵,头发、胡须都白了许多。"

臧宫,字君翁,颍川人也。匈奴因饥荒瘟疫,各部落自相分争,光武帝问臧宫如何看待此事,臧宫说:"我愿带五千骑兵去征伐匈奴,建立功业。"光武帝笑着说:"常胜将军,是很难和他讨论如何御敌的,还是我自己再想一想这件事情吧。"建武二十七年,臧宫和杨虚侯马武上书说:"匈奴此时因遭瘟疫,人畜死亡严重,旱灾和蝗灾使得庄稼颗粒无收,为瘟疫、虫害所困,其国力抵不上中原的一个郡。万里效命远征,就等陛下您发一句话了。福运不会二次再来,时机常常容易错过,怎能只图固守文治而废弃武事呢?"诏书回复说:"《黄石公记》中说:'柔能克刚,弱能制强'。怀柔是德行的表现,强硬会招致祸害;弱者能得仁义的辅助,强者则会遭受人们的怨恨;舍近求远,会劳而无功;舍远求近,则安闲而有善终;使人民安居乐业的政治多出忠臣,而烦劳扰民的政治则多生乱民。所以说:'致力于扩大土地者政治会荒废,而致力于扩大德行者国家会富强。满足已有的,则人心安定;不知足而贪图别人所有的,则会使人心残暴。残酷暴虐的政治,即使成功也注定要失败。'现在国家还没有清明的政治,灾害不断发生,百姓惊惶,人人不能自保,这种情况下还要远征塞外吗?孔子说:'我担心季孙氏的忧患,不在颛臾。'况且关于匈奴的传闻,常有许多不合事实之处。如果不得其时,还不如让百姓得到休养生息为好。"从此以后,诸将领没有谁再敢提战争之事了。

祭遵,字弟孙,颍川郡人。随从光武帝征讨黄河以北,任军市令。光武帝族人中的一个年轻人犯了法,被祭遵依法处死。光武帝

公常欲众军整齐,今遵奉法不避,是教令行也。"世祖乃贳之,以为刺奸将军,谓诸将曰:"当备祭遵!吾舍中儿犯令尚杀之,必不私诸卿也。"河北平,拜征虏将军。遵为人廉约小心,克己奉公,赏赐辄尽与士卒,家无私财,身衣韦袴、布被,夫人裳不加缘。帝以是重焉。及卒,愍悼之尤甚。遵丧至河南县,诏遣百官,先会丧所,车驾素服临之,望哭哀恸。还幸城门,过其车骑,涕泣不能已。丧礼成,复亲祠以太牢,如宣帝临霍光故事。至葬,车驾复临,赠以将军、侯印绶,朱轮容车,介士军陈送葬,谥曰成侯。既葬,车驾复临其坟,存见夫人室家。其后朝会,帝每叹曰:"安得忧国奉公之臣,如祭征虏者乎?"遵之见思若此。

马武,字子张,南阳人也,封为扬虚侯。为人嗜酒,阔达敢言,时醉在御前,面折同列,言其短长,无所避忌。帝故纵之,以为笑乐。帝虽制御功臣,而每能回容,宥其小失。远方贡珍甘,必先遍列侯,而大官无余。有功辄增邑赏,不任以吏职,故皆保其福禄,终无诛谴者。

论曰:光武中兴二十八将,前世以为上应二十八宿,未之

大怒,下令将祭遵收监。当时主簿陈副劝谏说:"明公您常想让众军纪律严明,现在祭遵执法不避权贵,这是为了政令得以施行啊。"光武帝随即赦免了祭遵,还将他封为刺奸将军,并向诸将说:"应当效法祭遵!我家中小儿犯法尚且要被他杀,那必然不会徇私于诸卿了。"河北平定后,拜祭遵为征虏将军。祭遵为人廉洁简约,谨慎小心,克己奉公,凡受到的赏赐,全部分给士兵,他家中没有私财,身穿简朴的皮裤,盖着布制的被子,他的夫人衣裳也不加花边。光武帝为此非常器重他。等他去世时,光武帝特别哀痛。祭遵的灵柩要到河南县时,光武帝诏命百官先行会集到丧葬礼仪的处所,随后身穿素服亲自前来吊唁,望灵痛哭,极其悲伤。返回时亲临城门,看见祭遵曾经的战车战马,又痛哭不已。丧礼完毕,又亲自以太牢祭祀,就像当年汉宣帝亲临霍光将军丧礼的旧例;到安葬时,光武帝再次亲临,赐赠将军、侯的印绶;并以朱轮容车以及全副武装的士兵列成军阵为其送葬,赠谥号为"成侯"。安葬完毕,皇帝又到祭遵的坟墓上,探望慰问他的夫人及家人。其后每逢朝会,光武帝常感叹地说:"怎么能够得到像征虏将军祭遵这样忧国奉公的大臣啊?"皇上思念祭遵竟达到这种地步。

马武,字子张,南阳郡人,被封为杨虚侯。马武为人喜欢喝酒,豁达、敢于直言,有时醉酒后,在皇帝面前当面批评同僚,说出他们的优点缺点,无所顾忌。光武帝有意放纵他这样做,当作玩乐。皇帝虽然驾御功臣,但往往能够包容宽恕他们的小过。远方进贡的珍美食品,必先逐一赐给列侯们,而掌管皇帝膳食的太官处则所剩无几了。列侯有功,就增加其封地和赏赐,而不任以官职,因此功臣们都能保有其福禄,最终没有遭诛杀、降职或流放的人。

《后汉书·朱祐景丹等传论》说:"光武中兴二十八将,过去人

详。然咸能感会风云,奋其智勇,称为佐命,亦各志能之士也。议者多非光武不以功臣任职,至使英姿茂绩,委而勿用。然原夫深图远筭,固将有以焉尔。若乃王道既衰,降及霸德,犹能授受惟庸,勋贤兼序,如管、隰之迭升桓世,先、赵之同列文朝,可谓兼通矣。

降自秦、汉,世资战力,至于翼扶王运,皆武人屈起。亦有鬻缯屠狗,轻猾之徒,或崇以连城之赏,或任以阿衡之地,故势疑则隙生,力侔则乱起。萧、樊且犹缧绁,信、越终见菹戮,不其然乎!自兹以降,迄于孝武,宰辅五世,莫非公侯。遂使搢绅道塞,贤能蔽雍,朝有世及之私,下多抱关之怨。其怀道无闻、委身草莽者,亦何可胜言哉!故光武鉴前事之违,存矫枉之志,虽寇、邓之高勋,耿、贾之洪烈,分土不过大县数四,所加特进朝请而已。

观其治平临政,课职责咎,将所谓"导之以法,齐之以刑"者乎?若格之功臣,其伤已甚。何者?直绳则亏丧恩旧,挠情则违废禁典,选德则功不必厚,举劳则人或未贤,参任则群心难塞,并列则其弊未远。不得不校其胜否,即以事相权。故

们认为他们是与天上的二十八星宿相感应，对此未能详知。然而这二十八人都能感应风云的变化乘势而起，发挥其智谋勇武，可称得上是辅佐帝王创业的功臣，也都是有远大志向和卓越才能的人。议论家多有责备光武不给功臣任职，至使才智出众、立下丰功伟绩之人，被舍弃而不能任用。然而推究其深谋远虑的根源，必将有其道理。至于西周王道衰微，到春秋霸道兴起，还能按功劳授受职位，不偏不倚，勋贤有序。如齐桓公时，管仲去世后职位转给隰朋；先轸、赵衰能同列于晋文之朝，这便可以称得上是一起显达了。"

"到了秦、汉之际，代代都仰仗武力，以至于辅助扶持王室命运，都依靠武人的崛起。这些人中也有像卖买丝缯的灌婴、屠狗的樊哙这样轻薄奸猾的人。他们有的被赐予数座城池的崇高封赏，有的被任用为宰相。所以，势位过高，君臣之间因而相互猜疑产生隔阂，势力相当就会发生祸乱。像萧何、樊哙尚且被囚禁，韩信、彭越最终被杀戮或剁成肉酱，不正说明了这个道理吗？从那以后，直到孝武皇帝，五代（高祖至武帝）之中的辅政大臣，没有不是公侯的。这样就使得出仕为官的道路堵塞，贤能之人被埋没，朝堂有世袭为官的私情，下边怨声载道。至于那些胸怀治国大道而不为人知、藏身于民间的人，又怎能说得完呢？所以光武帝借鉴前事的过失，怀有纠正偏邪的志向，即使像寇恂、邓禹的大功勋，耿弇、贾复的伟大功业，所分给的土地也不过大县三四个，所不同之处只是给予特进、朝请的优待罢了。"

"观察他（光武帝）治国平天下处理政务，以忠于职守相督责，追究过失，大概就是《论语》所说的'导之以政，齐之以刑'的意思吧！若以崇尚法令来纠正这些功臣，那对他们的伤害就太大了。为什么呢？依法制裁则会伤害旧恩，顺从私情又会违背法令；选用贤才，

高秩厚礼，允答元功；峻文深宪，责成吏职。建武之世，侯者百余，若夫数公者，则与参国议，分均休咎，其余并优以宽科，完其封禄，莫不终以功名，延庆于后。

昔留侯以为高祖悉用萧、曹故人，而郭伋亦讥南阳多显，郑兴又戒功臣专任。夫崇恩偏授，易启私溺之失；至公均被，必广招贤之路。意者不其然乎！永平中，显宗追感前世功臣，乃图画二十八将于南宫云台，其外又有王常、李通、窦融、卓茂，合三十二人。故依其本第，系之篇末，以志功臣之次云尔：

太傅高密侯邓禹

中山太守全椒侯马成

大司马广平侯吴汉

河南尹阜成侯王梁

左将军胶东侯贾复

琅邪太守祝阿侯陈俊

建威大将军好畤侯耿弇

骠骑大将军参遽侯杜茂

执金吾雍奴侯寇恂

则他的功绩不一定很厚；推举功臣，此人或许又不够贤善；若两者兼顾来参考任用，则众臣之心会各有企图，难以满足；若遵循高祖的方法全部使用功臣，则弊端很快便会显露；不得不比较其可否胜任，就用拟任职事来相互平衡。所以，光武帝用高爵厚礼来酬谢功臣们，以严峻而苛细的法令条文，督导官吏各尽职责。建武年间，封侯者有一百多人，只有（高密、固始、胶东）三位列侯与公卿参议国家大事，分担吉凶，其余都给予优厚宽容的待遇，保全他们封爵所得的俸禄，无不最终保有功名并延续于后代子孙。"

"昔日留侯张良认为高祖刘邦只任用萧何、曹参等故人，而郭伋也曾劝谏光武帝不宜专用南阳的乡亲，使他们过于显贵，郑兴又告诫不宜专用功臣。推崇恩泽以私情授予，容易造成偏爱的过失；公平如一，必然可以拓宽招贤之路，恐怕就是如此吧！"永平年间，显宗追思感念前代功臣，于是就在南宫云台画出二十八将的图像，另外加上王常、李通、窦融、卓茂三人，合计三十二人。按照他们本来的等级次序列在篇末，以记载功臣们的次第。

　　太傅高密侯邓禹

　　中山太守全椒侯马成

　　大司马广平侯吴汉

　　河南尹阜成侯王梁

　　左将军胶东侯贾复

　　琅邪太守祝阿侯陈俊

　　建威大将军好畤侯耿弇

　　骠骑大将军参遽侯杜茂

　　执金吾雍奴侯寇恂

积弩将军昆阳侯傅俊
征南大将军舞阳侯岑彭
左曹合肥侯坚镡
征西大将军阳夏侯冯异
上谷太守淮阳侯王霸
建义大将军鬲侯朱祐
信都太守阿陵侯任光
征虏将军颍阳侯祭遵
豫章太守中水侯李忠
骠骑大将军栎阳侯景丹
右将军槐里侯万修
虎牙大将军安平侯盖延
太常灵寿侯邳彤
卫尉安成侯铫期
骁骑将军昌成侯刘植
东郡太守东光侯耿纯
横野大将军山桑侯王常
城门校尉朗陵侯臧宫
大司空固始侯李通
捕虏将军杨虚侯马武
大司空安丰侯窦融
骠骑将军慎侯刘隆
大傅宣德侯卓茂

积弩将军昆阳侯傅俊

征南大将军舞阳侯岑彭

左曹合肥侯坚镡

征西大将军阳夏侯冯异

上谷太守淮阳侯王霸

建义大将军鬲侯朱祐

信都太守阿陵侯任光

征虏将军颍阳侯祭遵

豫章太守中水侯李忠

骠骑大将军栎阳侯景丹

右将军槐里侯万修

虎牙大将军安平侯盖延

太常灵寿侯邳彤

卫尉安成侯铫期

骁骑将军昌成侯刘植

东郡太守东光侯耿纯

横野大将军山桑侯王常

城门校尉朗陵侯臧宫

大司空固始侯李通

捕虏将军杨虚侯马武

大司空安丰侯窦融

骠骑将军慎侯刘隆

太傅宣德侯卓茂

马援,字文渊,扶风人也。建武九年,拜为太中大夫。十七年,交址女子征侧及女弟征贰反,攻没其郡,九真、日南、合浦蛮夷皆应之,寇略岭外六十余城,侧自立为王。于是拜援伏波将军,督楼船将军段志等,南击交址,斩征侧、征贰,传首洛阳。封援为新息侯。

援尝有疾,梁松来候之,独拜床下,援不答。松去后,诸子问曰:"梁伯孙帝壻,贵重朝廷,公卿已下,莫不惮之,大人奈何独不为礼?"援曰:"我松父友也。虽贵、何得失其序乎?"松由是恨之。

二十四年,武威将军刘尚,击武陵五溪蛮夷,军没,援因复请行。遂遣援率中郎将马武、耿舒等征五溪。援夜与送者诀,谓友人谒者杜愔曰:"吾受厚恩,年迫余日索,常恐不得死国事,今获所愿,甘心瞑目。但畏长者家儿,或在左右,或与从事,殊难得调,独恶是耳。"初,军次下隽,有两道可入,从壶头,则路近而水崄,从充道,则涂夷而运远,帝初以为疑。及军至,耿舒欲从充道,援以为弃日费粮,不如进壶头,扼其喉咽,充贼自破。以事上之,帝从援策。

进营壶头,贼乘高守隘,水疾、船不得上。会暑甚,士卒多疫死,援亦中病,遂困。乃穿岸为室,以避炎气。贼每升险鼓

马援，字文渊，扶风郡人。建武九年，官拜太中大夫。十七年，交址女子征侧和她的妹妹征贰造反，攻陷了所在的州郡，九真、日南、合浦的蛮夷全都响应她们，侵略五岭以南地区六十余座城池，征侧自立为王。于是朝廷拜授马援为伏波将军，率领楼船将军段志等南征讨伐交址，斩杀了征侧、征贰，传送首级到洛阳。马援被封为新息侯。

马援曾经生病，梁松来问候他，亲自在病榻前叩拜，马援没有还礼。梁松走后，儿子们问他说："梁伯孙（梁松的字）是皇帝的女婿，在朝廷中地位显贵，公卿以下的官员没有不怕他的，大人您为什么独独不以礼相待呢？"马援说："我是梁松父亲的朋友，他虽然尊贵，但怎么能失去长幼次序呢？"梁松因此而憎恨马援。

建武二十四年，武威将军刘尚进攻武陵五溪的蛮夷，全军覆没，马援因而再次要求出征。朝廷就派遣马援率领中郎将马武、耿舒等征讨五溪。马援晚上和送他的人告别，对他的朋友调者杜愔说："我受国家厚恩，年纪大了，在世的日子也不多了，常担心自己不能为国尽忠而死，今天我的愿望终于达成，死而无憾了。只是担心权贵子弟有的留在我的左右，有的还要与他们共事，很难把关系协调好，我唯独担心这一桩事啊！"起初，军队驻扎在下隽县，有两条路可走。从壶头走，路程近但水路较艰险；从充道走，路虽然平坦但运输路程却较远。光武帝刚开始对此也很犹豫。等到军队开到时，耿舒主张从充道走，马援认为这样会耗费时日，浪费军粮，不如进入壶头，扼住敌人的咽喉要地，充县的敌人会不攻自破。把这件事上报朝廷后，光武帝采用了马援的进军方案。

军队进入壶头，敌人登高把守关隘，河水湍急，船只难以前进。恰逢天气很热，不少士兵染疫而死，马援也病倒，大军被困。于是在

噪，援辄曳足以观之，左右哀其壮意，莫不为之流涕。耿舒与兄好畤侯弇书曰："前舒上言，当先击充，粮虽难运，而兵马得用，军人数万，争欲先奋。今壶头竟不得进，大众怫郁行死，诚可痛惜。"弇得书奏之。帝乃使虎贲中郎将梁松，乘驿责问援，因代监军。会援病卒，松宿怀不平，遂因事陷之。帝大怒，追收援新息侯印绶。

初，援在交址，常饵薏苡实，用能轻身省欲，以胜瘴气。南方薏苡实大，援欲以为种，军还，载之一车。时人以为南土珍怪，权贵皆望之。援时方有宠，故莫以闻。及卒后，有上书谮之者，以为前所载还皆明珠文犀。马武、于陵侯侯昱等，皆以章言其状，帝益怒。援妻孥惶惧，不敢以丧还旧茔，裁买城西数亩地稾葬而已。宾客故人，莫敢吊会。援兄子严，与援妻子草索相连，诣阙请罪。帝乃出松书以示之，方知所坐，上书诉冤，前后六上，辞甚哀切，然后得葬。

又前云阳令同郡朱勃，诣阙上书曰："臣闻王德圣政，不忘人之功，采其一美，不求备于众。故高祖赦蒯通，而以王礼葬田横，大臣旷然，咸不自疑。夫大将在外，谗言在内，微过辄记，大功不计，诚为国之所慎也。故章邯畏口而奔楚，燕将据

河岸边挖石洞,来躲避暑热。敌人每次登上险峻地段擂鼓呐喊,马援都会警觉地拖着病体出来观察形势,身边的人都被他这一豪壮的气概所感染,没有不掉泪的。耿舒给其兄好畤侯耿弇写信说:"先前我上书建议应当先攻打充县,粮食虽然难运而兵马却可以发挥战斗力,数万军人定会奋勇争先。现在陷于壶头竟然不能前进,大家都快要郁闷死了,实在叫人感到痛惜。"耿弇接到信,将此事上奏,光武皇帝就派虎贲中郎将梁松乘驿站的车去责问马援,并代为监军。适逢马援病逝,梁松旧日怨恨未平,就利用这个机会陷害马援。光武帝大怒,追缴了马援新息侯的印绶。

当初,马援在交址,常吃薏苡籽,用它可以使身体轻便,减少欲望,还能缓解瘴气的毒害。南方的薏苡籽较大,马援想留作种子,军队还朝时,装载了一车薏苡籽。当时被人认为是南方的珍奇宝物,权贵们皆有怨责之意。马援当时正受宠信,所以没有人上告。等到马援死了以后,就有人上书诬陷他,说以前运回的东西,都是明珠和有纹理的犀牛角。马武和于陵侯侯昱等,也都上书报告当时的情况,光武帝越发愤怒。马援的妻子儿女十分恐惧,不敢把马援的尸体运回家乡旧坟去安葬,只在洛阳城西买地数亩,草草地掩埋起来完事。宾客和故友也没有人敢去聚集吊丧。马援的侄子马严和马援的妻子儿女用草绳相缚连,到宫阙请罪。光武帝于是命人拿出梁松的奏书给他们看,他们才知道了马援获罪的原由,上书诉说冤情,前后共六次,言辞十分哀伤悲切,然后马援才得以正式安葬。

又有前任云阳令、马援的同乡朱勃到宫阙上书说:"臣听说王者的德行以及圣明的政治,不会忘记人臣的功劳,采用他某一方面的美德,而不要求他具备所有方面。所以汉高祖赦免了蒯通并用王礼殡葬了田横,大臣们豁然开朗,都除去了心里的恐惧。大将征战在

聊而不下,岂其甘心末规哉?悼巧言之伤类也。窃见故伏波将军马援,拔自西州,钦慕圣义,间关险难,触冒万死,孤立群贵之间,傍无一言之佐,驰深渊,入虎口,岂顾计哉!宁自知当要七郡之使,徼封侯之福耶?"

"八年,车驾西讨隗嚣,国计狐疑,众营未集,援建宜进之策,卒破西州。及吴汉下陇,冀路断隔,唯独狄道为国坚守,士民饥困,寄命漏刻。援奉诏西使,镇慰边众,乃招集豪杰,晓诱羌戎,谋如涌泉,势如转规,遂救倒悬之急,存几亡之城,兵全师进,因粮敌人,陇冀略平,而独守空郡。兵动有功,师进辄克。诛锄先零,缘入山谷,猛怒力战,飞矢贯胫。又出征交址,土多瘴气。援与妻子生诀,无悔吝之心,遂斩灭征侧,克平一州。间复南讨,立陷临乡,师已有业,未竟而死。吏士虽疫,援不独存。夫战或以久而立功,或以速而致败,深入未必为得,不进未必为非。人情岂乐久屯绝地,不生归哉!惟援得事朝廷二十二年,北出塞漠,南渡江海,触冒害气,僵死军事,名灭爵绝,国土不传。海内不知其过,众庶未闻其毁,卒遇三夫之言,横被诬罔之谗,家属杜门,葬不归墓,怨隙并兴,宗亲怖栗。死者不能自列,生者莫为之讼,臣窃伤之。"

外，谗言却在宫内流传，有一点小过就记下来，大功却不计，这实在是治理国家所应谨慎对待的。所以秦大将章邯因为害怕谗言而投降了项羽，燕国的将军攻下了聊城而不敢回国，难道是他们甘心出此下策吗！他们是害怕谗言伤害善良的人啊！我私下了解到已故伏波将军马援，从西州被选拔，敬慕皇帝的圣德仁义，历经曲折艰险，冒着万死的危险，孤身立于众权贵之间，旁边却无一人帮他说话；他率军驰骋险境，深入虎口要地，难道他有过回头为自己考虑的时候吗？难道他已知道将要担任七郡之使官，求取封爵的福分吗？"

"建武八年，皇上西征隗嚣，征讨方针犹豫未定，各路兵力还未集中，马援提出了应当及时出兵的主张，终于击败了河西的敌人。等到吴汉败离陇上，进入冀县的道路已被断绝，只有马援所在的狄道为国家坚守，军民们饥饿困顿，命在旦夕。马援奉诏出使西方，安抚慰问边地民众，接着又招集豪杰，劝诱羌戎。智谋犹如泉涌，所向披靡，势如破竹，于是挽救了形同倒悬的危急局面，保住了几乎失守的城池，保全了兵力使之得以挥师前进，取敌人的粮食而食，陇冀大致平定，而他自己却独守空郡。他只要动兵便立功，只要出师便能取胜。他诛灭了西羌最大的部落先零，追入山谷，勇猛作战，飞箭穿透了他的小腿；又出征交址，当地多瘴气，马援与妻子儿女生死诀别，毫无后悔、惜命之心，于是斩杀了征侧，平定了交州。之后他再度南征，立即攻陷了临乡，军队已取得功绩，但事业未成而身先死。将士们虽染瘟疫，马援也没有独自生存。说到战争，有的因持久而建立功勋，有的因急于取胜而导致失败；深入敌军中未必就能取胜，暂时不进未必就不对。人情常理哪有乐意长期驻守在险恶绝境中的道理，谁不想生还呢？马援效力于朝廷二十三年，北出塞外沙漠，南渡江海水域，顶着瘴气，死于军中，功名泯灭爵位被夺，封地也不能传给后

"夫明主醲于用赏,约于用刑。高祖尝与陈平金四万斤,以间楚军,不问出入所为,岂复疑以钱谷间哉?夫操孔父之忠,不能自免于谗,此邹阳之所悲也。惟陛下留思竖儒之言,无使功臣怀恨黄泉。臣闻《春秋》之义,罪以功除;圣王之祀,臣有五义。若援所谓以死勤事者也。愿下公卿,平援功罪,宜绝、宜续,以厌海内之望。臣年已六十,常伏田里,窃感栾布哭彭越之义,冒陈悲愤,战栗阙庭。"书奏,报归田里。

子廖,字敬平,少以父任为郎,肃宗甚尊重之。时皇太后躬履节俭,事从简约。廖虑美业难终,上疏长乐宫,以劝成德政,曰:"臣案前世诏令,以百姓不足,起于世尚奢靡。故元帝罢服官,成帝御浣衣,哀帝去乐府。然而侈费不息,至于衰乱者,百姓从行不从言也。夫改政移风,必有其本。"

"传曰:'吴王好剑客,百姓多瘢疮;楚王好细腰,宫中多

人。天下人不知道他究竟犯了什么过失,老百姓也未听说过对他的毁谤,突然遇到众口一词的攻击,横遭谗言的诬陷毁谤,家属闭门不敢与外面交往,遗骸不能葬入祖墓,怨言嫌隙一齐而来,宗族亲属惊慌恐惧。死者不能自白冤屈,活着的人也不能为他辩冤,臣下我暗自为他伤悲。"

"英明的君主,应多多使用奖赏而减少施用刑罚。汉高祖曾给陈平黄金四万斤来离间楚军,不过问他如何支出与收入以及做了些什么,难道还会怀疑他是否用钱粮去离间楚军了吗?人具有孔夫子的忠诚却不能使自己避免谗言的伤害,这是邹阳所悲哀的事情。希望陛下能留意我这个无知儒生的话,不要让功臣含恨九泉。臣听说《春秋》的经义,人的罪过可用功劳来抵消。按圣明君主祭祀的原则,做臣子的能做到五义死后就可享祭祀。像马援,正是所谓的以死来尽心为国效劳的人啊。希望让公卿们来评议马援的功过,再决定应当是剥夺其爵位还是应当续封,来满足天下人的心愿。臣年已六十,经常伏居在民间,私下为栾布不顾禁令哭祭彭越的大义而感动。臣冒死陈述内心的悲愤,惶恐战栗于宫阙之上。"奏疏呈上后,有了答覆,他便返回乡里了。

马援长子马廖,字敬平,年轻时因父亲马援为官被保举为郎,深受章帝的尊重。当时皇太后亲身履行节俭,办事务从简省。马廖担心这种美德难以贯彻始终,上疏马太后,劝谏太后成就德政,说:"臣依据前代的诏命,认为百姓日用不足,是由于世人崇尚奢侈浪费。故而元帝免去服官,成帝常穿旧的衣服,哀帝去除乐府。然而奢侈浪费仍未停止,以至造成衰败混乱,原因是由于百姓效法朝廷的行为而不重视朝廷的言辞。改变风气习俗,必须抓住根本。"

"《传》说:'吴王喜欢精于剑术的人,老百姓就多有创伤;楚

饿死。'长安语曰：'城中好高髻，四方高一尺；城中好广眉，四方且半额；城中好大袖，四方用匹帛。'斯言如戏，有切事实。前下制度未几，后稍不行，虽或吏不奉法，良由慢起京师。今陛下躬服厚缯，斥去华饰，素简所安，发自圣情，此诚上合天心，下顺民望，浩大之福，莫尚于此。陛下既已得之自然，犹宜加以勉勖，法大宗之隆德，戒成哀之不终。《易》曰：'不恒其德，或承之羞。'诚令斯事一竟，则四海诵德，声熏天地，神明可通，金石可勒，而况于人心乎？况于行令乎？愿置章坐侧，以当瞽人夜诵之音。"太后深纳之。

卓茂，字子康，南阳人也。以儒术举，迁密令。视民如子，举善而教，口无恶言，吏民亲爱，而不忍欺之。民常有言部亭长受其米肉遗者，茂避左右问之曰："亭长为从汝求乎？为汝有事属之而受乎？将平居自以恩意遗之乎？"民曰："往遗之耳。"茂曰："遗之而受，何故言邪？"民曰："窃闻贤明之君，使民不畏吏、吏不取民。今我畏吏，是以遗之，吏既卒受，故来言耳。"茂曰："汝为弊民矣。凡人所以贵于禽兽者，以有仁爱，知相敬事也。今邻里长老尚致馈遗，此乃人道所以相亲，况吏与民乎？吏顾不当乘威力强请求耳。

王喜欢细腰,宫女们多有饿死的。'长安城中的谚语说:'城里的人喜欢束高发髻,四处乡下的百姓发髻就高达一尺;城里的人喜欢画宽眉,乡下的百姓就将眉毛画到半额宽;城里人喜欢长衣袖,乡下的百姓就用整匹布来做衣袖。'这些虽似笑话,但却是切中事实。以前颁布的制度没过多久,稍后就不执行了。虽然是有的官吏不依法办事,但实在是轻慢法令的行为起源于京师的缘故。如今陛下亲自穿着厚缯做的衣服,去掉华丽的装饰,心安住于朴素简约,都是发自您的本性,这种做法实在是上合天心,下顺民意。造福宏大,莫过于此。陛下既已自然而然地做到了这一点,但还须加以勉励,效法太宗的盛大德行,借鉴成帝、哀帝不能善终的教训。《易经》说:'不能持之以恒地恪守自己的德行,恐怕终将会遭受耻辱。'如果真正能将这种事情坚持到底,那么四海之内都会歌颂圣德,赞美之声就会达于天地,可以感通神明,可以刻金石记功,更何况人心呢?何况是推行法令呢!希望把我的这份奏章放在御座旁边,以当作盲人乐师夜间朗诵的声音。"太后深深赞同并采纳了他的建议。

卓茂,字子康,南阳郡人。因儒学被举用为侍郎,晋升为密县县令。他爱民如子,推荐德才兼优的人来教化百姓,口无非礼、伤人的言语,吏民都亲近喜爱他,而不忍心欺骗他。有个人曾说卓茂属下的亭长接受过他送去的米和肉,卓茂屏退身边的人问这个人说:"是因为亭长向你提出这个要求吗?还是因为你托他办事,他接受了你的米肉?或是他平日对你有恩,你才送给他的?"这个人说:"是我自己前去送给他的。"卓茂说:"你送他受,为什么还要向我报告呢?"这个人说:"我私下里听说贤明的君主,使百姓不会害怕官吏,官吏也不向百姓索取东西。现在我害怕官吏,所以送东西给他,官吏既然最后接受了,所以我来说这件事情。"卓茂说:"你真是愚昧啊。人比禽兽可

凡人之生，群居杂处，故有经纪礼义，以相交接。汝独不欲修之，宁能高飞远走，不在人间邪？亭长素善吏，岁时遗之，礼也。"民曰："苟如此，律何故禁之？"茂笑曰："律设大法，礼顺人情。今我以礼教汝，必无怨恶；以律治汝，何所厝其手足乎？一门之内，小者可论，大者可杀也，且归念之。"于是人纳其训，吏怀其恩。治密数年，教化大行，道不拾遗。平帝时，天下大蝗，河南二十余县，皆被其灾，独不入密界。王莽居摄，以病免归。世祖即位，乃下诏曰："前密令卓茂，束身自修，执节淳固，诚能为人所不能为，夫名冠天下，当受天下重赏。今以茂为太傅，封褒德侯，食邑二千户。"

鲁恭，字仲康，扶风人也。太傅赵熹举恭直言，拜中牟令。恭以德化为治，不任刑罚。民许伯等，争田累年，守令不能决，恭为平理曲直，皆退而自责，辍耕相让。亭长从民借牛，而不肯还之，牛主讼于恭。恭召亭长，敕令归牛者再三，犹不从。恭叹曰："是教化不行也。"欲解印绶去。掾史泣涕共留之，亭长乃惭悔，还牛，诣狱受罪，恭贳不问。于是吏民信服。

贵的地方,就是因为人有仁爱之心,知道要互相敬慎处事啊。现在对邻里、老人尚且要给予馈赠,这是人与人之间相亲相爱的表示,何况官吏与老百姓呢?而官吏只是不应当凭借势力去向百姓强行索要。"

"人的一生,与其他人共同生活在一起,所以才有了纲常礼义来互相交往。唯独你一个人不愿按礼仪行事,难道你能高飞远走,不食人间烟火吗?亭长一向是个好官,一年当中有时送点东西给他,是合乎礼仪的。"那个人说:"如果是这样,法律为什么还要禁止呢?"卓茂笑着说:"法律管大节,礼是顺乎人情的。现在我用礼义教化你,你必然没有怨恨;用法律处治你,那你将会手足无措。在这衙门之内,小错可以论罪,大错可以杀头啊。你且回去想想这个道理吧。"于是那个人接受了这个教导,那位亭长也感念他的恩德。卓茂治理密县几年,教化大行,路不拾遗。西汉平帝时,天下遭受严重的蝗灾,黄河以南有二十多个县都受到蝗灾,只有密县没有受灾。王莽摄政时期,卓茂因病免职回家。世祖光武即位,就下诏书说:"前密县县令卓茂,注重自身修养,坚守节操、敦厚坚毅,确实能做到常人所做不到的事。他名满天下,应当受到重赏。现在朝廷任用卓茂为太傅,封为褒德侯,食邑二千户。"

鲁恭,字仲康,扶风郡人。太傅赵熹举荐鲁恭为直言,被拜为中牟县令。鲁恭以德化治理,不用刑罚。有百姓许伯等人,争夺一块田地已好几年了,郡守县令都不能判决这一案件。鲁恭为他们评判曲直,双方全都退堂检讨自己,中止耕作互相让界。有位亭长从老百姓手里借牛而不肯归还,牛的主人到鲁恭跟前诉讼。鲁恭把亭长召来,多次命令他归还,可是亭长仍不听从。鲁恭叹息说:"这是教化不行的结果啊。"鲁恭想要解下绶带,辞官而去。掾史们哭着一起挽留他,于是亭长惭愧悔悟,把牛归还给了主人,并到狱中请求服罪,鲁恭予

建初七年，郡国螟伤稼，犬牙缘界，不入中牟。河南尹袁安闻之，疑其不实，使仁恕掾肥亲往廉之。恭随行阡陌，俱坐桑下。有雉过，止其傍，傍有童儿。亲曰："儿何不捕之？"儿言雉方将雏，亲瞿然而起，与恭诀曰："所以来者，欲察君之治迹耳。今虫不犯境，此一异也；化及鸟兽，此二异也；竖子有仁心，此三异也。久留徒扰贤者耳。"还府，具以状白安。是岁嘉禾生中牟，安上书言状，帝异之。

以赦免,不再过问此事。于是吏民都信任佩服他。

建初七年,与中牟县相邻的郡国螟虫成灾,危害庄稼。中牟县虽然与郡国犬牙般交错接壤,但螟害没有进入中牟。河南尹袁安听到这件事,怀疑这种情况不属实,让仁恕掾肥亲去察访这件事。鲁恭陪同这位官员在田间行走,他们都坐在桑树下边。有野鸡飞过,停在桑树旁边,旁边有个小孩子。肥亲问:"你为什么不捉那只野鸡呢?"小孩子说:"野鸡妈妈还要抚养小鸡。"肥亲吃惊地站起来,和鲁恭告别说:"我这次来的原因,是想考察您的政绩啊。现在蝗虫不犯中牟县境,这是第一件非同寻常的事;教化普及影响到鸟兽,这是第二件非同寻常的事;连小孩子都有仁爱之心,这是第三件非同寻常的事啊。我久留此地,只会白白地打扰贤者。"回到府中,肥亲将看到的情况向袁安禀报。这一年,中牟县的稻田长出了祥瑞的双穗嘉禾,袁安上书报告了这些情况,章帝对此也感到很奇特。

卷二十二 后汉书（二）

传

宋弘，字仲子，长安人也。世祖尝问弘通博之士，弘荐沛国桓谭，才学洽闻，几能及扬雄、刘向父子。于是召谭，拜议郎给事中。帝每讌，辄令鼓琴，好其繁声。弘闻之不悦，悔于荐举。伺谭内出，正朝服，坐府上，遣吏召之。谭至，不与席而让之曰："吾所以荐子者，欲令辅国家以道德也。而今数进郑声，以乱雅颂，非忠正者也。能自改耶？将令相举以法乎？"谭顿首辞谢，良久乃遣之。后大会群臣，帝使谭鼓琴，谭见弘，失其常度。帝怪而问之，弘乃免冠谢曰："臣所以荐桓谭者，望能以忠正导主，而令朝廷耽悦郑声，臣之罪也。"帝改容谢之，使反服。其后遂不复令谭给事中。弘推进贤士三十余人，或相及为公卿者。

弘当讌见，御坐新施屏风，图画列女，帝数顾视之。弘正容言曰："未见好德如好色者。"帝即为彻之，笑谓弘曰："闻义

传

宋弘,字仲子,长安人。光武帝曾经向宋弘了解国内学识通达渊博的人,宋弘便推荐了沛国的桓谭,称他才学广博,几乎可以赶得上扬雄和刘向父子。于是征召桓谭,拜为议郎、给事中。光武帝每次举行宴会时,总是叫桓谭弹琴,很喜欢他弹奏的浮靡乐声。宋弘听说这事以后,心中便不高兴,后悔荐举了桓谭。等桓谭从宫中退出时,宋弘就整齐地穿上朝服,坐在府堂上,派属吏去传唤桓谭。桓谭到了,宋弘并不请他入坐,而是责备道:"我之所以推荐您,是希望您以道德辅佐君王,但您现在几次向皇上演奏郑卫淫声,扰乱雅颂正音。这不是忠诚正直的行为。你能自己改正吗?还是让我依法检举你呢?"桓谭叩头谢罪,过了很久,宋弘才打发他回去。后来光武帝大会群臣,又令桓谭弹琴,桓谭看到宋弘也在坐,有失往日的从容神态。光武帝感到奇怪,便问其中的缘故。宋弘便摘下官帽,向光武帝认错说:"臣之所以推荐桓谭,是希望他能以忠诚正直的学识来开导君王,而今他却让朝廷沉溺于靡靡之音,这是臣的罪过啊!"光武帝为之动容,并向宋弘道歉(不该喜欢靡靡之音),让他戴上官帽。此后便不再让桓谭担任给事中的职务了。宋弘推荐贤士三十多人,相继有人担任公卿大臣之职。

有一次光武帝在内廷召见宋弘,御座旁边新添加的屏风上面画着烈女像,光武帝不时的回头看。宋弘面色严肃的说:"未曾见过好德像好色一样的人。"光武帝立即把屏风取掉,笑着向宋弘说:"听

则服,可乎?"对曰:"陛下进德,臣不胜其喜。"时帝姊湖阳公主新寡,帝与共论朝臣,微观其意。主曰:"宋公威容德器,群臣莫及。"帝曰:"方且图之。"后弘被引见,帝令主坐屏风后,因谓弘曰:"谚言'贵易交,富易妻。',人情乎?"弘曰:"臣闻'贫贱之知不可忘,糟糠之妻不下堂'。"帝顾谓主曰:"事不谐矣。"

韦彪,字孟达,扶风人也。拜大鸿胪。是时陈事者,多言郡国贡举,率非功次,故守职益懈,而吏事寖疏,咎在州郡。彪上议曰:"孔子曰:'事亲孝,故忠可移于君。'是以求忠臣必于孝子之门。夫人才行,少能相兼,是以孟公绰优于赵魏老,不可以为滕薛大夫。忠孝之人,持心近厚;锻练之吏,持心近薄。三代之所以直道而行者,在其所以磨之故也。士宜以才行为先,不可纯以阀阅。然其要归,在于选二千石。二千石贤,则贡举皆得其人矣。"帝深纳之。

彪以世承二帝吏治之后,多以苛刻为能,又置官选职,不必以才,上疏谏曰:"农民急于务,而苛吏夺其时;赋发充常调,而贪吏割其财。此其巨患也。夫欲急民所务,当先除其所患。天下枢要,在于尚书。尚书之选,岂可不重?而间者多从

到合乎义理的事就去实行,这样总可以了吧?"宋弘回答说:"陛下在德行方面进了一步,臣不胜欢喜。"当时光武帝的姐姐湖阳公主新近守寡,光武帝便与她一起品评朝廷群臣,暗暗试探公主的想法。公主说:"宋公仪容庄重,道德修养与才识,是所有的朝臣都比不上的。"光武帝说:"待我想个办法(设法促成这件事)。"后来宋弘被召见,光武帝让公主坐在屏风后边,于是对宋弘说:"谚语说,地位尊贵了就换朋友,有钱了就另取妻子,这是人之常情吗?"宋弘答道:"臣听说贫贱之交不可忘,糟糠之妻不下堂。"光武帝回头向公主说:"这事不好办哪。"

　　韦彪,字孟达,扶风人。官居大鸿胪。当时,凡向皇帝陈说朝事的(大臣),大多谈到各郡县侯国向朝廷选荐人才时,常常不按政绩功勋的次序,所以守职之人越来越懈怠,政务也逐渐荒疏,这个过失在州郡的长官。韦彪上书奏议说:"孔子曾说过:'以孝心事奉双亲,故可将忠心移于事奉君主,所以访求忠臣,一定要去有孝子的人家。'人的才能和德行很少能够兼备,所以孟公绰比赵、魏两国的家臣好,但却不能做滕和薛两个小国的大夫。忠孝的人,存心近于厚道;老练(罗织罪名,陷人于罪)的官吏,存心近于刻薄;夏商周三代的官员之所以能按正道行事,是在于经过磨炼的缘故。选拔人才应该把才智、德行放在首位,不能单纯的只考虑他们的家世、门第。然而它的要点,在于选拔俸禄为二千石的郡守。郡守贤能,那么贡举就能求得合适的人才了。"章帝非常同意他的看法。

　　韦彪认为社会在传袭光武、明帝两代皇帝的吏治之风,大多把严厉刻薄视为能力,而且选拔任职官员,不重才能。韦彪上疏谏言说:"农民急于务农,而苛刻的官吏使其延误农时;征收赋税为的是满足其定额,而贪官污吏们还要从中分割,这是最大的祸患。想要以农

郎官超升此位，虽晓习文法，长于应对，然察察小惠，类无大能。宜简尝历州宰素有名者，虽进退舒迟，时有不逮，然端心向公，奉职周密。宜鉴啬夫捷急之对，深思绛侯木讷之功也。往时楚狱大起，故置令史以助郎职，而类多小人，好为奸利。今者务简，可皆停省。又谏议之职，应用公直之士，通才謇正，有补益于朝者。今或从征试，辈为大夫。又御史外迁，动据州郡，并宜清选其任，责以言绩。其二千石视事虽久，而为吏民所便安者，宜增秩重赏，勿妄迁徙，惟留圣心。"书奏，帝纳之。

杜林，字伯山，扶风人也。文光禄勋。建武十四年，群臣上言："古者肉刑严重，则民畏法令。今宪章轻薄，故奸轨不胜。宜增科禁，以防其源。"诏下公卿。林奏曰："夫人情挫辱，则义节之风损；法防繁多，则苟免之行兴。孔子曰：'导之以政，齐之以刑，民免而无耻；导之以德，齐之以礼，有耻且格。'古之明王，深识远虑，动居其厚，不务多辟。周之五刑，不过三千。大汉初兴，详览失得，故破矩为圆，斫雕为朴，蠲除苛政，更立疏网，海内欢欣，人怀宽德。及至其后，渐以滋章，吹毛索疵，诋欺无限。果桃菜茹之馈，集以成赃；小事无妨于

民所做之事为重,应首先消除他们的祸患。天下的中枢,在于尚书,尚书的人选,怎么能不重视?可是近来尚书多是从郎官中越级提升,即使他能通晓法律条文,擅长应答,然而这只是些小智小慧,大多没有较强的能力。应该从曾经担任过州宰、素有声名的人中选拔尚书。他们虽然行动稳重迟缓,常有不及前一种人(郎官)的地方。不过,他们能一心公正,奉职周密。应该借鉴上林苑虎圈啬夫对答汉文帝敏捷急应的故事,好好想一想绛侯周勃性情愚钝但德才兼备的功绩呀!过去大兴楚狱,所以设置令史来协助郎官的职务,但这些人大多是小人,贪图奸利。当今政务应当从简,可全部撤销不用。另外谏议大夫的职位,应当任用公正耿直、学识广博、兼备多才、忠贞正直、对于朝事有所补益的人,现在有些是从征试的人中选拔的。再者御史外放,动辄任州郡长吏,应当精选任职之人,以政绩来要求他们。俸禄二千石的郡守任职虽久,但能给官民带来便利安适的应提高其品级,予以重赏,不要随便调动。这些事情请圣上留意。"奏书呈上,章帝采纳了这一谏议。

　　杜林,字伯山,扶风郡人。任光禄勋之职。建武十四年,群臣上书说:"古时肉刑严重,因此人民害怕法令;如今宪章制度轻忽宽松,所以作奸违法的事情多不胜举。应该增加禁令条款,从源头上加以防范。"诏书下发公卿。杜林上奏说:"人心受到挫伤,那么仁义节操的风尚就会受到损伤;法令防禁繁多,那么苟且免于刑罚(而不知耻)的行为就会兴起。孔子说:'用政令来引导,用刑法来整治,百姓虽免于刑罚,但不知羞耻;用道德来引导,用礼义来教化,百姓就会有羞耻之心,从而也就守规矩了。'古代的圣明君王,深谋远虑,举措本着仁厚之心,不实行繁多的刑罚,周代使用的五刑之法,不过有三千条。汉朝建国,详细地考察了历代得失,所以去除严刑峻法而从

义,以为大戮。故国无廉士,家无完行。至于法不能禁,令不能止,上下相遁,为弊弥深。臣愚以为宜如旧制。"帝从之。

桓谭,字君山,沛国人也。拜议郎给事中。因上疏陈时政所宜,曰:"臣闻国家之废兴在于政事,政事得失由乎辅佐。辅佐贤明,则俊士充朝,而治合世务;辅佐不明,则论失时宜,而举多过事。夫有国之君,俱欲兴化建善,然而治道未理者,其所谓贤者异也。盖善治者,视俗而施教,察失而立防,威德更兴,文武迭用,然后政调于时,而躁人可定。昔董仲舒言:'治国譬若琴瑟,其不调者,则解而更张。'夫更张难行,而咈众者亡。是故贾谊以才逐,而晁错以智死。世虽有殊能,而终莫敢谈者,惧于前事也。

且设法禁者,非能尽塞天下之奸、皆合众人之所欲也。大抵取便国利事多者,则可矣。又见法令决事,轻重不齐,或一事殊法,同罪异论,奸吏得因缘为市。所欲活,则出生议;所欲陷,则与死比。是为刑开二门也。今可令通义理、明习法律

简易,去浮华而尚质朴,废除苛刻的政令,改立宽松的法律,举国欢欣,人民都怀有宽厚之德。到了后来,又逐渐增添了法律条款,吹毛求疵,毁谤、欺侮到了无以复加的程度。把果桃蔬菜的馈赠,都当成贪赃行为;把对大义没有妨碍的小事,也看成应当杀戮的大罪。所以(按这样的标准)弄得整个国家没有廉士,家中也没有完美操行的人。以至于有法不能制约,有令不能禁止,上下互相回避,造成的弊端就更深了。愚臣认为应该沿袭过去所规定的法制。"光武帝采纳了这个谏议。

桓谭,字君山,沛国人。官拜议郎给事中。因此上疏陈述时政应该做的事,说:"我听说国家的兴废,取决于政事;政事的得失,在于辅佐大臣。辅佐之臣贤明,那贤能之士就会充满朝廷,治国方略也会适合世务;辅佐之臣不贤明,就会使政论不符合时势的需要,而且其举措大多也是错误的。凡在位的君主,都想兴教化立善德,但却没有把国家治理得井井有条的原因,就是所谓的贤者(辅佐大臣)有差异啊。善于处理政务的人,观察风俗而施行教化,考察过失而设置预防制度,威势和德政交替兴作,文治武功轮流施用,然后才能做到政治和时势相适应,而不安于本分的人才可以安定。昔日董仲舒说过:'治理国家就像调理琴瑟,对那些声音不可调和的琴瑟,就应改换新弦。如果改弦更张难以进行,而违背众人者就会失败。'因此贾谊是以才高被驱逐,而晁错则是因为智谋多而被诛死。世间虽然有特殊才能的人,但终究没有敢于议政的原因,是惧怕前事重演啊。

再者设置法律禁令,不可能完全遏制天下的奸邪,也不能都合乎众人的要求。一般采取对国家便利多的措施就可以了。另外还可以见到依法令断案,量刑轻重不等的情况,有时同一种案件会有不同的法律,同样的犯罪行为会有不同的判决,奸猾官吏借此机会进

者，校定科比，一其法度，班下郡国，蠲除故条。如此，天下知方，而狱无怨滥矣。"书奏，不省。

是时帝方信谶，多以决定嫌疑。谭复上疏曰："今诸巧慧小才伎数之人，增益图书，矫称谶记，以欺惑贪邪，诖误人主，焉可不抑远之哉！其事虽有时合，譬犹卜数只偶之类。陛下宜垂明听，发圣意，屏群小之曲说，述五经之正义，略雷同之俗语，详通人之雅谋。"帝省奏，愈不悦。其后有诏，会议灵台所处。帝谓谭曰："吾欲以谶决之，何如？"谭默然良久曰："臣不读谶。"帝问其故，谭复极言谶之非经。帝大怒曰："桓谭非圣无法，将下斩之。"谭叩头流血，良久得解。出为六安郡丞，意忽忽不乐，道病卒。

冯衍，字敬通，京兆人也。更始二年，遣尚书仆射鲍永行大将军事，安集北方。乃以衍为立汉将军，与上党太守田邑等缮甲养士，捍卫并土。及世祖即位，遣宗正刘延攻天井关，与田邑连战十余合。后邑闻更始败，乃遣使诣洛阳献璧马，即拜为上党太守。因遣使者招永、衍，永、衍等疑，不肯降，而忿邑背前约。衍乃遗邑书曰："衍闻之，委质为臣，无有二心；挈

行交易,想让你活时就用活命的法律;想让你死时就用死刑的条例,这样就为刑法开辟了两种途径。现在可命令通晓经典义理、明白法律的人,校定律条,统一法度,颁发到郡国,废除原有的条文。这样,天下人知晓法令,而讼狱也就没有冤案和滥刑了。"奏书呈上,皇帝没有理会。

这时候光武皇帝正迷信谶纬之学,大多用此来决断疑难的事。桓谭又上书说:"当今那些耍小聪明、卖弄小才伎数的人,给儒家经典增加了一些谶纬迷信的内容,假称说这是谶书,来欺骗迷惑贪婪奸邪的人,误导国君,怎能不抑制、疏远他们呢!谶书所言虽然有时与时事相合,如同占卜有单双数一样(碰巧而已)。陛下应该予以英明的听察,阐发圣王的思想,摒除小人的异端之说。遵循《五经》的正义,忽略那些雷同的庸俗言论,详察通达人士的正确谋略。"光武帝看了奏书,越发不高兴。后来诏令群臣商议在哪兴建灵台为好。光武帝向桓谭说:"我打算用谶语决定,你看怎样?"桓谭沉默了好一会儿,说道:"臣不读谶书。"光武帝问这是什么缘故,桓谭又极力陈说谶书违背经典正论。光武帝大怒说:"桓谭非议圣人,无视国法,将他拉下去问斩!"桓谭赶紧叩头请罪,一直叩到额头流血,许久才得到光武帝的宽恕。后桓谭被派出京城,贬为六安郡郡丞,由此落落寡欢,病逝在赴任途中。

冯衍,字敬通,京兆人。更始二年,刘玄派遣尚书仆射鲍永代行大将军事,安定北方。于是任命冯衍为立汉将军,和上党太守田邑等整修甲兵,捍卫并州疆土。到世祖光武皇帝(刘秀)即位,派宗正刘延攻打天井关,与田邑连战十多回合,后来田邑听到更始帝刘玄失败,就派使者到洛阳献璧玉、良马,当时就被任命为上党太守。光武皇帝派使者招抚鲍永、冯衍,而鲍、冯两人有疑心,不肯投降,而且

瓶之智,守不假器。是以晏婴临盟,拟以曲戟,不易其辞;谢息守郲,胁以晋鲁,不丧其邑。由是言之,内无钩颈之祸,外无桃莱之利,而被畔人之声,蒙降城之耻,窃为左右羞之。"

时讹言更始随赤眉在北地,永、衍信之,故屯兵界休,方移书上党,云:"皇帝在雍,以惑百姓。"审知更始已殁,乃共罢兵,幅巾降于河内。帝怨衍等不时至,永以立功得赎罪,遂任用之,而衍独见黜。永谓衍曰:"昔高祖赏季布之罪,诛丁固之功。今遭明主,亦何忧哉!"衍曰:"记有之:人有挑其邻之妻者,挑其长者,长者詈之,挑其少者,少者报之,后其夫死,而取其长者。或谓之曰:'夫非骂尔者耶?'曰:'在人欲其报我,在我欲其骂人也。'夫天命难知,人道易守,守道之臣,何患死亡?"顷之,帝以衍为曲阳令,诛斩剧贼郭胜等,降五千余人,论功当封,以谗毁故,赏不行。

建武六年,日食,衍上书陈八事:其一曰显文德,二曰褒武烈,三曰修旧功,四曰招俊杰,五曰明好恶,六曰简法令,七曰差秩禄,八曰抚边境。书奏,帝将召见。初衍为狼孟长,以罪

忿恨田邑违背以前的约定。冯衍写信给田邑说："我听说只要屈膝为臣，就不能怀有二心；虽然只有提瓶汲水的小智，却仍能守其器而不借给他人。所以晏婴参加誓盟，在剑和戟的威胁下，也不改变主意；谢息为孟孙守城邑，遇到季孙以晋、鲁两国武力相威胁（让他交出城邑），谢息也没有丢弃郕邑。由这些历史事实来看，您现在内无杀身之祸，外又得不到桃邑、莱山封赏之利，而自讨叛徒的坏名声，蒙受降城的耻辱，我私下为您感到羞愧。"

当时有人谣传，说更始帝刘玄随赤眉军在北地，鲍永、冯衍信以为真，因此屯兵在界休县，正准备致书信给上党，说皇帝在雍州，来迷惑老百姓。后鲍永、冯衍弄清楚更始（皇帝）已死，便一起停止了战争，用布巾裹着头发在河内向光武帝投降了。光武帝埋怨冯衍等没有早来投降，而鲍永因立功得以赎罪，被任用为官，唯独冯衍遭到黜免。鲍永向冯衍说："当年汉高祖赦免了季布对抗自己的罪，而诛杀了立功的丁固。现在得遇明主，又何必担忧呢！"冯衍说："古书上记载说，有个人挑逗他邻人的妻子，挑逗年长的，年长的痛骂他；挑逗年轻的，年轻的顺从了他。后来邻人死了，那个人就娶了年长的做老婆。有人问他说：'你娶的那个女人不是曾经痛骂过你吗？'那人回答说：'在她属于别人时，希望她顺从我；在她属于我时，就希望她骂别人。'天命是难以知道的，人道却容易守；安守于道的臣子，哪里会担忧死亡呢？"不久，光武帝任命冯衍为曲阳令，（冯衍）杀了反贼郭胜等，有五千多人投降，按功劳应该受封赏，但因为受谗言的毁谤，所以没有得到赏赐。

建武六年，发生日蚀，冯衍上书陈述了八件事：一是显扬礼乐教化，二是褒奖武功事迹，三是重修祖宗旧业，四是招纳才智杰出的人，五是分清善恶，六是简省法令，七是分别俸禄的等级，八是安

摧陷大姓令狐略,是时略为司空长史,谮之于尚书令王护、尚书周生丰曰:"衍所以求见者,欲毁君也。"护等惧之,即共排间,衍遂不得入。后卫尉阴兴、新阳侯阴就,以外戚贵显,深敬重衍,衍遂与之交结,由是为诸王所聘请,寻为司隶从事。帝惩西京外戚宾客,故以法绳之,大者抵死徙,其余至贬黜。衍由此得罪,尝是诣狱,有诏赦不问,归故郡,闭门自保,不敢复与亲故通。

建武末,上疏自陈曰:"臣伏念高祖之略,而陈平之谋,毁之则疏,誉之则亲。以文帝之明,而魏尚之忠,绳之以法则为罪,施之以德则为功。逮至晚世,董仲舒言道德,见妒于公孙弘;李广奋节于匈奴,见排于卫青。此臣之常所为流涕也。臣衍自惟微贱之臣,上无无知之荐,下无冯唐之说,乏董生之才,寡李广之势,而欲免谗口,济怨嫌,岂不难哉!

臣衍之先祖,以忠贞之故,成私门之祸。而臣衍复遭扰攘之时,值兵革之际,不敢回行求世之利,事君无倾邪之谋,将帅无虏掠之心。卫尉阴兴,敬慎周密,内自修敕,外远嫌疑,故与交通。兴知臣之贫,数欲本业之,臣自惟无三益之才,不敢处三损之地,固让而不受之。昔在更始,大原执货财之柄,居

抚边境。奏书呈上，光武帝准备召见他。当初，冯衍做狼孟县的长官时，曾经以罪名惩治过县中大姓令狐略，这时候令狐略做司空长史，于是向尚书令王护、尚书周生丰进谗言说："冯衍之所以求见皇上，是想诋毁你们啊。"王护等害怕了，就一起排挤他，冯衍最终未能进宫。后来卫尉阴兴、新阳侯阴就因为是外戚而贵显起来，他们对冯衍很是敬重，冯衍就和他们俩交结为朋友，因此被诸王所聘请，不久就做了司隶从事。光武帝有鉴于西汉外戚和宾客相互勾结危及政权，所以就把外戚和宾客绳之以法，严重的大多被判以死罪或流放，其他的给以贬官罢免的处分，冯衍因此获罪，曾自首到牢狱，皇上下诏赦免了他并不予追究。冯衍回到故乡后，闭门不出，以求自保，不敢再和亲友旧交往来。

到建武末年，冯衍上疏自陈说："臣想到如高祖的雄才大略和陈平的足智多谋，陈平遭到诋毁时，高祖就疏远他；别人称赞陈平时，高祖就亲近他。凭着汉文帝的圣明和魏尚的忠诚，若将魏尚绳之以法，他就有罪过；施予其恩德，他就有功德。到了后来，董仲舒谈论道德，却被公孙弘嫉妒；李广奋力抵御匈奴，却被卫青排挤。这些都常常让我悲伤流泪。臣冯衍只不过是一个微贱的人，上边没有像魏无知一样的人来推荐我，下边也没有像冯唐这样的人为我说话，既缺少董仲舒的才能，又没有李广那样的军功，而想避免谗言，平息别人对我的怨恨，真是难啊！"

我的祖上（冯参），因为忠贞不屈的缘故，招致了我们家族一门的祸害。臣衍又遭逢国家混乱的时期，正逢战乱纷纷之际，不敢以邪行求取世间的好处，事奉君王没有恶邪不正的谋略，做将帅也没有虏掠的想法。卫尉阴兴，为人谨慎周密，内自修养，外避嫌疑，所以我和他交往。阴兴深知我的贫困，多次想帮我立基本生计之业，但

仓卒之间，据位食禄二十余年，而财产岁狭，居处日贫，家无布帛之积，出无舆马之饰。于今遭清明之世，敕躬力行之秋，而怨雠丛兴，讥议横世。盖富贵易为善，贫贱难为工也。疏远陇亩之臣，无望高阙之下，惶恐自陈，以救罪尤。"书奏，犹以前过不用。

论曰："冯衍之引挑妻子之譬得矣。夫纳妻，皆知取嚣己者，而取士则不能，何也？岂非反妒情易，而怨义情难。光武虽得之于鲍永，犹失之于冯衍。夫然，义直所以见屈于既往，守节故亦弥阻于来情。呜呼。

申屠刚，字巨卿，扶风人也。迁尚书令。世祖尝欲出游，刚以陇蜀未平，不宜晏安逸豫。谏不见听，遂以头轫乘舆轮，帝遂为止。时内外群官，多帝自选举，加以法理严察，职事过苦，尚书近臣，至乃捶扑牵曳于前，群臣莫敢正言。刚每辄极谏，又数言皇太子，宜时就东宫，简任贤保，以成其德。

鲍永，字君长，上党人也。父宣，为王莽所杀。事后母至

我想到自己没有益于朋友的三种才能，也不敢处于对朋友有三害的地位，就坚决推让而没有接受他的帮助。过去更始帝执政时期，臣在大原（今山西省中部和西南部）执掌财货集散的大权，处于乱世之时，为官食禄二十多年，但财产一年少比一年，生活一天天贫困，家里没有布帛的积蓄，出外没有车马的排场。现在逢到清明的时代，正是修正自身、尽力行善的时候，可是怨仇迭起，讥议随处可以碰到。这大概就是富贵的时候容易行事，贫贱的时候事事都难的缘故吧。我以一个被疏远于山野之间的人，不敢指望在皇宫高门之下，惶恐不安地表白自己，以补救过去的罪过。"书奏，仍然因为以前的过错而没有被任用。

史家评论说：冯衍引用挑逗（他人）妻子的比方是很恰当的，丈夫娶妻子，都知道应娶骂过自己的那位，但是选用贤能却不能（坚持这个原则），为什么呢？难道不是体谅妒嫉之情容易，而宽恕忠义之士很难吗？光武虽然对鲍永做得合理，但是对于冯衍还是有失情理啊。像这样，以往受屈辱是因为忠义正直，后来更加坎坷也是因为坚守节操啊。可叹啊！

申屠刚，字臣卿，扶风郡人。升任为尚书令。世祖光武皇帝曾有一次想出游，申屠刚认为陇蜀尚未平定，不适合游历安闲。他的谏议未被光武帝接受，申屠刚便以头抵住车轮，光武帝这才打消出游的念头。当时内外群臣，大多是皇帝自己选拔的，加上因为法理严厉苛察，官员们事务繁多过于辛苦，像尚书这样皇上身边的近臣，在朝堂上都会被拖出去杖责，群臣没有敢于直言劝谏的。而申屠刚每次总是极力谏言，又屡次说到皇太子应按时入住东宫，挑选任用有贤德的人辅佐，以培养太子的德操。

鲍永，字君长，上党人。父亲鲍宣，被王莽杀害。鲍永侍奉后母

孝,妻尝于母前叱狗,而永即去之。莽以宣不附己,欲灭其子孙,太守苟谏拥护,召以为吏。更始二年,征再迁尚书仆射,行大将军事,持节将兵,安集河东、并州、朔部。世祖即位,遣谏议大夫储大伯持节征永,永乃收系大伯,遣使驰至长安。既知更始已亡,乃发丧,出大伯等,封上将军列侯印绶,悉罢兵,但幅巾与诸将及同心客百余人,诣河内。帝见永问曰:"卿众所在?"永离席叩头曰:"臣事更始,不能令全,诚惭以其众幸富贵,故悉罢之。"帝曰:"卿言大。"而意不悦。

为司隶校尉,行县到霸陵,路经更始墓,引车入陌。从事谏止之。永曰:"亲北面事人,宁有过墓不拜?虽以获罪,司隶所不避也。"遂下拜哭,尽哀而去。西至扶风,椎牛上谏冢。帝闻之,意不平,问公卿曰:"奉使如此何如?"太中大夫张湛对曰:"仁者行之宗,忠者义之主也。仁不遗旧,忠不忘君,行之高者也。"帝意乃释。

论曰:鲍永守义于故主,斯可以事新主矣。耻以其众受宠,斯可以受大宠矣。若乃言之者虽诚,而闻之者未譬,岂苟进之悦易以情纳,持正之忤难以理求乎?诚能释利以循道,居方以从义,君子之概也。

非常孝顺,他的妻子曾经在后母面前斥骂狗,就被鲍永休掉了。王莽因为鲍宣不归附自己,打算灭绝他的子孙,太守苟谏为保护鲍永,就招任为官吏。更始二年被征召,再升任为尚书仆射,代行大将军之权,持符节领兵,平定河东、并州、朔部。世祖光武皇帝即位,派遣谏议大夫储大伯,持符节征召鲍永,鲍永将储大伯关押起来,派人骑马到长安。既经探明更始帝已经死去,于是为他发丧,并放出了储大伯等人,把上将军列侯的印绶封存起来,将兵众全部罢免。只以幅巾束头和诸将及相好的宾客一百多人到河内,光武帝召见鲍永问道:"你的士兵都在何处?"鲍永离开席位叩头说:"臣效忠更始帝,却不能让他保全,实在羞愧再利用他的军队谋求富贵,所以全都把他们罢归了。"光武帝说:"说得好!"但(光武帝)心中却不快。

鲍永做司隶校尉,巡行到霸陵,路过更始帝坟墓,便驱车进入通往墓地的小路(准备祭拜),跟从的人谏止他。鲍永说:"我曾经亲自侍奉过更始帝,哪有过墓不拜的道理,虽然有可能得罪上司,我也不能回避。"于是下拜,痛哭尽哀之后才离开。向西到扶风郡,杀牛祭祀了苟谏的陵墓。光武帝听了这些事后,心中不满,问公卿说:"鲍永为什么这么做?"太中大夫张湛回答说:"仁义是行为的宗旨,忠诚是仁义的关键。仁义的人不会遗旧,忠诚的人不会忘君,这才是品行的最高表现。"光武帝的不满才消除。

史家论说道:鲍永遵守道义而不忘故主,这样才可以辅弼新主;以带领故主的军队投降邀功为耻,这才能得到新主最大的恩宠。至于讲说此事者虽然很真诚,而听者却不明白。难道不是苟求迁升的取悦之言,在感情上容易采纳;而持守公正的逆耳之言,在道理上难以接受吗?如果真的能够放弃私利以遵循正道,存心方正,遵从大义,这才是君子的气度啊。

郅恽、字君章,汝南人也。举孝廉,为上东城门候。帝常出猎,车驾夜还,恽拒关不开。帝令从者见面于门间,恽曰:"火明辽远。"遂不受诏。帝乃回,从东中门入。明日,恽上书谏曰:"陛下远猎山林,夜以继昼,其如社稷宗庙何?暴虎冯河,未至之诫,诚小臣所窃忧也。"书奏,赐布百匹,贬东中门候为参封尉。

郭伋,字细侯,扶风人也。王莽时,为并州牧。建武九年,拜颍川太守。十一年,调为并州刺史。引见谵语,伋因言选补众职,当简天下贤俊,不宜专用南阳人。帝纳之,伋前在并州,素结恩德,及后入界,所到县邑,老幼相携,逢迎道路。所过问民疾苦,聘求耆德雄俊,设几杖之礼,朝夕与参政事。始至行部,到西河美稷,有童儿数百,各骑竹马,于道次迎拜。伋问曰:"儿曹何自远来?"对曰:"闻使君到,喜,故来奉迎。"伋辞谢之。及事讫,诸儿复送至郭外,问使君何日当还,伋计日告之。既还,先期一日,伋为违信于诸儿,遂止于野亭,须期乃入。

樊宏,字靡卿,南阳人,世祖之舅也。宏为人谦柔畏慎,不求苟进。常戒其子曰:"富贵盈溢,未有能终者。吾非不喜荣势也。天道恶满而好谦。前代贵戚,皆明戒也。保身全己,

郅恽，字君章，汝南郡人。被举荐为孝廉，后任上东城门门官。光武帝曾经出城打猎，夜间才驱车回城，郅恽据守城门，闭门不开。皇帝命跟从的人通过门缝与郅恽见面交涉，郅恽说："火光太遥远（看不清楚是谁）。"便不接受诏令。光武帝只得绕道从东中门入城。第二天郅恽上书进谏说："陛下去往遥远的山林打猎，夜以继日，将对国家和祖宗如何交代？《诗经》上告诫人们：'切勿空手搏虎，徒步渡河。'冒险出猎，尽管没有发生值得警诫的意外，但小臣私下实在太担忧了。"奏书献上之后，光武帝赐给郅恽一百匹布，把东中门的门官贬为参封尉。

郭伋，字细侯，扶风郡人。王莽当政的时候，做并州牧。建武九年任颍川太守。建武十一年，调任并州刺史，被皇帝召见，与他闲谈，郭伋因此进言，认为选补众职，应当挑选天下才德出众的人，不应该专用南阳人。皇帝采纳了这一意见。郭伋以前在并州，平日施行恩惠仁德。后来再至并州境内，所经过的县邑，百姓们扶老携幼，夹道欢迎。所有经过的地方他都要询问大家生活上有哪些困苦，并聘求年高德勋的长者，为他们设几杖之礼，早晚与他们商议政事。郭伋刚到郡便巡行所属部域，到西河美稷时，有几百名幼童，都骑着竹马，在路边迎拜。郭伋问道："孩子们为什么这么远赶来啊？"孩子们回答说："听说您要来，我们都很高兴，所以来迎接。"郭伋向孩子们道谢。等郭伋把事情办完，孩子们又送郭伋到城外，并问他什么时候再回来。郭伋计算归期告诉他们。等回来时，却早一天到了，郭伋怕失信于孩子们，于是在野外的亭子住下来，等到说定的时间才进入美稷。

樊宏，字靡卿，南阳郡人，是光武帝的舅父。他为人谦和谨慎，从不贪求引迁。经常告诫他的儿子说："凡是大富大贵到了过于盈满的地步，就没有得善终的。我不是不喜欢荣华富贵，只是天理厌恶盈

岂不乐哉？"宗族染其化，未尝犯法，帝甚重之。

阴识，字次伯，南阳人，光烈皇后之兄也。以征伐军功增封，识叩头让曰："天下初定，将帅有功者众，臣托属掖庭，仍加爵邑，不可以示天下。"帝甚美之。

兴，字君陵，识弟也。帝后召兴，欲封之，置印绶于前。兴固让曰："臣未有先登陷陈之功，而一家数人，并蒙爵土，令天下觖望，诚为盈溢。臣蒙陛下、贵人恩泽至厚，富贵已极，不可复加。至诚不愿。"帝嘉兴之让，不夺其志。贵人问其故，兴曰："贵人不读书记耶？'亢龙有悔'。外戚家苦不知谦退，嫁女欲配侯王，取妇盻睨公主，愚心实不安也。富贵有极，人当知足。夸奢，益为观听所讥。"贵人感其言，深自降挹，卒不为宗族求位。帝后复欲以兴代吴汉为大司马，兴叩头流涕，固让曰："臣不敢惜身，诚亏损圣德，不可苟冒。"至诚发中，感动左右，帝遂听之。

朱浮，字叔元，沛国人也。为幽州牧。渔阳太守彭笼败后，世祖以二千石长吏多不胜任，时有纤微之过者，必见斥罢，交易纷扰，百姓不宁。建武六年，有日蚀之异，浮因上疏曰："臣闻日者众阳之宗、君上之位也。凡居官治民，据郡典县，

满而喜好谦虚。前代皇亲国戚们的下场都是我们的明鉴。保全好自己的身家性命,难道不是很快乐吗?"宗族都受他的感化,从来没有人犯法。光武帝非常敬重他。

阴识,字次伯,南阳郡人,是光烈皇后的兄长。因征战疆场立下战功得到皇帝加封,阴识叩头辞让说:"天下刚刚安定,将帅有功的人很多,臣有幸凭借皇后的亲属关系(入朝),仍再增加爵位和封邑,就不足以向天下人表明朝廷的公正无私。"光武帝非常赞叹他。

阴兴,字君陵,是阴识的弟弟。光武帝和皇后召见阴兴,准备封他,把印和挂印的丝带都放在他面前,阴兴坚决辞让说:"臣并没有冲锋陷阵的功劳,而全家中好几个人都蒙受爵位和食邑,让天下人因此不满,的确是过分了。臣蒙陛下、贵人恩泽非常多,富贵已到极点,不可以再增加官爵。我真心不愿再受封。"光武帝非常赞叹阴兴辞让的举动,并不再强迫改变他的心意。阴贵人问他为什么这么做?阴兴回答:"贵人不是曾经读过《易经》吗?经上说:'亢龙有悔。'(越是在高位越容易遭灾难。)身为皇亲国戚,最苦的莫过于不知谦让,嫁女就想配侯王,娶媳妇就盯住公主,这种做法使我内心实在不安。富贵应有限度,做人应当知足。太奢侈了,就会遭到舆论非议。"贵人于阴兴的话深有感触,于是严格的约束自己,始终不替宗族谋求爵位。光武帝后来又打算让阴兴接替吴汉为大司马,阴兴叩头流泪,坚决推让说:"臣并不顾惜性命,的确怕有损圣德,不敢贪求高位。"这种发自内心的真诚,感动了身边的人,光武帝于是就接受他的辞让。

朱浮,字叔元,沛国人。官任幽州牧,渔阳太守彭宠反叛失败,后来光武帝认为位居郡守的官吏大多不能胜任。当时稍有些微小过错的,一定被罢免。这样一来,前后任官员之间交替更迭混乱,百姓不得安宁。建武六年,发生日食,朱浮因此上书说:"我听说太阳为众

皆为阳为上、为尊为长。若阳上不明,尊长不足,则干动三光,垂示王者。陛下哀愍海内新离祸毒,保育生民,使得苏息。而今牧民之吏,多未称职,小违治实,辄见斥罢,岂不粲然黑白分明哉!然以尧舜之盛,犹加三考。大汉之兴,亦累功效,吏皆积久,养老于官,至名子孙因为氏姓。当时吏职何能悉治?论议之徒岂不喧哗?盖以为天地之功不可仓卒,艰难之业当累日也。

间者,守宰数见换易,迎新相代,疲劳道路。寻其视事日浅,未足昭见其职,既加严切,人不自保,各相顾望,无自安之心。有司或因睚眦,以骋私怨,苟求长短,求媚上意,二千石及长吏,迫于举劾,惧于刺讥,故争饰诈伪,以希虚誉。斯皆群阳骚动、日月失行之应。夫物暴长者必夭折,功卒成者必亟坏。如摧长久之业,而造速成之功,非陛下之福也。天下非一时之用也,海内非一旦之功也。愿陛下游意于经年之外,望化于一世之后,天下幸甚。"帝下其议,群臣多同于浮。自是牧守易代颇简。

旧制,州牧奏二千石长吏不任位者,事皆先下三公,三公遣掾史案验,然后黜退。帝时用明察,不复委任三府,而权归

阳之本,是君上的位置。凡是做官治民,任职于郡县的,都是阳刚,是上位,是尊贵,是尊长。如果阳上不明,尊长不足,就会冲犯到日月星三光,(日月星光就会发生变异),以此来告示君王。陛下哀怜海内刚刚经历战乱的苦难,保护、宽待百姓,使他们得以休养生息,而今天负责治理百姓的地方官吏,大多不称职,有一点过失被查实,就被斥责罢免,这种做法难道不是把事理分辨得太过清楚明白了吗!然而就是在尧舜的盛世,还要对官吏每三年考核一次,大汉朝之所以兴旺发达,(这一制度)也累见功效。官吏大多长久在任,在官位上养老送终,以至于子孙后代都以官职的名称为姓氏。当时的官吏怎么能全部治理完天下之事?那些喜欢议论的人,难道没有喧哗吗?治理天下的大业,不能仓促行事,艰难的事情应当日积月累慢慢去做。

最近,州郡的守宰多次被调换,送旧迎新,奔波疲劳在道路上。他们就职治事日子不多,不足以看见他们的政绩,又加上朝廷的严格责令,弄得人人不能自保,互相犹豫观望,不能自安其心。有关官员或因小怨小忿来报私仇,有意找岔,巴结讨好圣上的心意。二千石(郡守)和长吏迫于检举弹劾的压力,害怕指责、讥讽,所以就争着掩过是非,来贪图虚名,这都是众阳不安宁导致日月失去正常运转的应兆。任何东西迅猛生长必然会夭折,功业仓促而成必然会很快衰败。如果损毁长久的基业,来造速成的功效,这不能看作是陛下的福气啊。天下不是一时能治理好的,也不是一天之内就会有成效的,希望陛下能够留意于多年之外的效用,寄天下太平于一世之后。那才是天下的幸事啊。"光武帝把这个谏议交到下边议论,君臣大多同意朱浮的意见。从此牧守变动的事就很少了。

按旧有的制度,凡是州牧举奏二千石长吏不称职的,事情都是先交给三公,三公派遣属下掾吏核实验证,然后才能罢免。光武帝

刺举之吏。浮复上疏曰:"陛下其清明履约,率礼无违,自宗室诸王,外家后亲,皆奉绳墨,无党势之名。斯固法令整齐,下无作威者也。求之于事,宜以和平,而灾异犹见者,而岂徒然哉?天道信诚,不可不察。窃见陛下疾往者上威不行,下专国命,即位以来,不用旧典,信刺举之官,黜鼎辅之任,至于有所劾奏,便加退免,覆案不关三府,罪遣不蒙澄察。陛下以使者为腹心,而使者以从事为耳目,是为尚书之平,决于百石之吏。故群下苛刻,各自为能,兼以私情容长,憎爱在职,皆竞张空虚,以要时利。故有罪者心不厌服,无咎者坐被空文,不可经盛衰、贻后王也。夫事积久则吏自重,吏安则民自静。传曰:'五年再闰,天道乃备。'夫以天地之灵,犹五载以成其化,况人道哉!"

陈元,字长孙,苍梧人也。以父任为郎。时大司农江冯上言,宜令司隶校尉督察三府。元上疏曰:"臣闻师臣者帝,宾臣者霸。故武王以大公为师,齐桓以夷吾为仲父。孔子曰:'百官总己,听于冢宰。'近则高帝优相国之礼,大宗假宰辅之权。及亡新王莽,遭汉中衰,专操国柄,以偷天下,况己自喻,不信群臣,夺公辅之任,损宰相之威,以刺举为明、徼讦为直。至

当时自恃明察，不再交由三公去办，而实权落在检举的官吏手上。朱浮又上书说："陛下清明简约，遵循礼法而没有违背，从宗室诸王侯到外戚皇亲，都能遵奉法度，没有结党蓄势的名声，这的确是法令有条理，才使下边没有作威作福的情况啊。按事理来说，应当是和谐安宁的，但是灾异仍然不断发生，难道这是偶然的吗？天道是讲诚信的，不可不明察。我看到陛下忧患过往的皇帝，权威行不通，下边诸侯国掌握着国家的命运。自陛下即位以来，不采用旧时法典，深信州郡的检举官吏，废除三公辅政之任，只要有弹劾上奏，便退免不用。案子不通过三府复查核对，罪过谴责不能明察。陛下以使者为心腹，而使者以办事人员做耳目。这实际上是使尚书考察处理百官的职权，下放给了百石的小吏来决定，因此使得官吏办事苛刻，各自为政。加上讲求私人情面以求宽容，以爱憎之情（不公允）任职为政。官吏大都竞相虚张声势，来求得一时之利。所以使有罪的人心中不服，无过错的因一纸空文而受到牵连。这种情况不能够经历盛衰的考验，更不能遗留给后世。官吏在位时间久了，就会爱惜自己的名声，官吏安分职守，那老百姓也就安静无扰。《易传》上说：'五年两闰，天道就完备无缺。'即使是天道，还要历经五年的时间才渐臻完美，何况人间的事情呢？"

陈元，字长孙，苍梧郡人，因其父亲的原因出任郎官。当时大司农江冯上书言事，认为应该让司隶校尉督察三公。陈元上书说："我听说以臣子为师的能够称帝，以臣子为宾客的能够称霸。所以周武王以姜太公为师，齐桓公以夷吾为仲父。孔子说：'百官总归一人，而听之于冢宰大臣。'近世就有高祖优待萧相国的礼节，文帝给宰辅申屠嘉赦免邓通的特权。到了已亡新朝王莽时期，遇到汉室衰落，王莽专持朝政，窃取天下；只迷信自己，不信任群臣；夺取公辅大臣的职权，

乃陪仆告其君长，子弟变其父兄，罔密法峻，大臣无所措手足。然不能禁董忠之谋，身为世戮。故人君患在自骄，不患骄臣；失在自任，不在任人。是以文王有日昃之劳，周公执吐握之恭，不闻其崇刺举、务督察也。方今四方尚扰，天下未一，百姓观听，咸张耳目。陛下宜循文武之圣典，袭祖宗之遗德，劳心下士，屈节待贤，诚不宜使有伺察公辅之名。"帝从之。

桓荣，字春卿，沛郡人也。以明经入授太子。每朝会，辄令荣于公卿前敷奏经书。帝称善曰："得卿几晚。"建武二十八年，大会百官，诏问谁善可傅太子者，群臣承望上意，皆言太子舅执金吾阴识可。博士张佚正色曰："今陛下立太子，为阴氏乎？为天下乎？即为阴氏，则阴侯可；为天下，则固宜用天下之贤才。"帝称善，曰："欲置傅者，以辅太子也。今博士不难正朕，况太子乎？"即拜佚为太子太傅，而以荣为少傅，赐以辎车乘马。

第五伦，字伯鱼，京兆人也。举孝廉。帝问以政事，大悦，与语至夕。帝谓伦曰："闻卿为吏，笞妇公，不过从兄饭，宁有之耶？"伦对曰："臣三娶妻，皆无父母。少遭饥乱，实不敢妄过人飡。"帝大笑，拜会稽太守。会稽俗多淫祀，好卜筮，人常以牛祭神，百姓财产，以之困匮。其有自食牛肉，而不以荐祠

降低宰相的威信；把侦探举报看作高明，把揭发隐私、攻击别人视为正直；以致奴仆告发君长，子弟告发父兄，法网严苛，大臣无所措手足。就这样也不能禁止董忠与人共阴谋，王莽终于被世人杀死。所以做人君的祸患在于自骄自大，而不在于有骄傲的臣子；其失误在于自任而不在任人。因此周文王有过午还顾不得吃饭的操劳；周公有一饭三吐哺、一沐三握发、殷勤待客的谦恭。没有听说过他们重视以揭发检举，从事监督审察别人的事。当前四方还在扰攘不安，天下尚未统一，老百姓都还在观听形势的发展变化。陛下应当遵循文王、武王的圣明典章，继承祖宗的遗德，劳心礼贤下士，屈尊对待贤士，实在不应该让司隶校尉有督察公辅之权。"光武帝听从了这一谏议。

桓荣，字春卿，沛郡人，因通晓经书入东宫教授太子，每逢朝会，常让桓荣在公卿面前讲述经书。光武帝称赞说："得到您太晚了！"建武二十八年，光武帝大会百官，诏问谁有资格做太子的老师，群臣为了迎合皇上的心意，都说太子的舅父执金吾阴识可以担任。博士张佚严肃地说："现在陛下立太子，是为阴氏打算呢？还是为天下打算呢？如果是为阴氏，那么阴侯就可以；如果是为天下，那么本来就应该任用天下的贤才。"皇帝称赞说："打算给太子安排老师，为的是辅佐太子啊。现在博士不以纠正朕的过错为难事，更何况是太子呢？"当即拜张佚为太子太傅，而让桓荣为少傅，并赐给他们辎车和乘马。

第五伦，字伯鱼，京兆人。被推举为孝廉，光武皇帝向他询问政事，听了之后非常高兴，与他谈论到晚上。对他说："听说你做吏掾时曾拷打过你的岳父，也从不到堂兄家吃饭，难道真有这些事吗？"第五伦回答说："臣娶过三房妻子，她们都没有父母。小时候遭遇饥荒，确实不敢随便吃别人的饭。"光武帝大笑。任命他为会稽郡太

者，发病且死，先为牛鸣，前后郡将莫敢禁。伦到官，移书属县，晓告百姓。其巫祝有依托鬼神，诈怖愚民，皆案验之；有妄屠牛者，吏辄行罚。民初恐惧，或祝诅妄言，伦案之愈急，后遂断绝，百姓以安。

肃宗初，为司空。及马防为车骑将军，当出征西羌，伦上疏曰："臣愚以为，贵戚可封侯以富之，不当职事以任之。何者？绳以法则伤恩，私以亲则违宪。伏闻马防今当西征，臣以太后恩仁，陛下至孝，恐卒有纤介，难为意爱也。"伦虽峭直，然常疾俗吏苛刻。及为三公，值帝长者，屡有善政，乃上疏褒称盛美，因以劝成风德，曰："陛下即位，躬天然之德。体晏晏之姿，以宽弘临下，出入四年，前岁诛刺史、二千石贪残者六人。斯皆明圣所鉴，非群下所及。然诏书每下宽和而政急不解、务存节俭而奢侈不止者，咎在俗弊，群下不称故也。世祖承王莽之余，颇以严猛为治，后世因之，遂成风化。郡国所举，类多办职俗吏，殊未有宽博之选，以应上求者也。

陈留令刘豫、冠军令驷协，并以刻薄之姿，临民宰邑，专

守。会稽民俗中有很多不合礼仪的祭祀，喜爱占卜预测吉凶，经常杀牛祭神，百姓的财产因此贫乏。如果有人自己吃了牛肉却没有先用来祭神的，生病快死时，都要学牛的鸣叫。对这种陋俗，先后到此任职的太守没有人敢出面禁止。第五伦到任后，即发公文给所属各县，告知老百姓，如果有巫婆神汉假借鬼神欺骗恐吓、愚弄百姓的，都要受到查处。有随意杀牛祭神的，官吏要立即给予处罚。老百姓开始有些害怕，有的巫婆神汉背后诅咒他，大放厥辞，第五伦却查处得更加严厉，以后这种风俗被断绝，老百姓因而过上安宁的日子。

肃宗章帝初年，第五伦为司空。当时马防为车骑将军，准备出征西羌的时候，第五伦上疏说："臣愚笨地认为皇亲国戚可以通过封侯让他们富起来，不应当委以职务。为什么要这样呢？如果将他们绳之以法就有些伤恩情，讲情面而宽恕却违背法律。我听说马防即将要出征，臣认为太后慈祥仁爱，陛下至孝，恐怕一旦小有过失，陛下处理起来就难以顾全情面了。"第五伦虽然严峻刚正，但一直痛恨俗吏的苛刻之政。等到他担任三公之职时，遇到皇帝有长者作风，常有好的政策。第五伦就上疏褒美圣德，借以倡导德化的风气。他说："陛下即位，秉承自然的德行，表现出和悦的姿态，用宽弘的气量对待臣下，到现在有四年了，前年诛杀了刺史二千石中的贪婪残暴者六人。这都是圣上明鉴，不是群臣所能做到的。然而陛下诏令虽宽厚谦和，可是属下办事依然严急不能宽缓，陛下务求节俭而奢侈之风仍然不能扼止，原因就在于社会风气不好，群臣下属不称职啊。光武皇帝承接王莽的余绪，治理国家比较严厉威猛，后代依照旧例行事，于是形成风气。郡国所推举的人，大多是仅能办事的俗吏，很少有心胸开阔者以满足圣上的需要。

陈留县令刘豫、冠军县令驷协，都以刻薄的姿态来管理百姓、

念掠杀，务为严苦，吏民愁怨，莫不疾之，而今之议者，反以为能。违天心，失经义，诚不可不慎也。非徒应坐豫协，亦当宜谴举者。务进仁贤，以任时政，不过数人，则风俗自化矣。臣尝读书记，知秦以酷急亡国，又目见王莽亦以苛法自灭，故勤勤恳恳，实在于此。又闻诸王主贵戚，骄者逾制，京师尚然，何以示远？故曰：'其身不正，虽令不行。'以身教者从，以言教者讼。夫阴阳和，岁乃丰；君臣同心，化乃成也。其刺史、太守以下拜除京师，及道出洛阳者，宜皆召见，可因博问四方，兼以观察其人。诸上书言事有不合者，但可报归田里，不宜过加喜怒，以明在宽也。"

伦奉公尽节，言事无所依违。或问伦曰："公有私乎？"对曰："昔人有与吾千里马者，吾虽不受，每三公有所选举，心不能忘，而亦终不用也。吾兄子常病，一夜十往。退而安寝；吾子有疾，虽不省视，而竟夕不眠。若是者，岂谓无私乎？"

钟离意，字子阿，会稽人也。显宗即位，征为尚书。时交址太守坐臧千金，征还伏法，以资物簿入大司农，诏班赐群臣。意得珠玑，悉以委地，而不拜赐。帝怪而问其故，对曰："臣闻孔子忍渴于盗泉之水，曾参回车于胜母之闾，恶其名

治理县邑，一心想的是掠夺杀害，务求苛刻严酷，吏民忧愁怨恨，没有不憎恨他们的。但现在有人反而认为他们有才能，这真是违背天意，失去大义，实在不能不慎重啊。不仅只对刘豫、驷协定罪，还应当谴责推选他们的人。一定要选用仁爱贤能之人来处理时政，用不了几个人，风俗就会自然改变过来。臣曾经读过史书和有关记载，知道秦朝是因严酷暴政而亡国，且又目睹王莽因实行苛刻法律而自取灭亡，实在是鉴于这些历史教训，臣才勤恳忠诚地发表上述意见。又听说诸王侯贵戚们，骄横奢侈超越制度，京都尚且是这样，那怎么给远方之人做榜样？所以说'自身行为不端正，就是下命令也不会使大家信从。'拿自身的行为教育别人，别人就会听从；只用言论教育别人（自己不做），就会有争论。阴阳调和，就会有丰收之年，君臣同心同德，教化才能有成效啊。对刺史、太守以下，任职于京师以及经过洛阳到外地就任的官员，都应该召见他们，借此广泛地询问四方情况，并且观察他们的为人。凡有上书反映情况不符合事实的，只须让他们回归故里，不应过分表示喜怒，以表示陛下的宽怀大度。"

第五伦奉公守法恪尽职守，上书言事从不迟疑。有人问他说："您有私心吗？"他答道："过去有人送我一匹千里马，我虽然没有接受，每到三公有所举荐的时候，我对这人总念念不忘，可是到底没有任用他。我哥哥的孩子曾经生病，我一夜之间十次前往看望，回来后能安稳的入睡；我的儿子有病，虽然没有去看望，可是彻夜难眠。像这样，难道能说我没有私心吗？"

钟离意，字子阿，会稽郡人。显宗明帝即位，钟离意被征召为尚书。当时交趾太守，犯贪污千金罪，被召回京师准备治罪。并把物资钱财账簿交给大司农，朝廷下诏将赃款分赐给群臣。钟离意接到珠宝，丢在地上而不拜赐。明帝感到奇怪而问他为什么这样。他回答：

也。此臧秽之宝,诚不敢拜。"帝嗟叹曰:"清乎尚书之言!"乃更以库钱三十万赐意,转为尚书仆射。

车驾数幸广成苑,意常当车,陈谏般乐游田之事,天子即时还宫。永平三年,夏旱,而大起北宫。意诣阙免冠上疏曰:"伏见陛下,以天时小旱,忧念元元,降避正殿,躬自克责,而比日密云,遂无大润,岂政有未得应天心者耶?昔成汤遭旱,以六事自责曰:'政不节耶?使民疾耶?宫室荣耶?女谒盛耶?苞苴行耶?谗夫昌耶?'窃见北宫大作,民失农时,此所谓宫室荣也。自古非苦宫室小狭,但患民不安宁。宜且罢止,以应天心。"帝策诏报曰:"汤引六事,咎在一人。其冠履勿谢。今又敕大匠,止作诸宫,减省不急,庶消灾谴。"诏因谢公卿百僚,遂应时澍雨焉。

时诏赐降胡子缣,尚书案事,误以十为百。帝见簿,大怒,召郎将笞之。意因入叩头曰:"过误之失,常人所容。若以懈慢为愆,则臣位大,罪重;郎位小,罪轻。咎皆在臣,臣当先坐。"乃解衣就格。帝意解,使复冠而贳郎。

帝性褊察,好以耳目隐发为明,故公卿大臣,数被诋毁,

"我听说孔子曾忍渴而不喝'盗泉'的水,曾参曾在'胜母'的闾门前掉转车头,是讨厌它们的名称啊。这种贪赃的宝物,我的确是不敢拜领的。"皇帝叹息说:"尚书的话高洁啊!"于是改从国库中拿出三十万钱赐给钟离意。并升迁他为尚书仆射。

皇上多次到广成苑游玩,钟离意经常挡住车驾劝谏皇帝不要游乐、田猎,皇上马上就回宫了。永平三年,夏天大旱,皇上却大规模地修建北宫,钟离意上朝摘了官帽上疏说:"我看到陛下因为天时出现小旱,忧虑老百姓,离开正殿,自责反省。近日阴云密集,还未下雨,岂不是政务方面还没有上应天意的原因吗?昔日成汤遭遇旱灾,以六件事自责说:'政事不节制吗?使用民力紧急吗?宫室建得太多吗?女宠干预朝政太多了吗?行贿多了吗?谗人猖獗吗?'我看见北宫大兴土木,老百姓错过农时,这大概就是所谓的宫室修建过度。自古君王不苦于宫室的狭小,只是担忧老百姓不能安宁。应该停止北宫的修建,以顺应上天之意。"明帝下诏书答覆说:"成汤所行六事,过错在一个人身上。请带好官帽穿上官靴,不要辞职了。现在已经命令工匠停止建造诸宫,减省不急之需,应该可以使灾难消除。"下诏书向公卿百官认错道歉,于是大雨应时而降。

当时皇帝下诏赏赐细绢给投降的胡人奴仆,尚书办理此事的时候把细绢数量的"十"误写成"百"。明帝看了司农所呈上来的簿书,大怒,召来尚书郎准备杖打他。钟离意因而入朝叩头说:"失误产生的过错,一般人都会宽容。如果认为是懈怠轻慢的罪过,那么臣的官位大,罪重;郎官位小,罪轻,其罪过都在臣的身上,臣先该受处罚。"于是解开衣服准备受打。皇帝怒意缓解,让钟离意穿上衣服,同时饶恕了尚书郎。

明帝气量小性苛刻,喜欢以耳目见闻揭发人的隐私,因此公卿

近臣尚书以下，至见提拽。常以事怒郎药崧，以杖撞之。崧走入床下，帝怒甚，疾言曰："郎出！郎出！"崧曰："天子穆穆，诸侯煌煌。未闻人君自起撞郎。"帝乃赦之。朝廷莫不悚栗，争为严切，以避诛责，唯意独敢谏争，数封还诏书。臣下过失，辄救解之。帝虽不能用，然知其至诚。亦以此故，不得久留，出为鲁相。后德阳殿成，百官大会。帝思意言，谓公卿曰："钟离尚书若在，此殿不立。"意卒，遗言上书，陈升平之世，难以急治，宜少宽假。帝感伤其意，下诏嗟叹，赐钱二十万。

宋均，字叔庠，南阳人也。迁九江太守。郡多虎暴，数为民患，常募设槛阱，而犹多伤害。均到，下记属县曰："夫虎豹在山，鼋鼍在水，各有所托。且江淮之有猛兽，犹北土之有鸡豚也。今为人患，咎在残吏，而劳勤张捕，非忧恤之本也。其务退奸贪，思进忠善，可一去槛阱，除削课制。"其后传言，虎相与东游渡江。中元元年，山阳、楚、沛多蝗，其飞至九江界者，辄东西散去，由是名称远近。

浚遒县有唐、后二山，民共祠之，众巫遂取百姓男女，以为公妪，岁岁改易，既而不敢嫁娶。前后守令，莫敢禁断。均

大臣多次被诋毁,身边的臣子中尚书以下的官吏也(被揭发)押来审问。明帝曾因一件事对郎官药崧发怒,用手杖来打他,药崧躲到床下,明帝更加愤怒,大声叫道:"你给我出来!你给我出来!"药崧说道:"天子端庄恭敬,诸侯显耀盛美。从未听说过人君亲自用杖击打郎官的。"明帝这才赦免他。朝廷百官没有不害怕的,争相从严做事,以避免责罚。只有钟离意一人敢谏诤,多次退还明帝的诏书,其他朝臣有过失,他总是帮忙解救。(针对接连出现的天象变异,钟离意上书言事。)明帝尽管没有采纳,然而也知道他是出于至诚。也是因为这个缘故,他不能在朝久留,于是被调离京师担任鲁国国相。后来德阳殿落成,百官召开盛大集会。明帝想起钟离意的话,对公卿说:"钟离尚书如果在朝的话,此殿一定修不起来。"钟离意临死前遗书,陈述太平之世用急迫严厉的手段很难达到,应稍加宽容仁爱。皇帝忆起他的诚意感伤不已,下诏时不胜唏嘘,赐钱二十万(做为安葬之用)。

宋均,字叔庠,南阳郡人。升任九江郡太守。郡内多猛虎,常为害百姓。官府经常招募猎人设置机关陷阱,但仍然有很多人被虎伤害。宋均到任,下达公文给属县说:"虎豹出没在山林,鼋鼍生活在水中,各有所依赖。江淮一带有猛兽,正如北方有鸡猪。现在猛虎为害人间,这个责任在残虐百姓的官吏,使人辛苦地捕捉,不是怜悯体恤百姓的根本办法。一定要清除贪官污吏,考虑提拔忠诚善良之士,可一举去掉栅栏、陷阱,并减免赋税。"从此以后传说老虎结伴向东游过长江。中元元年,山阳、楚、沛一带闹蝗灾,蝗虫飞到九江边界,就向东西方向飞去,因此宋均声名远扬。

浚道县有唐、后二山,老百姓都来祭祀山神,许多装神弄鬼的巫师就取来百姓人家的男女,做山公山婆,还年年改换。被确定的男女

乃下书曰:"自今以后,为山娶者,皆娶巫家,勿扰良人。"于是遂绝。征拜尚书令,尝删翦疑事,帝以为有奸,大怒,收郎,即缚格之。诸尚书惶恐,皆叩头谢罪。均顾厉色曰:"盖忠臣执义,无有二心。若畏威失正,均虽死,不易志也。"小黄门在傍,入具以闻。帝善其不挠,即令贳郎,迁均司隶校尉。

寒朗,字伯奇,鲁国人也。守侍御史,与三府掾属,共考案楚狱颜忠、王平等,辞连及隧乡侯耿建、朗陵侯臧信、濩泽侯邓鲤、曲成侯刘建。建等辞未尝与忠平相见。是时显宗怒甚,吏皆惶恐,诸所连及,率一切陷入,无敢以情恕者。朗心伤其冤,试以建等物色,独问忠、平,而二人错忤不能对。朗知其诈,乃上言建等无奸,专为忠、平所诬,疑天下无辜,类多如此。

帝乃召朗入,问曰:"建等即如是,忠、平何故引之?"朗对曰:"忠、平自知所犯不道,故多有虚引,冀以自明。"帝曰:"即如是,四侯无事,何不早奏,而久系至今耶?"朗对曰:"臣虽考之无事,然恐海内别有发其奸者,故未敢时上。"帝怒骂曰:"吏持两端,促提下。"左右方引去,朗曰:"愿一言而死。小臣不敢欺,欲助国耳,诚冀陛下一觉悟而已。臣见考囚

不敢出嫁婚娶。前后几位太守县令都不敢禁止。宋均于是发布公告说:"从今以后,为山神娶妻的都要娶巫师家的人,不可扰害良民。"于是这种陋习才被禁绝。明帝时,宋均调任为尚书令,曾删掉过一些令人疑惑的文书,明帝认为这其中必有奸诈,大怒,将郎官捆绑起来拷打,尚书们惶恐不安,都叩头谢罪。宋均回头厉声说:"忠臣按正义办事,没有二心,如果害怕威权失去公正,我宋均即使被处死也不改变正义做法。"小黄门在旁,入宫把此事全部禀报了皇帝。明帝称赞宋均不屈不挠,当即赦免了郎官并提升宋均为司隶校尉。

寒朗,字伯奇,鲁国人。他以守侍御史的身分和三公府的属官一起审理楚王刘英谋反一狱中颜忠、王平的案件。他们的供词中牵连到随乡侯耿健、朗陵侯臧信、护泽侯邓鲤和曲成侯刘建等人。刘建等人说并未和颜忠、王平等见过面(指密谋)。这时候明帝非常恼怒,官吏们都惶恐。这个案子牵连的所有的人,都被关押了起来,处境非常危险。没有人敢为他们说情。寒朗为他们蒙冤而伤心,就单独审问颜忠、王平,让他们描述刘建等人的形貌特征,但他们两人互相矛盾不能回答,寒朗知道其中必然有诈。于是向皇帝说明刘建等人没有奸邪行为,乃是因颜忠、王平所诬陷被怀疑的天下无辜的人大多和这种情况一样。

明帝就召寒朗入宫,问道:"就算刘建等人如你所说是清白的,但忠、平二人为什么要牵连他们?"寒朗回答说:"忠、平二人自知他们所犯的事是大逆不道,所以就多捏造牵连别人,希望为自己开脱。"明帝说:"就算是这样,四位列侯无罪,你为什么不早奏明,而将其关在狱中直到今天?"寒朗回答说:"臣虽然考察他们没有犯什么罪,可是恐怕国内另外有揭发他们作奸犯科的人,所以没有敢及时奏明圣上。"明帝发怒骂道:"你两头都有理,马上拿下。"左右的

在事者，咸共言妖恶大故，臣子所宜同疾，今出之，不如入之，可无后责。是以考一连十，考十连百。又，公卿朝会，陛下问以得失，皆长跪言旧制，大罪祸及九族。陛下大恩，裁止于身，天下幸甚。及其归舍，口虽不言，而仰屋窃叹，莫不知其多冤，无敢忤陛下者。臣今所陈，诚死无悔。"帝意解，诏遣朗出。后二日，车驾自幸洛阳狱录囚徒，理出千余人。论曰："左丘明有言：仁人之言，其利博哉！晏子一言，齐侯省刑。若钟离意之就格请过，寒朗之廷争冤狱，笃矣乎？仁者之情也！"

东平王苍，显宗同母弟也。少好经书，雅有智思，显宗甚爱重之。及即位，拜骠骑将军，位在三公上。在朝数载，多所隆益。而自以至亲辅政，声望日重，意不自安。数上疏，乞上印绶，退就藩国，诏不听。其后数陈乞，辞甚恳切，乃许还国，而不听上将军印绶，加赐钱五千万、布十万匹。永平十一年，苍与诸王朝京师。月余还国，帝临送，归宫，凄然怀思，乃遣使手诏，告诸国中傅曰："辞别之后，独坐不乐，因就车归，伏轼而吟：瞻望永怀，实劳我心。诵及《采菽》，以增叹息。日者问东平王，处家何等最乐，王言为善最乐。其言甚大，副是腰腹矣。"

人正要动手把寒朗带下去,寒朗说:"希望我能说句话再去死。小臣不敢欺瞒,是想辅助国家罢了。诚恳期望陛下立即觉悟啊。臣看到审讯囚犯的官员,都一起说罪恶多么重大,作臣子的都应共同嫉恨,如今放他们出去不如抓他们进来,可避免往后的责任。所以审讯一个人就牵连出十个人,审讯十个人就会牵连出一百个人。还有公卿百官上朝时,陛下询问得失,大家都长跪说,'旧的法典犯大罪要祸灭九族,陛下有大恩德,只处决当事者自身,这是天下的幸事啊。'等到他们回家,口里虽然不说,却仰望屋顶暗自叹息,无不明白其中有很多冤情,但没有敢忤逆陛下的。臣今天把这些话说了出来,即使死了也不后悔。"明帝怒气平息,下令让寒朗回去。过了两天以后,皇帝亲自去洛阳监狱省察囚犯,释放出一千多无罪的人。史家论说:"左丘明说,仁者的话,可以利益很多人啊!晏婴的一句话,齐景公就减轻了刑法。像钟离意解衣受刑;寒朗廷争冤狱,实在是忠诚啊,那是仁者的真情啊!"

东平王刘苍,是汉明帝的同胞兄弟。年轻时好读经书,文雅有智慧,明帝非常爱惜尊重他。到明帝即位,任刘苍为骠骑将军,位在三公之上。他在朝廷的几年中,有很多善政,但他自认为至亲辅政,声望一天天大,心里感到很不安。多次上疏,请求交还印绶,回到藩国,皇帝没有允许。以后又多次陈述请求,言辞非常恳切,才让他回国,却没有允许他交回上将军印绶,并另外赐钱五千万,布帛十万匹。永平十一年,刘苍和诸王到京师朝见天子,一个多月后回到属国。明帝亲自送别,回宫后心中凄凉,感伤思念,于是派遣使者持手诏告各诸侯国中傅说:"辞别之后,独坐宫中,郁郁不乐。乘车返回,扶在车轼上吟咏,眺望着远方我长久怀念,心中感到劳苦。当吟诵到《诗经·采菽》一诗时,更增加了感叹。以前我问东平王在家做什么

肃宗即位，尊重恩礼，逾于前世，诸王莫与为比。建初元年，地震，苍上便宜。后帝欲为原陵、显节陵、起县邑，苍闻之，遽上疏谏，帝从而止。自是朝廷每有疑政，辄驿使谘问，苍悉心以对，皆见纳用。帝飨卫士于南宫，因从皇太后周行掖庭池阁，乃阅阴太后旧时器服，怆然动容。乃命留五时衣各一袭及常所御衣，余悉分布诸王主及子孙在京师者。特赐苍及琅邪王京书曰："岁月骛过，山陵浸远，孤心凄怆，如何如何！间飨卫士于南宫，因阅视旧时衣物。闻于师曰：'其物存，其人亡，不言哀而哀自至。'信矣！惟王孝友之德，亦岂不然？今送光烈皇后假髻帛巾各一及衣一箧，可时奉瞻，以慰《凯风》寒泉之思，又欲令后生子孙，得见先后衣服之制。愿王宝精神，加供养。苦言至戒，望之如渴。"

　　建初六年冬，请朝。明年正月，帝许之。后有司奏遣诸王归国，帝特留苍。八月，饮酎毕，有司后奏遣，乃许之，手诏赐苍曰："骨肉天性，诚不以远近为亲疏，然数见颜色，情重昔时。念王久劳，思得还休，欲署大鸿胪奏，不忍下笔。顾授小黄门，中心恋恋，恻然不能言。"于是车驾祖送，流涕而诀。苍薨后，帝东巡守，幸东平宫，追感念苍，谓其诸子曰："思其人，

事情最快乐,东平王说做善事最快乐,这句话太伟大了,符合他的胸怀。"

肃宗章帝即位,刘苍受到的尊重和恩礼更超过明帝之时,诸王没有人比得上东平王的。建初元年,发生地震,刘苍上书说对国家有利之事。后来章帝准备为原陵、显节陵修建县邑,刘苍听到此事,立即上疏劝谏,章帝听从并停止了。从此以后朝廷每有疑难政务,便派驿使前去谘询他,刘苍都能尽心的予以答对,他的建议都被采纳施行。章帝在南宫犒赏卫士,因而跟着皇太后在掖庭池阁之间游转,看到阴太后旧日使用的器皿衣物,不禁伤感动容,于是命令只留存春青、夏朱、季夏黄、秋白、冬黑五时的衣服各一套,以及平日所穿的衣服,其余都分送给诸侯及京师的子孙。特别在赏赐刘苍及琅邪王刘京衣物的书信中说:"岁月飞逝而过,山陵逐渐远去,我的心感到伤悲,怎么办!怎么办!最近,在南宫犒赏卫士,看到旧时帝后的衣物,听我的老师说:'他们的衣物存在,而人都亡故,不说悲哀而悲哀自然就来了。'这话我是真的体会到了啊。诸王那孝悌友爱的仁德,又何尝不是这样!现送去光烈皇后使用的发髻、帛巾各一件,及衣物一箱,可随时供奉瞻养,以慰'凯风'孝子的思念,还要让后世子孙看得见先后衣服的裁制。希望诸王注意涵养精神,保重身体。我还如饥似渴地企盼您的劝谏之言呢。"

建初六年冬,刘苍请求朝见。第二年正月,章帝答应了他的请求。朝会后大鸿胪奏请送诸王回国,章帝特意留下刘苍。八月饮宴礼毕,有关官员又奏请送刘苍回国,皇上这才允许。章帝亲笔写诏书赠刘苍说:"骨肉亲情是人的天性,的确不会因为相隔远近来确定亲疏,然多次见面,感情比以前更深重。只是考虑到您劳累很久了,要回国休养,想批准大鸿胪的奏书,却不忍心下笔,回头交给小黄门办

至其乡。其处在,其人亡。"因泣下沾襟,遂幸苍陵,祠以大牢,亲拜祠坐,哭泣尽哀,赐御剑于陵前而去。

朱晖,字文季,南阳人也。为尚书仆射。是时谷贵,县官经用不足,朝廷忧之。尚书张林上言:"谷所以贵,由钱贱故也。可尽封钱,一取布帛为租,以通天下之用。又盐,食之急者,虽贵,民不得不须,官可自鬻。又宜因交趾、益州上计吏往来市珍宝,收采其利,武帝时所谓均输者也。"帝然之,有诏施行。晖独奏曰:"《王制》,天子不言有无,诸侯不言多少,食禄之家不与百姓争利。今均输之法,与贾贩无异。盐利归官,则下人穷怨;布帛为租,则吏多奸盗。诚非明主所宜行也。"帝卒以林等言为然,得晖重议,因发怒,切责诸尚书。晖因称病笃,不肯复署议。尚书令以下惶怖,谓晖曰:"今临得谴让,奈何称疾,其祸不细!"晖曰:"行年八十,蒙恩得在机密,当以死报。若心知不可,而顺旨雷同,负臣子之义。今耳目无所闻见,伏待死命。"遂闭口不言。诸尚书不知所为,乃劾奏晖。帝意解,寝其事。

理，心中仍感恋恋不舍，伤感之情无法表达。"于是章帝车驾钱行，挥泪而别。刘苍逝世后，章帝到东方视察，驾临东平宫，追思悼念刘苍，并向他的几个儿子说："想到他的人，来到他的封地，这个地方还在，而其人已不在世了。"说完泪水沾湿了衣襟，于是到刘苍的陵墓上，用太牢之礼祭祀刘苍，章帝亲自拜祭神位，哀伤之情溢于言表，之后，将自己的御剑放在陵前才离开。

朱晖，字文季，南阳郡人。汉章帝时为尚书仆射。当时粮食很贵，官府日常用度不足，朝廷为这件事很担忧。尚书张林上书说："粮食之所以贵，是因为钱币贬值的缘故。应该把钱全部封存起来，统一用布帛交纳租税，以布帛来代替钱在天下流通。还有盐，是日常食用最需用的东西，即使昂贵，百姓也不得不买来食用，可以实行官营专卖。还应该统计交趾、益州之间商贾往来买卖珍宝的利润，收取税利，这就是汉武帝时所说的'均输'制度啊。"皇帝认为这个意见对，颁诏施行。只有朱晖持异上奏说："王者的法制，皇帝不谈有无，诸侯不言多少，吃朝廷俸禄的官家不和老百姓争利。现今实行的均输之法跟商贩没有差别，盐利归官，那么下边的老百姓就要因穷困而怨恨；用布帛交缴租税，那么官吏大多会从中作奸偷盗，这绝对不是英明君主所应该施行的办法啊。"章帝最后还是认为张林等人说的办法对，现在听到朱晖要重新商议，因而发怒，严词斥责诸尚书。晖因而声称自己病重，不肯再到署衙议事。尚书令以下的人害怕了，向朱晖说："现在受到谴责，你怎么还称病不朝，这祸可不小！"朱晖说："我快八十岁了，蒙受圣恩得以在机要部门工作，当以死来报答，如果明知不可行的事而顺旨附和，就违背做人臣的道义。现在我的耳不能听眼不能见，只有趴着等死了。"于是闭口不说话了。诸尚书不知道怎么做，于是共同弹劾朱晖。皇帝的怒气渐消，就将此事置而不问了。

袁安,字邵公,汝南人也。为司徒时,和帝幼弱,太后临朝。安以天子幼弱,外戚擅权,每朝会进见,及与公卿言国家事,未尝不噫呜流涕。自天子及大臣,皆倚赖之。章和四年薨,朝廷痛惜焉。后数月,窦氏败,帝始亲万机,追思前议者邪正之节,乃除安子赏郎。

郭躬,字仲孙,颍川人也。明法律。有兄弟共杀人者,而罪未有所归。帝以兄不训弟,故报兄重,而减弟死。中常侍孙章宣诏,误言两报重。尚书奏章矫制,罪当腰斩。帝复召躬问之,躬对:"章应罚金。"帝曰:"章矫诏杀人,何谓罚金?"躬曰:"法令有故误,章传命之谬,于事为误,误者其文则轻。"帝曰:"章与囚同县,疑其故也。"躬曰:"'周道如砥,其直如矢。''君子不逆诈。'君王法天,刑不可以委曲生意。"帝曰:"善!"迁躬廷尉正。

陈宠,字昭公,沛国人也。章帝初为尚书,是时承永平故事,吏治尚严切,尚书决事,率近于重。宠乃上疏曰:"臣闻先王之政,赏不僭,刑不滥,与其不得已,宁僭不滥。陛下即位,数诏群僚,弘崇晏晏。而有司执事,犹尚深刻。治狱者,急于旁格酷烈之痛;执宪者,烦于诋欺放滥之文。或因公行私,逞纵威福。夫为政犹张琴瑟,大弦急者小弦绝。故子贡非臧孙之猛法,而美郑乔之仁政。《诗》云:'不刚不柔,布政优

袁安,字邵公,汝南郡人。做司徒官的时候,和帝年幼力弱,窦太后临朝听政。袁安见皇帝幼小,外戚专权。每次朝会进见,和公卿们谈到国家政事时,都感慨流泪。从天子到大臣都依赖袁安。永元四年,袁安去世,朝廷非常痛惜。死后几个月,窦氏衰落,和帝开始亲自处理朝政,回想亲政以前,群臣谏议邪正的情节,于是赐封袁安的儿子袁赏为郎官。

郭躬,字仲孙,颍川郡人。通晓法律。有兄弟两个一起杀了人,然而罪状还没有判定。章帝认为做兄长的不教诲弟弟,所以判兄长重罪而减免了弟弟的死罪。中常侍孙章宣读诏书时,错误的说成兄弟俩都应受死罪,尚书上奏弹劾孙章假传诏令杀人,论罪应当腰斩。章帝又召郭躬询问此事。郭躬回奏:"孙章应处以罚金。"帝曰:"孙章假传诏令杀人,怎能就只判罚金?"郭躬说:"法令规定有故意杀人和失误杀人,孙章错传诏令,属于失误,误杀人的法律条文应从轻处治。"章帝说:"孙章和囚犯是同县人,怀疑他是故意杀人的。"郭躬说:"'大路好象磨刀石那样平,又像箭一样笔直。'君子不事先怀疑别人存心欺诈。君王应该效法上天,对法律不可以随意曲解。"皇帝说:"说得好。"升迁郭躬为廷尉正。

陈宠,字昭公,沛国人。章帝初年,陈宠为尚书。当时继承明帝永平年间的旧例,吏治崇尚严切,尚书断决政事大都偏严厉。陈宠于是上书说:"臣听闻先王时的政治,不过分赏赐,不滥施刑罚,事情到不得已时,宁可赏赐过分也不滥施刑罚。陛下即位,多次诏告群臣,主张崇尚温和,而有关官员们处理事务,却仍然偏向苛刻。审理案件的人急于给囚犯施加拷打的痛苦,执法的人乱搞诋毁欺诈不切实际的文案。或者假公济私,作威作福。为政之事好像调琴瑟,大弦弹得急速,小弦就会崩断。所以子贡批评臧孙苛刻的法令,而赞美郑

优。'方今圣德充塞，假于上下，宜隆先王之道，荡涤烦苛之法，轻薄棰楚，以济群生。"帝敬纳宠言，每事务于宽厚。其后遂诏有司，绝诸惨酷之科，解妖恶之禁，除文致之，请谳五十余事，定著于令。是后民俗和平，屡有嘉瑞。

宠子忠，字伯始，擢拜尚书。安帝始亲朝事，连有灾异，诏举有道。公卿百僚，各上封事。忠以诏书既开谏争，虑言事者必多激切，或致不能容，乃上疏豫通广帝意，曰："臣闻仁君广山薮之大，纳切直之谋，忠臣尽謇谔之节，不畏逆耳之害。是以高祖舍周昌桀纣之譬，孝文嘉爰盎人豕之讥，世宗纳东方朔宣室之正，元帝容薛广德自刎之切。昔者晋平公问于叔向曰：'国家之患，孰为大？'对曰：'大臣重禄不极谏，小臣畏罪不敢言，下情不上通，此患之大者。'今明诏崇高宗之德，推宋景之诚，引咎克躬，谘访群吏。言事者见杜根、成翊世等，新蒙表录，显列二台，必承风响应，争为切直。若嘉谋异策，宜辄纳用。如其管穴，妄有讥刺，虽苦口逆耳，不得事实，且优游宽容，以示圣朝无讳之美。若有道之士，对问高者，宜垂省览，特迁一等，以广直言之路。"

乔的仁政。《诗经》说:'不刚不柔,施政温和'。当今圣德充实,至于天地,应该发扬先王的仁道,清除繁苛的刑法,少施加拷打,来造福众生。"章帝恭敬地采纳了陈宠的谏议,凡事都务求宽厚,以后就颁诏有司,废除那些惨酷的刑罚,解除那些怪异的禁令,删除那些需要呈请上级复核的律令五十多条,并定为法令。此后民风和平,多次出现祥瑞的现象。

陈宠的儿子陈忠,字伯始,被选拔为尚书。汉安帝开始亲理朝事时,国内接连发生灾异。安帝下诏命令推荐有道德的人,公卿百官都递上密封的奏章。陈忠认为诏书打开谏诤之路以后,担心言事的人一定会有许多激烈直率的言辞,有的甚至会使皇上接受不了,于是上疏预先开导皇帝的心意,说:"我听说仁慈的国君有比高山、湖泽还要大的胸怀,可以接纳恳切率直的谋略;忠心的臣下尽正直劝谏的节操,不害怕逆耳忠谏可能带来的祸患。所以汉高祖不计较周昌将他比作夏桀、商纣,汉文帝嘉奖爰盎'人豕之讥',汉武帝采纳东方朔宣室不为董偃置酒的正当谏言,汉元帝宽容薛广德以自刎来谏诤的恳切。当日晋平公问叔向说:'国家的忧患什么为大?'叔向答称:'大臣看重俸禄不能极力劝谏,小臣害怕获罪不敢直言,下面的情况反映不上去,这就是国家最大的祸患。'现在您公开宣示发扬殷高宗的德行,推崇宋景公的真诚,能亲自承认过失约束自己,向广大官员征求意见。发表意见的人看到杜根、成翊世刚刚被表彰提拔,分别任侍御史和尚书郎的高位,必然会闻风响应,争相来进献忠言。如果有善计良策,应当立即采纳施行。如果他们的见解短浅狭隘甚至妄加讥讽,即使说得不好听,不符合事实,还是应该宽容善待,以表示圣明的朝廷无所忌讳的美德。如果遇到有道德的人,对策的言论高见卓识,圣上应该亲自审阅,特予提升一级,以广开直言进谏的道路。"

杨终，字子山，蜀郡人。征诣兰台，拜校书郎。建初元年，大旱谷贵，终以为广陵、楚、淮阳、济南之狱，徙者万数，又远屯绝域，吏民怨旷，乃上疏曰："臣闻'修善善及子孙，行恶恶止其身'，百王常典，不易之道也。秦政酷烈，违忤天心，一人有罪，延及三族。高祖平乱，约法三章；太宗至仁。除去收孥。万姓廓然。蒙被更生。泽及昆虫。功垂万世。陛下圣明。德被四表。今以比年久旱，灾疫未息，躬自菲薄，广访得失。三代之隆，无以加焉。

臣窃案《春秋》，水旱之变，皆应暴急，惠不下流。自永平以来，仍连大狱，有司穷考，转相牵引，掠治冤滥，家属徙边。加以北征匈奴，西开三十六国，又远屯伊吾、楼兰、车师、戊已。人怀土思，怨结边域。昔殷民近迁洛邑，且犹怨望，何况去中土之肥饶，寄不毛之荒极乎？且南方暑湿，障毒互生，愁困之民，足以感动天地、移变阴阳矣。惟陛下留念省察，以济元元。孝元弃珠崖之郡，光武绝西域之国，不以介鳞易我衣裳。今伊吾之役、楼兰之屯，久而不还，非天意也。"帝从之。听还徙者，悉罢边屯。

庞参，字仲达，河南人也。顺帝以为太尉。是时三公之中，

杨终,字子山,蜀郡人。被朝廷征召到兰台,任校书郎。建初元年,发生大旱灾,谷物价钱昂贵,杨终认为广陵、楚、淮阳、济南的监狱,被迁徙的囚徒多达万人,又在偏远的边疆屯守,官民和家人对长期别离都心怀怨恨。于是他上疏说:"臣听说'褒奖善行可以延及子孙,憎恨邪恶仅止于他本人(不殃及子孙)',这是历代帝王的常规,不可变更的道理。秦朝的政治残暴,违背了上天的好生之德,一个人犯罪,牵连三族。汉高祖平乱以后,约法三章。汉文帝非常仁慈,废止'收孥相坐'的法律。老百姓心里舒坦,像获得了新生,恩泽惠及昆虫,功德流传万代。陛下圣明,恩德遍布天下。而今连年干旱,灾祸和瘟疫都没有停止,您自责德行鄙陋,广泛询问朝政的得失,就是夏商周三代的盛世,也不会超过现代。"

"臣私下考察《春秋》所记载水灾、旱灾的情况,都是因为政治残暴急刻,恩惠没有传播下去导致的。从永平年间以来,连年兴起大狱,官吏深入的查核,案件互相牵连,严刑拷打下产生很多冤案,把囚犯家属迁往边疆。加上向北征讨匈奴,向西部开发三十六国,又远到伊吾、楼兰、车师、戊己等地屯军,人民怀念故土,在边疆上充满愁怨。从前殷商的人民迁徙到很近的洛邑,尚且有埋怨之情,何况要离开中原肥饶的土地,寄身于连草都不生的偏远之地呢!再者南方暑热潮湿,瘴气到处都有。人民愁苦、困窘之情,足以感天动地、改变阴阳啊。期望陛下留意省察,来救济老百姓。汉元帝舍弃珠崖郡,光武帝拒绝给西域各国派遣都护官,他们不因为夷地之民而轻慢中原百姓。当今在伊吾的劳役,在楼兰的屯兵,他们长时间还不能回来,这不符合上天之意啊。"明帝采纳了杨终的谏议,让迁徙的人返回,在边疆的屯守全部停止了。

庞参,字仲达,河南郡人。汉顺帝任命他为太尉。当时三公之

参名忠直，数为左右所陷，以所举用忤帝旨，司隶承风案之。时会茂才孝廉，参以被奏，称疾不得会。上计掾广汉段恭，因会上疏曰："伏见道路行人，农夫织妇，皆曰：'太尉庞参，竭忠尽节，徒以直道，不能曲心，孤立群邪之间，自处中伤之地。'臣犹冀在陛下之世，当蒙安全，而复以谗佞伤毁忠正，此天地之大禁、人主之至诫。昔白起赐死，诸侯酌酒相贺；季子来归，鲁人喜其纾难。夫国以贤治，君以忠安。今天下咸欣陛下有此忠贤，愿卒宠任，以安社稷。"书奏，诏即遣小黄门视参疾，太医致羊酒。复为太尉。

崔骃，字亭伯，涿郡人也。窦太后临朝，窦宪以重戚出内诏命。骃献书戒之曰："生而富者骄，生而贵者傲。生富贵而能不骄傲者，未之有也。今宠禄初隆，百僚观行，当尧舜之盛世，处光华之显时，岂可不'庶几夙夜，以永终誉'，弘申伯之美，致周邵之事乎？语曰：'不患无位，患所以立。'昔冯野王以外戚居位，称为贤臣；近阴卫尉克己复礼，终受多福。郯氏之宗，非不尊也；阳侯之族，非不盛也。重侯累将，建天枢，执斗柄。其所以获讥于时，垂愆于后者，何也？盖在满而不挹，位有余而仁不足也。汉兴以后，迄于哀、平，外家二十，保族全身，四人而已。《书》曰：'鉴于有殷。'可不慎哉！夫谦德之光，

中,庞参以忠贞正直闻名,多次被皇上身边的人诬陷。后因庞参所推荐的人违背皇帝的意旨,司隶秉承皇帝的意旨审察这件事。当时公卿会见被推举的茂才、孝廉,庞参因为被劾奏,就称自己有病不能参加。上计掾广汉人段恭因此上疏说:"臣私下看到道路上的行人和农夫织妇都说:'太尉庞参是个尽忠尽节的人,只因为坚守正道而不做违心的事,在众奸邪小人中间孤立无援,处于被坏人中伤的位置。'臣还是盼望他在陛下的盛世,能够得到安全保护,但还是有谗佞小人毁伤、诽谤忠正的人,这是犯了天地之间的大禁,也是人主最大的禁诫。昔日白起被赐死,各国诸侯们酌酒互相祝贺;季子回到鲁国,鲁人欢迎他能解救国家的困难。国家因有贤才而能得到治理,君王因有忠臣而能安稳天下。现今天下都欣慰陛下有庞参这样的忠臣贤人,希望庞参最终能够被陛下宠任,来安定社稷。"奏疏上奏后,顺帝下诏,立即派小黄门看望庞参的疾病,太医送去羊和酒。庞参又恢复了太尉之职。

崔骃,字亭伯,涿郡人。(和帝年幼)窦太后临朝听政,窦宪以显贵的外戚身分负责颁发诏命。崔骃上书告诫他说:"生来就富有的人骄,生来就地位贵显的人傲,生来富贵而能够不骄不傲的人,是不曾有过的。如今您的荣宠和禄位刚刚显盛,百官都在看您的行动,您处在尧、舜一般的盛世,正是荣耀显赫之时,怎么能不昼夜勤劳,长久拥有大家的赞誉,发扬申伯的美德,获得像周公、邵公辅佐周王室那样的功业呢?《论语》中孔子说:'不担心没有职位,而担心没有能够建功立业的道德、才能。'昔日冯野王身为外戚而居于御史大夫高位,被称为贤臣;近世阴卫尉能克己复礼,终生享受福禄。郑氏的宗族,不是不尊贵,阳平的宗族,不是不兴盛。封侯的人很多,做将军的人不少,身居高位,执掌大权。他们所以受到当时的非议、又留罪名

《周易》所美；满溢之位，道家所戒。故君子福大而愈惧，爵隆而益恭，远察近览，俯仰有则，铭诸机杖，刻诸槃杅，矜矜业业，无殆无荒。如此，则百福是荷，庆流无穷矣。"及宪为车骑将军，辟骃为掾。宪擅权骄恣，骃数谏之。及出击匈奴，道路愈多不法，骃为主簿，前后奏记数十，指切长短。宪不能容，稍疏之。因察骃高第，出为长岑。骃长自以远去，不得意，遂不之官而归，卒于家。

于后世的原因是什么呢？就在于骄傲自满而不知谦退，爵位过高而仁义不足啊。汉建国以后，到哀帝、平帝为止，外戚掌权的有二十家，能保全家族和自身的，只有四家而已。《尚书》说：'以殷商的灭亡为借鉴'，怎么能不谨慎呢？谦虚仁德的光彩，是《周易》所大力称美的；过满则溢的状况，是道家引以为戒的，所以君子福越大越惊惧，官越高越谦恭。通过观察古人和今人，一举一动都有准则，将铭文刻在书桌和拐杖上，刻写在盘盂上，兢兢业业，不敢怠慢。这样，就能多福多禄，福泽就会长久传衍下去。"等到窦宪做了车骑将军，任命崔骃为掾吏。窦宪专权骄横，崔骃屡次劝谏他。等他出击匈奴，一路上行为更加不守法纪。崔骃做主簿，前后上奏几十次，指责他的缺点，窦宪不能容忍，便渐渐疏远了崔骃。借机考察崔骃的考绩优等，就让他外任为长岑令。崔骃觉得要远离，很是失意，于是不去赴任，回到家乡，死在家中。

卷二十三　后汉书（三）

传

　　杨震，字伯起，弘农人也。迁东莱太守，道经昌邑，故所举茂才王密为昌邑令，谒见，至夜，怀金十斤以遗震。震曰："故人知君，君不知故人，何也？"密曰："暮夜无知者。"震曰："天知、神知、我知、子知，何谓无知？"密愧而出。后转涿郡太守。性公廉，子孙常蔬食步行。故旧长者，或欲令为开产业，震曰："使后世称为清白吏子孙，以此遗之，不亦厚乎？"

　　为司徒。安帝乳母王圣，因保养之勤，缘恩放恣。圣子女伯荣，出入宫掖，传通奸赂。震上疏曰："臣闻政以得贤为本，理以去秽为务。是以唐虞俊乂在官，四凶流放，天下咸服，以致雍熙。方今九德未事，嬖幸充庭。阿母王圣，出自至微，得遭千载，奉养圣躬，虽有推燥居湿之勤，前后赏惠，过报劳苦，而无厌之心，不知纪极，外交属托，扰乱天下，损辱清朝，尘点日月。《书》诫牝鸡牡鸣，《诗》刺哲妇丧国。夫女子小人，实为难养。宜速出阿母，令居外舍，断绝伯荣，莫使往来，令恩德两隆，上下俱美。惟陛下绝婉娈之私，割不忍之心，留神万机，诫慎拜爵，减省献御，损节征发，令野无《鹤鸣》之叹，朝无《小明》之悔，《大东》不兴于今，'劳止'不怨于下，拟踪往

传

杨震,字伯起,弘农郡人。他被升迁为东莱太守,在赴任途中路经昌邑,从前他举荐的秀才王密当时正任昌邑县令,因此就来拜见杨震。到了夜里,王密怀揣了十斤金子来送给杨震。杨震说:"我了解您,您却不了解我,这是为什么呢?"王密说:"夜里没有人知道。"杨震说:"天知,神知,我知,你知。怎么能说没人知道呢?"王密(听罢拿着金子)羞愧地走了。后来杨震调任为涿郡太守。杨震禀性公正廉洁,子孙们常常是粗茶淡饭、徒步出门。他年长的老朋友中有人劝他为子孙置办一些私人财产,杨震却说:"让后世人称他们为清白官吏的子孙,把这个留给他们,不是很丰厚吗?"

杨震担任司徒时,安帝的乳母王圣,因为有过抚养皇帝的辛劳,便凭着皇帝的恩宠放纵恣意。王圣的女儿伯荣,(常常)出入皇宫内外,传递消息,行奸受贿。杨震上疏说:"我听说为政以得到贤能之人为根本,治国以铲除奸邪之人为要务。所以在尧舜的时候,贤俊之人在朝为官,四大恶人被流放,天下人全都心悦诚服,从而达到了升平和乐的局面。当今具有九德的贤人没有得到任用,受宠的姬妾侍臣却充满宫廷。乳母王圣,出身微贱,得遇千载难逢的机会奉养皇上。虽然有推干就湿的劳苦,但对她前后的赏赐恩惠,已超过了对她所付出劳苦的回报。而她却仍然有贪得无厌之心,不懂得约束自身、行有所止,私下与朝臣勾结交往,受人请托,扰乱天下,损害辱没了清明的朝廷,使日月的光辉遭到了玷污。《尚书》曾警诫过母鸡报晓这种僭位的举动,《诗经》也讽刺过哲妇丧国之事。没有德行的女子与

古,比德哲王,岂不休哉!"

奏御,帝以示阿母等,内幸皆怀忿恚。而伯荣骄淫尤甚,与故朝阳侯刘护再从兄瓌交通,瓌遂以为妻,得袭护爵,位至侍中。震深疾之,复诣阙上疏曰:"臣闻高祖与群臣约,非功臣不得封。故经制,父死子继,兄亡弟及,以防篡也。伏见诏书,封故朝阳侯刘护再从兄瓌,袭护爵为侯。护同产弟威,今犹见在。臣闻天子专封封有功,诸侯专爵爵有德。今瓌无他功行,但以配阿母女,一时之间,既忝侍中,又至封侯,不稽旧制,不合经义,行人喧哗,百姓不安。陛下宜览镜既往,顺帝之则。"书奏,不省。

时诏遣使者大为阿母治第,中常侍樊丰,及侍中周广、谢恽等,更相扇动,倾摇朝廷。震复上疏曰:"臣伏念方今灾害发起,百姓空虚,不能自赡,重以螟蝗,羌虏抄掠,三边震扰,

小人，确实是最难教养的人。陛下应当立即逐乳母出宫，让她住在外面，禁止伯荣随意出入禁宫。这样会使恩情与德义都得以隆盛，对上对下都是好事。请陛下断绝不舍之情，割弃不忍之心，关心朝廷大事，谨慎地对待封官拜爵之事，省减各地的进贡，减少人力和物资的征集调遣。让民间没有像《鹤鸣》中贤者隐居的悲叹，让朝廷没有像《小明》中大夫悔仕于乱世的后悔之声，使讽喻赋敛过多的《大东》之诗不会在今天兴起、民间没有劳苦的怨言。追踪效法古圣先贤，让自己的德行可以与古代圣王比配，这难道不是很好吗？"

奏书呈上后，安帝拿给王圣等人看。宫内受宠的佞人都心怀怨恨，而伯荣则比以前更加骄纵放荡。她与已故的朝阳侯刘护的远房堂兄刘瑰勾结串通，刘瑰于是娶她为妻，因此得以承袭刘护的爵位，官至侍中。杨震对此深恶痛绝，再次赴朝堂上疏说："臣听说高祖和群臣约定，非功臣不能受封为侯。所以国家制度规定：父亲死了，其爵位由儿子继承；哥哥亡故了，爵位由弟弟袭封。（这样做）是为了防止篡夺爵位！臣看到诏书上封已故朝阳侯刘护的远房堂兄刘瑰承袭刘护的爵位为侯，但刘护的亲弟弟刘威现在仍然在世。我听说天子独有分封之权，是为了封侯给有功之人；诸侯独有授爵之权，是为了授爵给有德之人。而今刘瑰没有其他的功劳和德行，只因与乳母的女儿婚配，便一下子位至侍中，又被封为诸侯。这样做既不符合旧制，也不合乎经义，路人议论纷纷，百姓深感不安。陛下应当借鉴过去的成例，遵循帝王的法度（来处理国事）。"奏书呈上后，安帝没有理睬。

当时皇上下诏，委派使者大规模地为乳母修建府第。中常侍樊丰及侍中周广、谢恽等人更是相互煽动，整个朝廷都为之震荡。杨震再次上疏道："臣想到当今灾害接连发生，百姓生活匮乏，无法养活

兵甲军粮,不能复给。大司农帑藏匮乏,殆非社稷安宁之时。伏见诏书,为阿母兴起津城门内第舍,合两为一,连里竟街,雕治缮饰,穷极巧技,转相迫促,为费巨亿。周广、谢恽兄弟,与国无肺腑枝叶之属,依倚近幸,分威共权,属托州郡,倾动大臣。宰司辟召,承望旨意,招来海内贪污之人,受其货赂,至有赃锢弃世之徒,复得显用。白黑溷淆,清浊同源,天下喧哗,为朝结讥。臣闻师言:'上之所取,财尽则怨,力尽则叛。'怨叛之民,不可复使。惟陛下度之。"丰、恽等,见震连切谏不从,无所顾忌,遂诈作诏书,调发司农钱谷、大匠见徒材木,各起家舍、园、池、庐观,役费无数。震因地震,复上疏,前后所上,转有切至。帝既不平之,而樊丰等,皆侧目愤怨,俱以其大儒,未敢加害。

寻有河间男子赵腾,诣阙上书,指陈得失。帝发怒,遂收考诏狱,结以罔上不道。震复上疏救之,曰:"臣闻尧舜之世,谏鼓谤木,立之于朝;殷周哲王,小人怨詈,则洗目改听。所以达聪明,开不讳,博采负薪,尽极下情也。今赵腾所坐,激讦谤

自己。再加上遭受螟蝗之灾和羌人的劫掠,东西北三边边陲受到侵扰,兵器和粮草都无力供应了。大司农所掌管的国库已经空虚匮乏,大概眼下并不是国家安宁的时候。我见到诏书上说要为乳母兴建津城门内的府第,将两条街巷合并为一个宅院,屋舍(毗连不绝)贯通整个里弄。房屋雕梁画栋,用尽各种精巧的工艺。各方面加紧督造这座府第,花费数以亿计。周广和谢恽兄弟,不是帝王的宗室近亲,也不是同宗的旁亲,只仗着是皇帝的宠臣,就得以分夺威势,共操权柄,向各州郡请托营私,使大臣们为之动摇,掌控征召的权力,逢迎皇上的意图。招用的都是国内那些贪利忘义之人,接受他们的财货贿赂,以至于那些因收受贿赂而被监禁或被判死刑的人重新得到了重用。黑白颠倒,清浊难辨,天下人议论纷纷,致使朝廷招致讥讽。臣听老师说:'皇上向百姓索取,如果耗竭了民间的财物,百姓就会怨恨;如果用尽了民间的力役,百姓就会叛乱。'那些怀有怨恨和叛乱之心的人,是很难再听从国家的调遣了。'希望陛下三思。"樊丰、谢恽等人看到杨震接连几次进行的恳切劝谏都不被皇上采纳,就更加无所顾忌了。于是假颁诏书,调发司农掌管的国库钱财谷物和将作大匠掌管的执役的囚徒和木材,用来修建自家的宅第、园林、池塘、楼观等,耗费的人力和钱财难以计数。杨震趁发生地震,再次上疏。先后所上的奏书,言辞一次比一次恳切。安帝看了心中非常不满,而樊丰等人对他则更是侧目而视,怨恨不已。但因杨震是当世的大儒,他们都不敢加害他。

不久,有一位河间的男子赵腾到朝堂上书,指陈政事上的得失。皇帝大怒,就把赵腾关入监牢拷问,判处以欺君犯上、大逆不道的罪名。杨震又上奏疏营救赵腾说:"臣听说尧舜的时候,在朝堂设敢谏之鼓,立诽谤之木;殷周二朝的圣王,(如果听到)百姓的怨

语为罪,宜与手刃犯法有差。乞为亏除,全腾之命,以诱刍荛舆人之言。"帝不省,腾竟伏尸都市。

会东巡岱宗,樊丰等因乘舆在外,竞治第宅。震部掾高舒召大匠,令史考校之,得丰等所诈下诏书,具奏。须行还上之。丰等闻,惶怖,遂共谮震云:"自赵腾死后,深用怨怼,且邓氏故吏,有恚恨心。"及车驾行还,遣使者策收震太尉印绶,震于是柴门绝宾客。丰等复恶之,乃请大将军耿宝,奏震大臣不服罪,怀恚望,有诏遣归本郡。震行至城西夕阳亭,乃慷慨谓其诸子门人曰:"死者士之常分。吾蒙恩居上司,疾奸臣狡猾而不能诛,恶嬖女倾乱而不能禁,何面目复见日月!身死之日,以杂木为棺,布单被,裁足盖形,勿归冢次,勿设祭祠。"因饮酖而卒。

震中子秉,字叔节。延熹五年,为太尉。是时宦官方炽。中常侍侯览弟参,为益州刺史,累有臧罪,暴虐一州。秉劾奏参,槛车征诣廷尉。参自杀。秉因奏览及中常侍具瑗,免览官,而削瑗国。每朝廷有得失,辄尽忠规谏,多见纳用。秉性不饮酒,尝从容言曰:"我有三不惑,酒、色、财也。"

骂，就会改变视听，真诚接受。正因为如此，他们才能达到明察事理，同时让别人直言不讳，做到广泛听取普通百姓的意见、全面细致地了解民情。现今赵腾因指责朝政而被判有罪，这与杀人犯法是不同的。臣乞求能减免他的罪过，保全他的性命，以引导众人能够直抒其言。"皇上没有理睬杨震的建议，最后赵腾被处死于京城中的集市。

　　后来正逢皇上东巡泰山，樊丰等人趁皇上在外，争相大修宅第。杨震的属官高舒把将作大匠的令史召来进行考察核对，获得樊丰等人伪造下发的诏书，准备好了奏章，只等皇上回来就递上去。樊丰等人听到这个消息，十分害怕，于是就一起诬陷杨震说："自从赵腾被处死以后，杨震就因此而深怀怨恨，而且杨震作为前大将军邓骘的属下，也对朝廷心存怨恨。"等皇上回京后，就派使者收回了杨震的太尉印绶，于是杨震就闭门谢客。樊丰等人还嫉恨他，就请大将军耿宝上奏说，杨震身为大臣却不服罪，心中怀有怨恨。皇上就下诏把杨震遣送回原籍。杨震走到洛阳城西的夕阳亭，情绪激昂地对儿子和弟子们说："死亡是士人的常分。我承蒙皇上恩典，身居三公之位，痛恨奸臣狡猾却无法诛杀他们，疾恶嬖女作乱而无法禁止她们，有何面目再见日月呢！我死以后，只用杂木来做棺材，用布做成单被，只要能盖住身体就可以了，不要把我埋葬在祖坟之间，也不要为我设立祭祠。"（说罢）就饮鸩而死了。

　　杨震的中子杨秉，字叔节，汉桓帝延熹五年，担任太尉。这正是宦官当道的时候，中常侍侯览的弟弟侯参时任益州刺史，多有贪污罪行，危害整个益州。杨秉弹劾侯参，（皇帝下令）用槛车把侯参征召到廷尉。侯参（畏罪）自杀。杨秉接着参奏侯览和中常侍具瑗，最终侯览被免去了官职，具瑗被削减了封国。每逢朝廷有得失，他都尽忠规谏，意见多被采纳。杨秉生性不饮酒，曾从容安详地说："我不会

秉子赐，字伯献。为司徒。坐辟党人免。复拜光禄大夫。光和元年，有虹霓昼降于嘉德殿前。帝恶之，引赐入金商门，使中常侍曹节、王甫，问以祥异祸福所在。赐仰天而叹，谓节等曰："吾每读《张禹传》，未尝不愤恚叹息，既不能竭忠尽情，极言其要，而反留意少子、乞还女壻，至令朱游欲得尚方斩马剑以治之，固其宜也。吾以微薄之学，充师傅之末，累世见宠，无以报国，猥当大问，死而后已。"乃手书对曰："臣闻之经传。或得神以昌，或得神以亡。国家休明，则鉴其德；邪辟昏乱，则视其祸。今殿前之气，应为虹霓，皆妖邪所生，不正之象，诗人所谓'蝃蝀'者也。今内多嬖幸，外任小臣，上下并怨，喧哗盈路，是以灾异屡见，前后丁宁。今复投霓，可谓孰矣。《易》曰：'天垂象，见吉凶，圣人则之。'今妾媵、嬖人、阉尹之徒，共专国朝，欺罔日月。又鸿都门下，招会群小，造作赋说，以虫篆小技，见宠于时，如欢兜、共工，更相荐说，旬月之间，并各拔擢。乐松处常伯，任芝居纳言，郤俭、梁鹄以便辟之性、佞辩之心，各受丰爵不次之宠。而令搢绅之徒，委伏畎亩，口诵尧舜之言，身蹈绝俗之行，弃捐沟壑，不见逮及。冠履倒易，陵谷代处，从小人之邪意，顺无知之私欲，不念《板》《荡》之作、'虺蜴'之诫。殆哉之危，莫过于今。幸赖皇天垂象谴告。《周书》曰：'天子见怪则修德，诸侯见怪则修政。'惟陛下慎经典之诫，图变复之道，斥远佞巧之臣，速征鹤鸣之士，内亲张仲，外任山甫，断绝尺一，

被三种东西所迷惑,即酒、色、财。"

杨秉的儿子杨赐,字伯献,官居司徒。曾因荐举党人被免职,后又被拜为光禄大夫。灵帝光和元年,有虹霓白天降落在嘉德殿前。灵帝对这种现象很厌恶,召杨赐进金商门,让中常侍曹节、王甫询问这种现象的祥异祸福。杨赐仰天而叹,对曹节等说:"我每次读《张禹传》,没有不愤恨叹息的。张禹既不能竭尽忠诚,尽心尽力地陈说国家的紧要事项,却只关心小儿子,乞求成帝调回在远地的女婿,以至使朱云想得到尚方斩马剑来惩处他,这的确是应该的。我以微薄的才学,充任帝师之列,累世受到宠爱,却无以报效国家。如今受到皇上的垂询,(唯有尽心尽力)死而后已。"于是亲自写奏书回答说:"臣从经传上得知,有时国家因出现神异现象而昌盛,有时国家因出现神异现象而败亡。国家政治清明,则可从此看出其仁德;国家混乱,则可从中看出其祸患。现在殿前的云气,应当是虹霓,这都是因妖邪所形成的,是一种不正常的现象,这也就是诗人所说的蝃蝀。当今朝廷内多是皇上宠爱的狎昵之人,对外则信任小人,上下都在怨恨,路人议论纷纷,所以灾异现象多次发生,上天反复地叮嘱提醒。现在又降下虹霓,可说是告诫得很周详了。《易经》上说:'上天垂示各种征兆,从中可见吉凶之理,圣人遵照天意来行事。'现在妾媵、嬖人、阉宦这一类人共同把持朝政,欺罔皇上与皇后。又在鸿都门下招揽了一群小人,造赋作说,用雕虫小技得宠于当朝,像古代的欢兜、共工等坏人一样互相吹捧,短时间内都会得到提拔。乐松做了常伯,任芝官居纳言,郄俭、梁鹄都以谄媚逢迎的习性、奸佞善辩之心术,各自被授予显要的爵位,得到破格提拔的宠爱。而有识之士则被埋没在民间,虽然口中述说着尧舜的言论,践行着超俗的行谊,却被遗弃在沟壑乡野之中,不能被朝廷任用。鞋子帽子穿戴颠倒,高山

抑止盘游，留思庶政，无敢怠遑。冀上天还威，众变可弭。老臣过受师傅之任，数蒙宠异之恩，岂敢爱惜垂没之年，而不尽其慺慺之心哉！"

张皓，字叔明，犍为人也。子纲，字文纪，为侍御史。时顺帝委纵宦官，有识危心。纲常感激，慨然叹曰："秽恶满朝，不能奋身出命，埽国家之难，虽生吾不愿也。"退而上书曰："《诗》云：'不愆不忘，率由旧章。'寻大汉初隆，及中兴之世，文、明二帝，德化尤盛。观其治为，易循易见，但恭俭守节、约身尚德而已。中官常侍，不过两人，近幸赏赐，裁满数金，惜费重民，故家给人足。而顷者以来，不遵旧典，无功小人，皆有官爵，富之骄之，而复害之，非爱民重器、承天顺道者也。伏愿陛下割损左右，以奉天心。"书奏，不省。

深谷变换位置。(在上者)听从小人们的邪意,顺遂不明事理之人的私欲,不考虑《板》《荡》之诗创作的缘由,和《小雅·正月》中以虺蜴(毒虫)比喻恶人的告诫。形势危险,再没有像今天这么严重了。幸亏上天垂示征兆以谴责警告。《周书》上说:'天子看到怪异现象就会修养德行,诸侯看到怪异现象就会整顿政务。'希望陛下慎重对待经典上的告诫,谋求消除灾异恢复正常的办法,斥退疏远谄佞巧诈的臣子,赶快征召有才德声望的隐士。在朝内亲近像张仲那样的孝友之人,在外任用像仲山甫那样的贤臣。断绝不当的诏书,抑制游乐之事,关心政务,不敢懈怠,以期上天收回其威怒,各种怪异现象就可以止息了。老臣愧受帝师之任,多次蒙受陛下特殊的尊宠之恩,怎么敢爱惜垂暮之年,而不竭尽勤恳的忠心呢?"

张皓,字叔明,犍为郡人。他的儿子张纲,字文纪,为侍御史。当时汉顺帝任用并纵容宦官,有远见卓识的人感到忧心。张纲常常感怀激忿,慨然叹息说:"邪恶之人遍满朝廷,而不能奋不顾身出来扫除国家的危难,既使活在世上我也不愿意。"退朝后又上书说:"《诗经》上说:'不愆不忘,率由旧章(不失误,不忘祖,一切都按照原来的规章制度来办事)。'想当年大汉初隆和中兴的时候,文帝和明帝的德教尤为兴盛。观察他们治国的措施,很容易被遵循和理解,无非是(能做到)恭敬节俭、坚守节操、约束自己的行为并且崇尚道德罢了。宦官和常侍不过才有两个人,对身边宠幸之人的赏赐顶多数金,(皇帝能够)节俭费用,重视人民,所以百姓都能丰衣足食。可是近年以来,(朝廷)不遵守旧时法度,没有功劳的小人,都有了官爵,使得他们富贵和骄纵起来,然后又诛杀了他们。这不是爱民重国、承奉天道、顺从道义的做法呀。乞望陛下削减左右小人,以承奉上天之心。"奏书呈上,顺帝不予理睬。

汉安元年，选遣八使，巡行风俗，皆耆儒知名，多历显位，唯纲年少，官次最微。余人受命之部，而纲独埋其车轮于洛阳都亭，曰："豺狼当路，安问狐狸！"遂奏曰："大将军冀、河南尹不疑，蒙外戚之援，荷国厚恩，以芻蕘之资，居阿衡之任，不能敬敷扬五教，翼赞日月，而专为封豕长蛇，肆其贪叨，甘心好货，纵恣无底，多树诡谀，以害忠良。诚天威所不赦，大辟所宜加也。谨条其无君之心十五事，斯皆臣子所以切齿者也。"书奏御，京师震竦。时冀妹为皇后，内宠方盛，诸梁姻族满朝，帝虽知纲言直，终不忍用。

时广陵贼张婴等众数万人，杀刺史、二千石，寇乱杨、徐间，积十余年，朝廷不能讨。冀乃讽尚书，以纲为广陵太守，因欲以事中之。前遣郡守，率多求兵马，纲独请单车之职。既到，乃将吏卒十余人，径造婴垒，申示国恩。婴初大惊，既见纲诚信，乃出拜谒。纲延置上坐，问所疾苦。乃譬之曰："前后二千石，多肆贪暴，故致公等怀愤相聚。二千石信有罪矣，然为之者又非义也。今主上仁圣，欲以文德服叛，故遣太守，思以爵禄相荣，不愿以刑罚相加，今诚转祸为福之时也。若闻义不服，天子赫然震怒，荆、杨、兖、豫大兵云合，岂不危乎？若不料疆弱，非明也；弃善取恶，非智也；去顺效逆，非忠也；身

顺帝汉安元年，朝廷选派八位使者到各地视察民情。使者大多是年老而德高的知名儒者，都曾先后担任过要职，只有张纲年纪轻轻，官位最低。其他人都奉命前往各地巡行去了，只有张纲把车轮埋在洛阳都亭，说："豺狼一般暴虐奸邪的人当政，为什么还要查问那些像狐狸一样奸佞狡猾的坏人呢！"遂即上书说："大将军梁冀，河南尹梁不疑，承蒙是外戚的关系，受到国家的厚恩，以割草打柴这种卑微小人的资质，却身居国家辅弼之职。他们不能恭敬地弘扬五伦教义，辅佐帝后，而专做贪暴的坏事，放纵贪欲，贪财好货，肆意放纵没有限度，培植了很多善于阿谀奉承的人，来陷害忠良。这些实在是天威所不能赦免，应该处以死刑的罪行呀。现谨列举他们目无君王的十五件事，这些都是为人臣子所切齿痛恨的啊。"这封上书呈给皇帝后，整个京师为之震惊。当时梁冀的妹妹是皇后，正受皇上宠幸，梁姓的姻亲布满朝廷。皇上虽然知道张纲之言忠直，最终还是不忍采纳。

当时，广陵的反贼张婴等数万人，杀了刺史、太守，侵扰扬州、徐州一带，经过十多年了，朝廷却一直不能讨伐征服他们。于是梁冀暗示尚书，派张纲担任广陵太守，想借此来陷害他。先前派遣的郡守，一般都会向朝廷要求很多的兵马，唯独张纲却请求单车赴任。到任以后，就率领十多个官兵，径直造访张婴的军营，（向张婴）表明了朝廷的恩惠。张婴起初非常吃惊，既而见到张纲诚恳忠信，才出来拜见。张纲请他坐在上座，询问他的疾苦，接着就劝导他说："前后任职的太守大多放纵其贪暴之行，所以致使你们心怀愤怒聚到了一起。以往的太守确实有罪，然而你们这样做也不合乎道义。如今皇上仁慈圣明，希望以文德平服叛乱，所以派我前来，想用赐予爵禄使你们荣耀，不想用刑法惩罚你们，现今实在是转祸为福的好时机啊！如

绝血嗣,非孝也;背正从邪,非直也;见义不为,非勇也。六者成败之几,利害所从,公其深计之。"婴闻之泣下,曰:"荒裔愚民,不能自通朝廷,不堪侵枉,遂复相聚偷生,若鱼游釜中,喘息须臾间耳。今闻明府之言,乃婴等更生之晨也。既自陷不义,实恐投兵之日,不免孥戮。"纲约之以天地,誓之以日月,婴深感悟,乃辞还营。明日将所部万余人,与妻子面缚归降。纲乃单车入婴垒,大会,置酒为乐,散遣部众,任从所之,亲为卜居宅、相田畴,子弟欲为吏者,皆引召之。民情悦服,南州晏然。朝廷论功当封,梁冀遏绝,乃止。天子嘉美,欲擢用纲,而婴等上书乞留,乃许之。

纲在郡一年卒。百姓老幼相携诣府,赴哀者不可胜数。纲自被疾,吏民咸为祠祀求福,皆言:千秋万岁,何时复见此君。张婴等五百余人,制服行丧,送到犍为,负土成坟。诏拜纲子续为郎中,赐钱百万。

若听闻仁义的诏命却不顺服,一旦天子赫然震怒,派遣荆、扬、兖、豫等州的大军聚集于此,你们岂不就危险了吗?如果不能正确估量双方力量的强弱,就是不明智;放弃良善而趋从邪恶,就是不聪明;放弃顺服而效仿叛逆,就是不忠诚;身死绝嗣,就是不孝顺;违背正道而走向邪路,就是不正直;看到正义的事而不去做,就是不勇敢。这六方面是关系到你们成败的关键,从利还是从害,希望您仔细考虑。"张婴听罢泪下,说:"我们是荒远地区的愚民,无法和朝廷直接沟通,因不堪忍受(地方官的)侵害而受冤枉,才聚在一起苟且求生,我们就好像是游在锅中的鱼,只能喘息苟活一时罢了。今天听了大人您的一番话,就是我张婴等人的重生之日啊!(但是)我们自己已经陷于不义之地,实在害怕投降之后,仍然免不了被杀戮的命运。"张纲(于是)便以天地为约定,并对着日月发誓,张婴被深深地感动并醒悟,于是拜辞回营。第二天,张婴率领部下一万余人和妻子儿女,双手反绑投降归顺。张纲就驾着单车进入张婴的营地和大家相会,置酒为乐,然后遣散了张婴的部下,任由他们离去。他并亲自为他们选住宅、看田地。他们的子弟想要当差的,都引用征召他们。于是人民心悦诚服,南方得以平定。朝廷评定其功劳应当封赏,而梁冀从中阻挠,于是没有封赏。天子对他称许赞美,想提拔重用张纲,而张婴等人上书乞求让张纲留任广陵,皇上就应允了。

张纲在广陵郡任职一年后逝世。百姓们扶老携幼,到张纲府邸吊唁的人多得无法计数。自从张纲患病,官吏和百姓就都为他立祠祭神求福,(大家)都说:"千秋万世,什么时候才能再见到这样的太守呢?"(张纲过世后)张婴等五百多人穿着丧服为他举办丧事,(他们把灵柩)送到犍为(张纲的老家),背土筑坟。后来皇帝下诏任张纲的儿子张续为郎中,赏赐钱财百万。

种暠，字景伯，河南人也。举孝廉。顺帝擢暠，监太子于承光宫中。常侍高梵从中单驾出迎太子，时太傅杜乔等疑不欲从，惶惑不知所为。暠乃手剑当车，曰："太子国之储副，民命所系。今常侍来无诏信，何以知非奸邪？今日有死而已。"梵辞屈，驰命奏之。诏报，太子乃得去。乔退而叹息，愧暠临事不惑。帝亦嘉其持重，称善者良久。出为益州刺史，宣恩远夷，开晓殊俗，岷山杂落，皆怀服汉德焉。

刘陶，字子奇，一名伟，颍川人也。时大将军梁冀专朝，而桓帝无子，连岁荒饥，灾异数见，陶时游大学，乃上疏陈事曰："臣闻人非天地无以为生，天地非人无以为灵。是故帝非民不立，民非帝不宁。夫天之与帝，帝之与民，犹头之与足，相须而行也。伏惟陛下袭常存之庆，循不易之制，目不视鸣条之事，耳不闻檀车之声，天灾不有痛于肌肤，震食不即损于圣体，故蔑三光之谬，轻上天之怒。伏念高祖之起，始自布衣，合散扶伤，克成帝业，功既显矣，勤亦至矣。流福遗祚，至于陛下。陛下既不能增明烈考之轨，而忽高祖之勤，妄假利器，委授国柄，使群丑刑隶，芟刈小民，雕敝诸夏，虐流远近，故天降众异，以戒陛下。陛下不悟，而竞令虎豹窟于麂场，豺狼乳于春囿，斯岂唐咨禹稷、益典朕虞之意哉！又今牧守长吏，上下交竞，封豕长蛇，蚕食天下，货殖者为穷冤之魂，贫

种暠,字景伯,河南人,曾被推举为孝廉。汉顺帝提拔种暠在承光宫中监护太子。常侍高梵从宫中驾驶单车出来迎接太子,当时太傅杜乔等犹豫着不想依从,但又惶惑而不知该怎么办好。种暠于是手持利剑挡在车前,说道:"太子是国家皇位的继承人,关系到天下百姓的命运。如今常侍来迎接太子,却没有诏书符契,怎么知道不是奸邪呢?今日宁死不从。"高梵理屈辞穷,只好快速回朝奏明皇帝。皇帝有诏报来,太子这才得以跟随而去。杜乔回去后十分感叹,自愧不能像种暠那样临事不惑。皇帝也称赞种暠稳重谨慎,赞扬了他很长时间。后来种暠出任益州刺史,向边远的少数民族宣扬皇上的恩德,开导晓谕远方风俗不同的人民。岷山地区的许多部落都由衷地顺服汉朝的恩德。

刘陶,字子奇,又名刘伟,颍川郡人。当时大将军梁冀在朝专权,桓帝尚没有子嗣,国家连年饥荒,灾异现象多次发生。刘陶这时正在太学读书,于是上书陈述说:"我听说人没有天地就无法生存,天地如果没有人就不能显示它的灵气。所以帝王没有人民就无法存在,人民没有皇帝就无法安宁。上天和帝王、帝王和人民,就像头和脚的关系一样,是相互配合而行动的。臣想到陛下承袭着永久的福泽,遵循着恒定不变的制度,眼不见征战之事,耳不闻兵车之声,天灾不会刺痛您的肌肤,地震和日月之蚀也损害不到您的圣体,所以您才轻视日、月、星三光运行错乱的现象,看轻上天的威怒。想当初汉高祖兴兵起事,是从一介平民开始,他逐渐聚合已经离散的大众,救助被暴秦伤害过的百姓,终于成就了帝王的功业。高祖的功绩既已十分显赫,而勤苦也达到了极点,流传下来的福德和基业,一直延续到陛下。然而陛下既不能光显先祖制定的法度,又忽视了高祖的勤政爱民,随便授予(小人)威权,将国家大权委托给别人,使得

馁者作饥寒之鬼,高门获东观之辜,丰室罗妖叛之罪,死者悲于窀穸,生者戚于朝野。是愚臣所为咨嗟长怀叹息者也。且秦之将亡,正谏者诛,谀进者赏,嘉言结于忠舌,国命出于谗口,擅阎乐于咸阳,授赵高以车府,权去已而不知,威离身而弗顾。古今一揆,成败同势。愿陛下远览强秦之倾,近察哀、平之变,得失昭然,祸福可见。臣敢吐不时之议于讳言之朝,犹冰霜见日,必至消灭。臣始悲天下之可悲,今天下亦悲臣之愚惑也。"书奏,不省。

是时天下日危,寇贼方炽,陶复上疏曰:"臣闻事之急者不能安言,心之痛者不能缓声。窃见天下前遇张角之乱,后遭边章之寇,每闻羽书告急之声,心灼内热,四体惊竦。今西羌逆类,晓习战陈,变诈万端,军吏士民,悲愁相守,人有百走退死之心,而无一前斗生之计。西羌侵前,去营咫尺,胡骑分布,已至诸陵。将军张温,天性精勇,而主者旦夕迫促,军无后殿,

邪恶之众和宦官阉人像割草一样地杀戮人民,使国家衰败,远近的百姓都受到暴虐流毒的伤害。因此,上天降下许多异象来警诫陛下。然而,陛下您却并不悔悟,反而竞相让虎豹在鹿场中打洞穴居,任豺狼在春日的园林中繁衍生息,这难道是唐尧赞叹大禹、后稷,让伯益担任朕虞的本意吗?再者,当今的牧守长吏这些官员,上下之间互相争斗,如同大猪长蛇一样贪暴的人,逐渐蚕食天下。经商的人成为穷冤之魂,贫困的人成为饥寒之鬼,高门望族遭受杀身之祸,富裕人家蒙受反叛的罪名。死去的人在坟墓中悲痛,活着的人在朝野间忧伤。这些都是愚臣所为之叹息,长怀感慨的事啊。况且,当初秦朝将要灭亡时,直言谏诤者被杀,进谄言者受赏;于国于民有利的话凝结在忠臣的舌间不敢说出来,国家的法令却出于奸邪之人的口中。让阎乐在咸阳擅自妄为,授予赵高车府令的重任,权柄离开自己却浑然不知,威势远离自身也全然不顾。古今的道理都是一样的,成败的情势也是相同的。希望陛下远观强秦的倾覆,近察哀帝、平帝时代的变乱,那么得失就会明明白白,祸福也可看得清清楚楚。臣敢于在忌讳臣下谏诤的朝廷说出不合时宜的言论,臣将像冰霜见到太阳,必然会被消融。一开始臣是哀痛天下令人痛心的时局,现在,天下人也要怜悯臣的愚昧与糊涂了。"奏书呈上后,皇上不予理睬。

这时候天下形势日益危急,各处贼寇势力正强,刘陶又上疏说:"臣听说事情紧急时,就不能从容地说话;心中痛苦时,就不能和缓地出声。臣私下看到国家先是遇到张角的叛乱,后来又遭到边章的暴乱。每次听到羽书告急的消息,都感到内心忧愁焦急,四肢惊恐战栗。现在西羌的反叛者,不仅精通作战的阵法,而且巧变诡诈多端,军吏百姓在悲伤忧愁的气氛中相互依傍,人人都怀着逃跑逃走以避免死亡的想法,而没有一点奋勇向前战斗以求生的打算。西羌在前面

假令失利，其败不救。臣自知言数见厌，而言不自裁者，以为国安则臣蒙其庆，国危则臣亦先亡也。谨复陈当今要急八事，乞须臾之间，深垂纳省。"其八事，大较言大乱皆由宦官。宦官事急，共谮陶曰："前张角事发，诏书示以威恩，自此以来，各各改悔。今者四方安静，而陶疾害圣政，专言妖孽。州郡不上，陶何缘知疑陶与贼通情。"于是收陶下狱，掠治日急。陶自知必死，对使者曰："朝廷前封臣云何？今反受邪谮。恨不与伊、吕同畴，而以三仁为辈。"遂闭气而死，天下莫不痛之。

李云，字行祖，甘陵人也。举孝廉，迁白马令。桓帝诛大将军梁冀，而中常侍单超等五人，皆以诛冀功，并封列侯，专权选举。又立掖庭人女亳氏为皇后，数月间，后家封者四人，赏赐巨万。是时地数震裂，众灾频降。云素刚，忧国将危，心不能忍，乃露布上书，移副三府，曰："臣闻皇后天下之母，德配坤灵。得其人，则五氏来备；不得其人，则地动摇宫。比年灾异，可谓多矣；皇天下之戒，可谓至矣。举厝至重，不可不慎；班功行赏，宜应其实。梁冀虽持权专擅，虐流天下，今以罪行

侵扰，距离营寨只有咫尺之遥；胡人骑兵的分布，已到达诸位先帝的陵墓。将军张温，生性精强勇敢，但主事者日夜催逼他（前进）。他的军队并没有后续力量的支援，假使失利，其败势将不可挽救。臣自己知道多次上书言事已使您厌烦，可是臣之所以不能缄口不言的原因，是认为国家安定了，臣子就能蒙受其福；国家危亡了，臣子也会先遭灭亡。仅再次陈述当今紧要的八件事，乞求陛下能抽出片刻时间，省察臣的意见。"刘陶所说的八件事，大致是说国家大的动乱都来自宦官。宦官们感到事情危急，一起谮害刘陶说："从前张角的叛乱发生时，陛下颁布诏书向他们表示了朝廷的天威与恩泽，从此以后，（这些叛乱者）各自改悔。如今四方安宁，而刘陶嫉恨损害大好的政治局面，专门谈论祸害之事。地方州郡没有上报，刘陶为何会知道这些消息的呢？（我们）怀疑刘陶和贼人勾结。"于是将刘陶逮捕，投入监狱，拷问一天比一天厉害。刘陶自知必死，就对使者说："朝廷当初任命微臣是为什么呢？今天反而受到奸邪的诬陷。可恨我不能与伊尹、吕尚同列，而却与微子、箕子、比干这三位仁人为伴了。"于是气绝身亡，天下人没有不为他感到痛惜的。

李云，字行祖，甘陵人。曾被举荐为孝廉，后升迁为白马县令。桓帝诛杀了大将军梁冀，而中常侍单超等五人因共诛梁冀有功，被一同封侯，独掌选拔任用官员的大权。（桓帝）又册立后宫宫女亳氏为皇后。几个月的时间里，皇后家族中受封的人就有四位，赏赐的钱财达巨万之多。这个时候，多次发生地震，各种灾害频繁出现。李云一向刚直，担忧国家将要面临危难，于心不忍，于是公开上书，并将副本移交三公府，秦书中说："臣听说皇后为天下之母，德配大地。得到这样贤德的人做皇后，则风调雨顺，万物繁茂；得不到这样的人，则大地震动，摇撼宫廷。近年来的灾异，可以说是很多了；皇天垂示

诛,犹召家臣扼杀之耳。而猥封谋臣万户以上,高祖闻之得无见非?西北列将,得无解体耶?孔子曰:'帝者,谛也。'今官位错乱,小人谄进,财货公行,政治日损,尺一拜用,不经御省。是帝欲不谛乎?"

帝得奏震怒,下有司逮云送狱,使中常侍管霸与御史廷尉杂考之。时弘农五官掾杜众,伤云以忠谏获罪,上书愿与云同日死。帝愈怒,遂并下廷尉。大鸿胪陈蕃上疏救云曰:"李云所言,虽不识禁忌,干上逆旨,其意归于忠国而已。昔高祖忍周昌不讳之谏,成帝赦朱云腰领之诛。今杀云,臣恐剖心之讥,复议于世矣。故敢触龙鳞,冒昧以请。"太常杨秉、洛阳市长沐茂、郎中上官资,并上疏请云。帝恚甚,有司皆奏以为大不敬。诏切责蕃、秉,免归田里,茂、资贬秩二等。云、众皆死狱中。

刘瑜,字季节,广陵人也。举贤良方正。及到京师,上书陈事曰:"臣在下土,听闻歌谣,骄臣虐政之事,远近呼嗟之音,窃为辛楚,泣血连如。诚愿陛下且以须臾之虑,览今往之事。民何为咨嗟?天曷为动变邪?盖诸侯之位,上法四七,关之盛衰者也。今中官邪孽,比肩裂土,皆竞立胤嗣,继体传

的告诫,可以说是很严厉了。每一个举措都至关重要,不能不慎重。论功行赏,应该与实际情况相对应。梁冀虽然掌握大权擅自行事,祸害遍及天下,现如今已经按他的罪行将其处死,这如同召来家臣将其扼杀而已。然而皇上却随意封赏谋臣万户以上的食邑,若是高祖听到了,能不受责备吗?西北的那些将领能不人心离散吗?孔子说:'帝,是审谛万物之意。'当今朝廷官位错乱,小人因为谄谀而被进用,贿赂公然进行,政事的治理一天天败坏,诏书的颁布与官员的任用,甚至都不经皇帝过目,难道是皇帝不想审谛万物了吗?"

桓帝看到奏书后大怒,下令有关部门逮捕李云投入狱中,派中常侍管霸和御史、廷尉一同会审他。当时弘农郡的五官掾杜众,痛惜李云因忠心规谏而获罪,上书称自己愿与李云同一天被处死。桓帝越发恼怒,于是将杜众一同交付廷尉治问。大鸿胪陈蕃上奏疏营救李云说:"李云所说的话,虽然不知道禁忌,冒犯了皇上,违逆了圣意,但他的用心归根到底是忠于国家的。昔日高祖能够容忍周昌不知忌讳的谏言,成帝赦免了朱云腰斩的重罪,如今要杀李云,臣恐怕(纣王)剖忠臣比干之心的讥讽,又会在今世被人议论了。所以臣胆敢犯颜直谏,冒昧地来请求(宽恕李云)。"太常杨秉、洛阳市长沐茂、郎中上官资也一起上书为李云请罪。桓帝更加愤恨,有关部门上奏称这些人是大不敬,于是皇帝下诏严责陈蕃、杨秉,将二人免官遣送回乡,沐茂、上官资则被减俸两级,李云、杜众都死在了狱中。

刘瑜,字季节,广陵郡人,被推举为贤良方正。等他到了京师,上书陈事说:"臣在民间曾听到歌谣,讲的是骄狂之臣肆虐朝政的事情,以及远近百姓呼号哀叹的声音,臣私下为之感到辛酸痛楚,血泪如雨。臣诚恳希望陛下能够抽出少许考虑的时间,考察古往今来的政事,看看老百姓为什么会叹息,上天又因何事而发生灾变。诸侯的爵

爵，或乞子疏属，或买儿市道，殆乖开国承家之义。古者天子，一娶九女，娣姪有序。今女壁令色，充积闺帷，皆当盛其玩饰，冗食空宫，劳散精神，生长六疾。此国之费也、性之伤也。且天地之性，阴阳正纪，隔绝其道，则水旱为灾。又常侍、黄门，亦广妻娶，怨毒之气，结成妖眚。行路之人言，官发略人女，取而复置，转相惊惧。孰不悉然，无缘空生此谤也？邹衍匹夫，杞氏匹妇，尚有城崩霜霣之异，况乃群辈咨嗟，能无感乎！昔秦作阿房，国多刑人。今第舍增多，穷极奇巧，掘山攻石，不避时令。促以严刑，威以峻法，民无罪而覆入之，民有田而覆夺之。民愁郁结，起入贼党，官辄兴兵，诛讨其罪。贫困之民，或有卖其首级，以要酬赏。父兄相伐残身，妻孥相视分裂。穷之如彼，伐之如此，岂不痛哉！又陛下以北辰之尊、神器之宝，而微行近习之家，私幸宦官之舍。宾客市买，熏灼道路，因此暴纵，无所不容。今三公在位，皆博达道艺，而莫或匡益者，非不智也，畏死罚也。惟陛下设置七臣，以广谏道，远佞邪之人，放郑卫之声，则治致和平，德感祥风矣。"于是特诏召瑜，拜为议郎。

位效法于上天的二十八星宿,关系到国家的盛衰。如今的宦官都是邪恶之人,他们也像诸侯一样被分封土地,都竞相树立后代,以继承他们的爵位。有的向远房亲戚乞求子嗣,有的在集市上买来小孩以充后代,实在背离了开创邦国传承家业的本义。古代的天子,一人娶九个女子,从嫁的妹妹、侄女都上下有序。如今,姿容美丽而受宠幸的女子,充盈整个后宫,要供给她们许多玩饰之物,每天在内宫安坐受食,使帝王耗散精神,(容易因女色)生出六疾。这是对国家财物的浪费、对皇上身体的伤害啊。再者,天地的本性在于阴阳调和;如果背离了正道,就会发生水旱的灾害。再加上常侍黄门等宦官,也大量娶妻,所造成的怨毒之气,凝聚而形成灾祸。行路之人都说官家强掠民间女子,娶了一个又一个,百姓们彼此惊慌害怕,有谁不知道这一情况而去无缘无故生出这种毁谤的言论呢?邹衍是个平民百姓,杞梁的妻子是个平民妇女,他们含冤尚且有让城墙崩塌、五月降霜的灾异。何况这么多人怨恨叹息,能没有感应吗?昔日秦始皇修建阿房宫,国内有很多人受刑。现在官家的府第增多,极尽巧妙,挖山采石,不避开农事时令。他们用严厉的刑罚催促人民,用残酷的法令威逼大众。老百姓无罪的反而要遭受刑罚,有田地的却被抢夺去。人民愁怨郁结,于是加入到贼寇之中,而官府动辄发兵讨伐他们的反叛之罪。贫困的百姓,有的出卖自己的首级,来求得酬劳赏赐。父子兄弟相互残害,妻子儿女眼睁睁地分离。百姓窘迫到如此地步,而官府残伐到这样的境地,难道不让人痛心吗?又陛下以如同北极星的尊贵,手握象征帝位的宝物,却更换服装私访宠臣之家,私自出行到宦官之所,(权宦们的)宾客在市场上交易,威赫的声势充塞道路。因此横行霸道,无所不为。当今三公在位,都是博学通达的人,但却无人能够匡正这些不正之风。这并不是因为他们没有智慧,而是他们惧

虞诩,字升卿,陈国人也。永建元年,为司隶校尉。时中常侍张防,特用权埶,每请托受取,诩辄案之,而屡寝不报。诩不胜其愤,乃自系廷尉,奏言曰:"昔孝安皇帝,任用樊丰,遂交乱嫡统,几亡社稷。今者张防复弄威柄,国家之祸,将重至矣。臣不忍与防同朝,谨自系以闻,无令臣袭杨震之迹。"书奏,防流涕诉帝,诩坐论输左校。防必欲害之,二日之中,传考四狱。

宦者孙程等,知诩以忠获罪,乃相率奏曰:"陛下始与臣等造事之时,常疾奸臣,知其倾国。今者即位,而复自为,何以非先帝乎?司隶校尉虞诩,为陛下尽忠,而更被拘系;常侍张防,臧罪明正,反构忠良。今客星守羽林,其占宫中有奸臣。宜急收防送狱,以塞天变。"防坐徙边,即日赦出诩。拜议郎,迁尚书仆射。

先是宁阳主簿诣阙,诉其县令之枉,积六七岁不省。主簿乃上书曰:"臣为陛下子,陛下为臣父。臣章百上,终不见省,臣岂可北诣单于以告怨乎?"帝大怒,持章示尚书,尚书遂劾以大逆。诩驳曰:"主簿所讼,乃君父之怨;百上不达,是有司

怕死罪和刑罚。惟愿陛下设置谏诤之臣,以广开进谏之路,远离奸邪之人,舍弃郑卫淫乱之声,这样就可使国家政治达到和谐安定,您的德行就会感召来预兆吉祥的风了。"于是桓帝下达特别诏令,征召刘瑜,拜他为议郎。

虞诩,字升卿,陈国人。顺帝永建元年为司隶校尉。当时中常侍张防滥用权势,经常受人请托,贪污受贿。虞诩每次都审查据实上报,虽屡次上书,但都被搁置不报。虞诩不胜愤怒,于是自行捆缚到廷尉处,并上奏说:"往日孝安皇帝任用樊丰,于是扰乱了皇家正统,几乎使国家败亡。现在张防又玩弄权柄,国家的祸患又将再次来临了。臣不愿意与张防同朝共事,谨自我捆绑禀告皇上,不要让臣重蹈杨震的覆辙。"虞诩的奏章呈上后,张防痛哭流涕向皇上申诉,虞诩因此被送左校罚作劳役。张防决意要害死虞诩,两天之内,派人传审了四次。

宦官孙程等人知道虞诩是因为忠诚获罪,便相继上奏说:"陛下开始和臣等起事的时候,常常痛恨奸臣,知道他们会倾覆国家。现在即位了,反而自己做起了这样的事,那又拿什么来非议先帝呢?司隶校尉虞诩为陛下尽忠职守,却反被拘禁;常侍张防贪污受贿之罪证据确凿,反而诬陷忠良之臣。现在客星守在羽林星旁,这种星相预示宫中有奸臣。应该尽快拘捕张防投入监牢,以遏止天象的变异。"张防于是被判流放边地服役,顺帝当天就赦免了虞诩,拜他为议郎,后来又升迁为尚书仆射。

此前,宁阳县主簿来到京都,陈述他们县令的冤屈,但过了六七年都不被理会。主簿于是上书说:"臣是陛下的子民,陛下是臣的君父,臣上了很多次奏章,却始终无人理会,臣难道要到北方面见单于来诉说怨情吗?"皇帝大怒,拿主簿的这篇奏章给尚书看。尚书于是

之过。愚蠢之民,不足多诛。"帝纳诩言,答之而已。诩好刺举,无所回容,数忤权戚,遂九见谴考,三遭刑罚,而刚正之性,终老不屈。迁尚书令。

　　傅燮,字南容,北地人也。为护军司马,与左中郎皇甫嵩,俱讨贼张角。燮素疾中官,既行,因上疏曰:"臣闻天下之祸,不由于外,皆兴于内。是故虞舜升朝,先殛四凶,然后用十六相,明恶人不去,则善人无由进也。今张角起于赵、魏,黄巾乱于六州。此皆衅发萧墙,而祸延四海者也。臣受戎任,奉辞伐罪,始到颍川,战无不克。黄巾虽盛,不足为庙堂忧也。臣之所惧,在于治水不息其源,末流弥增其广耳。陛下仁德宽容,多所不忍,故阉竖擅权,忠臣不进。诚使张角枭夷,黄巾变服,臣之所忧,愈益深耳。何者?夫邪正之人,不宜共国,亦犹冰炭不可同器。彼知正人之功显,而危亡之兆见,皆将巧辞饰说,共长虚伪。夫孝子疑于屡至,市虎成于三夫。若不详察真伪,忠臣将复有杜邮之戮矣。陛下宜思虞舜四罪之举,速行谗佞放殛之诛,则善人思进,奸凶自去矣。臣闻忠臣之事君,犹孝子之事父也。子之事父,焉得不尽其情?使臣身备鈇钺之戮,陛下少用其言,国之福也。"书奏,宦者赵忠见而忿恶。及破张角,燮功多当封,忠诉谮之,竟亦不封,以为安定都尉。

判处主簿犯下大逆不道之罪。虞诩驳斥说:"主簿所诉讼的,不过是对君父的不满,而奏章上奏多次却不能送达皇帝手上,则是主管官员的过错。这样的愚昧小民,是不值得多杀的。"皇帝采纳了虞诩的话,只对主簿处以笞刑而已。虞诩爱直言检举别人过失,从不曲法宽容,多次违逆有权势的贵戚,因而九次被降职拷问,三次遭受刑罚,但他刚正的性格,到老都不屈服。后迁为尚书令。

傅燮,字南容,北地郡人。任护军司马,与左中郎将皇甫嵩一起讨伐贼人张角。傅燮向来痛恨宦官,随军出发后,就上书说:"臣听说天下的祸患,并不是由外引起的,都是由内产生的。所以虞舜升朝议事,首先除掉四凶,然后任用十六位贤臣。表明如果恶人不除去,善人就无法得到进用。如今张角在赵、魏起兵造反,黄巾军在六个州郡反叛作乱,这都是祸乱发生于内部而祸患延及天下的结果。臣接受军职,奉命讨伐贼寇,刚到颍川,战无不胜。黄巾军虽然强盛,但不值得朝廷担忧。臣所担心的,在于治理水患而不止息其源头,那下游的水流就会更加泛滥了。陛下仁德宽容,许多事情不忍心去做,所以使得宦官专权,忠臣得不到进用。即使真的把张角诛灭,黄巾军归服,而臣的担忧,也依然会日益加深。这是为什么呢?邪恶与正义的人,是不适合共理国事的,就好比冰和炭不能放在同一个容器中一样。那些邪恶的人知道正直的人功劳显著的时候,他们危亡的征兆就开始出现了,于是就都巧言掩饰,共同捏造不实之辞。像曾参那样的孝子(虽没杀人)也会因多人的传言而被母亲怀疑,集市有老虎的谣言也会因为多次传播而被人相信。如果不能详细审察其中的真伪,忠臣将又会遭遇到像白起在杜邮被迫自杀的事情啊。陛下应该思考虞舜放逐四凶的做法,迅速将谗佞之辈放逐诛杀,那么良善之人就会想着积极进取,奸诈凶恶之人自然就会离去。臣听说忠臣事

顷之，赵忠为车骑将军，诏忠论讨黄巾之功，执金吾甄举等谓忠曰："傅南容前在东军，有功不侯，故天下失望。今将军当重任，宜进贤理屈，以副众心。"忠遣弟延致殷勤，延谓燮曰："南容少答我常侍，万户侯不足得也。"燮正色拒之曰："遇与不遇，命也；有功不论，时也。傅燮岂求私赏哉！"忠愈怀恨，权贵亦多疾之，是以不得留，出为汉阳太守。贼围汉阳，城中兵少粮尽，燮犹固守。时北地胡骑数千，随贼攻郡，皆夙怀燮恩，共于城外叩头，求送燮归乡里。子干进曰："国家昏乱，遂令大人不容于朝。今天下已叛，而兵不足自守，乡里羌胡先被恩德，欲令弃郡而归，愿必许之。"言未终，燮慨然而叹曰："盖圣达节，次守节。且殷纣之暴，伯夷不食周粟而死。今朝廷不甚殷纣，吾德亦岂绝伯夷？世乱不能养浩然之志，食禄人间，欲避其难乎？吾行何之？"遂麾左右进兵，临陈战殁。谥曰"壮节侯"。

奉君主，就好像孝子事奉自己的父亲一样，儿子侍奉父亲，哪有不竭尽心力的？即使让臣遭受斧钺杀戮的刑罚，只要陛下能稍稍采用臣的话，这就是国家的福气了。"奏书呈上以后，宦官赵忠看到后非常忿怒。等攻破了张角，傅燮的功劳多，应该受到封赏。赵忠却毁谤诬陷他，（朝廷）最终也没有封赏傅燮，只让他做了安定都尉。

过了不久，赵忠做了车骑将军，皇帝诏令赵忠评定讨伐黄巾军将领的功劳，执金吾甄举等人对赵忠说："傅南容以前在东军中，有功却没有被封侯，故而天下人感到失望。现在将军担当重任，应当进用贤能，以理服人，以符合天下人心。"赵忠（采纳了这一意见）于是派遣他的兄弟赵延向傅燮表达心意，赵延对傅燮说："南容只要能稍稍答谢我们常侍，被封为万户侯是不难的。"傅燮态度严肃地拒绝说："得志与不得志，这是命运；有功劳而不论赏，那是时运。我傅燮怎么会乞求私下的封赏呢？"赵忠对他更加怀恨，权贵们也大都憎恨傅燮，因此傅燮无法留在朝廷任职，被外调担任汉阳太守。后来（王国、韩遂的）贼兵围困了汉阳，城中兵少粮绝，傅燮仍然坚守。当时北地的数千胡人军队，也随贼众一同围攻汉阳郡。这些人向来感怀傅燮的恩德，共同在城外叩头，请求把傅燮送回他的家乡。傅燮的儿子傅干进言说："国家政治黑暗混乱，才使得父亲您不能在朝中容身。如今天下已经叛乱，而我们的兵力不足以自守，乡里、羌胡先前都受过您的恩惠，打算让您弃城回乡，请您一定要答应他们的请求。"话还没有说完，傅燮慨然叹息道："圣人无论怎样行动进退都合于节义，次而则坚守节操。况且以纣王那样的暴虐，伯夷仍不食周粟而死。如今朝廷还不像商纣那样残暴，我的德行操守又怎么能超过伯夷呢？世道昏乱不能长养正大豪迈的志向，在世上享受俸禄却又想逃避所遇到的危难，我能到哪儿去呢？"于是指挥左右进兵，临阵战

盖勋,字元固,敦煌人也。为汉阳长史。时武威太守,倚恃权执,恣行贪横,从事武都苏正和案致其罪。凉州刺史梁鹄,畏惧贵戚,欲杀正和以免其负,乃访之于勋。勋素与正和有仇,乃谏鹄曰:"夫䊦食鹰鸢,欲其鸷,鸷而亨之,将何用哉?"鹄从其言。正和喜于得免,而诣勋求谢。勋不见,曰:"吾为梁使君谋,不为苏正和。"怨之如初。

征拜讨虏校尉,灵帝召见,问:"天下何苦,而反乱如此?"勋曰:"幸臣子弟扰之。"时宦者上军校尉蹇硕在坐,帝顾问硕,硕惧,不知所对,而以此恨勋。司隶校尉张温,举勋为京兆尹。帝方欲延接勋,而蹇硕等心惮之,并劝从温奏,遂拜京兆尹。时长安令扬党父为中常侍,恃势贪放,勋案得其赃千余万。贵戚咸为之请,勋不听,具以事闻,并连党父,有诏穷治,威震京师。时小黄门京兆高望,为尚药监,幸于皇太子。太子因蹇硕,属望子进为孝廉,勋不肯用。或曰:"皇太子副主,望其所爱,硕帝之宠臣,而子违之,所谓三怨成府者也。"勋曰:"选贤所以报国也。非贤不举,死亦何悔!"董卓废少帝,杀何太后,勋与书曰:"昔伊尹、霍光,权以立功,犹可寒心。足下小丑,何以终此?贺者在门,吊者在庐,可不慎哉!"卓得书,意甚惮之。征为议郎。自公卿以下,莫不卑下于卓,唯勋长揖争礼,见者皆为失色。勋虽强直不屈,而内厌于卓,不得

死,后加谥号为"壮节侯"。

盖勋,字元固,敦煌郡人。任汉阳郡的长史。当时武威郡太守依仗权势,恣意贪污横行,凉州刺史从事武都人苏正和审查并确立了他的罪行。凉州刺史梁鹄畏惧权贵,想杀掉苏正和以免自己受到连累,于是向盖勋谘询这件事(该如何处理)。盖勋素来与苏正和有仇,却向梁鹄进谏说:"拴住鹰鸢来喂养它们,就是想要它们凶猛,可等他们凶猛了却要烹杀它们,那它们还有什么用呢?"梁鹄听从了他的意见。苏正和庆幸自己免于受难,到盖勋那里致谢。盖勋不肯见他,说:"我这是为梁使君考虑,不是为了你苏正和。"仍像当初一样怨恨苏正和。

盖勋被征召授予讨房校尉,汉灵帝召见他,问道:"天下(究竟)有什么苦难,以至于人们叛乱到如此地步?"盖勋说:"这都是那些宠臣的子弟们扰乱的结果。"当时宦官上军校尉蹇硕在座,灵帝就回头问他。蹇硕心中害怕,不知道该怎么回答,但因此对盖勋怀恨在心。司隶校尉张温举荐盖勋做京兆尹,灵帝当时正打算接见盖勋,而蹇硕等人心中惧怕他,就一起劝灵帝听从张温的奏议,于是灵帝拜盖勋为京兆尹。当时长安县令杨党的父亲是中常侍,(杨党)依仗权势贪婪放纵,盖勋审查到他贪污受贿的赃款有一千余万。贵戚都为杨党求请免罪,盖勋不为所动,把事情全都奏报朝廷,并牵连到杨党的父亲。皇帝下诏彻底查办,于是盖勋威震京师。当时小黄门京兆人高望担任尚药监,受到皇太子的宠幸。太子通过蹇硕嘱托盖勋让高望的儿子高进为孝廉,盖勋不肯这样做。有人对他说:"皇太子是储君,高望是太子宠爱的人,蹇硕是皇帝的宠臣,可是您违背他们的意愿,这是人们所说的结三个人的怨恨于一身啊!"盖勋说:"选拔贤才是用来报效国家的。不是贤才就不举荐,即便是死,又有什么可后

意,疽发背卒,遗令勿受卓赗赠。

蔡邕,字伯喈,陈留人也。灵帝时,信任阉竖,灾变数见,天子引咎,诏群臣各陈政要。邕上封事曰:"臣闻古者取士,诸侯岁贡。孝武之世,郡举孝廉,又有贤良文学之选,于是名臣辈出,文武并兴。汉之得人,数路而已。夫书画辞赋,才之小者,匡国理政,未有其能。陛下即位之初,先涉经术,听政余日,观省篇章,聊以游意,当代博奕,非以为教化取士之本也。而诸生竞利,作者鼎沸。其高者,颇引经训风喻之言,下则连偶俗语,有类俳优,或窃成文,虚冒名氏。臣每受诏于盛化门,差次录第,其未及者,亦复随辈,皆见拜擢。既加之恩,难复收改,但守奉禄,于义已弘,不可复使治民及仕州郡。昔孝宣会诸儒于石渠,章帝集学士于白虎。通经义释,其事优大;文武之道,所宜从之。若乃小能小善,虽有可观,孔子以为'致远则泥',君子故当志其大者也。"

悔的!"(后来)董卓废掉少帝,杀了何太后。盖勋给董卓写信说:"往昔伊尹、霍光,掌权而为国家立下大功,还有令人寒心的地方。您只不过是个微贱之人,这样做,以后如何收场呢?祝贺的人在门口,而吊丧的人已在屋内,能不谨慎吗?"董卓得到这封信,内心非常惧怕盖勋,征召他做议郎。当时朝廷自公卿以下的百官,见到董卓没有不卑躬曲膝的,只有盖勋对董卓依礼相见,拱手作揖而已。在场的人都因此大惊失色。盖勋虽然刚强正直,不屈于董卓,但实际上却受到董卓的厌恶,在朝而不得志。后来因背部发毒疮而死。临终时嘱咐家人,不要接受董卓的丧葬赠礼。

蔡邕,字伯喈,陈留郡人。当时汉灵帝信任宦官,国家多次发生灾变。皇帝归罪于己,诏告群臣各自陈述施政的要务。蔡邕呈上密封的奏章,说:"臣听说古代选取士人,要求诸侯定期向朝廷举荐人才。汉武帝时,除各郡推举孝廉外,另有贤良文学之士的选拔。于是名臣辈出,文治武功同时兴盛。汉王朝获得人才,主要就是通过这几个方面。书画辞赋,不过是一种小才,至于匡正国家管理政治,就不是他们力所能及的了。陛下即位之初,先涉猎经学,处理政务的闲暇之时,阅览一些辞赋篇章,作为放松精神的消遣,以此代替局戏、围棋等娱乐,并不是要以此(辞赋篇章)作为施行教化、获得人才的根本办法。但是读书人(因为陛下的爱好)而竞相贪图利益,兴辞作赋的人越来越多,喧嚷不休。他们中学问高的,还能引用经典中的经训和讽喻的言辞,学问低下的则使用对偶俗语等,有点类似于以歌舞为业的艺人,有的人甚至抄袭现成的文章,冒名顶替。臣每次受诏在盛化门分别等级次序,按名次录用人才,都会发现其中一些不够资格的人,也跟随别人一同被选拔任用。已经赐予的恩典,难以再收回更改,让他们只是保住俸禄,这在道义上已经够宽大的了,不可以

又特诏问曰:"比灾变互生,未知厥咎,朝廷焦心,载怀恐惧。每访群公,庶闻忠言,而各存括囊,莫肯尽心。以邕经学深奥,故密特稽问。宜披露失得,指陈政要,勿有依违,自生疑讳。"邕对曰:"臣伏思诸异,皆亡国之怪也。天于大汉,殷勤不已,故屡出妖变,以当谴责,欲令人君感悟,改危即安。今灾眚之发,不于他所,远则门垣,近在寺署,其为监戒,可谓至切。霓堕鸡化,皆妇人干政之所致也。前者乳母赵娆,贵重天下,生则资藏侔于天府,死则丘墓逾于园陵,两子受封,兄弟典郡,续以永乐;门史霍玉,依阻城社,又为奸邪。今者道路纷纷,复云有程大人者,察其风声,将为国患。宜高为堤防,明设禁令,深惟赵、霍,以为至戒。今圣意勤勤,思明邪正。而闻太尉张颢,为玉所进,光禄勋伟璋,有名贪浊。又长水校尉赵玹、屯骑校尉盖升,并叨时幸,荣富优足。宜念小人在位之咎,退思引身避贤之福。伏见廷尉郭禧纯厚老成,光禄大夫桥玄聪达方直,故太尉刘宠忠实守正,并宜为谋主,数见访问。夫宰相大臣,君之四体,委任责成,优劣已分,不宜听纳小吏,雕琢大臣也。又尚方工技之作,鸿都篇赋之文,可且消息,以示惟忧。《诗》云:'畏天之怒,不敢戏豫。'天戒诚不可戏也。夫君臣

再让他们治理百姓或在州郡中任职。昔日,宣帝召集诸多儒生于石渠阁,章帝集中有学之士于白虎观,解释经旨,阐明义理,这两件事十分盛大。文王和武王的治国之道,确实是应当遵循的。如果只是小能小善,即使有可取的地方,孔子认为'如果让他们致力于远大的事业,就会有所阻滞'。所以君子应当有志于大的方面。"

又有一次灵帝特别下诏询问(蔡邕)道:"最近灾变接连发生,不知其过失究竟在哪里?朝廷为此而忧虑着急,深感恐惧。每次问到各位朝臣,希望能听到忠直之言,然而他们却各自缄口不言,不肯尽心回答。因你(蔡邕)的经学造诣精深,所以特意秘密相问,你应该陈述政事上的得失,指明施政的要领,不要模棱两可,自生疑虑和忌讳。"蔡邕回答说:"臣考虑这些灾异都是亡国的怪象。上天对于大汉王朝,殷勤恳切,所以多次出现反常的怪异现象,用来作为谴责,目的是想让人君有所感触而醒悟,转危为安。而今灾害的发生,并不在其他地方,远的不过在宫门附近,近的就在官署之中,以此作为监察往事、警戒将来的警示,可以说是极为恳切。霓入内环,雌鸡化雄,都是妇人干预政事所导致的。以前(桓帝)乳母赵娆,尊贵显赫于天下,她在世时储藏的财货和国库相当,死后的坟墓规模甚至超过帝王的陵墓。她的两个儿子受到封赏,其兄弟也担任郡守。后来又有永乐门史霍玉,依仗权势,专做奸诈邪恶的事情。如今,路上的众人纷纷传言,说有一位叫程大人的。考察这些传言,恐怕此人又要成为国家的祸患。陛下应该高度防范,公开设立禁令,深思赵娆、霍玉的往事以作为借鉴。今天圣上的心意恳切至诚,想要明辨邪正。但是听说太尉张颢是霍玉所推荐的,光禄勋伟璋有贪污之名,还有长水校尉赵玹、屯骑校尉盖升,都是受到一时的宠爱,而获得荣华富贵。(陛下)应该想想小人在位掌权的过失,然后考虑一下(让他们)

不密,上有漏言之戒,下有失身之祸。愿寝臣表,无使尽忠之吏,受怨奸仇。"

章奏,帝览而叹息,因起更衣,曹节于后视之,悉宣语左右,事遂漏露。其为邕所裁黜者,皆侧目思报。初,邕与司徒刘郃素不相平,而叔父卫尉质,又与将作大匠阳球有隙,球即中常侍程璜女夫也。璜遂使人飞章言,邕质数以私事请托于郃,郃不听,邕含隐切,志欲相中伤。于是下邕,质于洛阳狱,劾以仇怨奉公,议害大臣,大不敬,弃市。事奏,中常侍吕强愍邕无罪,请之。帝亦更思其章,有诏减死一等,与家属钳徙朔方,不得以赦令除。

左雄,字伯豪,南郡人也。举孝廉,拜议郎。时顺帝新立,朝多阙政,雄数言事,其辞深切。尚书仆射虞诩,以雄有忠公节,上疏荐之曰:"臣见方今公卿以下,类多拱默,以树恩为

退身让贤会带来的福祉。臣看到廷尉郭禧纯朴稳重，光禄大夫桥玄聪明通达且品行端方正直，原太尉刘宠忠诚老实恪守正道。这些人都应成为替国家出谋划策的主要人物，应多多向他们请教。宰相大臣是君主的四肢，应当委派给他们职务并让他们负责，如此优劣就能分辨清楚，而不应该听信小吏的话，给大臣罗织罪名。此外，那些尚方百工技艺的制作，鸿都门学诗歌辞赋的文章，都可以暂且停止了，以表示圣上现在只忧虑国事。《诗经》上说："畏惧上天震怒，不敢戏嬉安逸。"上天的儆戒实在不可当作儿戏。（以上这些内容）你我君臣之间如果不严守机密，那么对皇上而言就有泄露密言的警戒，对臣下来说就有杀身之祸。希望陛下保藏好臣的奏表，不要让尽忠的官吏，受到奸佞小人的怨恨与仇视。"

蔡邕的奏章送达后，灵帝看完，叹息不已。因灵帝起身如厕，曹节便从后面偷看了奏章的内容，并将其中的内容都告诉了左右之人，事情就这样被泄露了。那些被蔡邕所抨击排斥的人，都对他侧目而视，想着要报复他。当初，蔡邕与司徒刘郃一向不和，而他的叔父卫尉蔡质又与将作大匠阳球有嫌隙，阳球是中常侍程璜的女婿。程璜就使人迅速上奏，说蔡邕、蔡质多次向刘郃以私事相嘱托，刘郃没有答应，蔡邕就心怀怨恨，总想借机中伤。蔡邕、蔡质因此被投入洛阳监狱，判处他们因公报私仇，谋害大臣，犯了大不敬之罪，应该弃市处死。事情上奏后，中常侍吕强怜悯蔡邕本来无罪，就为他求情，灵帝此时也重思蔡邕的奏章，就下诏将蔡邕减除死刑一等，他与家属受（髡）钳之刑而被流放到朔方，并且不得因赦令而免罪。

左雄，字伯豪，南郡人。被举为孝廉，官拜议郎。当时，顺帝刚刚即位，朝廷政务中有不少弊病，左雄多次上书言事，言辞非常恳切。尚书仆射虞诩认为左雄有忠诚公正的节操，于是上疏推荐他说：

贤,尽节为愚,至相戒曰:'白璧不可为,容容多后福。'伏见议郎左雄,数上封事,至引陛下身遭难厄以为敬戒,实有'王臣蹇蹇'之节、周公谟成王之风,宜擢在喉舌之官,必有匡弼之益。"

由是拜尚书令,上疏陈事曰:"臣闻柔远和迩,莫大宁民。宁民之务,莫重用贤。用贤之道,必存考黜。大汉受命,虽未复古,然至于文景,天下康乂,诚由玄靖宽柔、克慎官人故也。降及宣帝,兴于仄陋,综覈名实,知世所病,以为吏数变易,则下不安业;久于其事,则民服教化。其有治理者,辄以玺书勉励,增秩赐金。是以吏称其职,民安其业。汉世良吏,于兹为盛。故能降来仪之瑞,建中兴之功。汉初至今,三百余年,俗浸彫敝,巧伪滋萌,下饰其诈,上肆其残。典城百里,转动无常,各怀一切,莫虑长久。谓杀害不辜为威风、聚敛整辩为贤能,以修己安民为劣弱、奉法循理为不治。髡钳之戮,生于睚眦;覆尸之祸,成于喜怒。视民如寇仇,税之如豺虎。监司见非不举,闻恶不察,观政于亭传,责成于期月,言善不称德,论功不据实,虚诞者获誉,拘检者离毁。州宰不覆,竞共辟召。或考奏捕治,而亡不受罪,会赦行赂,复见洗涤。朱紫同色,清浊不分。故使奸猾枉滥,轻忽去就,拜除如流,缺动百数。特选横调,纷纷不绝,送迎烦费,损政伤民。和气未洽,灾

"臣看到当今公卿以下的官员,大多都是拱手缄默的人。他们以树立私恩为贤能,以尽忠保节为愚蠢,以至于互相之间告诫说:'不可做那无瑕的白玉,随众附和的人多有后福。'臣发现议郎左雄多次上密奏(讨论国事),甚至引用陛下亲身遭遇的危难来警戒陛下,确实有为人臣子直言忠谏的节操,有当年周公为成王尽心谋划的风范。应当提拔他到重要官员的职位上,必然能起到匡正国事辅佐陛下的作用。"

由此左雄官拜尚书令。他上书陈述政事说:"臣听说安抚远方和睦近处,再没有比使人民安定更重大的了。使人民安定的关键,没有比任用贤人更重要的了。任用贤者的办法,是一定要设立考核与罢免的制度。大汉受天命建立王朝,虽说未能恢复古代的制度,但是到了文帝、景帝时期,天下安宁康乐,实在是由于实行清净无为、宽缓和柔的政策,能慎重地选贤授官的缘故啊!后来到宣帝时,他生长于卑微的环境,因此能够综合地考察事物的名实是否相符,知道时弊的所在,认为官吏如果经常调换,百姓就不会安于本业;官吏长期忠于职事,人民就会服从教化。对那些卓有政绩的官员,就下诏书给予勉励,给他们增加秩俸、赏赐钱财。因此官吏各称其职,人民安居乐业。汉朝优秀的官吏,以宣帝时期为最多,所以出现了凤凰来舞的祥瑞,建立了振兴汉室的功业。汉初至今已有三百多年,社会风气逐渐奢靡败坏,奸巧伪诈的现象慢慢萌生。在下者掩饰他的欺诈行径,在上者放任自己的残暴行为。典城、县令等地方官员调动频繁,人人都心怀权宜之计,谁也不做长久的打算。(他们)认为杀害无辜的人是威风,以搜刮聚敛财富为贤能,把修正自己安抚人民看成是懦弱,把奉守法令循理办事当做是无能。遭受髡钳的刑罚,只是因为一点小小的怨恨;遭受杀身之祸,仅是产生在喜怒之间。看待百姓如

眚不消,咎皆在此。臣愚以为乡部亲民之吏,皆用儒生清白,任从政者,宽其负算,增其秩禄,吏职满岁,宰府州郡,乃得辟举。如此,威福之路塞,虚伪之端绝,送迎之役损,赋敛之源息,循理之吏得成其化,率土之民各宁其所。"

帝感其言,申下有司,考其真伪。雄之所言,皆明达治体,而宦竖擅权,终不能用。雄复谏曰:"臣闻人君莫不好忠正而恶谀谀,然而历世之患,莫不以忠正得罪、谀谀蒙幸者,盖听忠难,从谀易也。夫刑罪,人情之所甚恶;贵宠,人情之所甚欲。是以世俗为忠者少,而习谀者多。故令人主数闻其美,稀知其过,迷而不悟,至于危亡也。"

同贼寇和仇敌,向他们征收赋税却像豺虎。掌管监察的官吏看到非法行为也不检举,听到罪恶之事也不加详察。考察政情却只居于亭传(而不实地考察),责令下属要在一年之内就要完成上级的任务。对人的称赞与他的德行不相称,对功劳的评定与事实不相符;弄虚作假的人获得赞誉,谨守规矩的人遭到毁谤。(对这些人)刺史不进行审查,就竞相征召任用。有的人要被审查参奏、逮捕查办,却因逃跑而没有受到惩罚,逢到大赦或通过行贿,其罪名又被清除掉了。正邪不辨,清浊不分,所以使得奸猾之人枉法放肆,随便地离任或就职,拜官授职像流水一样频繁。官府的缺员往往有百余数,特殊的选拔和横征暴敛纷繁不息;(官吏的)送往迎来耗废巨大,损害政事伤害百姓。和谐的气氛没能周遍天下,灾殃祸患未能消除止息,过失全都在这个方面。臣认为乡里直接管理民众的官员,都应该任用清白的儒生为处理政事的人,宽免他们所欠的租税,增加他们的俸禄。官员任职期满,宰府州郡才能征召荐举他们。这样一来,当权者作威作福的道路就会被阻塞,弄虚作假的萌芽也就会杜绝,送来迎往的事会减少,横征暴敛的源头也会止息。依理办事的官吏,于是得以完成他们的教化,天下的人民,也能够各安其所了。"

　　顺帝有感于左雄的进言,将它下发给有关部门,考核其内容的真假。左雄上奏的话,都是明晓通达治国要领之言,但由于当时宦官专权,最终没有被采用。左雄又进谏说:"臣听说君主没有不喜好忠正而厌恶谄谀的。然而历代的祸患,没有不是忠正者获罪、谄谀者受宠的。大凡听从忠言难,顺从谄谀之言容易。刑罚罪责是人情所极其厌恶的,尊贵宠信是人情所极其向往的。因此世上奉行忠正的人少而习惯谄谀的人多,所以让人主常常听到自己美好的方面,却很少知道自身的过失,执迷不悟,直至危亡。"

周举，字宣光，汝南人也。为尚书。时三辅大旱，五谷灾伤，天子亲自策问，举对曰："夫阴阳闭隔，则二气否塞。二气否塞，则人物不昌。人物不昌，则风雨不时。风雨不时，则水旱成灾。陛下处唐虞之位，未行尧舜之政，变文帝世祖之法，而循亡秦奢侈之欲，内积怨女，外有旷夫。今皇嗣不兴，东宫未立，伤和逆理，断绝人伦之所致也。非但陛下行此而已，竖宦之人，亦复虚以形势，威侮良家，取女闭之，至有白首殁无配偶，逆于天心。昔武王入殷，出倾宫之女；成汤遭灾，以六事克己。自枯旱以来，弥历年岁，未闻陛下改过之效，徒劳至尊，暴露风尘，诚无益也。又下州郡祈神致请。昔齐有大旱，景公欲祀河伯，晏子谏曰：'夫河伯，以水为城国，鱼鳖为人民。水尽鱼枯，岂不欲雨？自是不能致也。'陛下所行，但务其华，不寻其实，犹缘木希鱼，却行求前也。诚宜推信革政，崇道变惑，出后宫不御之女，理天下冤枉之狱，除大官重膳之费。臣才薄智浅，不足以对，惟陛下留神裁察。"以举为司徒。

李固，字子坚，汉中人也。阳嘉二年，有地动山崩，火灾之异，公卿举固对策，诏又特问当世之敝、为政所宜。固对曰："臣闻王者，父天母地，宝有山川。王道得，则阴阳和理；政

周举,字宣光,汝南郡人。他担任尚书的时候,京都地区大旱,五谷遭灾,顺帝亲自进行策问,周举回答说:"阴阳隔绝,二气就会闭塞不通。阴阳二气不通,人与物就不会昌盛。人与物不昌盛,风雨就会不合时宜。风雨不适时,就会产生水旱的灾害。陛下居于唐尧、虞舜一样的君位,却不能施行尧舜的政治;改变了文帝、光武帝的法度,而追循亡秦奢侈的贪欲。宫内积聚了(很多不能婚嫁的)怨女,宫外却还有很多无妻的旷夫。当今皇室子孙不兴,太子尚未确立,这都是因为伤害了天地本有的和气、违逆了阴阳交感的道理,断绝了(夫妇的)人伦之道所造成的啊!不仅仅是陛下这样做,就是宦官们,也都虚以男子的形体,威逼侮慢良家(妇女),把她们娶来禁闭在家中,以致于有白首寿终都没有配偶者,完全违背了天意。过去周武王攻入殷都,释放了宫中的女子;成汤遭受旱灾时,以六件事来反思约束自己。自从大旱以来,已有年月,没有听到陛下改过的成效,白白让皇上暴露于风尘之中,实在是没有什么益处。陛下又下令让各州郡向神明祈祷求雨。从前齐国遭到大旱,齐景公想祭祀河伯,晏子进谏说:'河伯以水为他的国家城池,以鱼鳖为他的人民,水干了,鱼鳖就会死亡,他难道不希望下雨吗?河伯自然是无法降雨啊!'陛下的行为只致力于浮华的形式,而不探求内在的实质,这就好比想爬到树上去捉鱼、用后退而求前进。确实应该推行诚信,改革政事,崇信道义,改变昏乱的局面。释放后宫没有婚配的宫女,申理天下冤枉的案件,取消太官丰盛膳食的费用。臣才薄智浅,不足以应对策问,只希望陛下能用心裁断审察。"于是周举被任命为司徒。

李固,字子坚,汉中人。顺帝阳嘉二年,国家发生地震、山崩和火灾等灾异现象,公卿推举李固回答皇帝的策问。后来皇帝又下诏书特意询问当时的弊端和治理国家所应做的事务。李固对答道:"臣听

化乖,则崩震为灾。斯皆关之天心效于成事者也。夫治以职成,官由能理。古之进者,有德有命;今之进者,唯财与力。伏闻诏书,务求宽博,疾恶严暴。而今长吏,多杀伐致声名者,必加迁赏;其存宽和,无党援者,辄见斥逐。是以淳厚之风不宣,雕薄之俗未革。虽繁刑重禁,何能有益?前孝安皇帝,变乱旧典,封爵阿母,因造妖孽,使樊丰之徒,乘权放恣,侵夺主威,改乱适嗣,至令圣躬狼狈,亲遇其难。既拔自困殆,龙兴即位,天下喁喁,属望风政。积弊之后,易致中兴,诚当沛然思惟善道。而论者犹云,方今之事,复同于前。臣伏从山草,痛心伤臆。今宋阿母,虽有大功勤谨之德,但加赏赐,足以酬其劳苦,至于裂土开国,实乖旧典。夫妃后之家,所以少完全者,岂天性当然?但以爵位尊显,专总权柄,天道恶盈,不知自损,故至颠仆。先帝宠遇阎氏,位号太疾,故其受祸,曾不旋时。今梁氏戚为椒房,礼所不臣,尊以高爵,尚可然也。而子弟群从,荣显兼加。永平建初故事,殆不如此。宜令步兵校尉冀及诸侍中,还居黄门之官,使权去外戚,政归国家,岂不休乎?又宜罢退宦官,去其权重,裁置常侍二人,省事左右;小黄门五人,给事殿中。如此,则论者厌塞,升平可致也。"

说王者把上天当作父亲,把大地当作母亲,以山川为宝物。王道通行,阴阳就会调和;政治教化乖乱,就会产生山崩地震的灾害。这都是关乎天意民心,被往事所证明的现象啊。天下大治要靠设官分职来实现,官职要由有治理能力的人来担任。古代出仕的人,有德者才可封爵受职;如今出仕的人,只凭着钱财和势力。臣听说陛下颁布诏书(为政)力求宽厚博爱,憎恶严酷和暴虐。可是当今的官吏中好杀伐以求取名声的人,必然得到升迁和奖赏;那些心存宽和又没有同党相助的人,往往遭到驱逐。所以淳厚的社会风气得不到宣扬,浮华刻薄的陋习没能够革除。即使是有繁苛的刑罚、严厉的禁令,又能有什么益处呢?以前孝安皇帝改变了旧时的制度,给他的乳母封赏爵位,从而造成了异常现象的出现,让樊丰这种人倚仗权力横行霸道,侵夺了君主的权威,改变了太子的嫡嗣之位,致使皇上处境狼狈,身临危难。陛下既然从困难危险中脱身,登上天子之位,天下人景仰期待,希望能出现好的政治形势。在长期的艰难危急之后,容易形成中兴的局面,确实应当考虑宽广地实施善政。可是有的议论者仍说如今的世道,还是和以前一样。臣栖身于民间,(听到这样的说法)感到十分伤心。如今阿母宋娥尽管有谋立皇上的大功和勤劳谨慎的德行,但(皇上)给她的赏赐已足够报答她的劳苦了,至于给她封地建国,实在有违以往的典章制度。妃后之家,之所以很少有能够保全的,难道是天命就该如此吗?只是因为他们爵高位显,独揽大权啊!天道厌恶盈满,他们因不知自行收敛克制,所以才导致倾覆灭亡。先帝宠幸阎皇后,让她的地位和名号升得太快,所以很快就招致灾祸。当今梁氏的女儿为皇后,按礼法不应当作臣下看待,封给她高贵的爵位,还是可以的。但是梁氏的诸多子弟,都赐给他们荣华显贵,永平、建初时期的先例,并不是这样。应该让步兵校尉梁冀和各位侍中,仍

顺帝览其对，多所纳用，即时出阿母还第舍，诸常侍悉叩头谢罪，朝廷肃然。以固为议郎。冲帝即位，为大尉，与梁冀参录尚书事。帝崩，固以清河王蒜，年长有德，欲立之。梁冀不从，乃立乐安王子缵，是为质帝。冀忌帝聪惠，恐为后患，遂令左右进鸩。帝崩，固伏尸号哭，推举侍医，冀虑其事泄，大恶之。因议立嗣，固与司徒胡广、司空赵戒、大鸿胪杜乔，皆以为清河王蒜，明德著闻，又属取尊亲，宜立为嗣。先是蠡吾侯志取冀妹，冀欲立之。众论既异，愤愤不得意，而未有以相夺。中常侍曹腾等闻，而夜往说冀曰："将军累世有椒房之亲，秉摄万机，宾客纵横，多有过差。清河王严明，若果立，则将军受祸不久矣，不如立蠡吾侯，富贵可长保也。"冀然其言。明日重会公卿，冀意气凶凶，而言辞激切，自胡广、赵戒以下，莫不慑惮之，皆曰："惟大将军令。"而固独与杜乔，坚守本议，冀厉声罢会。固复以书劝，冀愈激怒，乃说太后先策免固，竟立蠡吾侯，是为桓帝。后岁余，甘陵刘文、魏郡刘鲔，各谋立蒜为天子，梁冀因此诬固与文、鲔共为妖言，下狱。门生勃海王调贯械上书，证固之枉；河内赵承等数十人，亦腰鈇锧，诣阙通诉。太后明之，乃赦焉。及出狱，京师市里，皆称万岁。冀闻之大惊，畏固名德。终为己患，乃更据奏前事，遂诛之。临

然退居黄门之官,使权力离开外戚之手,朝政归于国家,这难道不是好事吗?还应该罢免、斥退宦官,收回他们掌握的大权,只设置常侍二人,事奉左右;设小黄门五人,在殿中供职。这样,议论者(的言论)可以平息,升平之世就会到来了。"

顺帝看了李固的对策后,大多都加以采纳施行,立刻令阿母出宫,回到其宅第。诸常侍都叩头谢罪,朝廷肃然安定。后任命李固为议郎。冲帝刘炳即位后,李固为太尉,和梁冀一起参与总领尚书事。(不久)冲帝驾崩。李固因清河王刘蒜年长而有德行,打算立他为皇帝,梁冀不答应,于是立安乐王的儿子刘缵为帝,这就是质帝。梁冀忌恨质帝聪明,担心他成为后患,于是让左右进献毒酒。质帝去世,李固趴在皇上的尸体上大哭,劾举审问侍奉皇上的御医。梁冀害怕事情泄露,对李固非常憎恨。于是商议立嗣之事,李固与司徒胡广、司空赵戒、大鸿胪杜乔都认为清河王刘蒜以德才兼备而闻名,又是与皇室血统最近最年长的一位,应该被立为继承人。在此以前,蠡吾侯刘志娶了梁冀的妹妹,梁冀想立刘志为帝。但是大家的意见和他的想法不一致,梁冀心中愤愤不平,但还没有办法来改变。中常侍曹腾等人听到这个消息,就连夜前往劝说梁冀道:"将军家世代都是皇亲国戚,执掌朝廷大权。您的宾客众多,大多都曾犯有过失。清河王严肃公正,若果然立为皇帝,那将军您很快就会遭受灾祸了。不如立蠡吾侯为皇帝,这样可以长久地保有富贵。"梁冀认为这个说法很对。第二天重新召集公卿商议,梁冀气势汹汹,而且言辞激烈强硬,自胡广、赵戒以下的大臣,没有不惧怕梁冀的,都说:"听从大将军的命令。"而只有李固和杜乔坚持原来的意见。梁冀厉声喝令停止会议。李固又写信劝说梁冀,梁冀更加发怒,就劝说太后先下策书罢免李固,最终立了蠡吾侯,就是桓帝。过了一年多,甘陵刘文、魏郡刘

命,与胡广、赵戒书曰:"固受国厚恩,是以竭其股肱,不顾死亡,志欲扶持王室,比隆文、宣。何图一朝,梁氏迷谬,公等曲从,以吉为凶,成事为败乎?汉家衰微从此始矣。公等受主厚禄,颠而不扶,倾覆大事,后之良史,岂有所私?固身已矣,于义得矣,夫复何言!"广、戒得书悲惭,长叹流涕。州郡收固二子基、慈,皆死狱中。

杜乔,字叔荣,河内人也。汉安元年,以乔守光禄大夫。梁冀子弟五人,及中常侍等,以无功并封。乔上书谏曰:"陛下越从藩臣,龙飞即位,天人属心,万邦攸赖。不急忠贤之礼,而先左右之封,伤善害德,兴长佞谀。臣闻古之明君,褒罚必以功过;末代暗主,诛赏各缘其私。今梁氏一门,宦者微孽,并带无功之绂,裂劳臣之土,其为乖滥,胡可胜言!夫有功不赏,为善失其望;奸回不诘,为恶肆其凶。故陈质斧,而民靡畏;班爵位,而物无劝。苟遂斯道,岂伊伤政为乱而已,丧身亡国,可不慎哉!"书奏,不省。先是李固见废,内外丧气,群臣侧足而

鲔都谋划立刘蒜为天子,梁冀因此诬陷李固与刘文、刘鲔共同造谣生事,将李固投入监狱。李固的门生勃海人王调自带刑具上书,证明李固是被冤枉的;河内郡赵承等数十人也都腰束铁锁到朝廷(为李固)申诉。太后明白了实情,于是赦免了李固。等李固出狱时,京师的大街小巷都高呼万岁。梁冀听到后大为惊慌,害怕李固的声名德行最终会成为自己的祸患,于是又在以前刘文、刘鲔的事上大做文章,终于将李固杀害了。李固临死前,给胡广、赵戒写信说:"我李固受到国家的厚恩,因此竭尽作为国家大臣的职责,不顾及个人的生死,立志希望能够帮助皇室,想让朝廷达到像文帝和宣帝时一样兴盛,怎会想到梁氏一时执迷不悟(诬陷我),你们也跟着委曲顺从,因而把吉祥变为凶祸、把成功变为了失败呢?汉王朝的衰微从此开始了。你们身受朝廷的厚禄,国家将倾却不匡扶。以后优良的史官,岂能(对你们)有所偏私?我李固的生命是结束了,但得到了道义,还有什么可说的!"胡广、赵戒接到书信后感到悲伤惭愧,深深叹息痛哭流涕。地方州郡的官员拘捕了李固的两个儿子李基、李慈,他们后来都死在了狱中。

杜乔,字叔荣,河内郡人。汉安元年,杜乔暂时代理光禄大夫之职。梁冀的子弟五人和中常侍等人没有功劳却都受到封赏。杜乔上书谏诤道:"陛下从藩王之位龙飞一跃而即皇帝位,天人归心,为天下所仰赖。但却不急于对忠正贤明的人给以礼遇,反而先给左右近臣封赏,这样的行为伤害了善心与德行,助长了邪佞和谄媚的风气。臣听说古代的明君,奖赏和惩罚必定是按照功过来施行。到了末世的昏庸君主,惩罚和奖赏都凭借他们的私情。如今梁氏一门,包括宦官和(梁氏门中)姬妾所生的贱子,毫无功劳却都佩带着印绶,分封了本应属于功臣们的封地,这种乖违错乱的现象,哪里能说得完!有功劳而不被封赏,做好事的人就会感到失望;奸邪之事不被查办,作

立,唯乔正色,无所回桡,由是朝野瞻望焉。冀愈怒,遂白执系之,死狱中,与李固俱暴尸于城北。

论曰:顺、桓之间,国统三绝,太后称制,贼臣虎视。李固据位持重,以争大义,确乎而不可夺。岂不知守节之触祸?耻夫覆折之伤任也。观其发正辞,及所遗梁冀书,虽机失谋乖,犹恋恋而不能已。至矣哉,社稷之心乎!其顾视胡广、赵戒,犹粪土也。

恶的人就敢于胡作非为。所以(即使)摆出锋利的斧头,百姓也不感到害怕;颁赏爵位,大众也不会受到劝勉。如果按照这种方法去做,岂只是损害政事造成叛乱而已,甚至会丧身亡国,怎么可以不慎重呢?"谏书上奏后,皇帝没有理睬。在此以前,李固被罢免,朝廷内外都感到灰心丧气,群臣都害怕得侧足而立,只有杜乔神色庄重,一点也不屈服。从此朝野都很仰慕他。梁冀越发恼怒,于是上奏,将杜乔逮捕。杜乔死在狱中,和李固一起被暴尸于城北。

论曰:"顺帝到桓帝之间,国家大统三次中断(三位皇帝接连去世)。太后代行皇帝之权,贼臣虎视眈眈。李固居高位而承担大任,以此争取大义,意志坚定而不可改变。难道他不知道坚守节操会遭受祸殃吗?他是耻于国家倾危有伤于朝廷托付的重任啊!看他发表的正义言辞和写给梁冀的书信,虽然(在拥立皇帝这件事上)错失时机,谋划不顺,但(他为国家的忠正之心)仍然念念不曾停止,真是做到了极致!再回头看看胡广、赵戒之辈,真是犹如粪土一般啊。"

卷二十四　后汉书（四）

传

延笃，字叔坚，南阳人也。为京兆尹，时皇子有疾，下郡县，出珍药，而大将军梁冀遣客赍书诣京兆，并货牛黄。笃发书收客，曰："大将军椒房外家，而皇子有疾，必应陈进医方，岂当使客千里求利乎？"遂杀之。冀惭而不得言。有司承旨，欲求其事，笃以疾免归也。

史弼，字公谦，陈留人也。为北军中候。是时桓帝弟勃海王悝，素行险辟，僭傲多不法。弼惧其骄悖为乱，乃上封事曰："臣闻帝王之于亲戚，爱虽隆，必示之以威；体虽贵，必禁之以度。如是和睦之道兴，骨肉之恩遂。昔周襄王恣甘昭公，孝景皇帝骄梁孝王，二弟阶宠，终用勃慢。卒周有播荡之祸，汉有爰盎之变。窃闻勃海王悝，凭至亲之属，恃偏私之爱，失奉上之节，有僭慢之心，外聚剽轻不逞之徒，内荒酒乐，出入无常，所与群居，皆有口无行，或家之弃子，或朝之斥臣，必有羊胜、伍被之变。州司不敢弹纠，傅相不能匡辅。陛下隆于友于，不忍遏绝，恐遂滋蔓，为害弥大。

传

延笃，字叔坚，南阳郡人。任京兆尹时，当时皇太子有病，下令通知各郡县贡献珍贵的药物，而大将军梁冀派遣门客送信到京兆尹并贩卖牛黄。延笃看了文书后将门客关押起来，说道："大将军是皇亲国戚，而皇子有病，必然应该陈进医方，难道应当派遣门客到千里之外来牟利吗？"于是将他杀了。梁冀内心羞惭，而又不便发作，有关官员接受梁冀的意旨想追究此事，延笃于是因病被免官回家了。

史弼，字公谦，陈留郡人。任北军中候。这时候桓帝的弟弟渤海王刘悝平素行为阴险乖僻，骄横非礼，常搞越礼犯法的事。史弼怕他犯上作乱，于是密奏说："臣听说帝王对于亲属，虽然厚爱他们，也一定要显示自己的威严；尽管他们身分高贵，也一定要用法度来加以约束。像这样，和睦之道才能得以发扬，骨肉恩情才可以实现。从前周襄王放纵甘昭公、孝景皇帝骄惯梁孝王，这两位弟弟凭借宠爱，最后因此傲慢悖逆，致使周室有动荡的祸乱，汉朝有爰盎被刺杀的事变。我私下听说，渤海王刘悝，借着和皇帝是至亲的关系，凭着特殊的宠爱，失去了奉敬皇上的礼节，有不守本分的动向，在外结集一些轻浮违法乱纪的人，在内放纵沉溺于酒乐，出入没有一定之规。所共处的人，都有口无行。这些人有的是被家庭唾弃的（逆子），有的是被朝廷斥逐的官吏，（长此以往）必定会出现像羊胜劝梁孝王篡位和伍被劝淮南王谋反的事变。州官不敢弹劾纠查，傅相不能匡正辅佐，陛下困兄弟情深而不忍心加以制止劝阻。恐怕这样发展下去，为害更大啊！"

"乞露臣奏,宣示百僚,诏公卿,平处其法。法决罪定,乃下不忍之诏。如是,则圣朝无伤亲之讥,勃海有享国之庆。不然,惧大狱将兴,使者相望于路矣。不胜愤懑,谨冒死以闻。"帝以至亲,不忍下其事。后悝竟坐逆谋,贬为瘿陶王。

弼迁河东太守,当举孝廉。弼知多权贵请托,乃豫敕断绝书属。中常侍侯览,果遣诸生赍书请之,并求假盐税,积日不得通。生乃说以他事谒弼,而因达览书。弼大怒曰:"太守忝荷重任,当选士报国,尔何人而诈伪无状。"命左右引出,楚捶数百,即日考杀之。侯览大怨,遂诈作飞章,下司隶,诬弼诽谤。槛车征,下廷尉诏狱,得减死罪一等。

陈蕃,字仲举,汝南人也。为太尉时,小黄门赵津、南阳大猾张泛等奉事中官,乘势犯法。二郡太守刘瓆、成瑨,考案其罪,虽经赦令,而并竟考杀之。宦官怨恚,有司承旨,遂奏瓆、瑨,罪当弃市。又山阳太守翟超没入中常侍侯览财产,东海相黄浮诛杀下邳令徐宣,超、浮并坐髡钳,输作左校。蕃与司徒刘矩、司空刘茂,共谏请瓆等,帝不悦。有司劾奏之,矩、茂不敢复言。

蕃乃独上疏曰:"臣闻齐桓修霸,务为内政。今寇贼在

"乞请公布臣的奏章,让百官看看,下令让公卿评判裁决,等到依法判决定罪之后,再下发不忍心惩办而予以赦免的诏令。这样做,就不会有讥讽皇上伤害至亲的非议,而渤海王刘悝也有继续享有封国的福庆。否则,恐怕大狱将兴,(办理逆案的)使者将会不绝于路了。臣非常愤懑,谨此冒死上报。"桓帝因为与刘悝是至亲关系,不忍心将此事交付大臣讨论。后来刘悝终于犯了谋逆之罪,被贬为瘿陶王。

史弼迁升河东郡太守,在主持选拔孝廉的时候,他知道会有很多权贵向他来走门路,就事先下令断绝书信嘱托。正好中常侍侯览果然派弟子拿着书信请见史弼,并要求借盐税。可是接连几天书信也递不进去。侯览弟子就解释说因有另外的事要见史弼,见面后趁机拿出了侯览的书信。史弼大怒说道:"太守身负国家重任,应当选拔人才报效国家,你是什么人?竟敢搞诈骗行为!"于是命令手下将其拉出,打了几百板子,并在当日经过拷问就杀掉了。侯览非常怨恨,于是伪造奏章发给司隶,诬陷史弼有诽谤之罪,用囚车前往押载,将史弼交付廷尉,投入关押钦犯的大牢。最后得免于死罪。

陈蕃,字仲举,汝南郡人。担任太尉的时候,小黄门赵津、南阳恶霸张泛等,巴结宦官,仗势犯法,南阳、太原两郡太守刘瓆、成瑨审理他们的罪状,尽管已经有朝廷的赦令,然而最终还是将他们一起杀了。宦官们怀恨在心,有关官员秉承宦官的旨意,于是上奏皇帝说刘瓆、成瑨罪应处死。另外山阳太守翟超没收了中常侍侯览的财产,东海相黄浮诛杀了下邳县令徐宣,翟超和黄浮因此受到髡钳的刑罚,送到左校署服劳役。陈蕃和司徒刘矩、司空刘茂一同谏请开释刘瓆等人,桓帝很不高兴。有关官员弹劾他们,刘矩、刘茂不敢再说话了。

陈蕃于是独自上疏说:"臣闻齐桓公修霸业,首先致力于治理

外，四支之疾；内政不理，心腹之患。臣寝不能寐，食不能饱，实忧左右日亲，忠言以疏，内患渐积，外难方深。陛下超从列侯，继承天位。小家畜产百万之资，子孙尚耻失其先业，况乃产兼天下，受之先帝，而欲懈怠以自轻忽乎？诚不爱己，不当念先帝得之勤苦邪？前梁氏五侯，毒遍海内，天启圣意，收而戮之，天下之议，冀当小平。

"明鉴未远，覆车如昨，而近习之权，复相扇结。小黄门赵津、大猾张泛等，肆行贪虐，奸媚左右，前太原太守刘瓆、南阳太守成瑨，纠而戮之。虽言赦后不当诛杀，原其诚心，在乎去恶而小人道长，荧惑圣听，遂使天威为之发怒。如加刑谪，已为过甚，况乃重罚，令伏欧刀乎！又前山阳太守翟超、东海相黄浮，奉公不挠，疾恶如雠，超没侯览财物，浮诛徐宣之罪，并蒙刑坐，不逢赦恕。览之纵横，没财已幸；宣犯罾过，死有余辜。昔丞相申屠嘉召责邓通，洛阳令董宣折辱公主，而文帝从而请之，世祖加以重赏，未闻二臣有专命之诛。而今左右群竖，恶伤党类，妄相交构，致此刑谴。闻臣是言，当复啼诉陛下，深宜割塞近习豫政之源，引纳尚书朝省之事，简练清高，斥黜佞邪。如是天和于上，地洽于下，休祯符瑞，岂远乎哉！陛下虽厌毒臣言，人主有自勉强，敢以死陈。"

好内政。当今寇贼在外,犹如四肢的疾病;内政不理,好比心腹的隐患。臣睡不着觉,吃不好饭,实在是担心陛下身边的小人一天天跟您亲近,忠直之言因此被疏远,内患日渐积聚,外患日渐加深。陛下是从列侯的身分,继承了天子之位。一般人家积蓄百万的家业,子孙们还以失其先祖的家业为耻,何况陛下的家业是整个天下,继承于先帝,想要懈怠而轻视忽略吗?即使不爱惜自己,(难道)不应当想想先帝取得天下时的勤苦吗?以前梁家五位列侯,祸害遍及海内,上天启发您做出圣明的决断,把他们逮捕处决了,天下人的议论是希望国家应当稍稍平定啊!"

"明显的借鉴刚过不久,覆车的教训好像才发生在昨天,但是皇上身边掌权的小人,又互相煽动勾结。小黄门赵津、恶霸张泛等人,恣意妄为,贪婪暴虐,谄媚您身边的人。前太原太守刘瓆、南阳太守成瑨惩治诛杀了他们,虽说他们被赦免之后不应当诛杀,推究他们真诚的心意,目的在于去掉恶势力。可是小人的风气日盛,迷惑了您的视听,使您为之发怒。如果给刘瓆等人施加刑罚,已经很过分了,何况是重刑,让他们死于刀下呢!又有前山阳太守翟超、东海相黄浮,奉公不挠,疾恶如仇,翟超没收了侯览的财物,黄浮依罪诛杀了徐宣。(他们有如此功劳)反而一起获罪,得不到赦免和宽恕。侯览的肆意横行,没收其财物已算是幸运的;徐宣所犯的罪过,是死有余辜的。以前丞相申屠嘉召责邓通,洛阳令董宣指责羞辱湖阳公主,然而文帝只是派人去请丞相释放(邓通),光武帝对董宣也加以重赏,从未听说申、董二臣因不奉圣旨而被诛杀的。而今您身边的一帮小人,深恨同党受到伤害,相互勾结陷害,因此(使忠臣)受到刑罚。(他们)听到臣这些话,必定再次向陛下哭诉,陛下实在应该杜绝亲信之臣干预政事的根源,引用采纳尚书朝见之事,考察举荐清正高洁

帝得奏愈怒，竟无所纳；朝廷众庶，莫不怨之。宦官由此疾蕃弥甚。李膺等以党事下狱考实，蕃因上疏谏曰："臣闻贤明之君，委心辅佐；亡国之主，讳闻直辞。故汤武虽圣，而兴于伊、吕；桀纣迷惑，亡在失人。由此言之，君为元首，臣为股肱，同体相须，共成美恶者也。伏见前司隶校尉李膺、大仆杜密、大尉掾范滂等，正身无玷，死心社稷，以忠忤旨，横加考案，或禁锢闭隔，或死徙非所。杜塞天下之口，聋盲一代之人，与秦焚书坑儒，何以为异？昔武王克殷，表闾封墓；今陛下临政，先诛忠贤。遇善何薄？待恶何优？夫谗人似实，巧言如簧，使听之者惑、视之者昏。夫吉凶之效，在乎识善；成败之机，在于察言。

"人君者，摄天地之政，秉四海之维，举动不可以违圣法，进退不可以离道规。谬言出口，则乱及八方，何况髡无罪于狱、杀无辜于市乎！又青、徐炎旱，五谷损伤，人物流迁，茹菽不足，而宫女积于房掖，国用尽于罗纨，外戚私门，贪财受赂。所谓禄去公室，政在大夫。昔春秋之末，周德衰微，数

之士,罢斥佞邪之徒。如果这样,天道和顺于上,大地融洽于下,吉祥符瑞的出现,难道还会远吗!陛下虽然厌恨臣说的这些话,但作为人主应该尽力而为,所以臣才敢冒死陈说。"

桓帝看了奏书之后愈加震怒,终究没有采纳。朝廷众臣,天下百姓,没有不抱怨的。宦官由此更加嫉恨陈蕃了。李膺等人因党锢之事下狱受审,陈蕃因此上疏谏诤说:"臣闻贤明的君主,倾心于辅佐之臣;亡国的君王,忌讳听忠直的言辞。所以商汤、周武王虽然是圣明的君主,但仍然是靠伊尹、周公的辅佐而兴盛起来的;夏桀、商纣昏惑,他们的失败在于用人不当。从这一点来说,君主是头,臣子是大腿和胳膊,同为一体,相互依存,荣辱与共。臣私下看到前司隶校尉李膺、太仆杜密、太尉掾范滂等人,身正而没有污点,竭诚尽心保卫社稷。(他们)因为忠言违背圣意,无端地被考问查究,有的被禁锢隔离审查,有的死亡或被流放到无法生活的地方。(像这样)堵塞天下人之口,闭塞一代人的耳目,这和秦始皇焚书坑儒,有什么不同!昔日周武王推翻殷商政权,还派人在商容(殷之遗臣)的里门刻石,增修比干的坟墓,以彰显他们的功德。而今陛下做了皇帝,却先诛杀忠臣贤士。对善良之人为何这样刻薄?对待罪恶者为何又这么优厚?谗奸之人看起来似乎很老实,而那张巧言利口却像笙簧一般,让听的人迷惑,让看到的人昏愦。吉和凶的效应,就在于能认清善事;成或败的关键,就在于审察言论。"

"作为天下人的君主,统理天下大事,掌握四海的纲维,举动不可以违背圣王之法,进退不可以背离自然规律。妄言一出口,祸乱就会延及八方,何况是毙无罪之人于监狱、杀无辜之人于市街呢?而且(如今)青州、徐州炎热干旱,五谷不收,人民流离失所,食用不足糊口。可是皇家的宫女聚满后宫,国家费用都花在宫女们穿的罗纨上

十年间，无复灾眚者，天所弃也。天之于汉，悢悢无已，故殷勤示变，以悟陛下，除妖去孽，实在修德。臣位列台司，忧责深重，不敢尸禄惜生，坐观成败。如蒙采录，使身首分裂，异门而出，所不恨也。"帝讳其言切，托以蕃辟召非其人，遂策免之。

灵帝即位，窦太后临朝，以蕃为太傅，录尚书事。蕃与后父大将军窦武，同心尽力，征用名贤，共参政事，天下之士，莫不延颈想望太平。而帝乳母赵娆，旦夕在太后侧，中常侍曹节、王甫等，与共交构，谄事太后。太后信之，数出诏命，有所封拜，及其支类，多行贪虐。蕃常疾之，志诛中官。会窦武亦有谋。

蕃乃先上疏曰："臣闻言不直而行不正，则为欺乎天而负乎人；危言极意，则群凶侧目，祸不旋踵。钧此二者，臣宁得祸，不敢欺天也。今京师嚣嚣，道路喧哗，言侯览、曹节等，与赵夫人诸女尚书，并乱天下，附从者升进，忤逆者中伤。方今一朝群臣，如河中木耳，泛泛东西，耽禄畏害。陛下前始摄位，顺天行诛，苏康、管霸，并伏其辜。是时天地清明，人鬼欢喜。奈何数月，复纵左右。元恶大奸，莫此之甚。今不急诛，必生变乱，倾危社稷，其祸难量。"太后不纳。蕃因与窦武谋之，及事泄，曹节等矫诏诛武等。遂令收蕃，即日害之。

面。外戚和权贵们,贪财受贿,所谓'国家政权离开君主,落在了大夫手中。'过去春秋末期,周代的德治衰微,数十年间没有发生灾异,那是上天已抛弃不理的缘故啊。上天对于汉室,眷恋不已,所以殷勤地显示灾变,来让陛下省悟。要除去妖孽,确实在于修养德行。臣身居三公高位,为自己责任重大而不安,不敢贪图俸禄、贪生怕死而坐视不管。如果臣的意见被采纳,即使身首异处,从不同的门出去,也不生怨恨心。"桓帝忌讳陈蕃的言辞太激烈,就推托说陈蕃征召的人不合适,于是下令罢免了他。

灵帝刘宏即位,窦太后临朝听政,任用陈蕃为太傅兼任录尚书事。陈蕃与太后之父大将军窦武,齐心合力,征用有名之士,共同参与政事,天下的读书人没有不伸长脖子企望天下太平的。而灵帝的乳母赵娆,日夜在窦太后身边,中常侍曹节、王甫等人和她勾结在一起,逢迎太后。太后信任他们,多次颁发诏命给他们赐爵授官,就连这些人的旁系亲属,也多行贪婪暴虐之事。陈蕃非常痛恨他们,立志要诛杀宦官,恰好窦武也有这个想法。

陈蕃于是首先向太后上疏说:"臣听说言语不正直、行为不端正,就会做出欺骗上天、辜负世人的事来,正直的言辞毫无保留的说出来,众奸逆就会(愤恨的)斜目而视,祸患马上会到来。衡量这两者,臣宁愿得祸也不敢欺骗上天啊。现在京师喧嚣,道路喧哗,都传说侯览和曹节等人,与赵夫人(赵娆)等宫中女官,一起扰乱天下。依附顺从他们的人就可升进,冒犯违抗他们的人就会被伤害。当今满朝群臣,好像河中漂浮的木头一样,随流向东向西,贪图禄位,畏惧受害。陛下开始摄位之时,顺应上天之意施行诛杀,苏康、管霸一起伏法。当时天地清明,人鬼都欢喜。为什么才过了几个月,又放纵左右了呢?首恶大奸,没有比这些人再厉害的了。现今如果不赶快处

论曰：桓灵之代，若陈蕃之徒，咸能树立风声，抗论惛俗，而驱驰嶮厄之中，与刑人腐夫同朝争衡。终取灭亡之祸者，彼非不能洁情志、违埃雾也，愍夫世士以离俗为高，而人伦莫能相恤也。以遁世为非义，故屡退而不去；以仁心为己任，虽道远而弥厉。及遭值际会，协策窦武，自谓万世一遇也，憬憬乎伊、望之业矣！功虽不终，然其信义足以携持世心。汉代乱而不亡，百余年间，数公之力也。

窦武，字游平，扶风人。拜城门校尉。清身疾恶。时国政多失，内官专宠，李膺、杜密等为党事考逮。上疏谏曰："臣闻明主不讳讥刺之言，以探幽暗之实；忠臣不恤谏争之患，以畅万端之事。是以君臣并熙，名奋百世。臣岂敢怀禄逃罪，不竭其诚！陛下初从藩国，爰登帝祚，天下逸豫，谓当中兴。自即位以来，未闻善政。梁、孙、寇、邓，虽或诛灭，而常侍黄门，续为祸虐，欺罔陛下，竞行谲诈，自造制度，妄爵非人，朝政日衰，奸臣日强。臣恐二世之难，必将复及，赵高之变，不朝则夕。近者奸臣牢修，造设党议，遂收前司隶校尉李膺、太仆杜密、御史中丞陈翔、太尉掾范滂等，逮考连及数百人，旷年拘

死他们，必然会发生祸乱。倾覆社稷的祸患就难以估量了。"窦太后没有采纳这一谏议，于是陈蕃和窦武合谋（诛杀宦官）。结果事情泄露了，曹节等假传圣旨诛杀了窦武等人，下令将陈蕃拘捕，当日就杀害了他。

论赞说：桓、灵时期，像陈蕃这些人，都能树立好的风气，批评昏乱的不良风俗，而他们奔走效力于艰难险恶的环境中，跟宦官同朝较量。但最终遭受灭亡之祸的原因，不是他们不能洁身自好，躲避世俗的污浊啊！可叹世间士人以避开俗世为清高，而对人伦之事却没有人顾念。陈蕃等人认为逃避世俗是不义之举，所以多次被贬退而不离开；以弘扬仁爱之心为己任，虽然任重道远但更加坚强。等碰到机会时，便协助窦武，自认为是万世一遇的机会，庄严的心情如同成就伊尹、太公望那样的宏伟大业！功业虽然最终没有成就，然而他们的信义足以维系民心，汉代乱而不亡，有百余年之久，就是有赖于这样的臣子们鼎力支撑。

窦武，字游平，扶风郡人。任城门校尉。为人清正，憎恨恶行。当时国政多有失误，宦官专权得宠，李膺、杜密等人受党锢之嫌被审捕。窦武上疏劝谏说："我听说开明的君主不忌讳讥刺的谏议，以便从中探明暗处的真实情况；忠臣不顾及谏争的祸患，来疏通复杂万端的事情。因此君臣和睦相处，名声流传百世。臣岂敢只想到俸禄而逃避罪过，不竭尽忠诚！陛下初从藩国登上皇位时，天下团结安乐，被称为是中兴之世；但即位以来，没有听到有什么好的政策。梁冀、孙寿、寇荣、邓万代虽说已经被诛灭，但是常侍、黄门却继续作恶，欺骗陛下，竟相伪诈，自定法制，乱授官爵给不够格的人，朝政一天天衰败，奸臣势力一天天强大起来。臣恐怕秦二世胡亥之难必将又要来到；赵高的事变，早晚又要发生。近来奸臣牢修，捏造党事之

录,事无效验。臣惟膺等,建忠抗节,志经王室,此诚陛下稷、契、伊、吕之佐,而虚为奸臣贼子之所诬枉,天下寒心,海内失望。惟陛下留神澄省,时见理出,以厌人鬼喁喁之心。

臣闻近臣尚书令陈蕃、仆射胡广,尚书朱寓、荀绲、刘祐、魏朗、刘矩、尹勋等,皆国之贞士、朝之良佐。尚书郎张凌、妫皓、苑康、杨乔、边韶、戴恢等,文质彬彬,明达国典。内外之职,群才并列。而陛下委任近习,专树饕餮,外典州郡,内干心膂。宜以次贬黜,抑夺宦官欺国之封,案其无状诬罔之罪,信任忠良,平决臧否。使邪正毁誉,各得其所;宝爱天官,唯善是授。如此,咎征可消,天应可待。间者有嘉禾、芝草、黄龙之见,夫瑞生必于嘉士,福至实由善人,在德为瑞,无德为灾。陛下所行,不合天意,不宜称庆。"书奏,因以疾上还城门校尉、槐里侯印绶。帝不许,有诏原李膺、杜密等。其冬,帝崩。

灵帝立,拜武为大将军,常居禁中。武既辅朝政,常有诛翦宦官之计,太傅陈蕃亦素有谋。武乃白太后曰:"故事,黄门、常侍但当给事省内,典门户,主近署财物耳。今乃使与政事而任权重,子弟布列,专为贪暴。天下匈匈,正以此故。宜

议,于是逮捕了前司隶校尉李膺、太仆杜密、御史中丞陈翔、太尉掾范滂等人,同时逮捕拷问被牵连者数百人。(这些人)常年被关押拘禁着,而事情并没有找到证据。我认为李膺等人衷心高节,立志辅佐王室,这些人的确是陛下如同稷、契、伊尹、吕望一样的辅佐之臣,但是却被奸臣贼子枉屈诬陷,令天下人寒心、百姓失望。希望陛下用心察审澄清,赶快查处原委,来满足人鬼殷切期盼的心情。"

"臣听说您身边的大臣尚书令陈蕃,仆射胡广以及尚书朱寓、荀绲、刘祐、魏朗、刘矩、尹勋等人,都是国家的忠贞之士,辅佐朝廷的良才。尚书郎张陵、妫皓、苑康、杨乔、边韶、戴恢等人,文雅而又朴实,通晓国家典章制度。朝廷内外的职官,人才济济,而陛下却信任身边的宠幸之人,专门起用贪残之人,在外掌管州郡大权,在内干预朝廷中枢大权。应该按次第把他们贬职或驱逐,剥夺宦官凭借欺骗得来的封赏,审判他们胡作非为、欺君罔上之罪。应信任忠良,公平地裁决善恶得失,让邪恶与正直,毁谤与赞誉都名副其实。珍爱官位,只授予善良正直的人。如果能这样做,灾难的征兆就能够消失,自然的感应就会到来。近日以来,有嘉禾、芝草、黄龙这些祥瑞产生,必然是由于有德才兼备的人士出现,福气实在是来自善人。有德行就会有祥瑞,无德行就会感召灾异。陛下所行,不合天意,不应该道贺。"奏书上奏以后,窦武就称病请求辞官,交还城门校尉、槐里侯的印绶。桓帝没有准许,下诏书赦免李膺、杜密等人。这年冬天,桓帝驾崩。

灵帝即位,拜窦武为大将军,经常居住在宫中。窦武既已经开始辅佐朝政,常有诛灭宦官的打算,太傅陈蕃一直也有这一想法。窦武就向窦太后谏议说:"旧日制度规定,黄门、常侍只应当供职于王宫禁地以内,主管门户,管理宫内衙署的财物,现在却让他们参与政事,

悉诛废，以清朝廷。"长乐五官史朱瑀，盗发武奏，骂曰："中官放纵者，自可诛耳。我曹何罪，而当尽见族灭？"因大呼曰："陈蕃、窦武，奏白太后废帝，为大逆。"曹节闻之，惊起白帝，请出御德阳前殿。拜王甫为黄门令，甫将虎贲、羽林追围武，武自杀，枭首洛阳都亭。收捕宗亲、宾客、姻属，悉诛之。迁太后于云台也。

循吏传

初，光武长于民间，颇达情伪，见稼穑艰难，百姓病害，至天下已定，务用安静，解王莽之繁密，还汉世之轻法。身衣大练，色无重彩，耳不听郑卫之音，手不持珠玉之玩，宫房无私爱，左右无偏恩。建武十三年，异国有献名马者，日行千里，又进宝剑，价兼百金，诏以马驾鼓车、剑赐骑士。损上林池籞之官，废骋望弋猎之事。数引公卿郎将，列于禁坐，广求民瘼，观纳风谣。故能内外匪懈，百姓宽息。自临宰邦邑者，竞能其官。若杜诗守南阳，号为杜母，任延、锡光。移变边俗，斯其绩用之取章章者也。又第五伦、宋均之徒，亦足有可称谈。然建武、永平之间，吏事刻深，亟以谣言单辞，转易守长，故朱浮数上谏书，箴切峻政，钟离意等亦规讽殷勤，以长者为言，而不能得也。所以中兴之美，盖未尽焉。

享有大权,子弟做官的布满宫内,专门做贪婪暴虐的事。天下动乱不安,正是因为这个缘故,应当将他们全部诛灭、废黜,以此整顿朝廷。"长乐宫五官史朱瑀偷看了窦武的奏疏,骂道:"那些放肆无形的宦官,自然可以诛杀。我们这些人有什么罪,而要全部被灭族?"因而大声疾呼说:"陈蕃、窦武,奏明太后要废掉皇帝,犯大逆不道之罪。"曹节等人听了这话十分震惊,报告灵帝,请灵帝出宫到德阳前殿,拜王甫为黄门令,王甫带领虎贲、羽林军追捕包围窦武,窦武自杀,在洛阳都亭悬首示众。他的宗亲、宾客、姻属,全部被逮捕杀掉。窦太后被迁往云台。

循吏传

当初,光武帝刘秀生长在民间,对于民间的真假情况都很清楚。他亲眼看到农作的艰难,老百姓所经受的苦难。等到天下安定以后,他致力于安定民心,废除了王莽的严刑峻法,恢复汉代较为宽松的法律。他身穿粗帛做的衣服,颜色也不讲求艳丽华美,耳不听郑卫淫声,手不拿珠玉等玩物,对于宫房之内没有私爱,左右的人没有偏恩。建武十三年,外国有贡献来的名马,能日行千里,又进贡一柄价倍百金的宝剑,光武帝颁诏用千里马驾驶鼓车,将宝剑赐给骑士。减少管理上林苑皇家园林的官员,废止出外游猎之事。多次召引公卿郎将共聚宫中议事,广泛了解民间疾苦,借鉴引进能够反映风土民情的歌谣。所以朝廷内外的官吏都能够尽忠职守而不懈怠,百姓得以在宽松的环境中休养生息。治理邦国城邑的地方官,都竟相在自己的岗位上尽其所能。如杜诗做南阳太守时,被称誉为"杜母";任廷、锡光两人改变了边民风俗,这些都是当时政绩最为显著的例子啊!又有第五伦、宋均等官员,也有许多值得称颂的事迹。然而到了建武、永

任延,字长孙,南阳人也。拜会稽都尉。时年十九,迎官惊其壮。及到,静泊无为,唯先遣馈祠延陵季子。聘请高行如董子仪、严子陵等,敬待以师友之礼。掾吏贫者,辄分奉禄,以赈给之。是以郡中贤士大夫,争往官焉。建武初,延上书乞骸骨,归拜王庭。诏征为九真太守。九真俗以射猎为业,不知牛耕,民常告籴交址,每致困乏。延乃铸作田器,教之垦辟,百姓充给。又骆越之民,无嫁娶礼法,各因淫好,不识父子之性、夫妇之道。延乃使男女皆以年齿相配。其贫无礼聘,令长吏以下,各省奉禄,以赈助之,同时相娶者二千余人。是岁风雨顺节,谷稼丰衍。其产子者,始知种姓。咸曰:"使我有是子者,任君也。"多名子为任。于是徼外、蛮夷、夜郎等,慕义保塞,延遂止罢侦候戍卒。

初,平帝时,汉中锡光为交址太守,教导民夷,渐以礼义化,声侔于延。王莽末,闭境拒守。建武初,遣使贡献,封盐水侯。岭南革风,始于二守焉。延视事四年,征诣洛阳,九真吏民,生为立祠。拜武威太守,帝亲见,戒之曰:"善事上官,无失名誉。"延对曰:"臣闻忠臣不私,私臣不忠。履正奉公,臣子

平年间，政事苛刻、严酷，凭借谣言和片面的言辞，便迫切地撤换郡邑守长。所以朱浮多次上书，劝谏改变严峻的政务。钟离意等人也不断地用婉言隐喻相规谏，而这些长者的言辞，却不能被接受。所以光武中兴的善政，还未能达到尽善尽美。

任延，字长孙，南阳郡人。做会稽郡都尉时年仅十九岁，迎接他的官员对任延的年轻感到很惊讶。等他到任后，清净无为，只是先派人带上祭品祭祀了延陵季札；聘请了品德高尚的人像董子仪、严子陵等，恭敬的以师友之礼相待；官吏中有生活贫困的，任延就把自己的俸禄分给他们。因此郡中的贤人士大夫都争着要到会稽郡为官。建武初年，任延上书请求退休。后回到京城，光武帝颁诏征用他为九真太守，九真郡百姓的习俗是以射猎为业，不知道用牛耕田，老百姓经常从交址购买粮食，生活十分贫困。于是任延开始铸造农具，教给百姓如何开垦田地，使得百姓的生活富裕起来。骆越地区的百姓没有嫁娶的礼法，男女随意结合，不懂得父子、夫妇的伦理之道。于是任延让男女都按年龄来婚配。对于一些贫困、拿不出礼聘的人，就让长吏以下的各自节省俸禄来资助他们。在同一时期相嫁娶的就有两千多人，这一年风调雨顺，庄稼丰收。那些生了孩子的才开始知道有种族姓氏，大家都说："是任君让我们得到这孩子啊。"大多数人给孩子起名为"任"。因此边外蛮夷、夜郎等地的人民都仰慕他的仁义，愿意为他自保边塞，任延于是撤销了在那里侦查戍防的兵卒。

以前，汉平帝时，汉中人锡光为交址太守，他慢慢用礼义来教化夷狄百姓，推行教化的声望和任延等同。到了王莽末年，闭关拒守。建武初年，锡光派遣使者前来进贡，被封为盐水侯。岭南地区得以改变习俗，是从锡光、任延两位太守开始的。任延在九真做太守四年，被征调京都洛阳，九真吏民为他立了生祠。后任延被任命为武威郡

之节。上下雷同,非陛下之福也。善事上官,臣不敢奉诏。"帝叹息曰:"卿言是也。"

酷吏传

董宣,字少平,陈留人也。为洛阳令。时湖阳公主苍头白日杀人,因匿主家,吏不能得。及主出行,以奴骖乘,宣于夏门亭候之,乃驻车叩马,数主之失,叱奴下车,因格杀之。主即还宫诉帝,帝大怒,召宣,欲捶杀之。宣曰:"陛下圣德中兴,而纵奴杀良民,将何以治天下乎?臣不须捶,请得自杀。"即以头击楹,流血被面。帝令小黄门持之,使宣叩头谢主,宣不从。帝强使顿之,宣两手据地,终不肯俯。主曰:"文叔为白衣时,臧亡匿死,吏不敢至门。今为天子,威不能行一令乎?"帝笑曰:"天子不与白衣同。"因敕强项令出,赐钱三十万。搏击豪强,莫不震栗。京师号为"卧虎",歌之曰:"枹鼓不鸣,董少平也!"

论曰:古者敦厖,善恶易分,至画衣冠、异服色,而莫之犯。叔世偷薄,上下相蒙,德义不足以相洽,化导不能以惩违,乃严刑痛杀,以暴治奸,倚疾邪之公直,济忍苛之虐情。与夫断断守道之吏,何工否之殊乎?故严君蚩黄霸之术,密民笑卓茂之政,猛既穷矣,而犹或未胜。然朱邑不以笞辱加物,袁

太守,光武帝亲自接见并告诫他说:"好好侍奉上级,不要丢掉名誉。"任延对答说:"臣闻忠臣不私,私臣不忠,奉公行事是做臣子的节操。群臣上下随声附和,这不是陛下的福气啊。'好好侍奉上级',臣不敢奉诏从命。"光武帝感叹地说:"您说的对啊。"

酷吏传

董宣,字少平,陈留郡人。为洛阳令。当时湖阳公主的仆人白天杀人,因为藏在了公主府中,官吏捉不到他。等公主出行时让这个仆人做陪乘,董宣就等候在夏门亭,拦下车、勒住马,大声责备公主的过失,喝令这个仆人下车,当即就击杀了他。公主回到宫中将这件事告诉了光武帝,皇帝大怒,召唤董宣准备用棍棒打死他。董宣说:"陛下有中兴汉室的圣德,却放纵奴仆杀害良民,将来凭什么治理天下呢?臣不需要动刑,请让我自杀吧。"说着就用头撞击柱子,血流满面。光武帝让宦官拉住他,让他向公主叩头谢罪,董宣不听从,宦官强令他叩头,董宣两手撑住地,始终不肯低头。公主说:"文叔做平民时,也藏匿过逃亡和犯了死罪的人,官吏不敢上门来,现在做了天子,您的权威还不能使一个县令屈服吗?"光武帝笑着说道:"当天子和当老百姓不一样啊!"于是任命董宣为强项令,并赐钱三十万。董宣打击强豪,没有不害怕的。京师的人们称董宣为"卧虎",并且歌颂他说:"枹鼓不鸣,董少平也。"

论赞说:"古人淳朴敦厚,善恶容易分清。等到给罪犯穿上特殊标志的衣冠和不同颜色的衣服时,便没有人敢犯罪了。末世风气日益浅薄,上下互相欺蒙。德义也不足以让人们融洽相处,教化也不能戒止违法,于是就靠严刑痛杀的办法,用暴力治理奸邪,依仗憎恶邪行的公道正直,来助成残忍苛刻的暴虐情状。这与笃诚守道的官吏

安未尝鞫人臧罪,而猾恶自禁,民不欺犯。何者?以为威辟既用,而苟免之行兴;仁通道孚,故感被之情著。苟免者,威陨则奸起;感被者,人亡而思存。由一邦以言天下,则刑讼繁措,可得而求矣!

宦者传

《周礼》,阍者守中门之禁,寺人掌女宫之戒。然宦人之在王朝,其来旧矣。汉兴,仍袭秦制,置中常侍官,然亦引用士人,以参其选。及高后称制,乃以张卿为大谒者,出入卧内,受宣诏命。至于孝武,数宴后庭,潜游离宫,故请奏机事,多以宦人主之。元帝之世,史游为黄门令,勤心纳忠,有所补益。其后弘恭、石显以佞险自进,卒有萧、周之祸,损秽帝德焉。中兴之初,宦官悉用阉人。自明帝以后,委用渐大,非复掖庭永巷之职、闺牖房闼之任也。其后孙程定立顺之功,曹腾参建桓之策,迹因公正,恩固主心。故中外服从,上下屏气,举动回山海,呼吸变霜露。阿旨曲求,则光宠三族;直情忤意,则参夷五宗。汉之纲纪大乱矣。

相比，怎么好坏相差得这么悬殊呢？所以严延年嗤笑黄霸的宽政；密县的人民耻笑卓茂的政令。威猛的办法已使用尽了，但还是起不到应起的效果。然而朱邑从来不以笞打羞辱的方式对待众人，袁安未曾审问过犯人的贪赃之罪，但是猾恶之事却自动禁绝了，百姓也不欺诈犯法。这是什么原因呢？那是由于严酷的刑法一经施用，则苟且求得幸免的行为便兴起；落实仁爱大道就会使人信服，故而感化之情就能起到作用。只求苟免的人，威力有隙漏时，奸邪之事就会发生；受到感化者，即使施政者不在了，其仁爱的思想依然长存于他们心中。从一个邦邑来看全天下，那么刑讼的繁多和废置，不是可以得出结论而去追求了吗？

宦者传

《周礼》上说，阍者担任皇宫中门的侍卫，寺人执掌女宫的警戒。可见，宦官在朝廷任事由来已久了。汉朝建立后，仍沿用秦朝制度，设置中常侍的官职，然而也用士人，让他们参与中常侍的选拔。到高祖皇后临朝听政时，任命张卿为大谒者，出入她的住所，接受传达诏命。到汉武帝时，他多次在后宫设宴，或者悄悄地到离宫别馆去居住，所以上奏机密大事，大多是由宦官主持。汉元帝时期，史游任黄门令，办事勤恳忠诚，对朝政有很大帮助。其后弘恭、石显靠着阴险奸诈得以升迁，终于酿成萧望之、周堪自杀或废锢之祸，使皇帝的圣德受到污损。东汉王朝建立之初，宦官全部任用阉人。从明帝以后，任用范围逐渐扩大，宦官不光是担任掖庭令、永巷令，连看管后妃门户的任务也承担起来。后来宦官孙程因为拥立顺帝有功，曹腾有参与拥立桓帝的策划，由于这些功绩很公正，这种恩情稳固了君主对他们的信任之心，所以朝廷内外对宦官都很服从，上下人等恭

若夫高冠长剑、纡朱怀金者,布满宫闱;苴茅分虎、南面臣民者,盖以十数。府署第馆,棊列于都鄙;子弟支附,过半于州国。南金和宝、冰纨雾縠之积,盈仞珍藏;嫱媛侍儿、歌童舞女之玩,充备绮室。狗马饰雕文,土木被缇绣。皆剥割萌黎,竞恣奢欲。构害明贤,专树党类。败国蠹政之事,不可单书。所以海内嗟毒,志士穷栖,寇剧缘间,摇乱区夏。虽忠良怀愤,时或奋发,而言出祸从,旋见孥戮。凡称善士,莫不离被灾毒。斯亦运之极乎!

单超,河南人;徐璜,下邳人;具瑗,魏郡人;左悺,河南人;唐衡,颍川人也。桓帝初,超、璜、瑗为中常侍,悺、衡为小黄门史。初,梁冀两妹为顺、桓二帝皇后,冀代父商为大将军,再世权戚,威振天下。冀自诛李固、杜乔等,骄横益甚。皇后乘势忌恣,多所鸩毒。上下钳口,莫有言者。帝逼畏久,恒怀不平。延熹二年,皇后崩,帝因如厕,独呼衡,问:"左右与外舍不相得者皆谁乎?"衡对:"单超、左悺、徐璜、具瑗,常私忿疾外舍放横,口不敢道。"于是帝呼超、悺、璜、瑗等五人,遂定其议。诏收冀及宗亲党与诛之;悺、衡迁中常侍;封超新丰侯,二万户;璜武原侯,瑗东武阳侯,各万五千户,

谨畏惧。于是宦官的一举一动可以排山倒海，一呼一吸能够改变世间冷暖，阿谀奉承、曲意顺从他们的人，就可以光耀三族；直言违逆他们的人，就会被诛灭五宗。汉朝的法度由此大乱了。

那些戴高帽携长剑，佩朱绶、怀金印的宦官，布满后宫；分封诸侯、授予官爵、面南而坐役使百姓的宦官，大约数以十计。他们的府署第馆，星罗棋布于京都以及全国各地；子弟及亲属、仆从，分布在超出半数的郡国里。南方出产的铜、和璧、洁白的细绢、轻纱等宝物堆积，装满宝库；嫱媛、侍儿、歌童、舞女等玩赏之伴，充斥于华丽的屋室。狗马用彩绘、花纹装扮，建筑用锦绣装饰。他们都剥削老百姓，争相穷奢极欲、恣意挥霍。他们陷害明贤之人，专门树立党羽，败国害政之事写也写不完。所以国内到处充满怨恨，志士都隐居起来，贼寇乘隙而起，扰乱中原。虽然忠良之士心怀愤激，时常有人奋起抨击宦官，但是话刚出口祸患就降临头上，不久就被诛杀。凡是被称为有德之士的，没有谁不遭受毒害的。这也是国运到尽头了吧？

单超，河南郡人；徐璜，下邳国人；具瑗，魏郡人；左悺，河南郡人；唐衡，颍川郡人。汉桓帝初年，单超、徐璜、具瑗做了中常侍，左悺、唐衡做了小黄门史。当初，梁冀的两个妹妹，分别是顺帝、桓帝的皇后，梁冀接替他的父亲梁商做大将军，两代人都是有实权的外戚，威振天下。梁冀自从诛杀了李固、杜乔等人以后，更加骄横。梁皇后乘势猜忌放纵，用毒酒害死了不少人，朝廷上下缄口沉默，没有人敢说话。桓帝遭受梁氏的压力而心存畏惧已经很久了，经常心怀不满。延熹二年，梁皇后驾崩，皇帝趁一次上厕所的机会，单独招唤唐衡问："左右的人跟外戚和不来的都有谁？"唐衡回答说："单超、左悺、徐璜和具瑗等人经常在背地里忿恨外戚梁家的恣意专横，只是嘴上不敢说罢了。"于是桓帝叫来单超、左悺、徐璜和具瑗等五人，作

赐钱各千五百万；悺上蔡侯，衡汝阳侯，各万三千户，赐钱各千三百万。五人同日封，故世谓之"五侯"。又封小黄门刘普、赵忠等八人为乡侯。

自是权归宦官，朝廷日乱矣。超疾病，帝遣使者就拜车骑将军。薨，赐东园秘器，棺中玉具，赠侯将军印绶，使者治丧。及葬，发五营骑士，侍御史护丧，将作大匠起冢茔。其后四侯转横，天下为之语曰："左回天，具独坐，徐卧虎，唐两堕。"皆竞起第宅，楼观壮丽，穷极伎巧；金银黶眊，施于犬马；多取良人美女，以为姬妾，皆珍饰华侈，拟则宫人。其仆从皆乘牛车，而从列骑。又养其疏属，或乞嗣异姓，或买苍头为子，并以传国袭封。兄弟姻戚，皆宰州临郡，辜较百姓，与盗贼无异。五侯宗族宾客，虐遍天下，民不堪命，起为寇贼。衡卒，亦赠车骑将军，如超故事。司隶校尉韩演，奏悺罪恶，及其兄大仆南乡侯称，请托州郡，聚敛为奸，宾客放纵，侵犯吏民，悺、称皆自杀。演又奏瑗兄沛相恭赃罪，征诣廷尉。瑗诣狱谢，贬为都乡侯，卒于家。超及璜、衡袭封者，并降为乡侯，子弟分封者，悉夺爵土。刘普等贬为关内侯。

出了(诛杀梁氏)决议,下诏逮捕并诛杀了梁冀及其宗亲党羽。左悺、唐衡迁升为中常侍;封单超为新丰侯,食邑二万户;徐璜为武原侯,具瑗为武阳侯,各食邑一万五千户,赐钱各一千五百万;左悺为上蔡侯,唐衡为汝阳侯,各食邑一万三千户,赐钱各一千三百万。五人在同一天受封,所以世人称他们为"五侯"。又封小黄门刘普、赵忠等八人为乡侯。

从此政权落入宦官手中,朝廷一天天混乱了。单超病重,桓帝派使者去其府宅任他为车骑将军。单超死后,皇上赐予他王公贵族的棺木和玉具剑,赠予列侯和将军印绶,派使者料理丧事。到下葬时,动员五营骑士,由侍御史护丧,由将作大匠为他修筑坟墓。从此以后四侯愈发专横,天下人给他们编了个谚语说:"左悺力回天,具瑗贵无双,徐璜凶似虎,唐衡行无常。"他们都争相修盖起宅院,房宇楼阁,十分壮丽,极尽能工巧匠之能。用金银毛羽,装饰犬马。他们掠来许多良人美女作为姬妾,都打扮得雍容华贵,仿效宫女的装束。(外出时)他们的仆人都乘坐牛车,后面有列骑跟从。还赡养他们的远房亲属,或是请求皇帝准许他们以异姓作为继嗣,或者收买私家奴仆作为儿子,并让他们继承封地和爵位。他们的兄弟、姻戚,都到州郡做长官,搜刮百姓,和盗贼没有什么差异。五侯宗族宾客,暴虐之行遍及天下,百姓痛苦而不能生活,纷纷起义成为盗贼。唐衡死了,也被追封为车骑将军,像单超的规制一样。司隶校尉韩演,上奏左悺的罪恶,以及他的哥哥太仆南乡侯左称买通州郡长官、聚敛作奸、宾客放纵、侵犯官吏和百姓的罪行,左悺、左称二人都自杀了。韩演又上奏具瑗哥哥沛相具恭的贪污罪,朝廷召其前往廷尉候审,具瑗去狱中请罪,被贬为都乡侯,死于家中。单超、徐璜、唐衡三家继承爵位的人,一起降为乡侯,子弟有分封的,爵土都被夺回。刘普等人

侯览者，山阳人也。桓帝初，为中常侍，以佞猾进，倚埶贪放，受纳货遗，以巨万计。爵关内侯。又托以与议诛梁冀功，进封高乡侯。览兄参，为益州刺史，民有丰富者，辄诬以大逆，皆诛灭之，没入财物，前后累亿计。大尉杨秉奏参，槛车征，于道自杀。参车重三百余两，皆金银锦帛珍玩，不可胜数。览坐免，旋复复官。

建宁二年，丧母还家，大起茔冢。督邮张俭，因举奏览贪侈奢纵，前后请夺人宅三百八十一所、田百一十八顷，起立第宅十有六区，皆有高楼池苑，堂阁相望，饰以绮画丹漆之属，制度深广，僭类宫省，又豫作寿冢，石椁双阙，高庑百尺，破人居室，发掘坟墓，虏夺良民，妻略妇子，及诸罪釁，请诛之。而览伺候遮截，章竟不上。俭遂破览冢宅，籍没资财，具言罪状，又奏览母生时，交通宾客，干乱郡国。复不得御。览遂诬俭为钩党，及故长乐少府李膺、太仆杜密等，皆夷灭之。遂领长乐太仆。熹平元年，有司举奏览专权骄奢，策收印绶，自杀。阿党者皆免。

曹节，字汉丰，南阳人也。建宁元年，持节将中黄门虎贲羽林千人，北迎灵帝，陪乘入宫。及即位，以定策封长安乡

被贬为关内侯。

侯览，山阳郡人。桓帝初年为中常侍，因谄佞狡猾得以晋升，依仗势力，贪婪放纵，收受贿赂数以万计。受封为关内侯，又凭借参与诛灭梁冀有功，进封为高乡侯。侯览的哥哥侯参为益州刺史，凡老百姓有家境富裕的，常常被诬陷为谋反，都予以诛灭，没收他们的财物，先后累积，数以亿计。太尉杨秉弹劾侯参，用槛车去逮捕他，结果在半路上自杀了。（有人检查侯参的遗产）他的车子竟有三百多辆，装的都是金银锦缎、珍奇古玩，多得无法计算。侯览（因受牵连）被免职，不久又官复原职。

灵帝建宁二年，侯览丧母回家，大修陵墓。督邮张俭因此举奏侯览贪婪奢侈、肆意放纵，先后索取、抢夺别人宅院三百八十一所，田地一百一十八顷；自己修盖的宅第十六处，都有亭台楼阁，水池花园，楼阁相望。有华丽的画作和朱红色的漆做为装饰，设计的规模样式深邃而广阔，超越了本分，（其奢侈华丽的程度）类似于宫廷。又预先为自己修建坟墓，用石头作为棺椁，两旁还有瞭望楼，堂周围的廊屋方圆百尺，为此破坏别人的住房，挖开他人的坟墓；抓走守法的良民，霸占他们的老婆孩子；还有许多罪行，请求将其处死。但是侯览伺机拦截，奏章竟不得上达。于是张俭拆毁侯览的家宅，没收他的家财，详细地陈列他的罪状。又上奏侯览母亲活着的时候，勾结宾客，扰乱郡国。奏章又不能送达皇帝。于是侯览诬陷张俭私下结党，以及原长乐少府李膺、太仆杜密等都被诛杀。于是自己兼任长乐太仆。熹平元年，有关官员检举上奏侯览专权骄纵奢侈，（灵帝）下令收回了他的印绶。侯览自杀，追随他的党羽都被罢免。

曹节，字汉丰，南阳郡人。建宁元年，他手持符节带领中黄门、虎贲羽林军一千人，向北迎接灵帝，陪皇上乘车入宫。等到灵帝即位

侯。时窦太后临朝，后父大将军武与太傅陈蕃，谋诛中官，节与长乐五官史朱瑀、从官史张亮、中黄门王尊等十七人，共矫诏以长乐食监王甫为黄门令，将兵诛武、蕃等。节迁长乐卫尉，封育阳侯；甫迁中常侍，黄门令如故；瑀封都乡侯；亮等五人各三百户；余十一人皆为关内侯，岁食租二千斛。赐瑀钱五千万，余各有差，后更封华容侯。二年，节病困，诏拜为车骑将军，有顷疾瘳，复为中常侍，位特进，秩中二千石，寻转大长秋。

熹平元年，窦太后崩，有何人书朱雀阙，言天下大乱，曹节、王甫幽弑太后，常侍侯览多杀党人，公卿皆尸禄，无有忠言者。于是诏司隶校尉刘猛逐捕，猛以诽书言直，不肯急捕，月余，主名不立。猛坐右转谏议大夫，以御史中丞段颎代猛，乃四出逐捕，及太学游生，系者千余人。节等怨猛不已，使颎以他事奏猛抵罪，输左校。节遂与王甫等，诬奏桓帝弟勃海王悝谋反，诛之，以功封者十二人。甫封冠军侯，节亦增邑四千六百户，父兄子弟皆为公卿、列校、牧守、令长，布满天下也。

吕强，字汉盛，河南人也。少以宦者小黄门，迁中常侍。清忠奉公。灵帝时，例封宦者，以强为都乡侯。强辞让恳恻，帝乃听之。因上疏陈事曰："臣闻诸侯上象四七，下裂王土。高祖重约，非功臣不侯，所以重天爵、明劝戒也。伏闻中常侍曹节、王甫等，并为列侯。节等谄谀媚主，佞邪徼宠，放毒人物，嫉

后，因迎立天子有功封为长安乡侯。当时窦太后临朝听政，太后的父亲大将军窦武和太傅陈蕃谋杀宦官，曹节和长乐五官史朱瑀、从官史共张亮、中黄门王尊等十七人，共同假托诏令以长乐食监王甫为黄门令，领兵诛杀了窦武、陈蕃等。曹节迁升为长乐卫尉，封为育阳侯；王甫迁升为中常侍，仍担任黄门令；朱瑀封为都乡侯；张亮等五人各食邑三百户；其余十一人皆封为关内侯，每年享食租禄二千斛，赏赐朱瑀钱五千万，其余的人各有所差别，后来朱瑀改封为华容侯。建宁二年，曹节得了重病，诏拜为车骑将军。不久病愈，重新做了中常侍，位列特进，俸禄为中二千石，不久转任为大长秋。

灵帝熹平元年，窦太后驾崩。不知是谁在朱雀阙写了一行字："天下大乱，曹节、王甫囚禁处死太后，常侍侯览杀了很多党人，公卿都白拿朝廷俸禄，没有进谏忠言的人。"于是皇帝下诏命司隶校尉刘猛追捕书写者，刘猛因"诽谤书"说得很直率，不肯卖力追捕，过了一个多月，仍不知道书写者是谁。刘猛因办案不力降为谏议大夫，让御史中丞段颎代替他，到处去追捕，涉及到太学游学的学生，被捉拿的有一千多人。曹节等人不停地埋怨刘猛，让段颎借其他的事告刘猛的状，把他送到左校服劳役抵罪。曹节又和王甫等，诬告桓帝的弟弟渤海王刘悝谋反，并杀了他，这次因功受封的有十二个人。王甫封为冠军侯，曹节也增加食邑四千六百户，他的父兄子弟，都做了公卿、列校、牧守、令长，遍布天下。

吕强，字汉盛，河南郡人。年轻时由宦者小黄门，迁升为中常侍。为人忠诚、不徇私。灵帝时，按照惯例进封宦者，吕强被封为都乡侯。吕强恳切推辞不受，灵帝就听从了他的意见。吕强上书陈事说："我听说诸侯在上象征着天上的二十八星宿，在下受封王土。高祖盟约，不是功臣者不得封侯，为的是重视天子的爵位和向臣下申明劝

妒忠良，有赵高之祸，未被轘裂之诛，掩朝廷之明，成私树之党。

而陛下不悟，妄授茅土，世为藩辅。受国重恩，不念尔祖，述修厥德，而交结邪党，下比群佞。陛下惑其琐才，特蒙恩泽。又授位乖越，阴阳乖剌，罔不由兹。臣诚知封事已行，言之无逮，所以冒死干触，陈愚忠者，实愿陛下捐改既谬，从此一止。又今外戚四姓贵幸之家，及中官公族无功德者，造起馆舍，凡有万数，雕刻之饰，不可单言；丧葬逾制，奢丽过礼，竞相放效，莫肯矫拂。

"上之化下，犹风之靡草。今上无去奢之俭，下有纵欲之僭，至使禽兽食民之甘、木土衣民之帛。昔师旷谏晋平公曰：'梁柱衣绣，民无褐衣；池有弃酒，士有渴死；厩马秣粟，民有饥色。近臣不敢谏，远臣不得畅。'此之谓也。又闻前召议郎蔡邕，对问于金商门，而令中常侍曹节、王甫，诏书喻旨，邕不敢怀道迷国，而切言极对，毁刺贵臣，讥呵竖宦。陛下不密其言，至令宣露，群邪竞欲咀嚼，造作飞条。陛下回受诽谤，致邕刑罪，室家徙放，老幼流离，岂不负忠臣哉！今群臣皆以邕为戒，上畏不测之难，下惧剑客之害，臣知朝廷不复得闻忠言矣。夫立言无显过之咎，明镜无见玼之尤。如恶立言以记

诚的内容。臣得知中常侍曹节、王甫等人，都封为列侯。曹节等人阿谀奉迎、取悦皇上，以巧言欺诈来企求恩宠，恣意毒害人才，嫉妒忠良，有像赵高那样的祸害，却没有受到车裂刑罚的诛杀，从而掩盖了朝廷的英明，树立起自己的私党。"

"而陛下却执迷不悟，胡乱、随便地分封土地，让其世代作为藩辅之臣。他们受到国家如此的重恩，不但不为祖先着想，追述先人的德业，反而交结邪党，在下边与奸猾不忠的小人勾结。陛下被他们平庸的才能迷惑，给予他们特别的恩泽。另外，(陛下)所任用的官员与他们的德能不相称，导致阴阳不和，其他种种乱象都是由此而产生的。臣确实知道封赏的事已经实行，说出来也迟了。臣之所以还敢舍死冒触圣意陈说自己的忠言，实在是希望陛下改正过去的错误，从此不再犯相同的过失。再者外戚四姓贵幸之家和宦官公族那些无功德的人，建造起来的馆舍，总共有上万处，装饰之华丽不可说尽。丧葬超越礼制，奢丽超越常礼，竞相效仿攀比，谁都不肯纠正。"

"在上位者对下边的影响，正像风能把草吹倒一样。现今在上位者不去奢从俭，在下者有放纵欲望的弊端，以至于让饲养的禽兽吃掉了老百姓口中的美食，土木建筑穿去了老百姓的衣帛。从前师旷曾劝谏晋平公说：'宫中雕梁画柱披挂锦绣，而人民却连粗布衣服都没有；池中有丢弃的美酒，而士人却都因干渴而死去；用粮食喂养马匹，而百姓们却都面带饥色；身边近臣不敢直谏，远方臣子不能畅言。'说的就是这种现象啊。我又听说陛下以前召唤议郎蔡邕在金商门回答问题，而让中常侍曹节、王甫等用诏书宣喻圣旨。蔡邕心怀治国之道不敢不为国效力，便直言对答，讽刺权贵，斥责宦官。陛下却不为他保守秘密，以致泄漏了出来，那些奸臣们开始竞相诅咒，并伪造匿名信诬陷蔡邕，陛下反而听信他们的诽谤，致使蔡邕遭受刑罚，

过,则不当学也;不欲明镜之见玼,则不当照也。愿陛下详思臣言,不以记过见玼为责。"

张让,颍川人;赵忠,安平人也。少皆给事省中。灵帝时,让、忠并迁中常侍,封列侯,与曹节、王甫等,相为表里。节死后,忠领大长秋。让有监奴典任家事,交通货赂,威形喧赫。扶风人孟他资产饶赡,与奴朋结,倾竭馈问,无所遗爱。奴咸德之,问他曰:"君何所欲?力能办也。"他曰:"吾望汝曹为我一拜耳。"时宾客求谒让者,车恒数百千两,他时诣让,后至,不得进,监奴乃率诸苍头迎拜于路,遂共轝车入门。宾客咸惊,谓他善于让,皆争以珍玩赂之。他分以遗让,让大喜,遂以他为凉州刺史。

是时让、忠及夏恽、郭胜、孙璋、毕岚、栗嵩、段珪、高望、张恭、韩悝、宋典十二人,皆为中常侍,封侯贵宠,父兄子弟,布列州郡,所在贪残,为人蠹害。黄巾既作,盗贼糜沸,郎中中山张钧上书曰:"窃惟张角所以能兴兵作乱,万民所以乐附之者,其源皆由十常侍多放父兄、子弟、婚亲、宾客典据州郡,辜榷财利,侵掠百姓。百姓之冤,无所告诉,故谋议不轨,

全家被流放，老幼离散，这难道不是辜负了忠臣吗！今天群臣都以蔡邕的下场为鉴戒，在上怕受到难以预料的灾难，在下怕有刺客来行刺，臣知道朝廷不会再听到忠言了。发表言论不该因揭露过错而被责处，明镜不该因照出污点而被怨尤。如果讨厌直言会记录过失，那就不该学习了。如果不想被镜子照出污点，就不该去照。希望陛下仔细考虑臣说的话，不因为揭露过错和反映污点而责备臣。"

张让，颍川郡人。赵忠，安平郡人。二人年少时都在宫中供职。灵帝时，他们两人一起迁升为中常侍，封为列侯，与曹节、王甫等人内呼外应。曹节死后，赵忠兼任大长秋。张让有一个监奴，主管家事，行贿受贿，威风显赫。扶风郡有个叫孟他的人，资产丰厚，和监奴结党。孟他倾其家产，全都馈赠给监奴，自己一点不留。监奴十分感激他，问他说："您想要什么？我们都可以办到。"他说："我希望你们能带我拜见张让。"当时宾客们请求拜见张让的人，列队等候的车子经常多达百千辆。孟他这时候也去拜谒张让，因为来得晚了挡在后面，不能进门，张让的监奴就率领众仆人在路边迎拜，并与孟他一起乘小车进门。众宾客都很惊奇，认为孟他与张让的关系很好，都争着用珍玩向他行贿。孟他都分送给张让，张让非常高兴，于是就让孟他做了凉州刺史。

这时候，张让、赵忠和夏恽、郭胜、孙璋、毕岚、栗嵩、段珪、高望、张恭、韩悝、宋典十二人，都任中常侍。他们被封为侯，异常显贵，受皇帝宠信。他们的父子、兄弟分布在各州郡，贪婪凶残，是人民的祸害。黄巾军开始起义，盗贼作乱，郎中中山人张钧上书说："我私下里考虑张角之所以能兴兵作乱，万民之所以乐于跟着他，其根源都在于十常侍大多放纵他们的父兄、子弟、婚亲、宾客霸占州郡，搜刮财物，侵犯掠夺百姓，百姓有冤无处申诉，所以才图谋作乱，集合

聚为盗贼。宜斩十常侍,悬头南郊,以谢百姓,又遣使者布告天下,可不须师旅而大寇自消。"

天子以钧章示让等,皆免冠徒跣顿首,乞自致洛阳诏狱,并出家财,以助军费。有诏皆冠履,视事如故。帝怒钧曰:"此真狂子也。"钧复重上,犹如前章,辄寝不报。诏使廷尉、侍御史,考为张角道者,御史承让等旨,遂诬奏钧学黄巾道,收掠死狱中。后中常侍封谞、徐奏事独发觉坐诛,帝因怒诘让等曰:"汝曹常言党人欲为不轨,皆令禁锢,或有伏诛。今党人更为国用,汝曹反与张角通,为可斩未?"皆叩头云:"故中常侍王甫、侯览所为。"帝乃止。

明年,南宫灾。让、忠等说帝,令敛天下田,亩税十钱,以修宫室。发大原、河东、狄道诸郡材木及文石,每州郡部送至京师。黄门、常侍辄令谴呵不中者,因强折贱买,十分雇一,因复货之于宦官,复不为,即受,材木遂至腐积,宫室连年不成。刺史、太守,复增私调,百姓呼嗟。凡诏所征求,皆令西园驺密约敕,号曰"中使",恐动州郡,多受赇赂。刺史二千石,及茂才、孝廉迁除,皆责助军修宫钱,大郡至二三千万,余各有差。当之官者,皆先至西园谐价,然后得去。有钱不毕者,或至自杀。其守清者,乞不之官,皆迫遣之。

起来成为盗贼。应该将十常侍斩首,将其首级挂在南郊,来向百姓谢罪;再派遣使者向天下人宣布,如此不需要动用军队,而贼寇自然会消解。"

灵帝将张钧的奏章拿来,叫张让等人看。他们都摘下帽子,赤脚叩头,要求将自己关到洛阳监狱中去,并拿出家中财产来资助军费。灵帝却下诏,命他们都穿戴整齐,照常办事。灵帝谴责张钧说:"这真是一个狂妄无礼之徒!"张钧再次上奏,与上次奏章内容一样,却被宦官们搁置起来而没有呈报。灵帝颁诏让廷尉、侍御史考察信奉张角邪道的人,御史奉承张让等人的主意,于是诬陷张钧是学张角邪道的人,(张钧)被逮捕拷打,死在狱中。后来中常侍封谞、徐奉(私通黄巾军)的事败露被杀,灵帝因此怒斥张让等说:"你们常说朋党之人图谋不轨,下令把他们都关起来不许做官,有的还被诛杀了。现今党人反为国效用,而你们反跟张角勾通,该不该杀?"张让等人都叩头说:"这都是过去中常侍王甫、侯览干的。"灵帝便不再追究。

第二年,南宫发生火灾。张让、赵忠等劝说皇上诏令天下,每亩田征收十个钱,用来修宫室;征发太原、河东、狄道诸郡的木材和有纹理的石料,各州郡安排运送到京师,黄门常侍经常呵斥谴责说(石材)不合要求,借此强行折价贱买,十成才给一成的钱,然后再卖给宦官,便不再管,已买回的木材逐渐堆积腐朽,宫室几年都未修成。刺史、太守又私下增收赋税,老百姓呼号哀叹。凡是诏书中征集的内容,都令西园养马人秘密带敕书出发,号称"中使",恐吓惊动州郡,多受贿赂。刺史、二千石和茂才、孝廉升迁,都责令他们交纳助军费、修宫钱,大郡多达二三千万,其余州郡不等。凡是要去上任的官员,都要先到西园商定价格,然后才能去上任。有的人因钱没交齐,竟然自杀了。凡清白守法的人,请求不去做官,就逼他们就职。

时巨鹿太守河内司马直新除,以有清名,减责三百万。直被诏,怅然曰:"为民父母,而反割剥百姓,以称时求,吾不忍也。"辞疾不听,行至孟津,上书极陈当世之失、古今祸败之戒,即吞药自杀。书奏,帝为暂绝修宫钱。又造万金堂于西园,引司农金钱缯帛,仞积其中。又还河间,买田宅,起第观。

帝本侯家,宿贫,每叹桓帝不能作家居,故聚为私藏,复寄小黄门常侍钱各数千万。常云:"张常侍是我父,赵常侍是我母。"宦官得志,无所惮畏,并起第宅,拟则宫室。帝常登永安候台,宦官恐其望见居处,乃使中大夫尚但谏曰:"天子不当登高,登高则百姓虚散。"自是不敢复升台榭。复以忠为车骑将军。帝崩。中军校尉袁绍,说大将军何进,令诛中官。谋泄,让、忠等因进入省,遂共杀进。而绍勒兵斩忠,捕宦官无少长悉斩之。让等数十人,劫质天子,走之河上。追急,皆投河而死也。

儒林传序

昔王莽、更始之际,天下散乱,礼乐分崩,典文残落。及光武中兴,爱好经术,未及下车,而先访儒雅,采求阙文,补缀漏逸。先是,四方学士,多怀挟图书,遁逃林薮。自是莫不抱负坟策,云会京师。于是立五经博士,各以家法教授,太

当时巨鹿太守河内郡人司马直新到任,因有清廉声名,减少索要三百万。司马直接到诏命后,怅然叹息说:"做百姓的父母官,反而要剥削百姓,来满足现时的需求,我不忍这样做。"于是推说有病,想辞官回家。皇帝没有准许。上任到达孟津时,司马直上书极力陈述当朝的失误,以及古往今来祸乱败亡的戒鉴,当即服毒自杀。他死前的上书呈奏后,灵帝为此暂停征收修宫钱。灵帝又在西园修造万金堂,把司农掌管的金钱缯帛运来,堆满万金堂。还回到河间买田宅、修建宅第和楼观。

灵帝原本出身于诸侯家,家境向来贫困,每每叹息桓帝不能经营家业,所以他就聚敛私钱,又在小黄门常侍处各寄存几千万。常常说:"张常侍是我的父亲,赵常侍是我的母亲。"宦官得志,无所畏惧,都一起大修宅第,效仿宫室的规模。灵帝经常登上永安宫的瞭望台,宦官们害怕皇帝望见他们的居处,于是让中大夫尚但谏议皇上说:"天子不应当登高,否则百姓就会逃亡流散。"从此灵帝就不敢再登楼台了。又让赵忠为车骑将军。灵帝驾崩。中军校尉袁绍劝说大将军何进,让他诛杀宦官。结果计谋泄漏了,张让、赵忠等利用何进入宫的机会,杀了何进。接着袁绍领兵杀了赵忠,逮捕宦官,不论老少全部杀死。张让等数十人,劫持天子作人质,跑到黄河边。袁绍领兵急追不舍,张让等人都投河而死。

儒林传序

在王莽末年至更始称帝之际,天下大乱,礼乐制度分崩离析,典籍文章残破散落。到光武中兴汉室,他爱好儒家经学,在他尚未即位前便先行访求文人雅士,采集经典中散缺的篇章,补缀漏失。在此以前,四方的学士大多携带图书,逃往山林隐居。此时无不拿出书籍

常差次总领焉。建武五年,乃修起太学,稽式古典,笾豆干戚之容备之于其列,服方领、习矩步者委它乎其中。中元元年,初建三雍。

明帝即位,亲行其礼。天子始冠通天,衣日月,备法物之驾,盛清道之仪,坐明堂而朝群后,登灵台以望云物,袒割辟雍之上,尊养三老五更。后复为功臣子孙、四姓末属,别立校舍,搜选高能,以授其业,自期门羽林之士,悉令通《孝经》章句,匈奴亦遣子入学。济济乎!洋洋乎!盛于永平矣!建初中,大会诸儒于白虎观,考详同异,连月乃罢。肃宗亲临称制,如石渠故事,孝和亦数幸东观,览阅书林。

及邓后称制,学者颇懈。安帝览政,薄于艺文,博士倚席不讲,朋徒相视怠散,学舍颓敝,鞠为园蔬,牧儿荛竖,至薪刈其下。顺帝感翟酺之言,乃更修黉宇,试明经下第补弟子,除郡国耆儒,皆补郎、舍人。本初元年,诏曰:"大将军下至六百石,悉遣子就学,每岁辄于乡射月一飨会之。"自是游学增盛,至三万余生,然章句渐疏,而多以浮华相尚,儒者之风盖衰矣。熹平四年,灵帝乃诏诸儒,正定五经,刊于石碑,为古文、篆、隶三体书法,以相参检,树之学门,使天下咸取则

典策,云集于京师。于是设立五经博士,他们各自以自己的一家之学进行教授,由太常按等次总领其事。建武五年,修建起太学,效法古代的典章制度,礼器和仪式道具都陈列完备,穿着方领服装、练习方步行走的儒生,形貌从容地漫步其中。中元元年,开始建立辟雍、明堂、灵台三雍宫。

明帝即位后,亲自在此举行典礼。天子开始头戴通天冠,穿着绘制有日月星辰的衣服,备齐仪仗、祭祀时所用的车驾,隆重进行清道的仪式,坐在明堂接受众公卿的朝拜,登上灵台来观察天象云气,在辟雍宫中举行叫做"袒割"的敬老礼节,以表示尊奉赡养三老五更。其后又为功臣的子孙、四姓宗属另立校舍,挑选高明贤能之士来教授他们的学业,凡期门、羽林的士兵,都要求他们通晓《孝经》章句,就连匈奴也派遣子弟到校舍来学习。人才济济,场面盛大,兴隆的景象盛于永平年间。章帝建初年间,众儒生会聚在白虎观,讨论五经各家学问的异同,接连几月才结束。章帝亲自前往参加裁定,就如同当年汉宣帝亲临石渠阁会议一样。和帝也多次驾临东观阅览群书。

等到邓绥太后临朝听政时期,学者们很是懈怠。自安帝主持朝政,开始不重视学术,博士不设座讲学,门人弟子松懈散漫,学堂颓坏,荒废成菜园,牧童和樵童,在里面割草打柴。顺帝有感于翟酺的谏言,于是重新修整学舍,录取了一批通晓经术且在以往考试中落榜的学生,补充大学弟子,拜郡国那些德高望重的儒者为郎官、舍人。质帝本初元年,颁诏曰:"从大将军以下至俸禄为六百石的官员,都要派遣子弟从师学习,每年都要在春三月、秋九月乡射时举行一次盛大的宴会。"从此游学的学生大量增加,多到三万余人。但是以往那种寻章析句、钻研经典的风气逐渐荒废,大多是崇尚浮华,儒者

焉。

逸民传

　　周党,字伯况,太原人也。世祖引见,党伏而不谒,自陈愿守所志,帝乃许焉。博士范升奏毁党曰:"臣闻尧不须许由、巢父,而建号天下;周不待伯夷、叔齐,而王道以成。伏见太原周党,陛见帝庭,不以礼屈,伏而不谒,偃蹇骄悍,夸上求高,皆大不敬。"书奏,天子以示公卿。诏曰:"自古明王圣主,必有不宾之士,伯夷、叔齐不食周粟,太原周党不受朕禄,亦各有志焉。"其赐帛四十匹。党遂隐居。

　　严光,字子陵,会稽人也。少有高名,与世祖同游学。及世祖即位,光乃变名姓,隐身不见。帝乃令以物色访之,至舍于北军,给床褥,大官朝夕进膳。车驾幸其馆,光卧不起,帝即其卧所,抚光腹曰:"咄咄子陵,不可相助为治耶?"光卧不应,良久,乃张目熟视曰:"昔唐尧著德,巢父洗耳。士故有志,何至相迫乎?"帝曰:"子陵,我竟不能下汝耶?"于是升舆,叹息而去。复引光入,论道旧故,相对累日,除为谏议大夫,不屈,乃耕于富春山。年八十,终于家。帝伤惜之,赐钱百万、谷千斛。

纯朴、力行的学风衰落了。熹平四年，灵帝诏命诸儒校定《五经》并把它刻在石碑上，作古文、篆、隶三种书法互相参证，将石碑树立在学校的大门，使天下人都以此经文作为准则。

逸民传

周党，字伯况，太原郡人，光武帝召见他，周党伏在地上而不自报姓名，自己说愿意坚守其平素的志向，光武答应了他的请求。博士范升上书诋毁周党说："臣闻唐尧不需要许由、巢父，而建立帝号于天下；周朝不用伯夷、叔齐，而王者之道仍能成功。臣私下看到太原周党，陛下在宫廷上召见他，他却不遵循礼仪，跪伏而不拜谒，傲慢骄横，自夸谋求清高，都是大不敬的行为。"奏书呈上，光武帝拿来让公卿们看。下诏曰："自古明君圣主，必然会遇到不愿出仕的隐士。伯夷、叔齐不食周粟，太原周党不受朕的俸禄，这也是人各有志的表现。"于是赏赐周党帛四十匹。周党就此隐居。

严光，字子陵，会稽郡人。他在年轻时就有很高的名声，曾经和光武帝游历求学。等到光武帝即位，严光改名换姓，隐居不见，光武帝就下令凭借当年的形貌找到了他，把他安置在北军，赐给床褥，由太官早晚进膳伺候。光武帝到馆舍看望他，严光却卧床不起，光武帝靠近他，抚摸着他的肚子说："哎呀！子陵，难道不能帮助我治理国家吗？"严光只是躺着不应声，过了好久，才睁开眼睛看着刘秀说："从前唐尧很有德行，要让位于巢父，巢父听后却到河边洗耳（表示不愿听这种话）。人各有志，何必来强迫呢！"光武帝说："子陵，我竟不能说服你吗？"于是上车，叹息着离开了。后来又召严光入宫，谈论往事，相对而谈一连数日。光武帝要封他为谏议大夫，严光坚决不从，随后隐居躬耕于富春山。八十岁时死在家中。光武帝哀伤惋惜，

汉滨老父者,不知何许人也。桓帝延熹中,幸竟陵,过云梦,临沔水,百姓莫不观者,有老父独耕不辍。尚书郎南阳张温异之,使问曰:"人皆来观,老父独不辍,何也?"父笑而不对。温自与言,老父曰:"我野人耳,不达斯语。请问天下乱而立天子耶?理而立天子耶?立天子以父天下耶?役天下以奉天子耶?昔圣王宰世,茅茨采椽,而万民以宁。今子之君,劳民自纵,逸游无忌。吾为子羞之,子何忍欲人观之乎?"问其名姓,不告而去。

西羌

建武九年,司徒掾班彪上言:"今凉州部郡,皆有降羌。羌胡被发左衽,而与汉人杂处,习俗既异,言语不通,数为小吏黠民所侵夺,穷恚无聊,故悉致反叛。夫蛮夷寇乱,皆为此也,宜明威防。"世祖从之。十一年,夏,先零种复寇临洮,陇西太守马援破降之,徙置天水、陇西、扶风、三郡。明年,武都参狼羌反,援又破降之。永平元年,复遣捕虏将军马武等击滇吾,滇吾远去,余悉散降,徙七千口置三辅。

章和十二年,金城太守侯霸与迷唐战,羌众折伤,种人瓦

赐他家中钱百万,谷一千斛。

汉江边有位老者,不知是什么人。延熹年间,桓帝游巡到竟陵,经过云梦来到汉江,老百姓都来观看皇帝的出行队伍,只有一位老者仍然耕作不止。尚书郎南阳人张温感到这人很奇怪,派人去问他说:"人们都来观看,您老却不停止耕作,这是为什么呢?"老父笑而不答。张温亲自和老者谈话。老者说:"我是个村野农夫,听不懂你讲的话。请问是为了天下乱才立天子呢,还是为了天下治而立天子?立天子是让他以天下百姓为父母呢,还是役使天下人来侍奉他?以前圣王治理天下,茅草盖的房子不加修剪,用栎木做的椽子也不加砍削,老百姓因而过着安宁的日子。现在你的君王,劳役民众,放纵自己,安逸游乐无所顾忌,我真替你感到羞耻,你还怎么忍心想让百姓观看呢?"张温问老者的姓名,老者没有告诉他就走开了。

西羌

光武帝建武九年,司徒掾班彪上书说:"当今凉州各部郡地方,都住有投降的羌人。羌族人披着长发,衣襟向左掩,而和汉人杂居,习俗不一样,言语又不通,多次被汉族小官和狡猾之民侵夺,穷困怨恨又没有依靠,所以导致反叛。凡蛮夷侵扰作乱,都是由此而引起的,应该像原来一样明确边境的防卫区域。"光武帝采纳了这一谏议。建武十一年夏天,先零种族又来侵犯临洮,陇西太守马援击败并迫使他们投降,并将他们迁徙到天水、陇西、扶风三郡。第二年,武都参狼羌反叛,马援又攻破降伏了他们。明帝永平元年,朝廷又派遣捕虏将军马武等攻打滇吾,滇吾逃到远方,其余零散的人也都归降了,于是将他们的七千民众迁徙安置在三辅地区。

章和十二年,金城太守侯霸与羌人首领迷唐交战。羌兵死伤很

解。降者六千余口，分徙汉阳、安定、陇西。永初中，诸降羌布在郡县，皆为吏民豪右所徭役，积以愁怨，同时奔溃，大为寇掠，断陇道。时羌归附既久，无复器甲，或持竹竿木枝以代戈矛，或负板案以为楯，或执铜镜以象兵。郡县不能制，遣车骑将军邓骘、征西校尉任尚、副将五营及三辅兵合五万人屯汉阳。骘使尚率诸郡兵与滇零等战于平襄，尚军大败，于是滇零自称天子于北地，招集武都参狼、上郡西河诸杂种，众遂大盛，东犯赵、魏，南入益州，寇钞三辅，断陇道，湟中诸县粟石万钱，百姓死亡，不可胜数。朝廷不能制，而转运难剧，遂诏骘还师，留任尚屯汉阳。复遣骑都尉任仁，督诸郡屯兵。仁战每不利，众羌乘胜，汉兵数挫。

羌遂入寇河东，至河内。百姓相惊，多奔南度河。使北军中候朱宠，将五营士屯孟津，诏魏郡、赵国常山、中山，缮作坞候六百一十六所。羌既转盛，而二千石令长并无守战意，皆争上徙郡县以避寇难。朝廷从之，遂移陇西徙襄武、安定徙美阳、北地徙池阳、上郡徙衙。百姓恋土，不乐去旧，遂乃刈其禾稼，发彻室屋，夷营壁，破积聚。时连旱蝗饥荒，而驱蹙劫略，流离分散，随道死亡，或弃捐老弱，或为人仆妾，丧其大半。自羌叛，十余年间，兵连师老，不暂宁息，军旅之费，转运委输，用二百四十余亿。府帑空竭，延及内郡。边民死者，不可胜数。并、凉二州，遂至虚耗。

多，族人离散，投降者有六千多人，分别迁往汉阳、安定、陇西各郡。安帝永初年间，归降的羌人分散在各郡县，都被当地的吏民、富豪所役使，他们的怨气不断积聚，于是同时逃散了，大肆侵犯抢掠，切断了陇道。当时羌人归附的时间已经很久了，不再有武器兵甲，于是有的拿竹竿、木棒来代替兵器，有的背起木板几案作为盾牌，有的拿铜镜反射阳光，远远望去好似兵仗，郡县却不能制服他们。于是朝廷派遣车骑将军邓骘为主将、征西校尉任尚为副将，率五营及三辅兵卒共五万人屯驻在汉阳。邓骘命任尚率领各郡兵士与滇零等战于平襄，任尚军大败。于是滇零在北地郡自称"天子"，召集武都参狼、上郡、西河各羌种，兵马大为强盛，开始向东进犯赵、魏，向南进入益州，抢掠三辅，切断了陇道。湟中各县的粟米一石价值万钱，死亡的百姓不计其数。朝廷不能制止，而转运又很困难，于是命邓骘还师，留任尚屯兵汉阳。又派遣骑都尉任仁督领各郡屯兵，任仁每战都不能胜利，众羌人乘胜出击，汉兵多次被挫败。

羌兵于是进犯河东郡，一直打到河内，百姓恐慌，大多向南逃奔渡过黄河。朝廷派北军中侯朱宠带领五营兵士屯驻孟津，下诏让魏郡、赵国、常山、中山等地修缮土堡六百一十六所。羌人的势力已经强大起来了，但是俸禄为二千石的郡守、县令，都没有坚守作战的意志，都争相上书，要求向内地迁徙郡县以躲避战乱。朝廷采纳了这个建议，于是将陇西郡迁往襄武，将安定郡迁至美阳，北地郡迁到池阳，将上郡迁于冯翊县。老百姓留恋乡土，不愿意离开故乡，于是官吏们就割掉他们的庄稼，拆除他们的房屋，夷平营垒，破坏积聚的物资。当时连年闹旱灾、蝗灾，引起饥荒，加之官吏驱赶逼迫，盗贼趁机抢劫掠夺，弄得老百姓流离分散，一路不断有人死去，有的抛弃了老弱，有的做了别人的奴仆妻妾，死亡人数大约过半。自从羌人反叛

论曰：中兴以后，边难渐大。朝规失绥御之和，戎帅骞然诺之信。其内属者，或侄偬于豪右之手，或屈折于奴仆之勤。塞候时清，则愤怒而思祸；桴革暂动，则属鞭而乌惊。故永初之间，群种蜂起，自西戎作逆，未有凌斥上国若斯其炽者也。呜呼！昔先王疆理九土，判别畿荒，知夷貊殊性，难以道御，故斥远诸华，薄其贡职，唯与辞要而已。若二汉御戎之方，失其本矣。何则？先零侵境，赵充国迁之内地；当煎作寇，马援徙之三辅。贪其暂安之势，信其驯服之情，计日用之权宜，忘经世之远略，岂夫识微者之为乎？故微子垂泣于象箸，辛有浩叹于伊川也。

鲜卑

熹平三年，夏育为护乌桓校尉。六年，夏，鲜卑寇三边。秋，育上言，请征幽州诸郡兵出塞击之。帝乃拜田晏为破鲜卑中郎将，大臣多有不同。乃召百官议，议郎蔡邕议曰："《书》戒猾夏，《易》伐鬼方，周有猃狁、蛮荆之师，汉有阗颜、瀚海之事，征讨殊类，所由尚矣。然而时有同异，势有可否，故谋有

以来十几年间,连年战争,军队疲惫,没有片刻安宁,军费的开支、交通转运物资的花销,费用总计达二百四十多亿。国库空虚,影响到了内地各郡,边民死亡人数无法计算,并、凉二州,终至虚耗殆尽。

论赞说:光武中兴以后,边患问题逐渐严重。朝廷缺少安定抵御的和平方针,戎族将帅违背已然应诺的信用。那些归附朝廷的外族,有的被富豪压迫而生活困窘,有的屈身于奴仆行列而劳苦度日,边塞刚得到一时的太平,他们却因愤怒而企图作乱。刚一有战争的苗头,他们就拉弓射箭而使人民如惊鸟一般。所以在安帝永初年间,各个少数民族蜂拥而起,自从西戎反叛以来,从未见过侵犯朝廷像这么厉害的。唉!从前先王划分九州,分别以京畿和边疆,知晓夷狄习俗特殊,难以用道义统治,所以疏远他们于中原之外,减少他们的贡赋,只是与他们结盟而已。像两汉统治戎狄的办法,已经失掉这一根本方针了。为什么这样说呢?先零族侵犯边境,赵充国把他们迁移到内地;当煎族作乱,马援迁徙他们到三辅,贪图一时安定的局势,轻信他们已经顺从朝廷的心情,只做短期内的权宜之计,而忘却了治理国家的长久策略。这岂是见微知著之人所为?所以才有微子对着象牙筷子垂泪、辛有看到伊川有了外族而不禁长叹的历史教训啊!

鲜卑

灵帝熹平三年,夏育任护乌桓校尉。六年夏,鲜卑族侵扰幽、并、凉三州边陲。同年秋,夏育上书,请求朝廷征调幽州诸郡国的兵力远出塞外还击来犯之敌。灵帝就任命田晏为破鲜卑中郎将,大臣多不同意,于是下诏百官商议此事。议郎蔡邕谏议说:"《尚书》上讲蛮夷扰乱华夏;《易经》上有高宗武丁讨伐鬼方的事;周代有讨伐猃

得失，事有成败，不可齐也。"

"武帝情存远略，志辟四方，南诛百越，北讨强胡，西征大宛，东并朝鲜。因文、景之蓄积，借天下之余饶，数十年间，官民俱匮。既而觉悟，乃息兵罢役，封丞相为富民侯。故主父偃曰：'夫务战胜、穷武事，未有不悔者也。'夫以武帝神武，将帅良猛，财富充实，所拓广远，犹有悔焉，况今人财并乏，事劣昔时乎？昔段颎良将，习兵善战，有事西羌，犹十余年。今育、晏才策，未必过颎，鲜卑种众，不弱于前，而虚计二载，自许有成，若祸结兵连，岂得中休？当复征发众人，转运无已，是为耗竭诸夏，并力蛮夷。夫边垂之患，手足之蚧搔；中国之困，胸背之瘭疽也。"

"昔高祖忍平城之耻，吕后弃慢书之诟。方之于今，何者为甚？天设山河，秦筑长城，汉起塞垣，所以别内外、异殊俗也。苟无蹙国内侮之患，则可矣，岂与虫蚁校寇计争往来哉！虽或破之，岂可殄尽？而方令本朝为之旰食乎？昔淮南王安谏伐越曰：'如使越人蒙死，以逆执事，厮舆之卒，有一不备而归者，虽得越王之首，犹为大汉羞之。'而欲以齐民易丑虏，皇威辱外夷，就如其言，犹已危矣，况乎得失不可量耶？昔珠崖郡反，孝元皇帝纳贾捐之言，而下诏罢珠崖郡，此元帝所以

犹、蛮荆的战争；汉朝有攻打匈奴到阗颜、瀚海的军事。征讨异族，由来久矣。然而时代有同有异，形势有可为有不可为，所以策略有得有失，事情有成有败，不能一概而论。"

"武帝胸怀大略，志在开辟四方疆域，南诛百越，北讨匈奴，西征大宛，东并朝鲜。凭借的是文帝、景帝的积蓄，依靠的是天下的富饶，结果在征讨的几十年之间，弄得官民都匮乏不堪，后来他觉悟了，便止息战事免除劳役，进封丞相为富民侯。所以主父偃说：'大凡搞军事战斗，穷兵黩武，没有不后悔的。'武帝英明威武，将帅精良勇猛，财富充实富庶，所开拓的疆土又是那样广远，还对战争感到后悔，何况如今人力、财物困乏，对外作战的形势较之过去更为恶劣呢？昔日良将段颎，熟知军事，善于打仗，但与西羌的战争，还延续了十多年。今天夏育、田晏的才能和策略，未必超过段颎，鲜卑的人数也不比西羌少，而夏育估计还要再等两年，自认为（与鲜卑作战）有把握成功，若战争接连不断，又怎能中途停止？肯定要征发更多的人民，转运不停，这样做将耗尽国力，增大蛮夷的力量。边境的祸患如同手脚上长的疥疮；而中原的穷困，则是胸背上长得恶疮啊。"

"昔日高祖忍受了在平城被匈奴围困的耻辱，吕后不把匈奴单于侮辱性的书信放在心上。和今天比较，哪个更严重呢？自然界形成山河，秦朝修建长城，汉朝建立了边塞的防卫工事，目的是区别内外，分别不同的习俗。如果还没有使国家受到丧失国土、内地受辱的祸患，就可以（不出兵）了，难道可以与虫蚁狡寇计较往来争夺吗？即使有时打败了他们，怎么能将他们杀完，而又要使国家宵衣旰食吗？过去淮南王刘安劝阻武帝伐越说：'如果越人冒死迎战，军中贱役之人有一个不备而归了越人者，即使能得到越王的首级，仍然算是大汉的羞辱。'而想用平民换丑虏、用皇威受辱于外夷，就

发德音也。"

"夫恤人救急,虽成郡列县,尚犹弃之,况障塞之外,未曾为民居者乎?守边之术,李牧善其略;保塞之论,严尤申其要。遗业犹在,文章具存。循二子之策,守先帝之规,臣曰可矣。"帝不从,遂遣夏育出高柳、田晏出云中、匈奴中郎将臧旻率南单于出雁门,檀石槐命三部大人各帅众逆战。育等大败,丧其节传辎重,各将数千骑奔还,死者十七八,缘边莫不被毒也。

像刘安说的，就已经有些危害了，更何况得失还不能估量呢？昔日珠崖郡反叛，汉元帝采纳了贾捐之的谏议，因而下诏撤掉珠崖郡，这是元帝发出的圣德之音啊。"

"抚恤百姓救助危急，即使整郡整县，尚且还可放弃它，何况边塞以外，还未有汉民居住的地方呢？守卫边境的办法，战国时李牧擅长其韬略；保卫边塞的言论，王莽时严尤明白其要领。他们留下的功业还在，论述的文章尚存，遵循这两人的策略，遵守先帝的规章，臣认为这就可以了。"灵帝没有听从蔡邕的谏议，于是就派夏育从高柳出兵，田晏从云中出兵，匈奴中郎将臧旻率领南单于从雁门出兵，檀石槐命令三部大人各率众迎战。夏育等人大败，丢失了节传、辎重，各领数千骑兵逃奔回国，死亡的人数占十分之七八，沿边地区无不遭到鲜卑的侵害。

卷二十五　魏志（上）

纪

太祖武皇帝，沛国人，姓曹，讳操，字孟德。建安四年，袁绍将攻许。公进军黎阳，绍众大溃。公收绍书中，得许下及军中人书，皆焚之。《魏氏春秋》曰："公云：'当绍之强，孤犹不能自保，而况众人乎！'"七年，令曰："吾起义兵，为天下除暴乱。旧土人民，死丧略尽，国中终日行，不见所识，使吾凄怆伤怀。其举义兵已来，将士绝无后者，求其亲戚以后之，授土田，官给耕牛，置学师教之。为存者立庙，使祀其先人，魂而有灵，吾百年之后何恨哉！"

十二年，令曰："吾起义兵诛暴乱，于今十九年，所征必克，岂吾功哉？乃贤士大夫之力也。天下虽未悉定，吾当要与贤士大夫共定之。而专飨其劳，吾何以安焉！其促定功行封。"于是大封功臣二十余人，皆为列侯，其余各以次受封，及复死事之孤，轻重各有差。十九年，安定太守毋丘兴将之官，公戒之曰："羌、胡欲与中国通，自当遣人来，慎勿遣人往也。善人难得，必将教羌、胡妄有所请求，因欲以自利，不从便为失异俗意，从之则无益事。"兴至，遣校尉范陵至羌中，陵果教羌，使自请为属国都尉。公曰："吾预知当尔，非圣人

纪

太祖武皇帝,沛国人,姓曹名操,字孟德。建安四年,袁绍准备进攻许都,曹公进军黎阳。(官渡一战)袁绍之军大败。曹公从缴获的袁绍文书中,发现了许都官员和自己军中之人写给袁绍的信件,就把这些信全都烧了而不予追查。〔《魏氏春秋》上说:曹操说:"当袁绍强大的时候,我自己尚且不能自保,何况这些人呢!"〕。建安七年,曹公下达命令说:"我兴起义军,为天下铲除暴乱。可是故乡的人民,差不多都快死绝了,在境内走了一整天,也未遇到一个认识的人,这令我十分悲痛伤心。自从我发动义军以来,将士中断绝后代的,要寻找他们的亲戚来继承其后,分给他们田地,官府提供耕牛,设立学官请老师来教育他们。为活着的人修建祠庙,让他们能祭祀自己的祖先。如果亡者在天有灵,我死后见到他们还会有何遗憾呢?"

建安十二年,曹公下达命令说:"我发动义军,诛除暴乱,至今已经十九年了,所征讨的地方必定取胜,这难道是我个人的功劳吗?这都是贤能的士大夫们尽力的结果。现在天下没有完全平定,我还要与贤能的士大夫们共同来平定,而我现在却独享功劳,怎么能心安呢?要赶快给大家评定功劳,进行封赏。"于是将二十多位功臣都封为列侯,其余的人按照功劳大小,依次进行封赏。还宣布对阵亡将士的子女免除徭役和赋税,优待的厚薄程度各有差别。建安十九年,安定郡太守毌丘兴将去上任,曹公告诫他说:"羌人若想与中原交往,自己会派人前来,我们切勿派人前往。好的使者难找,若派不好的人去必然会教唆羌人乱提要求,想趁机谋取私利。如果我们不答

也,但更事多耳。"

二十五年卒。《魏书》曰:"大祖自统御海内,芟夷群丑。御军三十余年,手不舍书,昼则讲军策,夜则思经传。雅性节俭,不好华丽。后宫衣不锦绣,侍御履不二采,帷帐屏风,坏则补缀,茵蓐取温,无有缘饰。攻城拔邑,得靡丽之物,则悉以赐有功。勋劳宜赏,不吝千金;无功望施,分毫不与。四方献御,与群下共之也。"

文皇帝讳丕,字子桓,武帝太子也。黄初二年,诏以议郎孔羡为宗圣侯,奉孔子祀,令鲁郡修起旧庙,置百户吏卒以守卫之。日有蚀之,有司奏免太尉,诏曰:"灾异之作,以谴元首,而归过股肱,岂禹、汤罪己之义乎?其令百官各虔厥职,后有天地之眚,勿复劾三公。"

三年,表首阳山东为寿陵,作终制曰:"礼,国君即位为椑,存不忘亡也。封树之制,非上古也,吾无取焉。寿陵因山为体,无为封树,无立寝殿,造园邑,通神道。夫葬者,藏也,欲人之不得见也,骨无痛痒之知,冢非栖神之宅,礼不墓祭,欲存亡之不黩也,为棺椁足以朽骨,衣衾足以朽肉而已。故吾营此丘墟不食之地,欲使易代之后,不知其处。无施苇炭,

应，就会使边地异族的人失望；若答应了，也没有什么好处。"毋丘兴到任后，派遣校尉范陵到羌人那里。范陵果然教唆羌人，让他们请求朝廷任命自己为属国都尉。曹公说："我之所以预先知道会如此，并非因为我是圣人，只不过是经历的事情多而已。"

建安二十五年曹操病逝。〔《魏书》上说：太祖曹操自起兵统一天下起，消灭群雄，统率军队三十多年，手不释卷，白天讲演军事策略，晚上研究经传典籍。本性节俭，不喜华丽。他的妻妾们不穿华美艳丽的衣服，穿的鞋子不用两种颜色装饰，帷帐屏风坏了就加以修补，床上的垫子只用来取暖，没有镶边修饰。攻城掠地，获得奢靡华丽的物品，都赏赐给有功的人。按战功应该封赏的，不吝惜千金之财；没有功劳却希望得到赏赐的，分毫也不赐给。各地进献的贡品都和群臣们共同享有。〕

文皇帝，名丕，字子桓，魏武帝曹操的太子。黄初二年，文帝下诏封议郎孔羡为宗圣侯，承奉起对孔子的祭祀。又命令鲁郡修复孔子的旧庙，安置一百户官兵守卫孔庙。(那年)发生日蚀，有关部门按惯例奏请罢免太尉，文帝下诏说："灾异现象的发生，是上天用来谴责君主的，而归罪于辅政大臣，这难道合乎夏禹、商汤归罪于己的意思吗？我命令百官各自尽忠职守，今后若有天地灾变，不要再弹劾三公。"

黄初三年，(文帝)标明首阳山以东之地作为自己的陵园，并留下关于丧葬的遗嘱说："按照礼制，国君即位后就要为自己制作棺材，表示活着时不忘记死亡。堆土为坟，又在坟上种树，这不是上古的制度，我不会采用。我的陵墓利用自然的山势作为主体，不要垒土植树，不建立寝殿，不营造守陵的县邑，不要开通神道。葬，是藏的意思，是希望人们都看不见。尸骨没有痛痒的感觉，坟墓也并非灵魂安息的地方。礼制规定不应到墓前祭祀，就是希望活着的人不

无藏金银铜铁,一以瓦器,合古涂车、刍灵之义。饭含无以珠玉,无施珠襦玉柙,诸愚俗所为也。季孙以玙璠敛,孔子譬之暴骸中原。宋公厚葬,君子谓华元、乐莒不臣。汉文帝之不发霸陵,无求也;光武之掘原陵,封树也。霸陵之完,功在释之;原陵之掘,罪在明帝。是释之忠以利君,明帝爱以害亲也。忠臣孝子,宜思仲尼、丘明、释之之言,鉴华元、乐莒、明帝之戒,存于所以安君定亲,使魂灵万载无危,斯则贤圣之忠孝矣。自古及今,未有不亡之国,是无不掘之墓。丧乱以来,汉氏诸陵,无不发掘,至乃烧取玉柙金缕,骸骨并尽,岂不重痛哉!其皇后及贵人以下,不随王之国者,有终没皆葬涧西。魂而有灵,无不之也,一涧之间,不足为远。若违诏,妄有所变改造施,吾为戮死地下,死而重死。臣子为蔑死君父,不忠不孝。其以此诏藏之宗庙,副在尚书、秘书、三府。"

要对亡者轻慢。制作棺椁时，厚度只要能保持到骨头腐朽就够了；穿衣盖被时，件数只要能保持到肌肉腐朽也就够了。所以，我选这块不能耕种的荒山营建陵墓，是希望在改朝换代之后，无人知道埋葬我的地点。墓穴里面不要放置防潮的芦苇、炭灰，也不要藏入金、银、铜、铁的器物，一律使用瓦器陪葬，以符合古代用泥车、草人、草马殉葬的礼仪。遗体口含之物不要用珍珠玉器，也不要使用金缕玉衣，这些都是无知的俗人才干的事。季平子死后，用美玉作殉葬品，孔子将此比喻为把尸体暴露在原野上；宋文公去世后实行厚葬，君子说(主持丧事的)华元、乐莒不符合为臣之道。汉文帝的陵墓没有被发掘，是因为霸陵中没有人们所贪求的东西；光武帝的陵墓被人挖掘，是因为原陵筑起了坟墓，种上了树木的缘故。霸陵保存完好，功劳在于(奉劝汉文帝实行薄葬的)张释之；原陵被盗掘，罪过在于(违背光武帝遗嘱)实行厚葬的汉明帝。这是张释之尽忠而有利于君主，汉明帝爱亲却有害于父亲。凡是忠臣孝子，应当认真思考孔子、左丘明、张释之的话，以华元、乐莒、汉明帝为借鉴，关心如何让君亲死后安宁，让他们的魂灵经过万年也不会有危险，这才是贤圣之人的忠孝啊！从古至今，没有不会灭亡的国家，也没有不被发掘的陵墓。自从汉末天下动乱以来，汉朝皇帝的各个陵墓没有不遭到开掘的，(盗墓者)甚至放火焚烧尸骨以取得金缕玉衣，使得尸骨全被烧尽，难道不是死后又受一次痛苦吗？(我死后)皇后和贵人以下的妃子等，凡是不愿跟随诸国王到封国去的，死后都葬在这片陵园的溪涧西边。假如魂魄真的有灵，就没有不能去的地方，一涧之隔也不能算远。以后，如果有谁违背这道诏书，随意加以改变而实行厚葬，就是对我地下的尸体进行残害，让我死后再死一次。这样的臣下、儿子就是侮慢死去的君主、父亲，就是不忠不孝。要把这道诏书收藏在

五年,诏曰:"先王制礼,所以昭孝事祖,大则郊社,其次宗庙。三辰五行,名山大川,非此族也,不在祀典。叔世衰乱,崇信巫史,至乃宫殿之内、户牖之间,无不沃酹,甚矣其惑也。自今其敢设非祀之祭、巫祝之言,皆以执左道论。"

明皇帝讳睿,字元仲,文帝太子也。青龙元年,祀故大将军夏侯惇等于太祖庙庭。《魏书》载诏曰:"昔先王之礼,于功臣存则显其爵禄,没则祭于大烝,故汉氏功臣,祠于庙庭。大魏元功之臣,功勋优著、终始休明者,其皆依礼祀之。"于是以惇等配飨之。

三年。《魏略》曰:是年起太极诸殿,筑总章观。又于芳林园中起陂池,楫櫂越歌。又于列殿之北立八坊,诸才人以次序处其中,秩名拟百官之数。使博士马均作水转百戏,鱼龙蔓延,备如汉西京之制。筑阊阖诸门,阙外罘罳。太子舍人张茂以吴、蜀数动,诸将出征,而帝盛兴宫室,留意于靘饰,赐与无度,帑藏空竭,又录夺士女前已嫁为吏民妻者,还以配士,既听以生口自赎,又简选其有姿色者内之掖庭,乃上书谏曰:"臣伏见诏书,诸士女嫁非士者,一切录夺,以配战士,斯诚权时之宜,然非大化之善者也。臣请论之。陛下,天之子;百姓吏民,亦陛下之子也。今夺彼以与此,亦无以异于夺兄之妻妻弟也,于父母之恩偏矣。又诏书听得以生口代,故富者则倾家尽产,贫

宗庙中，副本分别存放在尚书省、秘书省和三公府。"

黄初五年，文帝下诏说："先王制定礼法，是用来宣扬孝道、尊奉祖先的。最重要的是祭祀天地，其次是祭祀祖宗。对日、月、星和五行，以及名山大川的祭祀，不属于这一范畴之内，不在祭祀礼仪的典籍之中。末世之时，社会衰败混乱，人们崇拜相信巫师，以至于宫殿之内、门窗之间，没有不洒酒祭祀鬼神的，人们的迷惑真是太深了！从今以后，有胆敢再设立不属于祀典之内的祭祀，听信巫祝之言的，都以施行邪道之罪论处。"

明皇帝，名睿，字元仲，是魏文帝曹丕的太子。青龙元年，他在太祖武皇帝的神庙中祭祀已故大将军夏侯惇等。〔《魏书》记载明帝的诏书说："以前先王礼遇功臣，对活着的人就封给他们显赫的官爵和俸禄，对已经去世的便让他们在祭祀时配享先王，以往汉朝的功臣都会受祭于宗庙之中。对大魏有功的大臣，其中凡功勋卓著，始终如一，恪尽职守的，都应按照礼法来祭祀他们。"于是以夏侯惇等人祔祀于太祖之庙。〕

青龙三年，〔《魏略》说：这一年兴建太极等宫殿，建总章观，又在芳林园中修建水池，泛舟歌唱。又在众宫殿北边建立了八坊，将诸位才人依照顺序安置在其中，给她们的俸禄和朝中大臣相仿。让博士马均制作了"水转百戏图"；鱼龙蔓延等百戏杂耍一应俱全，如同西汉长安城中的规模。修建阊阖等宫门，门阙外设有罘罳。太子舍人张茂考虑到吴国、蜀国多次侵扰，将领们征战在外，而皇帝却大修宫殿，关心玩饰宝物，赏赐没有节制，国库空虚。另外，又剥夺那些已嫁给普通吏民的士家女子，重新嫁给士家子弟，既听任她们用奴隶来赎免自己，又从中挑选有姿色的收入掖庭，于是上书劝谏说："臣看到诏书上说，士家之女不是嫁给士家子的，一律剥夺、拆散，重新许配给战士们，这只是权宜之计，并不是深远教化万民的良方。臣请求对此进行论述。陛下是上天之子，百姓臣民是陛下之子。现在

者举假贷赀,贵买生口以赎其妻。县官以配士为名,而实内之掖庭,其丑恶者乃出与士。得妇者未必有欢心,而失妻者必有忧色,或穷或愁,皆不得志。夫君有天下。而不得万姓之欢心者,尠不危殆。且军师在外数十万人,一日之费非徒千金,举天下之赋以奉此役,犹将不给,况复有宫廷非员无录之女、椒房母后之家,赏赐横兴,其费半军。昔汉武帝好神仙,信方士,掘地为海,封土为山,赖此时天下为一,莫敢与争者耳。自衰乱以来,四五十载,马不舍鞍,士不释甲,每一交战,血流丹野,疮痍号痛之声,于今未已。犹强寇在疆,图危魏室。陛下当兢兢业业,念崇节约,思所以安天下者,而乃奢靡是务,中尚方纯作玩弄之物,炫耀后园,建承露之盘。斯诚快耳目之观,然亦足以骋寇雠之心矣。惜乎!舍尧、舜之节俭,而为汉武之侈事,臣窃为陛下不取也。愿陛下霈然下诏,事无益而有损者,悉除去之,以所除无益之费,厚赐将士父母妻子之饥寒者,问民所疾而除其所恶,实仓廪,缮甲兵,恪恭以临天下。如是,吴贼面缚,蜀虏舆榇,不待诛而自服,太平之路可计日而待也。臣年五十,常恐至死无以报国,是以投躯没命,冒昧以闻,唯陛下裁察。"书通,上顾左右曰:"张茂恃乡里故也。"以事付散骑而已。

夺取人家的妻子来许配给他人,无异于夺取兄长的妻子强嫁给弟弟,于父母对子女的恩德来说就是有偏差了。另外诏书准许他们用奴隶来替代自己的妻子,所以富有者倾家荡产,贫困者就去借高利贷,出高价买来奴隶以赎回妻子。天子假借选配给士家之子为名义,而实际上却(把有姿色的女子)收入后宫,而剩下那些丑陋的才嫁给士人。这样,得到妻子的士人未必会高兴,而失去妻子的人必定会有忧愁,有的人穷困,有的人愁苦,都不能满意。君主拥有天下却不能使百姓欢心、高兴,这样很少会不出现危险的。并且,在外征战的士兵有数十万,每一天的花销都不下千金,把天下的赋税都用于供给他们,仍不能满足,何况还有宫廷里在正式编制以外的女子!皇后外戚的家族,常随意给予他们赏赐,其费用相当于军费的一半。以前汉武帝喜好神仙,信任方术之士,挖地造湖,堆土作山。仗着当时天下统一,没有人敢和他争锋。自从汉末大乱以来,四五十年间,马不离鞍,兵不卸甲。每次作战,鲜血便会染红原野,人们因伤口疼痛发出的哀号之声,到现在还没有停止。现在强大的敌人还在边境,企图危及魏朝。陛下应当兢兢业业,想着崇尚节俭,思考如何能够安定天下,然而您却以奢侈为要务。中尚方专门制作玩赏之物,以此炫耀于芳林园,又修建承露盘,这些确实能带来耳目观赏的快乐,但也足以满足敌人的心意。可惜啊!抛弃尧、舜的节俭作风,却做像汉武帝一样奢侈的事,臣私下认为陛下不应这样做。希望陛下您能赐恩下诏,把对国家无益而有损的事情全都废除,用省下来的费用,厚赏将士们饥饿贫寒的父母妻子,考察百姓的疾苦,除去他们厌恶的事,充实粮仓,修缮军械,以谨慎恭敬的态度治理天下。如果能够这样做,吴、蜀自会前来投降,不必等到前去征讨就会自动臣服,那么天下太平的日子也就指日可待了。臣今年五十岁,常常担心到死也没有什么可以报效国家的,所以情愿献身舍命,冒昧的上奏,希望陛下您裁决审察。"张茂的奏书呈上之后,明帝对身边的人说:"张茂是仗着与我同乡的缘故才这么说的。"于是,便

景初元年。《魏略》曰："是岁，徙长安诸钟簴、骆驼、铜人、承露盘。盘折，铜人重不可致，留于霸城。大发铜铸作铜人二，号曰翁仲，列坐于司马门外。又铸黄龙、凤皇各一，置内殿前。起土山于芳林园，使公卿群僚负土成山，树松竹杂木善草于其上，捕山禽杂兽置其中。《魏略》载董寻上书曰："臣闻古之直士，尽言于国，不避死亡。故周昌比高祖于桀、纣，刘辅譬赵后于人婢，天生忠直，虽白刃沸汤，往而不顾者，诚为时主爱惜天下也。若今之宫室狭小，当广大之，犹宜随时，不妨农务，况乃作无益之物，黄龙、凤皇、九龙、承露盘、土山、渊池，其功三倍于殿舍。三公九卿、侍中尚书，天下至德，皆知非道而不敢言者，以陛下春秋方刚，心畏雷霆。今陛下既尊群臣，显以冠冕，被以文绣，载以华舆，所以异于小人，而使穿方举土，面目垢黑，沾体涂足，衣冠了鸟，毁国之光，以崇无益，甚非谓也。孔子曰：'君使臣以礼，臣事君以忠。'无礼无忠，国何以立！故有君不君，臣不臣，上下不通，心怀郁结，使阴阳不和，灾害屡降，凶恶之徒，因间而起，谁当为陛下尽言事者乎？又谁当干万乘以死为戏乎？臣知言出必死，而臣自比于牛之一毛，生既无益，死亦何损？秉笔流涕，心与世辞。"既通，帝曰："董寻不畏死耶！"主者奏收寻，有诏勿问之也。

把这件事交给散骑常侍处理了。〕

景初元年。〔《魏略》说：这一年，明帝把长安的钟虡、骆驼、铜人和承露盘迁移到洛阳。承露盘折断了，铜人太重运不到，就留在了霸城。于是大量征集铜，铸成两个铜人，称为翁仲，摆放在司马门外。又铸黄龙、凤凰各一个，放在内殿前面。在芳林园里建起土山，让公卿大臣们背土筑山，在山上种植松、竹、杂木和各种奇花异草，同时捕捉各种飞禽走兽放于山中。《魏略》记载董寻上书说："臣听说古代的正直之士，都是对国事直言不讳，不怕杀头。所以，周昌把汉高祖比作桀、纣，刘辅把赵皇后飞燕比作奴婢。天生忠良、正直之人，即使有利刃、沸汤在面前，仍会一往直前，无所顾忌，实在是为他的君主爱惜天下江山啊！如果现在宫殿狭小，要加以扩大，也应顺应天时，不得妨碍农事，何况是制造无用的器物，黄龙、凤凰、九龙、承露盘，土山、深池，它们所花费的功夫相当于修造宫室的三倍。三公、九卿、侍中、尚书这些大臣，都是天下大德之人，他们都知道这样做不合道理，却又不敢进言的原因，是因为陛下年轻气盛，心中惧怕您会大发雷霆而迁怒于己。现在陛下既然尊重群臣，赐予冠冕使他们显贵，让他们穿华美的衣服，坐华丽的车子，就是为了区别于普通百姓，而今又让他们挖地背土，形象肮脏狼狈，汗流满身，两脚是泥，衣冠不整，损害国家的光彩，却崇尚无用的东西，这是非常不合道理的。孔子说：'君主对臣下以礼相待，臣下以忠贞来侍奉君主。'无礼无忠，国家的秩序靠什么确立呢！所以，才有君不像君，臣不像臣，上下之间不沟通了解，心怀忧思而不解；使得阴阳不相调和，灾害屡次降临，凶恶的人乘机作乱，谁应当为陛下直言进谏？又有谁当冒犯陛下(而进忠言)视死亡为儿戏呢？臣知道说了这些话之后必然会死，但臣把自己比作是牛身上的一根毛，活着既然没有用，死了又有什么损失呢？臣拿着笔，流着泪，心中已和这个世界告别了。"奏书送达皇上，明帝说："董寻是不怕死的呀！"主管官员上奏要求逮捕董寻，皇帝下达诏书，不要追究

齐王芳，字兰卿。正始八年，尚书何晏奏曰："善为国者必先治其身，治其身者慎其所习。所习正，则其身正，其身正，则不令而行。所习不正，则虽令不从。是故为人君者，所与游必择正人，所观览必察正象，放郑声而弗听，远佞人而弗近，然后邪心不生，而正道可弘也。季末暗主，不知损益，斥远君子，引近小人，忠良疏远，便辟褎狎，乱生近暱，譬之社鼠。考其昏明，所积以然，故圣贤谆谆，以为至虑。舜戒禹曰：'邻哉，邻哉！'言慎所近也。周公戒成王曰：'其朋，其朋！'言慎所与也。《诗》云：'一人有庆，兆民赖之。'自今以后，可御幸式干殿，及游豫后园，皆大臣侍从，因从容戏宴，兼省文书，询谋政事，讲论经籍，为万世法。"

袁绍，字本初，汝南人也。领冀州牧，转为大将军。出长子谭为青州，沮授谏绍："必为祸始。"绍不听。《九州春秋》载授谏辞曰："世称一兔走，万人逐之，一人获之，贪者悉止，分定故也。且年均以贤，德均则卜，古之制也。愿上惟先代成败之戒，下思逐兔分定之义。"绍曰："孤欲令四儿各据一州，以观其能。"授出，曰："祸其始此乎！"

此事。〕

齐王曹芳,字兰卿。正始八年,尚书何晏上奏说:"善于治国者必须先修养自身,修身者应当慎重对待自己所亲近的人。所亲近的人正派,那么自身就会正派,自身正派,则不用下达命令,下属也会按你的心意去做;若所亲近的人不正派(自身就不会正派),即使发号施令,下属也不会听从。所以说,做君主者,他所交往的一定要挑选正派的人,所观看的一定要选择纯正的景象,抛开庸俗的音乐而不听,疏远谄媚的人不要接近,这样才能使邪恶之心不生而正道也可以得到弘扬了。末代暗昧的君主不懂得什么有害什么有利,排斥疏远君子,招引亲近小人,忠良之臣被疏远,逢迎谄媚者受到宠信,结果祸乱就从亲近者当中产生,这些人就好像是社庙中的老鼠。考察君主的愚昧或明智,是长期积累的结果,所以古代圣贤总是反复告诫,并将此看作是最大的忧患。虞舜告诫夏禹说:'邻哉,邻哉!'就是说要慎重选择所亲近的大臣;周公告诫成王说:'其朋,其朋!'意思是说要慎重选择所交往的人。《尚书》上说:'天子一人向善,亿万百姓都会得到利益。'可以从今以后,在皇上驾临式干殿或到后园游览时,都由大臣陪从,借机悠间的游乐、饮宴,同时批阅文书,商议政事,讲论经书典籍,作为千秋万代效法的榜样。"

袁绍,字本初,汝南人。任冀州牧,后转任大将军。袁绍安排长子袁谭出任青州刺史,沮授劝谏说:"这样必然引起祸乱。"袁绍不听。〔《九州春秋》记载了沮授劝谏袁绍的话:"世间人说一只兔子在跑,有一万个人在追它。其中有一个人捕获了兔子,其他追兔子的人就都停下了,这是因为兔子已有归属。况且,(选择继承人)年龄相同时要挑选其中较贤能的,德行相近时要通过占卜来决定,这是古代的制度。希望您能上念古代成败的教训,下思万人追逐兔子,名分确定(而止)的含意。"袁绍说:

绍进军黎阳，太祖击破之。初，绍之南也，田丰说绍曰："曹公善用兵，变化无方，众虽少，未可轻也，不如以久持之。将军据山河之固，拥四州之众，外结英雄，内修农战，然后简其精锐，分为奇兵，乘虚迭出，以扰河南，救右则击其左，救左则击其右，使敌疲于奔命，民不得安业。我未劳而彼已困，不及二年，可坐克也。今释庙胜之策，而决成败于一战，若不如志，悔无及也。"绍不从，丰恳谏，绍怒，以为沮众，械系之。绍军既败，或谓丰曰："君必见重。"丰曰："若军有利，吾必全，今军败，吾其死矣。"绍还，曰："吾不用田丰言，果为所笑。"遂杀之。

后妃传

《易》称："男正位于外，女正位于内。男女正，天地之大义也。"古先哲王，莫不明后妃之制，顺天地之德，故二妃嫔妫，虞道克隆，任、姒配姬，周室用熙，废兴存亡，恒此之由。《春秋》说云："天子十二女，诸侯九女。"考之情理，不易之典也。而末世奢纵，肆其侈欲，至使男女怨旷，感动和气，唯色是崇，不本淑懿。故风教陵迟，而大纲毁泯，岂不惜哉！呜

"我想让四个儿子各自统领一州,以此来考察他们的能力。"沮授从帐中出来后说:"灾祸就要从这里开始了。"〕

后来,袁绍率军进攻黎阳,被太祖(曹操)打败。起初,袁绍率大军南下时,谋士田丰曾劝阻袁绍说:"曹公善于用兵,变化无穷,他的军队虽然不多,但不可轻视,不如和他打持久战。将军您依靠山河的险固,拥有冀、青、幽、并四个州的民众,应对外结交天下英雄,对内发展农业、训练军队,然后挑选精锐部队,组成多支奇兵,对敌人的薄弱之处轮番出击,骚扰黄河以南地区,对方救援右边就袭击他的左边,救援左边就袭击他的右边,使敌人疲于奔命,百姓不能安于本业,这样我方不用费很大力气而敌人就已经疲惫不堪,用不了两年,我们就可不战而胜了。如今放弃在朝堂上预定的制胜策略,却要以冒险一战来决定成败,如果此战不如人意,后悔就来不及了。"袁绍不听。田丰再恳切的劝谏,袁绍大怒,认为田丰是有意动摇军心,就给他戴上镣铐囚禁起来。袁绍大军已经失败后,有人对田丰说:"您必然会受到重用了。"田丰却说:"如果我军打了胜仗,我必能保全性命;如今我军大败,我恐怕也要死了。"袁绍回来后,说:"我没有采纳田丰的建议,果然要被他取笑了。"于是便将田丰杀了。

后妃传

《周易》上说:"男子主其位于外,女子主其位于内;男女的位置端正,这是天地间的大道理。"古代的圣王,无不明确设立后妃的制度,顺应天地间的道德。唐尧将他的两个女儿嫁给住在妫水边的虞舜,虞舜的事业方得以兴盛;太任、太姒分别嫁给姬姓的季历和周文王,周王朝才因此而昌盛。可见一个王朝的兴废存亡,总是和后妃有关系的。《春秋说》记载:"天子有十二个妻妾,诸侯有九个妻妾。"

乎！有国有家者，其可以永鉴矣！

武宣卞皇后，琅邪人，文帝母也。黄初中，文帝欲追封太后父母，尚书陈群奏曰："陛下应运受命，创业革制，当永为后式。案典籍之文，无妇人裂土，因夫爵。秦违古制，汉氏因之，非先王之令典也。"帝曰："此议是也，其勿施行。以作著，诏下，藏之台阁，永为后式。"

文德郭皇后，广宗人也。黄初三年，将登后位，中郎栈潜上疏曰："在昔帝王之有天下，不唯外辅，亦有内助，治乱所由，盛衰从之。故西陵配黄，英娥降妫，并以贤明，流芳上世。桀奔南巢，祸阶末喜；纣以炮烙，怡悦妲己。是以圣哲慎立元妃，必取先代世族之家，择其令淑，以统六宫，虔奉宗庙，阴教聿修。《易》曰：'家道正，而天下定。'由内及外，先王之令典也。《春秋》书宗人衅夏云：'无以妾为夫人之礼。'齐桓誓命于葵丘，亦曰：'无以妾为妻。'今后宫嬖宠，常亚乘舆，若因爱登后，使贱人暴贵，臣恐后世下陵上替，开张非度，乱自上起也。"文帝不从。

考究其中的情理，这应是不可改变的制度。而末世的君主生活奢侈，放纵情欲，以至于造成男子无妻，女子无夫，触动了阴阳调和之气，（在选择后妃时）只看重姿色，而不以美德为根本，所以造成社会风气衰败，使维系社会的基本准则毁坏，这难道不令人痛惜吗？唉！拥有国家的人，要永远的以此作为借鉴啊！

武宣卞皇后，琅邪人，魏文帝曹丕之母。黄初年间，魏文帝想要追封太后的父母，尚书陈群上奏说："陛下顺应时势，受天之命（即位称帝），开创大业，革新制度，应当永远作为后代的楷模。依据历代典章文献，从没有对妇人分封土地爵位的做法，只能根据丈夫爵位的高低来确定自己的地位。秦朝违背了古代制度，汉朝又因袭秦朝的做法，这并不是前代帝王好的典章制度。"文帝说："这个建议很对。我此前所说的（追封太后父母之事）就不要执行了。把这个建议写成诏书，交给尚书台收藏，作为后世永久的典范。"

文德郭皇后，广宗县人。黄初三年，文帝欲立她为皇后，中郎栈潜上疏说："过去的帝王治理天下，不仅需要外面公卿大臣的辅佐，也离不开内宫后妃的帮助。后妃是导致国家稳定与动乱的根由，兴盛和衰败都受此影响。所以西陵氏的女儿许配给黄帝，娥皇和女英下嫁给虞舜，她们都因贤明有德，所以在上古时代就流下美名。夏桀亡国而逃到南巢，祸根就在于宠幸妺喜；商纣使用炮烙的酷刑，只为以此来取悦妲己。所以圣明智慧的君王在确立正妻时都格外慎重，必定要在世代为官的名门望族中，选择善良贤淑的女子（为妻），来统领后宫妃嫔，恭敬的奉祀宗庙，使对女子的教化发扬光大。《易经》中说：'家庭的规矩端正了，天下就会安定。'由家内而影响到外面，这是古代明君的好办法啊！《春秋》记载，鲁国的礼官卹夏说：'没有以小妾立为夫人的礼仪。'齐桓公在葵丘会盟诸侯时立誓警戒，也

传

夏侯尚,字伯仁。子玄,字太初,少知名,累迁散骑常侍中护军。司马宣王问以时事,玄议以为:"夫官才用人,国之柄也。故铨衡专于台阁,上之分也;孝行存乎闾巷,优劣任之乡人,下之叙也。夫欲清教审选,在明其分叙,不使相涉而已。何者?上过其分,则恐所由之不本,而干势驰骛之路开;下逾其叙,则恐天爵之外通,而机权之门多矣。夫天爵下通,是庶人议柄也;机权多门,是纷乱之源也。自州郡中正,品度官才之来,有年载矣,缅缅纷纷,未闻整齐,岂非分叙参错,各失其要之所由哉!若令中正但考行伦辈,辈当行均,斯可官矣。何者?夫孝行著于家门,岂不忠恪于在官乎?仁恕称于九族,岂不达于为政乎?义断行于乡党,岂不堪于事任乎?三者之类,取于中正,虽不处其官名,斯任官可知矣。行有大小,比有高下,则所任之流,亦焕然明别矣。奚必使中正干铨衡之机于下,而执机柄者有所委仗于上,上下交侵,以生纷错哉?

说'不能让妾成为嫡妻'。可如今后宫中受到宠爱的妃嫔,享受的待遇常常仅次于天子,如果因为受宠而升为皇后,使卑贱者骤然尊贵,那么臣担心后世会出现在下位者欺侮于上而在上位者衰弱不振的现象,从而开启不守法度之门,祸乱就会从您而起呀!"文帝不听。

传

　　夏侯尚,字伯仁。其子夏侯玄,字太初,年少时就已出名,(曹爽执政时)不断升迁至散骑常侍、中护军。(太傅)司马懿向他谘询当时的政事,他发表议论认为:"使用人才授予官职,这是国家的根本。因此,考核选拔人才之事专门由尚书台负责,这是朝廷的职分;孝道的德行表现在所居住的街巷中,其优劣应由同乡的人给与评价,这是地方上的职权。要想使教化清明、选拔审慎,就在于明确朝廷和地方的职权,不使其相互干涉而已。为什么这样说呢?朝廷如果超越其职分(而直接选任),那么恐怕选拔人才的途径不能立足于根本,从而使巴结权势、奔走钻营的门路大开;而地方上如果逾越其职权,则恐怕朝廷的封爵授官就会受到地方上的干扰,而获得国家枢机大权的门路就多了。朝廷的封爵授官受到下面影响,是因为庶人干扰了朝廷选拔人才的缘故;获得机要大权的门路多了,这是造成纷乱的根源。自从各州郡设立中正官来品评衡量官员的才能以来,已经有好几年了,但情况依然纷乱不堪,没听说有标准统一、衡量公平的规范。这难道不是朝廷的职分与地方的职权混淆错乱,两方面都没有把自己的关键工作做好所造成的吗?如果让中正只负责考察同一类人(如一族、一乡)的品行事迹,这些人中有品行普遍得到大众认可的,这就可以授予官职。为什么呢?如果一个人的孝行彰显于家族之中,一旦为官怎么会不忠诚谨慎呢?如果一个人的仁厚宽容在九族中

且台阁临下，考功校否，众职之属，各有官长，且夕相考，莫究于此。间阎之议，以意裁处，而使匠宰失位，众人驱骇，欲风俗清静，其可得乎？天台县远，众所绝意，所得至者，更在侧近，孰不修饰以要所求？所求有路，则修己家门者，不如自达于乡党矣；自达于乡党者，不如自求于州邦矣。苟开之有路，而患其饰真离本，虽复严责中正，督以刑罚，犹无益也。岂若使各帅其分，官长则各以其属能否，献之台阁，台阁则据官长能否之第，参以乡间德行之次，拟其伦比，勿使偏颇。中正则唯考其行迹，别其高下，审定辈类，勿使升降。台阁总之官长所第，中正辈拟比，随次率而用之，如其不称，责负在外。然则内外相参，得失有所，互相形检，孰能相饰？斯则人心定而事理得，庶可以静风俗而审官才矣。"

广受赞扬,一旦为官怎么会不善于施政呢?如果一个人能在乡里秉公断事,一旦为官怎么会不胜任其职务呢?上述三种人才的考评分类,都取决于中正,他们即使还没有官位的名称,但这样的人可以授予官职是可想而知的了。德行有大小,比较的顺序有高低,那么应当授予何类官职,也就显而易见了,又何必让地方的中正在下面干预朝廷考核选拔人才的要务,而让在上面掌握权柄的尚书台却对地方的中正有所依托(来选拔人才),使上下相互侵权,以致发生纷乱呢?"

再说尚书台治理下面的各级官署,考察政绩、审核过失,众多职务的归属,都有各自的长官负责,他们每天进行考核,没有比这更清楚的了;地方中正的评议,只是以个人的看法来裁决,却使得朝廷主管铨选的大臣失去了这方面的职权,大家奔走惊慌。在这种情况下,要想风气清明安宁,能做得到吗?尚书台高高在上与下级相距遥远,大众也不抱什么希望,能够拉上关系的,就是身旁的中正了,那么谁又不粉饰自己来企图达到他所希望的目的呢?既然有这样一条门路,那么在家庭中认真修养自己的德行,就不如自己使用手段在乡里博得好评;在乡里有了声誉又比不上自己直接去请托州郡的中正。如果开后门有机会,却担忧人们弄虚作假背离实际,即使是严格要求中正奉公守法,甚至用刑罚来鉴督,也是没有用处的。还不如让官吏们各司其职,各级长官各自把其下属才能的高低情况,上报尚书台,尚书台就根据各官长上报的属员有无才能的结果,再参考乡里对其品行优劣的评定,拟定出相应的类别,不使其产生偏颇。中正则只考察他们的行为事迹,然后辨别高下,审定其等级,不使偏高或偏低。尚书台汇总各级官长所列的等级和中正所考察划分的类别,再比较参照,选择任用。如果选择任用的人不称职,就由尚书台以外的长官和中正来负责。这样做,则朝内朝外互相参验,任用得当不得当都有人

荀彧,字文若,颍川人也。为侍中尚书令。《彧别传》曰:"彧德行周备,非正道不用心,名重天下,莫不以为仪表,海内英俊咸宗焉。然前后所举,佐命大才,则荀攸、钟繇、陈群、司马宣王,及引致当世知名,郗虑、华歆、王朗、荀悦、杜袭、辛毗、赵俨之俦,终为卿相,以十数人。取士不以一揆,戏志才、郭嘉等有负俗之讥,杜畿、简傲少文,皆以智策举之,终各显名。荀攸后为魏尚书令,推贤进士。太祖曰:'二荀令之论人也,久而益信,吾没世不忘也。'"

荀攸,字公达,彧从子也。太祖以为军师。每称曰:"公达外愚内智、外怯内勇、外弱内强,不伐善,不施劳,智可及,愚不可及,虽颜子、宁武不能过也。"文帝在东宫,太祖谓曰:"荀公达,人之师表也,汝当尽礼敬之。"《傅子》曰:"太祖称'荀令君之进善,不进不休;荀军帅之去恶,不去不止'也。"

贾诩,字文和,武威人也。为大中大夫。是时,文帝为五官将,而临灾侯植才名方盛,各有党与,有夺宗之议。太祖尝问诩,诩嘿然不对。太祖曰:"与卿言而不答,何也?"诩曰:"属适有所思,故不即对耳。"太祖曰:"何思?"诩曰:"思袁本初、刘景升父子。"太祖大笑,于是太子遂定。文帝即位,以

负责，互相对比检查，谁还敢弄虚作假呢？如此则会人心安定而事理分明，大概可以净化风气，审慎的量才授官了。

荀彧，字文若，颍川郡颍阴县人。任侍中、尚书令。(《荀彧别传》记载：荀彧德才兼备，心中所存都是符合道义之事，在天下有很高的名望，人们没有不把他当作表率的，天下的英雄、豪杰都推崇他并向他学习。他先后所举荐的人，辅佐曹操创业的天下大才有荀攸、钟繇、陈群、司马懿，以及招引的当世名士有郗虑、华歆、王朗、荀悦、杜袭、辛毗、赵俨等辈，后来都位至公卿宰相，这样的有十几个人。他选用人才不拘一格，戏志才、郭嘉等有因不和于流俗而受到的讥议，杜畿为人傲慢而缺少文采，都因为有智谋而被举荐，最终都获得了显赫的名声。荀攸后来在曹操当魏王时任尚书令，也大力推举贤士。曹操说："二位荀公举荐、选拔的人才，时间越久，越让人信服，我终生不会忘记。")

荀攸，字公达，是荀彧的侄子。太祖曹操任命他为军师，常常称赞他说："公达外表看似愚钝而内心充满智慧，外表显得怯懦而内心却很勇敢，外表好像软弱而内心刚强有力，不夸耀自己的好处，不显扬自己的功劳，他的聪慧别人或许可以达到，但他的"愚钝"别人却达不到，即使是颜回、宁武子这样的贤人也不能超过他。"文帝在东宫做太子时，太祖对他说："荀公达，是人中的表率，你应当竭尽礼仪来敬重他。"〔《傅子》记载："太祖曹操称赞荀彧进举贤善，贤才得不到进用就绝不罢休；荀军师对于恶行去除不尽绝不停止。"〕

贾诩，字文和，武威郡人，任太中大夫。当时文帝曹丕担任五官中郎将，而其弟临淄侯曹植才华名声正盛，两人都有自己的同党。当时出现了曹植会取代曹丕成为继承人的议论。太祖曾经就此事询问贾诩，贾诩默然不答。太祖说："我和您说话而您却不回答，这是为什么呢？"贾诩说："恰好我刚才在思考问题，所以没有马上回答。"

诩为太尉。《魏略》曰:"文帝得诩之对太祖,故即位首登上司。"《荀勖别传》曰:"晋司徒阙,武帝问其人于勖。勖答曰:'三公具瞻所归,不可用非其人。昔文帝用贾诩为三公,孙权笑之。'"

袁涣,字曜卿,陈郡人也。刘备之为豫州,举涣茂才,后为吕布所拘留。布初与刘备和亲,后离隙。布欲使涣作书骂辱备,涣不可,再三强之,不许。布大怒,以兵胁涣曰:"为之则生,不为则死。"涣颜色不变,笑而应之曰:"涣闻唯德可以辱人,不闻以骂。使彼固君子耶,且不耻将军之言,彼诚小人耶,将复将军之意,则辱在此,不在于彼。且涣他日之事刘将军,犹今日之事将军也,如一旦去此,复骂将军,可乎?"布惭而止。

王修,字叔治,北海人也。年七岁丧母。母以社日亡,来岁邻里社,修感念母,哀甚。邻里闻之,为之罢社。袁谭在青州,辟修为治中从事,谭欲攻弟尚,修谏曰:"夫兄弟者,左右手也。譬人将斗,而断其右手,而曰'我必胜',若是者可乎?夫弃兄弟而不亲,天下其孰亲之?属有谗人,固将交斗其间,以求一朝之利,愿明使君塞耳而勿听也。若斩佞臣数人,复相亲睦,以御四方,可以横行天下。"谭不听。太祖遂引军,攻谭

太祖问:"您在想什么?"贾诩说:"思考袁本初父子、刘景升父子的事啊。"太祖大笑,于是立太子的事就定了下来。文帝曹丕即位后,任命贾诩为太尉。(《魏略》上说:文帝知道了贾诩回答太祖的话,所以即位后首先让贾诩升任三公的高位。《荀勖别传》记载说:"晋朝司徒一职空缺,晋武帝问荀勖谁能担任。荀勖答道:'三公为众望所归的要职,不可以任用不合适之人。以前魏文帝任用贾诩为三公,曾遭到孙权的嘲笑。'")

袁涣,字曜卿,陈郡(扶乐县)人。刘备任豫州牧时,举荐袁涣为茂才。后来他又被吕布扣留。吕布当初与刘备和睦亲善,后来产生了矛盾。吕布想让袁涣写信辱骂刘备,袁涣没有答应,吕布再三强迫他,袁涣仍然不同意。吕布大怒,拿着兵器威胁袁涣说:"写信就能活命,不写就死!"袁涣面不改色,笑着回答说:"我听说只有德行胜过别人才会使人感到耻辱,没听说用辱骂可以使人感到耻辱的。假使刘备本来就是君子,他也不会以将军的话为耻辱;假使他的确是个小人,那他将用将军所用的办法来对付您,那么被羞辱的是我们而不是他。且如果我改日侍奉刘将军,就像现在侍奉将军您一样,如果我一旦离开这里,又回过头来骂您,可以吗?"吕布感到羞惭,就不再逼迫他了。

王修,字叔治,北海人。七岁时丧母,他的母亲在祭祀土神之日去世。第二年(社日),乡亲们祭祀土神,王修思念母亲,极为哀痛。乡亲们知道后,就为此停止了祭祀。袁谭在青州时,征召王修为治中从事。袁谭想攻打他的弟弟袁尚,王修劝谏说:"兄弟之间就像人的左右手。比如有人将要打斗时,却砍断自己的右手,反而说我一定能取胜,像这样可能吗?抛弃亲兄弟而不亲近,天下人还有谁可以亲近呢?您的部下中有进谗言的人,本来就想让你们兄弟之间互相争斗,以追求一时之利,希望您堵上耳朵不要听他们的话。若能斩杀几个

于南皮。修闻谭已死,号哭曰:"无君焉归?"遂诣太祖,乞收谭尸。太祖不应。修复曰:"受袁氏厚恩,若得收敛谭尸,然后就戮,无所恨。"太祖嘉其义,听之。

太祖破南皮,阅修家谷不满十斛,有书数百卷。太祖叹曰:"士不妄有名。"乃辟为司空掾。《魏略》曰:郭宪,字幼简,西平人也。韩约失众依宪。众人多欲取约以徼功,而宪皆责怒之,言:"人穷来归我,云何欲危之?"后约病死,而阳逵等就斩约头,欲条疏宪名,宪言:"我尚不忍生图之,岂忍取死人以要功乎?"逵等乃止。约首到。太祖宿闻宪名,及视疏,怪不在中,以问逵等,逵具以情对。太祖叹其志义,乃并表列,赐爵关内侯。

邴原,字根矩,北海朱虚人也。太祖辟司空掾。原女早亡,时太祖爱子仓舒亦没,太祖欲求合葬,原辞曰:"合葬,非礼也。原之所以自容于明公,公之所以待原者,以能守训典而不易也。若听明公之命,则是凡庸也,明公焉以为哉?"太祖乃止。《原别传》曰:"魏太子为五官中郎将,天下向慕,宾客如云,而原独守道持顺,自非公事,不妄举动。太祖微使人从容问之,原曰:'吾闻国危不事冢宰,君老不奉世子,此典制也。'"

奸邪谄媚的下属,兄弟间重新亲近和睦,以抵御四方的敌人,是完全可以横行天下的。"袁谭不听。太祖曹操于是率军在南皮县攻打袁谭。王修听说袁谭已死,痛哭着说:"没有主公了,我将回到哪里去呢?"于是去见太祖,请求让他收葬袁谭的尸体。太祖不作回答。王修又说:"我曾受到袁氏的厚恩,如果能允许我收敛袁谭尸体,然后再被杀,我便不会有遗憾了。"太祖嘉许他的忠义,答应了他。

太祖攻破南皮县,察看王修的家,谷物不满十斛,只有几百卷书籍,太祖感叹的说:"王修不是徒有虚名啊!"于是征召王修为司空府的属官。〔《魏略》说:郭宪,字幼简,西平郡人。韩约(战败)丧失了军队,前来投奔郭宪。郭宪手下很多人想捉拿韩约送到曹操那里请功,而郭宪对这些人都痛斥一番,说:"人家走投无路来投奔我,为什么想要危害人家呢?"后来韩约病死,阳逵等人便砍下韩约的头(准备向曹操请功),打算在上疏中写上郭宪的名字,郭宪说:"他活着的时候我尚且不忍心杀他,又怎么能忍心用死人去邀功呢?"阳逵等才不再这样做。韩约的首级送到了曹操那里,曹操平素里听说过郭宪,等看完上疏,奇怪名单中没有郭宪,就问阳逵等人,阳逵把实情上报。曹操赞叹郭宪的志向和节操,就把他的名字写上,赐给他关内侯的爵位。〕

邴原,字根矩,北海朱虚县人。太祖征召他为司空府属官。邴原的女儿去世早,当时太祖心爱的小儿子曹冲也去世了,太祖想将这两个孩子合葬,邴原推辞说:"(未成配偶)合葬是不符合礼制的。我之所以能在明公您这容身,您所以能接纳我邴原,是因为我能遵守先王的典制而不改变的缘故。如果我听从了您的命令,那就是一个凡夫俗子,明公您哪里还能用得着我呢?"于是,太祖打消了这个念头。〔《邴原别传》上说:"魏太子曹丕做五官中郎将时,天下人都很向往敬仰,宾客很多,而唯有邴原坚守着道义保持像平常一样,倘若不是公事,绝不随

崔琰，字秀珪，清河人也。太祖领冀州牧，辟为别驾从事。太祖征并州，留傅文帝于邺。世子仍出田猎，变易服乘，志在驱逐。书谏曰："盖闻盘于游田，《书》之所戒；鲁隐观鱼，《春秋》讥之。此周、孔之格言，二经之明义也。今邦国殄瘁，惠康未洽，士女企踵，所思者德。况公亲御戎马，上下劳惨，世子宜遵大路，慎以行正，思经国之高略，深惟储副，以身为宝。而猥袭虞旅之贱服，忽驰骛而陵峻，志雉兔之小娱，忘社稷之为重，斯诚有识所以侧心也。唯世子燔翳捐褶，以塞众望，不令老臣获罪于天。"世子报曰："昨奉嘉命，惠示雅教，欲使燔翳捐褶，翳已坏矣，褶亦去焉。后有此比，蒙复诲诸。"

魏国初建，拜尚书。时未立太子，临灾侯植有才而爱。太祖狐疑，以函令密访于外。惟琰露板答曰："盖闻《春秋》之义，立子以长。加五官将，仁孝聪明，宜承正统，琰以死守之。"植，琰之兄女婿也。太祖贵其公亮，喟然叹息，迁中尉。琰，甚有威重，朝士瞻望，而太祖亦敬惮焉。《先賢行狀》曰："琰

便前去拜访。曹操悄悄派人从容的向他问及此事,邴原说:'我听说国家危难时,不要侍从宰相一级的大官;君主年纪大时,不要去侍奉世子,这是古来的典章制度啊。'"〕

崔琰,字季珪,清河郡人。太祖任冀州牧时,征召崔琰为别驾从事史。太祖征讨并州,把崔琰留在邺城辅佐文帝曹丕。曹丕常常外出打猎,改穿猎装骑上快马,一心想着追逐猎物。崔琰上书劝谏说:"我曾听说,乐于出游打猎,这是《尚书》中所告诫的;鲁隐公外出观看捕鱼,《春秋》中则予以讥讽。这是周公、孔子留下的格言,《尚书》《春秋》两经中的要旨。现今国家困苦,使人民安乐的恩惠尚未普遍的施与,百姓们踮起脚跟所盼望的,是实施德政。况且曹公亲自率军在外征战,上上下下的事都要他劳心费神,世子您应当遵行正道,谨慎的端正自己的行为,思虑治国的策略,深思您作为继承人的责任,爱惜自己的身体。而您却降低身份,穿上狩猎士兵的卑贱服装,快速的奔驰,登上危险之地,心里只想着猎取野鸡兔子之类的小娱乐,忘记了以国家社稷为重,这实在是有识之士之所以痛心的原因啊!希望世子您烧毁射猎的用具,舍弃打猎的服装,以满足众人的期望,不要让老臣得罪上天。"世子答覆说:"昨天接受到您的劝告,赐予我美好的教诲,您希望我烧毁射猎用具,舍弃打猎服装。现在打猎的用具已经毁掉了,猎装也已脱去。以后若有这类的错误,还希望您再次教诲我。"

魏国刚刚建立的时候,任命崔琰为尚书。当时尚未确立太子,临淄侯曹植因有才华而受到太祖宠爱。太祖犹豫不决,于是以信函的方式秘密的征求大臣们的意见。只有崔琰用不封口的书信公开答覆说:"我听说《春秋》中的原则,是立年长的儿子作继承人,加上五官中郎将(曹丕)仁爱孝顺,聪慧贤明,应当继承正统为太子。我崔琰

清忠高亮，雅识经远，推方直道，正色于朝。魏初载，委铨衡，总齐清议，十有余年。文武群才，多所明拔。朝廷归高，天下称平矣。"琰荐扬训。太祖为魏王，训发表褒述盛德。时人谓琰为失所举，琰与训书曰："省表，事佳耳！时乎时乎，会当有变。"时有白琰此书傲世怨谤者，太祖怒，罚为徒隶，使人视之，辞色无挠。太祖令曰："琰虽见刑，而通宾客，门若市人，对宾客，虬须直视，若有所嗔。"遂赐琰死。为世所痛惜，至今冤之。

毛玠，字孝先，陈留人也。为东曹掾，与崔琰并典选举。其所用皆清正之士，虽于时有盛名，而行不由本者，终莫得进。务以俭率人，由是天下之士，莫不以廉节自厉，虽贵宠之臣，舆服不敢过度。太祖叹曰："用人如此，使天下人自治，吾复何为哉！"文帝为五官将，亲自诣玠，属所亲眷。玠答曰："老臣以能守职，幸得免戾。今所说人非迁次，是以不敢奉命。"魏国初建，为尚书仆射，复典选举。《先贤行状》曰："玠雅亮公正，在官清恪。其典选举，拔贞实，斥华伪，进逊行，抑党与。四海翕然，莫不厉行。贵者无秽欲之累，贱者绝奸货之求，吏洁于

将誓死坚守这个原则。"曹植是崔琰哥哥的女婿,太祖赞赏崔琰的公正真诚,感叹不已,晋升他为中尉。崔琰很有威严持重的气度,朝廷官员都很敬仰他,而太祖对他也有几分敬畏。〔《先贤行状》上说:"崔琰清廉忠诚,高尚正直,有着高明的识见和深远的考虑,遵行正道,上朝时神情庄重严肃。魏国建立之初,委任他为主管选拔官吏的长官,他汇集、整理大众对被选之人的评价,做了有十几年。文武大臣中的人才,很多都是他选拔的。朝廷对他很推崇,天下人也都称赞他公平。"〕崔琰曾经举荐了杨训。后来太祖被封为魏王,杨训上表称赞太祖的盛德。当时的人认为崔琰举荐此人不当。崔琰写信对杨训说:"读了你的表文,此事很好啊!时势啊时势,一定会有变化的时候。"当时有人却报告说崔琰这封信傲视当世,有怨恨毁谤之意,于是太祖发怒,罚崔琰为刑徒奴隶。太祖派人去看他,而崔琰的言谈表情无丝毫屈服之意。太祖下令说:"崔琰虽然在服刑,却与宾客来往,门庭若市;接待宾客时手抚蜷曲的胡须,瞪目直视,好像有所愤恨。"于是赐崔琰死。此事令世人痛惜,至今为他感到冤屈。

毛玠,字孝先,陈留郡人。曾任东曹掾,与崔琰一起主持选拔官吏之事。他所选用的都是清廉正直之士,一些即使在当时享有盛名,但行为却不安守本分的人,始终也得不到任用。他力求以俭朴的作风为人作出表率,因此天下的士人无不以廉洁的节操自我勉励,即使是位尊受宠的大臣,他们的车马服饰也不敢逾越礼制。太祖感叹的说:"用人能做到这样,使天下的人自己治理自己,我还要再做什么呢?"魏文帝曹丕任五官中郎将时,亲自去见毛玠,委托他为自己的亲信之人提升官位。毛玠回答说:"老臣我因为能够忠于职守,有幸得以不犯罪过。如今您所说的这个人不符合升迁的条件,因此我不敢遵行您的命令。"魏国刚刚建立的时候,毛玠任尚书仆射,再次主

上,俗移于下,民到于今称之。"崔琰既死,玠内不悦。后有白玠者:"出见黥面反者,妻子没为官奴婢,玠言曰:'使天不雨者,盖由此也。'"太祖大怒,收玠付狱。

大理钟繇诘玠,玠辞曰:"臣闻萧生缢死,因于石显;贾子放外,谗在绛、灌。白起赐剑于杜邮,晁错致诛于东市,伍员绝命于吴都。斯数子者,或妒其前,或害其后。臣垂龆执,累勤取官,职在机近,人事所窜。属臣以私,无势不绝;语臣以冤,无细不理。青蝇横生,为臣作谤,谤臣之人,势不在他。昔王叔、陈生争正王廷,宣子平理,命举其契,是非有宜,曲直有所,《春秋》嘉焉,是以书之。臣不言此,无有时人。说臣此言,必有征要。乞蒙宣子之辨,而求王叔之对。若臣以曲闻,即刑之日,方之安驷之赠;赐剑之来,比之重赏之惠。谨以状对。"

持选拔官员的事务。〔《先贤行状》上说：毛玠诚信公正，为官廉洁恭谨。他主持选举事宜时，选拔忠信诚实之人，斥退虚浮诈伪之徒；进用有谦恭品行的人，抑制结党营私的人。四海之内一致称颂，人们没有不勉励自己操行的。高贵的人没有了贪财受贿的拖累，卑贱的人也断绝了偷奸行贿的贪求，在上官吏廉洁，这种风气传播到下面，直至现在百姓还称赞他。〕崔琰被杀之后，毛玠心中不快，后来有人告发毛玠，说："他外出去见一个受过黥面之刑的叛乱者。那人的妻子儿女都被没入官府成了奴婢，毛玠竟说：'使老天爷不下雨的原因，大概就是因为这个吧。'"太祖大怒，把毛玠逮捕入狱。

大理钟繇审问毛玠，毛玠回答："我听说，萧望之自杀，是因为石显的陷害；贾谊被贬至外地，是因为周勃、灌婴等人的谗毁；白起被秦王赐剑自刎于杜邮；晁错被斩首于东市；伍员命断于吴都。这几位人士的死，或是当面受人妒忌，或是背后遭人陷害。我年少时就手持简册（为政府办事），长期勤勉的工作而取得官职。如今我身居要职，牵涉到复杂的人事关系。有人以私事请托的，即使他再有权势我也会加以拒绝；有人将冤屈告诉我，即使再细微的事情我也会处理。进谗言的小人就如同苍蝇一样无端生事，对我进行诽谤，诽谤我的人，肯定不是其他人。过去王叔陈生在朝廷上（与伯舆）争辩，范宣子进行评断，他叫双方列出证据，这样判断是非曲直就有了相应的依据，《春秋》对此事表示赞许，所以记录了下来。我没有说过对朝廷不满的话，也就没有说这话的时间和当事人。说我说过这样的话，必定要有证据。我请求您能像范宣子那样明辨审查，请求让我像王叔那样能和状告我的人当面对质。如果我所说的歪曲事实，那么我在接受死刑时，会将其看作安车、驷马一样的馈赠；赐死的宝剑送来时，我会将它视为重赏一样的恩惠。谨以实情回答如上。"

时桓楷、和洽进言救玠,玠遂免黜,卒于家。孙盛曰:"魏武于是失政刑矣。《易》称'明折庶狱',传有'举直错枉'。庶狱明则国无冤民,枉直当则民无不服。未有征青蝇之浮声,信浸润之谮诉,可以允厘四海、唯清缉熙者也。昔汉高狱萧何,出复相之,玠之一责,永见摈放,二主度量,岂不殊哉!"

徐奕,字季才,东莞人也。太祖辟东曹。属丁仪等见宠于时,并害之,而奕终不为动。《傅子》曰:武皇帝,至明也。崔琰、徐奕,一时清贤,皆以忠信显于魏朝。丁仪间之,徐奕失位,而崔琰被诛。

鲍勋,字叔业,泰山人也。为中庶子。出为魏郡西部都尉。太子郭夫人弟,断盗官布,法应弃市。太子数手书为之请,勋不敢擅纵,具列上。勋前在东宫,守正不挠,太子固不能悦,及重此事,恚望滋甚。延康元年,勋兼侍中。文帝受禅,勋每陈:"今之所急,唯在军农,宽惠百姓。台榭苑囿,宜以为后。"帝将出游猎,勋停车上疏曰:"臣闻五帝三王,靡不明本立教,以孝治天下。陛下仁圣恻隐,有同古烈。臣冀当继踪前代,令万世可则也。如何在谅暗中,修驰骋之事乎?臣冒死以闻,唯陛下察焉。"帝手毁其表,而竟行猎。

当时桓阶、和洽都进言营救毛玠,毛玠便被免官,后来死于家中。〔孙盛说:"魏武帝在这件事上有失政令和刑罚的公正。《易经》上讲:'君子要修明政事,不能够以威刑断狱。'《左传》上讲:'起用正直者而罢黜奸邪者。'判决案子公正严明,国家就没有被冤枉的人;是非曲直处理得当,民众就没有不顺服的。没有取信于像苍蝇一样的谗言、听信积久而生的毁谤,却可以治理好天下、达到太平光明的。以前汉高祖刘邦把萧何投入鉴狱,释放后又让他担任相国;而毛玠被责罚一次,就永远被摈弃不用了。这两位君主的器量,难道不是相差太远了吗?"〕

徐奕,字季才,东莞郡人。太祖任命他为东曹属官。当时丁仪等人受宠,一起陷害他,而徐奕始终没有动摇屈服。〔《傅子》说:"魏武帝曹操是非常英明的。而崔琰、徐奕是一代清正贤良之人,都以忠诚信实显扬于魏国。只可惜丁仪毁谤、中伤他们,于是徐奕丢了官位,而崔琰也被诛杀。"〕

鲍勋,字叔业,泰山郡人,为中庶子,后出任魏郡西部都尉。太子郭夫人的弟弟(为曲周县官吏),贪污盗窃官钱,按法律当被弃市。太子多次亲自写信给鲍勋为郭夫人的弟弟求情。鲍勋不敢擅自释放,就把情况详细的上报。鲍勋之前在东宫任职时,刚正不阿,太子本来就不高兴,加上现在这件事,就更加深了对他的怨恨。延康元年,鲍勋兼任侍中。文帝接受汉献帝的禅让而称帝,鲍勋常常陈述说:"当今的急务,在于军事、农业,对百姓要宽厚慈惠,楼台园林的兴建,应该放在后面。"文帝将出游打猎,鲍勋拦住车子,上奏说:"臣听说五帝三王,无不明确治国根本,树立教化,以孝道治理天下。陛下仁慈圣明,心怀怜悯,如同古代的明君。臣希望您能继承前代圣王的行谊,让后世万代都能效法您。怎么能在居丧守孝期间,去做打猎的事呢?臣冒着死罪向您进言,希望陛下明察。"文帝亲手撕毁了鲍勋的奏

中道顿息,问侍臣曰:"猎之为乐,何如八音也?"侍中刘晔对曰:"猎胜于乐。"勋抗辞曰:"夫乐,上通神明,下和人理,隆治致化,万邦咸乂。故移风易俗,莫善于乐。况猎,暴华盖于原野,伤生育之至理,栉风沐雨,不以时隙哉?昔鲁隐观渔于棠,《春秋》讥之。虽陛下以为务,愚臣所不愿也。"因奏:"刘晔佞谀不忠,阿顺陛下过戏之言,昔梁丘据取媚于遄台,晔之谓也。请有司议罪,以清皇朝。"帝怒作色,还,即出勋为右中郎将。

黄初四年,尚书令陈群、仆射司马宣王,并举勋为宫正。帝不得已而用之,百寮严惮,罔不肃然。六年,帝欲征吴,群臣大议,勋面谏以为不可。帝益忿之,左迁勋为治书执法。帝从寿春还,屯陈留郡界。太守孙邕见,出过勋。时营垒未成,但立标埒,邕邪行不从正道,军营令史刘曜欲推之,勋以堑垒未成,解止不举。大军还洛阳,曜有罪,勋奏绌遣,而曜密表勋私解邕事。诏曰:"勋指鹿作马,收付廷尉。"廷尉法议:"正刑五岁。"三官驳:"依律罚金二斤。"帝大怒曰:"勋无活分,而汝等敢纵之!收三官以下付刺奸,当令十鼠同穴。"大尉钟繇、司徒华歆等并表"勋父信有功于太祖",求请勋罪。帝不许,遂诛勋。勋内行既修,廉而能施,死之日,家

章，竟自出去打猎。

　　中途休息时，（文帝）问身边的侍臣说："打猎的快乐与听音乐相比怎么样？"侍中刘晔回答道："打猎的乐趣胜过听音乐。"鲍勋态度严厉的说："音乐，上能通达神明，下与做人之道相和谐，可使政治兴隆，教化大行，天下安定。所以改变风气习俗，没有比用音乐教化更好的了。何况打猎之事，使帝王之尊暴露在原野中，损害生物繁衍的天理，风吹雨淋，不按照四时有间隙的进行呢？过去，鲁隐公到棠地去观看捕鱼，《春秋》中对此事进行了批评。即使陛下将打猎当作要事，愚臣却不希望您这样做啊。"接着又上奏："刘晔谄媚不忠，阿谀顺从陛下过分玩笑的话。过去梁丘据曾疾驰至遄台以讨好齐景公，刘晔就是这样的人。请有关部门议定他的罪过，以使皇朝清净。"文帝发怒，脸色大变（停止打猎回朝），随即让鲍勋改任右中郎将。

　　黄初四年，尚书令陈群、仆射司马懿一同举荐鲍勋为宫正（即御史中丞），文帝不得已而任用了他，百官都很畏惧，无不规规矩矩。黄初六年，文帝想征讨孙吴，与群臣共同商议，鲍勋当面直谏，认为不可，文帝更加怨恨他，将鲍勋贬为治书执法。文帝从寿春返回，驻军在陈留郡境内。陈留太守孙邕前去进见文帝，出来后去拜访鲍勋。当时营垒尚未建成，只立了营外矮墙作标识，孙邕斜着穿过营地而没有走正路，军营令史刘曜想要追究此事，鲍勋以营垒尚未建成为由，就劝止了他而没有举报。大军返回洛阳后，刘曜犯了罪，鲍勋上奏应将他贬官放逐，而刘曜秘密的上奏了鲍勋私下为孙邕开脱一事。文帝下诏："鲍勋指鹿为马，予以逮捕，交给廷尉查办！"廷尉依法议罪："判处髡钳之刑并服劳役五年。"廷尉三官反驳说："依照律法应判罚金二斤。"文帝大怒说："鲍勋没有活命的道理，你们竟敢宽纵他！

无余财。莫不为勋叹恨。

王朗,字景兴,东海人也。文帝即王位,迁御史大夫。上疏劝育民省刑曰:"《易》称敕法,《书》著祥刑,慎法狱之谓也。昔曹相国以狱市为寄,路温舒疾治狱之吏。夫治狱者得其情,则无冤死之囚;丁壮者得尽地力,则无饥馑之民;穷老者得仰食仓廪,则无馁饿之殍;嫁娶以时,则男女无怨旷之恨;胎养必全,则孕者无自伤之哀;新生必复,则孩者无不育之累;壮而后役,则幼者无离家之思;二毛不戎,则老者无顿伏之患。医药以疗其疾,宽繇以乐其业,威罚以抑其强,恩仁以济其弱,赈贷以赡其乏。十年之后,既笄者必盈巷;二十年之后,胜兵者必满野矣。"

文帝践祚,改为司空,时帝颇出游猎,或昏夜还宫,朗上疏曰:"夫帝王之居,外则饰周卫,内则重禁门,将行则设兵而后登舆,清道而后奉引,遮列而后转毂,静室而后息驾,皆

逮捕三官以下的人员交付刺奸处治,要把他们一起处死!"太尉钟繇、司徒华歆等人一同上奏说:"鲍勋的父亲鲍信对太祖有功,请求赦免鲍勋的死罪。"文帝不准,于是便杀了鲍勋。鲍勋注重自己平日操行的修养,廉洁而且能够慷慨施舍。死时,家里没有多余的财物。(当时)没有人不为鲍勋感到叹息遗憾的。

王朗,字景兴,东海郡人。文帝即位为魏王,王朗升任御史大夫。他上书劝谏文帝要抚育百姓,减免刑罚,说:"《周易》上说要整饬法令,《尚书》中写着要慎用刑罚,说的就是要谨慎的对待法令和刑罚。过去,汉相国曹参(嘱咐继任者)将(齐国的)狱市作为一些人行为的寄托之处;路温舒也曾憎恶那些审理案件的酷吏。如果审理案件的人能获得真实的案情,那么就没有冤死的囚犯;健壮的男子能充分利用土地的潜力,那么就没有遭受灾荒的百姓;贫穷年老的人能得到国家救济的粮食,那么就没有被饿死的人;让人们按适婚年龄进行嫁娶,那么男女就不会有无妻无夫的怨恨;胎儿的养育都能保障,那么怀孕的妇女就没有自伤其身的哀叹;对有新生儿的家庭一定免除徭役,那么婴儿就没有无人养育的忧患;人到健壮后再服劳役,那么年幼的人就不会有离家的乡思;年迈的人不再从军当兵,那么老年人就不会有跌倒(在行军路上)的担忧;用医药治疗人民的疾病,宽减徭役使百姓安居乐业;用刑罚来抑制豪强,用恩惠、仁爱来帮助弱者,发放救济钱粮来供给贫乏。这样,十年之后,已然成年的女子必定会充满街巷;二十年之后,能够当兵参战的人必定会遍布乡野了。"

文帝称帝后,王朗改任司空。当时文帝常常外出打猎,有时到黑夜才回宫。王朗上疏说:"帝王的住处,外面设有禁卫,里面有重重宫门。将要出行时,要设好卫队之后才上车,清除道路之后再导引

所以显至尊、务戒慎、垂法教也。近日车驾出临捕虎，日昃而行，及昏而反，违警跸之常法，非万乘之至慎也。"帝报曰："览表，虽魏绛称虞箴以讽晋悼，相如陈猛兽以戒汉武，未足以喻。方今二寇未殄，将帅远征，故时入原野以习戎备，至于夜还之戒，辄诏有司施行。"

子肃，字子雍，拜散骑常侍。上疏陈政本曰："夫除无事之位，损不急之禄，止浮食之费，并从容之官，使官必有职，职任其事，事必受禄，禄代其耕，乃往古之常式，当今之所宜也。官寡而禄厚，则公家之费鲜、进仕之志劝。各展才力，莫相倚杖，敷奏以言，明试以功，能之与否，简在帝心矣。"

景初间，宫室盛兴，民失农业，期信不敦，刑杀仓卒。肃上疏曰："大魏承百王之极，生民无几，干戈未戢，诚宜息民而惠之，以安静遐迩之时也。夫务蓄积而息疲民，在于省徭役而勤稼穑。今宫室未就，功业未讫，运漕调发，转相供奉，是以丁夫疲于力作，农者离于南亩。今见作者三四万人。九龙可以安圣体，其内足以列六宫，显阳之殿，又向将毕，惟太极已前，

前行，列队遮护帝王的车驾之后再转动车轮，清洁好宫室然后再停车休息。这些都是用来显示帝王至高无上的尊严，力求警惕谨慎，垂示礼法教化的。近日，陛下出外捕虎，午后才出发，到了天黑才返回，违背了帝王出行警戒清道的常规，也不是君王格外谨慎的做法啊。"文帝答覆说："看了你的上奏，即使是魏绛引用虞人的箴言来劝谏晋悼公；司马相如陈述射猎猛兽的危险以告诫汉武帝，也不足以和您说的相比。现在吴、蜀二敌还未消灭，将帅都在远方征战，所以我要时常进入原野以练习战备。至于不应该夜晚才返回的告诫，已经下诏有关部门施行了。"

王朗的儿子王肃，字子雍，任散骑常侍。他上疏陈述为政的根本，说："废除无实事可做的职位，减少并不急需的禄位，停发供养冗员的费用，裁减悠闲无事的官员；使当官者必有职责，有职责就要承担相应的事务，承担事务必定要发给俸禄，以俸禄替代其耕作，这是自古以来的常规，也是当今所应实施的制度。官员的数量少而俸禄优厚，那么国家的费用就会减少，人们入仕为官的志愿也就可以得到鼓励。官吏各自施展其才能，就不会相互依赖推诿。让他们陈奏各自的政务，考核他们的政绩，官员是否贤能，陛下的心里就会很清楚了。"

景初年间，大规模的兴建宫室，人民无法从事农业生产，官府所约定的服劳役的期限不能兑现，刑罚杀戮仓促草率。王肃上疏说："大魏承继于历代帝王之后的危困时期，幸存下来的百姓没有多少，战争还没有停止，实在应让人民休养生息，施予他们恩惠，以稳定远近的时局。要想致力于积聚储存而使疲惫的百姓得以休息，就在于减少徭役而勤于农作。现今宫殿没有修好，统一天下的大业还没有完成，要从水路征调运送粮食，辗转供给。因此服劳役的壮丁因

功夫尚大,方向盛寒,疾疢或作。诚愿陛下发德音,下明诏,深愍役夫之疲劳,厚矜兆民之不赡,取常食廪之士,非急要者之用,选其丁壮,择留万人,使一期而更之,咸知息代有日,则莫不悦以即事,劳而不怨矣。

"夫信之于民,国家大宝也。仲尼曰:'自古皆有死,民非信不立。'夫区区之晋国,微微之重耳,欲用其民,先示以信,用能一战而霸,于今见称。前车驾当幸洛阳,发民为营,有司命以营成而罢。既成,又利其功力,不以时遣。有司徒营其目前之利,而不顾经国之体。臣以为自今以后,傥复使民,宜明其令,使必如期。若有事以次,宁复更发,无或失信。凡陛下临时之所行刑,皆有罪之吏、宜死之人也。然众庶不知,谓为仓卒。故愿陛下下之于吏而暴其罪。钧其死也,无使污于宫掖而为远近所疑。且人命至重,难生易杀,气绝而不续者也,是以圣王重之。孟轲称,'杀一无辜以取天下,仁者不为也。'汉时有犯跸惊乘舆马者,廷尉张释之奏使罚金,文帝怪其轻,而释之曰:"方其时,上使诛之则已,今下廷尉。廷尉,天下之平也,一倾之,天下用法皆为轻重,民安所措手足哉?'臣以为大失其义,非忠臣所宜陈也。廷尉者,天子之吏也,犹不可以失平,而天子之身,反可以惑谬乎?斯重于为己,而轻于为君,

繁重的劳作而疲惫不堪,农民离开了他们的田地。现在修建皇宫的劳工有三、四万人,已完工的九龙殿可以让陛下的圣体安居,里面足以安置六宫妃嫔;显阳殿也将要完工,只有太极殿的前面,工程还很大。眼下正日近严冬,疾病时有发生,实在希望陛下发布仁德之言,颁布英明之诏,深深怜悯劳工们的疲惫辛劳,多多同情广大百姓的困乏不足。选取平常吃公粮的士兵,还有那些没有紧急事务的劳力,挑选其中强壮的,择取留下一万人,让他们干满一年就可以更换。这样,人们都知道休息、替换有固定时日,就没有人不高高兴兴的去做事,即使感到劳累也不会有怨恨了。"

"取信于民,是一个国家最宝贵的财富。孔子说:'自古以来,人都免不了死亡,如果失去了百姓的信任,国家是建立不起来的。'像区区的一个晋国,小小的一个重耳,想要使用他的人民,还要先让大家看到他的信用,所以能够一战而称霸,至今还受到人们的称赞。之前陛下要到洛阳,征调百姓修建行营,有关部门下令说行营建成后就结束劳役。但是行营建成后,又贪图使用这些民工,没有按时让他们回去。有关官员只知道谋取眼前利益,却不顾及治理国家的根本。臣认为从今以后,倘若再使用民力,应该申明有关的命令,一定要让他们如期返回。如果接着还有别的事情,宁可再重新征调,也不要失信于民。凡是陛下临时判处死刑的人,都是些有罪的官员,应该处死的人。但是百姓不知道其中的情况,认为(这些人)是被仓促处死的。所以希望陛下将这些人交付司法之官处理,公布他们的罪行,同样是将其处死,但不要让朝廷受到玷污而被远近的人们所怀疑。而且人命最为重要,让人活着困难而杀死人却容易,断了气就无法继续活着了,因此圣明的君王对这一点很重视。孟子说,'即使杀一个无辜的人便能够获得天下,仁德之人也是不会做的。'汉朝时有

不忠之甚也。周公曰：'天子无戏言。'言犹不戏，而况行之乎？故释之之言，不可不察；周公之戒，不可不法也。"

帝尝问曰："汉桓帝时，白马令李云上书言：'帝者，谛也。是帝欲不谛。'当何得不死？"肃对曰："但为言失逆顺之节，原其本意，皆欲尽心，念存补国。且帝者之威，过于雷霆，杀一匹夫，无异蝼蚁，宽而宥之，可以示容受切言，广德宇于天下。故臣以为杀之，未必为是也。"

程昱，字仲德，东郡人也。孙晓字季明，嘉平中，为黄门侍郎。时校事放横，晓上疏曰："《周礼》云：'设官分职，以为民极。'春秋传曰："天有十日，人有十等。'愚不得临贤，贱不得临贵。于是并建圣哲，明试以功，各修厥业，思不出位。故栾书欲拯晋侯，其子不听；死人横于街路，邴吉不问。上不责非职之功，下不务分外之赏；吏无兼统之势，民无二事之役。

人冲犯了文帝的车驾,使驾车的马受惊,廷尉张释之上奏应判处此人交纳罚金。汉文帝责怪他处罚过轻,而张释之却说:'当抓住此人时,圣上派人将他杀了也就算了。现在交给了廷尉,廷尉是天下公平执法的代表,如果一有偏差,天下执法之人都会受其影响,百姓又当怎么做才好呢?'臣认为他的话大失为臣之道,不是忠臣所应该说的。廷尉是天子的官吏,尚且不可以失去公平,难道天子本身,反而可以迷惑而随意杀人吗?这种话偏重在为自己着想,却忽视了为君主着想,是极不忠诚的行为。周公说:'天子不说开玩笑的话。'说话尚且不能开玩笑,何况是行动呢?所以对张释之的话不可不明察,对周公的告诫不可不遵循。"

明帝曾问王肃说:"汉桓帝的时候,白马县令李云上书说:'帝,是审谛万物的意思。(朝政如此混乱)这是皇帝不想审谛万物吗?'当时李云怎么没有被处死呢?"王肃回答说:"李云只是说话上有失顺逆的分寸,推究其本意,都是想尽自己的忠心,念念不忘弥补国事的缺失。况且帝王的威严,比雷霆还要厉害,杀死一个普通人,跟杀死一只蚂蚁没有什么两样。宽恕赦免李云这样的人,可以表明自己能够容纳接受直言劝谏,让帝王的恩德庇荫整个天下。所以臣下认为处死李云未必正确。"

程昱,字仲德,东郡人。他的孙子程晓,字季明,嘉平年间,任黄门侍郎。当时校事官放纵蛮横,程晓上疏说:"《周礼》说:'设立官府各授其职,以此作为民众的准则。'《春秋左传》上说,'天有十干所表示的日子,人有十个不同的等级。'愚昧者不能统治贤能者,卑贱者不能统治高贵者,于是一并树立起德智出众的人。仔细的考察官员的功绩,官员们各自做好本职工作,考虑问题不超出自己的职分。所以栾书想要拯救晋厉公,其子栾针却不让;看到横摆在街道上的

斯诚为国要道，治乱所由也。远览典志，近观秦、汉，虽官名改易，职司不同，至于崇上抑下，显明分例，其致一也，初无校事之官干与庶政者也。

"昔武皇帝大业草创，众官未备，而军旅勤苦，民心不安，乃有小罪，不可不察，故置校事，取其一切耳，然检御有方，不至纵恣也。此霸世之权宜，非帝王之正典。其后渐蒙见任，转相因仍，莫正其本。遂令上察宫庙，下摄众司，官无局业，职无分限，随意任情，唯心所适。法造于笔端，不依科条；诏狱成于门下，不顾覆讯。其选官属，以谨慎为粗疏，以儳詷为贤能。其治事，以刻暴为公严，以循理为怯弱。外托天威以为声势，内聚群奸以为腹心。大臣耻与分势，含忍而不言；小人畏其锋芒，郁结而无告。至使尹模公于目下，肆其奸慝，罪恶之著，行路皆知，纤恶之过，积年不闻。既非《周礼》设官之意，又非《春秋》十等之义也。

"今外有公卿将校总统诸署，内有侍中尚书综理万机，司隶校尉督察京辇、御史中丞董摄宫殿，皆高选贤才以充其

死尸,邴吉却不闻不问。上边不要求下级做出不属于自己职权范围内的功绩,下边不谋求职分以外的赏赐,官吏没有总领并管的权势,百姓不同时承担两种劳役,这的确是治国的重要方法,是安定与动乱的原由啊!远看古代的典章制度,近观秦、汉的政事,虽然官位名称有所改变,职务也不相同,但说到尊崇君主、抑制臣子,表明本分、划清等级,其目的是一样的,始终没有校事官干预各种政务的情况。"

"过去太祖武皇帝大业初建,各种官职还不完备,且军队征战劳苦,民心尚未安定,以至于犯有小的罪行也不能不查办,所以才设置了校事一职,这只不过是为了临时方便,然而因为约束控制有方,校事官员还不至于肆意放纵。这只是为了称霸于世的权宜之计,而不是帝王的正式制度。后来校事官渐渐受到信任,辗转因袭下来,没有人能从根本上加以整治。于是便让校事官向上可鉴察宫廷宗庙,对下可兼理各个官署。他们为官没有一定范围的职事,职权也没有限制,随意放纵,只要满足自己的心意就好。法令出自于他们笔下,而不依据法令条规;奉诏审讯的案件就在他们门下结案,不考虑核实复审。他们选用下属官员,把谨慎视为粗疏,把匆促夸诞视为贤能。他们处理事情,将刻毒暴戾视为公正严明,将依理守法视为怯懦软弱。对外假托天子的威严作为自己的声势,对内则聚集众多奸邪的小人作为亲信。大臣们耻于和他们分掌权力,对其容忍而一言不发;地位卑下的人畏惧他们咄咄逼人的气势,忧烦纠结而无从申诉。以至使尹模近来公然放纵其奸恶的行为,他罪恶昭著,路人皆知,然而其微小的罪过,却多年不被人知道。这既不是《周礼》设置官职的本意,也不符合《春秋》中人有十等的意思。"

"现今外有公卿将校总管各个部门,内有侍中、尚书总理各项政务,司隶校尉督察京城地区,御史中丞统管宫殿,这些都是由高标

职,申明科诏以督其违。若此诸贤犹不足任,校事小吏,益不可信。若此诸贤各思尽忠,校事区区,亦复无益。若更高选国士。以为校事,则是中丞司隶重增一官;若如旧选,尹模之奸今复发矣。进退推筭,无所用之。昔桑弘羊为汉求利,卜式以为独烹弘羊,天乃可雨。若使政治得失必感天地,臣恐水旱之灾,未必非校事之由也。曹恭公远君子,近小人,《国风》托以为刺;卫献公舍大臣,与小臣谋,定姜谓之有罪。纵令校事有益于国,以礼义言之,尚伤大臣之心,况奸回暴露,而复不罢,是衮阙不补,迷而不反也。"于是遂罢校事。

刘晔,字子扬,淮南人也。为侍中。《傅子》曰:晔事明帝,大见亲重。帝将伐蜀,朝臣内外皆曰"不可"。晔入与帝议,因曰"可伐";出与朝臣言,因曰"不可伐"。晔有胆智,言之皆有形。中领军杨暨,帝之亲臣,又重晔,持不可伐蜀之议最坚,每从内出,辄过晔,晔讲不可伐之意。后暨从驾行天渊池,帝论伐蜀事,暨切谏。帝曰:"卿书生,焉知兵事!"暨曰:"臣诚不足采,侍中刘晔,先帝谋臣,常曰蜀不可伐。"帝曰:"晔与吾言蜀可伐。"暨曰:"晔可召质也。"诏召晔,晔至,帝问之,晔终不言。后独见,晔责帝曰:"伐国,大谋也,臣得与闻大谋,常恐昧梦漏泄以益臣罪,焉敢向人言之?夫兵,诡道也,军

准选举的贤才来担任。又郑重宣明法律和诏令,来鉴督官吏们的违法行为。如果说这些贤才还不值得信任,那么校事这样的小官,就更加不可信任了。如果这些贤才各自都想着尽忠竭力,那么区区的校事,也就没有什么用处了。如果再重新严格的选拔优秀杰出之人来担任校事,那就是在御史中丞、司隶校尉以外,又重复设立一个鉴察官职而已。如果仍然依照旧例选任校事,那么像尹模那样的奸邪之辈,将又会在今天重新出现。再三斟酌考虑,校事的设置是没有什么用处的。过去桑弘羊为汉室谋求利益,而卜式却认为只有煮杀了桑弘羊,上天才会下雨。假如政治上的得失必定能感动天地,臣担心近年的水旱灾害,未必不是由校事所引起的。过去曹恭公疏远君子,亲近小人,《曹风·候人》一诗借物对其进行讽刺;卫献公舍弃大臣,而与小臣商议政事,定姜说他有罪。即便是校事对国家有益,但从礼法道义上来说,仍伤了大臣们的心,何况校事的奸邪行径已经暴露。若仍然不取消这一官职,这就是君主有过失而不愿弥补,陷于迷途而不知回返啊。"于是朝廷便废除了校事一职。

刘晔,字子扬,淮南人。文帝时任侍中。〔《傅子》上说:刘晔侍奉明帝,特别受到亲近和器重。明帝将要讨伐蜀国,朝廷内外的大臣都说:"不可以。"刘晔入朝与明帝商议,于是就说:"可以讨伐。"出来和群臣们讨论,就说:"不可讨伐。"刘晔有胆识和智谋,谈论可伐与不可伐之事,都能说得有理有据,悦耳动听。中领军杨暨是明帝亲近的大臣,也很尊重刘晔,他是主张不可伐蜀意见的大臣中最坚决的。杨暨每次从宫中出来,就会去拜访刘晔,刘晔就向他讲说不可征讨的道理。后来,杨暨侍从明帝到天渊池,明帝谈到伐蜀之事,杨暨直言极谏。明帝说:"爱卿您是书生,怎么懂得争战之事呢?"杨暨说:"臣的话确实不足以采纳,侍中刘晔是先帝的谋臣,也常说蜀国不可伐。"明帝说:"刘晔对我说蜀国可伐。"杨暨说:"您

事未发,不厌其密。陛下显然露之,臣恐敌国已闻之矣。"于是帝谢之。晔出责暨曰:"夫钓者中大鱼,则纵而随之,须可制而后牵,则无不得也。人主之威,岂徒大鱼而已!子诚直臣,然计不精思也。"暨亦谢之。晔能应变持两端如此。或恶晔于帝曰:"晔不尽忠,善伺上意所趣而合之。陛下试言皆反意而问之,若皆与所问反者,是晔常与圣意合也。复每问皆同者,晔之情必无所复逃矣。"帝如言验之,果得其情,从此疏焉。晔遂狂,出为大鸿胪,以忧死。谚曰:"巧诈不如拙诚。"信矣。

蒋济,字子通,楚国人也。文帝践祚,为散骑常侍。有诏,诏征南将军夏侯尚曰:"卿腹心重将,特当任使。恩施足死,惠爱可怀。作威作福,杀人活人。"尚以示济。济既至,帝问曰:"卿所闻见,天下风教何如?"济对曰:"未有他善,但见亡国之语耳。"帝忿然作色,而问其故。济具以答,因曰:"夫'作威作福',《书》之明诫。'天子无戏言',古人所慎。唯陛下察之!"于是帝意解,遣追取前诏。

可以召刘晔前来对质。"于是下诏召刘晔。刘晔来了以后,明帝问他,刘晔始终不说话。后来,明帝单独召见他,刘晔埋怨明帝说:"征伐敌国是重大的计划,臣能够得知这一重大计划的实情,常怕在睡梦中都走漏了消息,加重自己的罪责,怎么敢向别人说呢?用兵,是诡诈之术,战事没有发生前,怎样保密都不为过。陛下却把它明白的透露出来,臣恐怕敌国已经知道这件事了。"于是明帝向他致歉。刘晔出来后,又责备杨暨说:"钓鱼的人钓到了大鱼,应当先放线让它游,紧紧跟着它,等到能控制住它时再拉线收竿,这样没有钓不上来的。君主的威严难道仅仅是大鱼而已吗?你确实是正直之臣,但是没有精心考虑。"杨暨也向他致歉。刘晔就是像这样善于应变、能把握住两端。有人在明帝面前讲刘晔的坏话说:"刘晔不尽忠,却善于观察圣上的意向而附和。陛下可以试着用反话问他,如果他的回答与您问的意思相反,那就证明刘晔常常和您的意见一致;如果每次问(他的回答)都与您的反话意思相同,刘晔曲意逢迎的实情就不能再隐瞒了。"明帝用这个办法试验,果真弄清了真相,从此便疏远了刘晔。刘晔于是变得精神失常,后来出任大鸿胪,因忧郁而死。谚语说:"机巧诈伪不如愚钝真诚。"确实如此。]

　　蒋济,字子通,楚国人,文帝即位后,任散骑常侍。文帝有诏书告诉征南将军夏侯尚说:"您是朝廷值得信赖的重要将领,特让您担当重任。您可以施予人们足以为您效死的恩德,可以给人值得怀念的仁爱。您可以作威作福,可以杀人也可以让人活命。"夏侯尚将此诏书拿给蒋济看。蒋济到了朝廷后,文帝问道:"据您所闻所见,天下的风俗教化怎样?"蒋济回答说:"没有什么好的现象,只听见了灭亡国家的话而已。"文帝听后气愤地变了脸色,问他这样说的原因。蒋济告知事情的原委,并回答说:"'作威作福'是《尚书》中明确的告诫;'天子无戏言'是古人慎重的训诲。希望陛下明察。"于是文帝

苏则，字文师，扶风人也。为金城太守。文帝问则曰："前破酒泉、张掖，西域通使，炖煌献径寸之珠，可复求市益得不？"对曰："若陛下化洽中国，德流沙漠，即不求自至。求而得之，不足贵也。"帝嘿然。后从行猎，槎桎拔，失鹿，帝大怒，踞胡床拔刀，悉收督吏，将斩之。则稽首曰："臣闻古之圣王不以禽兽害人。今陛下方隆唐尧之化，而以猎戏多杀群吏，愚臣以为不可，敢以死请！"帝曰："卿，直臣也。"遂皆赦之。然以此见惮，左迁东平相。

杜畿，字伯侯，京兆人也。子恕，字务伯，为散骑黄门侍郎，每政有得失，常引纲维以正言。时又大议考课之制，以考内外众官。恕上疏曰："《书》称'明试以功，三考黜陟'，诚帝王之盛制。然历六代而考绩之法不著，关七圣而课试之文不垂，臣诚以为其法可粗依。其详难备举故也。语曰：'世有乱人，而无乱法。'若使法可专任，则唐、虞可不须稷、契之佐，殷、周无贵伊、吕之辅矣。今奏考功者，陈周、汉之法为缀，京房之本旨，可谓明考课之要矣。于以崇揖让之风，兴济济之治，臣以为未尽善也。其欲使州郡考士，必由四科者，皆有事效，然后察举，试辟公府，为亲民长吏，转以功次补郡守者，或就增秩赐爵，是最考课之急务也。至于公、卿及内职大臣，亦

怒气渐消,派人去追回了此前(给夏侯尚)的诏书。

苏则,字文师,扶风人,任金城郡太守。文帝问苏则说:"前些时击败酒泉、张掖的叛军,西域各国可以派使节来朝,敦煌郡进献了直径一寸的大宝珠,能否在集市上买到更多的呢?"苏则回答说:"如果陛下使教化普及中国,恩德流布到沙漠边地,宝珠就会不求自来;如果通过寻求而得到,那就不算珍贵了。"文帝听后,默然无语。后来苏则陪同文帝打猎,由于围猎的木栏被拔出了一个缺口,使得鹿逃走了。文帝大怒,坐在胡床上拔出佩刀,把所有鉴管围场的官吏都抓了起来,要杀掉他们。苏则跪地叩拜,说:"臣听说古代圣明的君王不因为禽兽而杀人,现在陛下正要兴盛唐尧的教化,却因打猎游戏要杀死这么多官吏,愚臣认为不能这样做,所以斗胆冒死向您请求!"文帝说:"你真是位敢直言谏诤的臣子啊!"于是就将那些官吏全部赦免了。然而苏则也因此让文帝感到忌惮,后被降职为东平国相。

杜畿,字伯侯,京兆人。其子杜恕,字务伯,任散骑常侍、黄门侍郎。每当政事有什么得失,他总是引用朝廷的法度发表正直的言论。当时朝廷又对考核官吏的制度大加讨论,以便考察朝廷内外的官员们。杜恕上疏说:"《尚书》中说,'明确考核臣子们的功绩','通过三次考察后,对官员加以罢黜或升迁'。这实在是帝王最重大的制度。虽然经历了唐、虞、夏、商、周、汉六代,考核制度仍然不明确;经过了唐尧、虞舜、夏禹、商汤、周文王、周武王、周公七位圣人,但考核官员政绩的条文却没有流传下来。臣实在认为是由于这种考核办法只能粗略的依循,而它的详细内容则难以一一列举的缘故。俗话说:'世上有作乱的人,却没有使国家动乱的法令。'如果治理国家可以只依靠法令的话,那么唐尧、虞舜也就用不着稷、契的辅佐,殷、周也就不必重视伊尹、吕尚的辅助了。现在上奏请求实施

当俱以其职考课之也。

"古之三公,坐而论道,及内职大臣,纳言补阙,无善不纪,无过不举。且天下之大,万机至众,诚非一明所能遍照。故君为元首,臣为股肱,明其一体相须而成也。焉有大臣守职辨课,可以致雍熙者哉!且布衣之交,犹有务信誓而蹈水火,感知己而披肝胆,徇声名而立节义者。所务者非特匹夫之信,所感者非徒知己之惠,所徇者岂声名而已乎!诸蒙宠禄受重任者,不徒欲举明主于唐、虞之上而已,身亦欲厕稷、契之列。是以古人不患于念治之心不尽,患于自任之意不足,此诚人主使之然也。

"唐、虞之君,委任稷、契、夔、龙而责成功,及其罪也,殛鲧而放四凶。今大臣亲奉明诏,给事目下,其有夙夜在公,恪勤特立,当官不挠,不阿所私,危言行以处朝廷者,自明主

考核制度的人，陈述了周、汉两朝的法令措施，续接了西汉京房有关官员考课的宗旨，可说是明了考核制度的要旨了。但对于推崇礼让之风，兴隆美好的德治来说，臣认为还没有达到十分完善的地步。如果想让州郡考察人才，必须要通过儒学、文吏、孝悌、能从政这四科，如果都能取得实效，然后再选拔授官，由官府征召试用，再担任治理百姓的基层长官，然后按政绩大小的顺序补任郡守，有的可根据功绩增加俸禄，赐予爵位。这可谓是当前官吏考核中最为紧要的工作。至于公卿和机要大臣，也都应根据他们的职责进行考核。"

"古代的三公，陪侍着帝王议论政事，机要大臣们进纳臣下的建议，匡补君王的缺失，对君主之善没有不记录的，君主之过没有不检举的。况且天下如此之大，君王要处理的各种政务繁多，确实不是一盏明灯就能够遍照天下的。所以皇帝好比是头脑，大臣好比是大腿和胳膊，说明君臣是一体而相辅相成的，因此哪有只靠大臣忠于职守、辨别考核，就能实现天下太平的道理呢？普通百姓的贫贱之交，还有因看重诚信的誓言而去赴汤蹈火的人，有感遇知己而披肝沥胆的人，有舍身求名而树立节义的人。更何况那些（公卿大臣）所追求的不只是平民之间的信义，所感念的不只是知己间的恩惠，他们所追求的难道只是名声而已吗？那些蒙受荣宠和禄位并且担当重任的大臣，不仅仅是想把英明的君主推举到比唐尧、虞舜还高的位置而已，他们自己也想跻身于稷、契这样的名臣之列。所以古人不担心自己治国的心愿不能全部发挥，而担心自己自觉承当职责的意愿不能满足，这实在是君主使得他们这样的。"

"唐尧、虞舜那样的君主，委任稷、契、夔、龙并责令他们完成任务。等到有臣下犯了罪，（便予以惩处）如舜流放了鲧并放逐四凶。现在的大臣亲自接受英明的诏示，供职于君主的身边，这些人中有从

所察也。若尸禄以为高，拱嘿以为智，当官苟在于免负，立朝不忘于容身者，亦明主所察也。诚使容身保位，无放退之辜，而尽节在公，抱见疑之势，公义不修，而私议成俗，虽仲尼为谋，犹不能尽一才，又况于世俗之人乎！今之学者，师商、韩而上法术，竞以儒家为迂阔不周，此最风俗之流弊，创业者之所致慎也。"后考课竟不行。

乐安廉昭以才能拔擢，颇好言事。恕上疏极谏曰："伏见尚书郎廉昭奏，左丞曹璠以罚当关，不依诏坐判问。又云诸当坐者别奏。尚书令陈矫自奏，不敢辞罚，亦不敢以处重为恭，意至恳恻。臣窃为朝廷惜之。夫圣人不择世而兴，不易人而治，然而生必有贤智之佐者，盖进之以道、帅之以礼故也。古之帝王，所以能辅世长民者，莫不远得百姓之欢心，近尽群臣之智力。诚使今朝任职之臣，皆天下之选，而不能尽其力，不可谓能使人也。若非天下之选，亦不可谓能官人也。陛下忧劳万机，或亲灯火，而庶事不康，刑禁日弛，岂非股肱不称之明效与？原其所由，非独臣有不尽忠，亦主有不能使也。百里奚愚于虞，而智于秦，豫让苟容中行，而著节智伯，斯则古人之明验矣。若陛下以为今世无良才，朝廷乏贤佐，岂可追望稷、

早到晚忙于处理公务,恭敬勤恳操守坚定,为官刚正不屈,办事公正不徇私,以正直的言行处身朝堂之上的人,自然是明君您都看到的。那些以空食俸禄却无所事事为高明,以遇事拱手沉默不发表意见为明智,为官只想着苟且免除自己的过失,身处朝廷总不忘保全自己的人,也是明君您都看到的。如果让那些只求苟且偷安、保全地位者不受到被流放黜退的罪责,而那些为国家竭尽忠诚保全节操之臣,却处在被怀疑的情况下,公正的义理得不到伸张,而自私的言论却成为风尚,那么即使请孔子来为之谋划,也不能充分发挥他的才能,更何况对那些世俗之人而言呢!当今的学者,效法商鞅、韩非而崇尚法家之学,争着指责儒家学说不切实际,这是当今风俗中最严重的流弊,是创建大业的君主最应当谨慎对待的问题。"后来,官吏的考核最终没有施行。

乐安人廉昭因为有才能被提拔,很喜欢上书议论政事。杜恕上疏竭力规劝皇帝,说:"臣看到尚书郎廉昭上奏尚书左丞曹璠处罚有关人员应当禀告,却没有依从诏令,曹璠因此被审查责问。(廉昭)又说:'对其他应当连坐问罪的人将另行奏报。'尚书令陈矫自己上奏说不敢推脱责罚,也不敢故意重罚自己来表示对陛下的恭敬,情意十分诚恳痛切。臣私下为朝廷感到惋惜。圣人不会挑选时代然后再来振兴它,也不会改换人民后再进行治理。但圣人出现后必然会有贤能智慧的人来辅佐,这是由于圣人用道义来举用人才,用礼义来统领他们的缘故吧。古代的帝王能够治理国家、管理百姓,没有不是远能得到百姓的欢心,近能使群臣竭尽才智与能力的。如果现在朝廷上任职的官员都是从全国推选出来的最优秀的人才,然而却不能竭尽他们的能力,那就不能说是善于用人;如果这些官员不是天下最好的人选,那就不能说是善于选才授官。陛下为各种政务忧虑劳苦,

契之遐踪,坐待来世之俊乂乎!

"今之所谓贤者,尽有大官而享厚禄矣。然而奉上之节未立,向公之心不壹者,委任之责不专,而俗多忌讳故也。陛下当阐广朝臣之心,笃厉有道之节,使之自同古人,望与竹帛耳。反使如廉昭者扰乱其间,臣惧大臣遂将容身保位,坐观得失,为来世戒也!昔周公戒鲁侯曰:'无使大臣怨乎不以。'言贤、愚、明皆当世用也。尧数舜之功,称去四凶,不言大小,有罪则去也。陛下何不遵周公之所以用、大舜之所以去?使侍中、尚书坐则侍帷幄,行则从舆辇,亲对诏问,所陈必达,则群臣之行,能否皆可得而知。忠能者进,暗劣者退,谁敢依违而不自尽?以陛下之圣明,亲与群臣论议政事,使群臣人得自尽,人自以为亲,人思所以报,贤愚能否,在陛下之所用也。明主之用人也,使能者不敢遗其力,而不能者不得处非其任。选举非其人,未必为有罪也;举朝共容非其人,乃为怪耳。

有时还要亲自在灯火下熬夜忙碌,然而仍有众多政事处理得还是不妥当,刑罚禁令日见松弛,这难道不是辅佐大臣不称职的明证吗?推究其原因,不仅仅是有臣子不尽忠的表现,君主也有不善用人的一面。百里奚在虞国时显得愚钝,在秦国时显得很有智慧;豫让在中行氏手下只是苟且容身,而在智伯手下却显示出他的节操,这都是古人中很明显的例证。倘若陛下认为当今世上没有良才,朝廷缺乏贤明的辅佐,难道能只追慕稷、契这些先贤的踪迹,坐等后世的俊才吗?"

"现今所谓的贤者,都当了大官且享有厚禄,然而侍奉君主的节操没有树立,为公家办事的心还不专注,原因就在于委任他们的职责不专一,而世俗中又有很多忌讳的缘故。陛下应思考如何开阔朝臣们的胸襟,切实勉励有才德者的节操,让他们自觉的向古代贤人看齐,希望名留青史。如今陛下反而让像廉昭这样的人扰乱于群臣之间,臣恐怕大臣们就将苟且偷安、自保职位,冷眼旁观政事得失,成为后世的鉴戒了。过去周公告诫儿子伯禽说:'不要让大臣埋怨不用他们。'就是说明无论是贤能的还是愚笨的,都应当为社会所用。唐尧列举虞舜的功绩,称赞他能去除四个恶人,没有说四凶的罪过谁大谁小,意思是只要有罪就当驱逐。陛下何不遵循周公用人的方法和虞舜贬退人的原则呢?假若让侍中、尚书在您留居宫内时侍奉于帷幄之中,出行时就跟随在您的车驾之后,亲自应对陛下的诏问,他们所陈奏的内容定能当即上达,那么群臣的品行、有才能与否,您就都能知道了。忠诚聪慧的就任用,愚昧无能的就斥退,那么,谁还敢有所迟疑而不竭尽自己的才力呢?凭着陛下的圣明,亲自与群臣讨论政事,使群臣人人都能尽心竭力,人人都自认为陛下亲近他们,人人都想着怎样报答陛下。贤明的和愚钝的,有才能的和无才能的,都

"陛下又患台阁禁令之不密、人事请属之不绝,听伊尹作迎客出入之制,选司徒更恶吏以守寺门,威禁由之,实未得为禁之本也。陛下自不督必行之罚以绝阿党之原耳。伊尹之制,与恶吏守门,非治世之具也。使臣之言少蒙察纳,何患乎奸不削灭,而养若廉昭等乎!夫纠擿奸宄,忠事也,然而世憎小人行之者,以其不顾道理而苟求容进也。若陛下不复考其终始,必以违众忤世为奉公、密行白人为尽节,焉有通人大才而更不能为此邪?诚顾道理而弗为耳。使天下皆背道而趋利,则人主之所最病者,陛下将何乐焉?胡不绝其萌乎?

"夫先意承旨以求容美,率皆天下浅薄无行义者,其意务在于适人主之心而已,非欲治天下、安百姓也。陛下何不试变业而示之,彼岂执其所守以违圣意哉?夫人臣得人主之心,安业也;处尊显之官,荣事也;食千钟之禄,厚实也。人臣虽愚,未有不乐此而喜于忤者也,迫于道自强耳。诚以为陛下当怜而佑之,少委任焉,如何反录昭等倾侧之意,而忽若人者乎?"

在于陛下您的量才任用。英明的君主用人，使有能力的人不敢留有余力，不能干的不能居于不适合他的位置。推选上来的人不合适，不一定是有罪过，而满朝大臣都容忍不适合的人在位，这才是怪事啊。"

"陛下又担心尚书台的禁令不够保密，人事上请托的现象不能杜绝。就听任伊尹那样的辅政大臣来制定会客的制度，派司徒更换凶暴的门吏来守卫官署的大门，禁令也由他们掌握，实际上还是没有找到禁绝不正之风的根本。这是陛下您没有督责实施必须执行的惩罚，来杜绝逢迎上意、结党营私的根源。会客的制度，和用凶暴的门吏守门，并不是治理天下的办法。假如臣的话能稍稍受到您的详察采纳，还担心什么奸党不能铲除，而要养着像廉昭这样的人呢？检举揭发违法作乱之人，本是忠君之事。然而世人之所以憎恶小人来做这些事，就是因为他们不顾及规矩而只是肆意谋求自己能够保身进升。倘若陛下又不再去查考事情的整个过程动机和后果，必定会把违逆世道人心的行为当作秉公行事，把行踪诡秘、暗中告发别人的做法当作竭力保全节操。哪有学识渊博、才能出众的人会干不了这种事呢？只不过是顾及道义而不肯那样干罢了。假使天下的人都违背道义去追逐利益，那便是君主所最为担忧的事了，陛下又将会有什么高兴的呢？为什么不杜绝其于萌芽呢？"

"那种预先揣摸君主心意然后谄媚逢迎，以此来求得君主接纳和称美的人，大概都是世上鄙陋肤浅而又没有品行之辈，他们的心思全都在于满足君主的心意而已，并非希望治理天下、安定百姓。陛下何不试着改变自己惯常的想法而向他们表露出来，他们难道会坚持自己原来的意见而违背您的意思吗？臣子得到君主的欢心，能使其地位安稳；担任尊贵显要的官职，这是值得荣耀的事情；享受千

恕论议抗直,皆此类也。

庞德,字令明,南安人也。拜立义将军。屯樊,讨关羽。樊下诸将以德兄在汉中,颇疑之。德常曰:"我受国恩,义在效死。"会汉水暴溢,羽乘船攻之,矢尽,短兵接。德谓督将成何曰:"吾闻良将不怯死以苟免,烈士不毁节以求生,今日,我死日也。"战益怒,气愈壮,而水浸盛,为羽所得,立而不跪。谓曰:"卿兄在汉中,我以卿为将,不早降何为?"骂羽曰:"竖子,何谓降也!魏王带甲百万,威振天下,汝刘备庸才耳,岂能敌邪!我宁为国家鬼,不为贼将也。"遂为羽所杀。太祖闻而悲之,为流涕,封其二子为列侯。

文帝即王位,乃遣使就德墓赐谥,策曰:"昔先轸丧元,王蠋绝脰,殒身徇节,前代美之。惟侯式昭果毅,蹈难成名,声溢当时,义高在昔,寡人愍焉,谥曰壮侯。"又赐子会等四人爵关内侯,邑各百户。

阎温,字伯俭,天水人也。以凉州别驾守上邽令。马超围

钟的俸禄,这是丰厚的待遇。做臣子的即使再愚昧,也没有不喜欢这样而乐意去违逆君主的。(若不如此)也是迫于道义,自己勉强这样做而已。臣实在认为陛下应当对他们加以怜惜和帮助,并对他们委任官职。怎么能反而采纳廉昭等人邪僻不正的意见,而忽视这样的人呢?"杜恕发表议论的刚正忠直,都像上面所记述的那样。

庞德,字令明,南安郡人,被拜为立义将军。他驻扎在樊城,讨伐关羽。樊城的将领们因为庞德的从兄在汉中(为蜀国效力),很怀疑庞德。庞德常常说:"我受国家深恩,理应以死报效。"这时恰逢汉水暴涨、泛滥,关羽乘船攻打他们。庞德的箭用完了,就用短兵器交战。庞德对督将成何说:"我听说良将不会因畏惧死亡而苟且偷生,有气节壮志的人不会毁弃节操以求活命。今天就是我死的日子了!"于是,他作战更加奋勇,气势更加雄壮,然而水势也越来越大,最终被关羽所俘获。庞德直立不跪,关羽对他说:"您的兄长在汉中,我想任您为将军,为何不早些投降呢?"庞德骂道:"小子,说什么投降!魏王率兵百万,威振天下。你们刘备不过是个平庸之人,怎能与魏王匹敌?我宁肯做国家的鬼,也不当贼人的将!"于是被关羽杀死。太祖听说后很悲痛,为他的死而流泪。于是,封他的两个儿子为列侯。

曹丕即魏王位,派使者到庞德墓前赐予谥号。谥册中说:"以前,先轸战死沙场为国断头,王蠋拒绝投敌断颈而死,他们都为保全节操而捐躯,前代之人都赞美他们。您发扬古人果敢坚毅的精神,投身危难而成名于世,美好的名声传扬于当时,您的节义比过去之人还要崇高,寡人对您十分哀怜,赐谥号为壮侯。"又赐给庞德的儿子庞会等四人关内侯的爵位,封邑各一百户。

阎温,字伯俭,天水郡人。以凉州别驾的身份代理上邽县的县

州所治冀城甚急,州乃遣温密出,告急。贼见,执还诣超。超解其缚,谓曰:"今成败可见,足下为孤城求救而执于人手,义何所施?若从吾言,。反谓城中,东方无救,此转祸为福之计也。不然,今为戮矣。"温伪许之,超乃载温诣城下。温向城大呼曰:"大军不过三日至,勉之!"超怒数之,温不应。复谓温曰:"城中故人,有欲与吾同者不?"温又不应。遂切责之,温曰:"夫事君有死无贰,而卿乃欲令长者出不义之言,吾岂苟生者乎?"超遂杀之。

令。马超包围了凉州治所冀县，攻势猛烈。凉州刺史于是派阎温秘密出城，(向夏侯渊)告急求救。敌人发现了他，抓来见马超。马超亲自为他松绑，对他说："如今胜败形势已经很明确了，您为这座孤城请救兵却被人捉住，还怎么表现大义呢？如果听我的话，反过来对城中说，东方不会有救兵来了，这对您是转祸为福的办法，否则现在就杀了你。"阎温假装同意。于是，马超用车带着阎温来到城下。阎温朝着城内大声喊道："大军不出三天就到了，要努力坚守啊！"马超怒责他，阎温不出声。马超又对他说："你城里的朋友，有愿意跟随我的吗？"阎温仍没出声。马超于是严厉斥责他，阎温说："侍奉君主可以为之而死，却不能有二心，而您想让有德者说出不义的话，我难道是苟且偷生之辈吗？"马超于是就杀死了他。

卷二十六　魏志（下）

传

陈思王植，字子建。每进见难问，应声而对，特见宠爱。既以才见异，而丁仪、丁廙、杨修等，为之羽翼。太祖狐疑，几为太子者数矣。黄初三年，立为鄄城王。太和元年，徙为雍丘王。三年，徙封东阿王。五年，上疏求存问亲戚，因致其意曰："臣闻天称其高，以无不覆；地称其广，以无不载；日月称其明，以无不照；江海称其大，以无不容。故孔子曰：'大哉尧之为君！唯天为大，唯尧则之。'夫天德之于万物，可谓弘广矣。盖尧之为教，先亲后疏，自近及远。周之文王亦崇厥化。昔周公吊管、蔡之不咸，广封懿亲以藩屏王室。传曰：'周之同盟，异姓为后。'诚骨肉之恩，爽而不离；亲亲之义，实在敦固。未有义而后其君、仁而遗其亲者也。

"臣伏惟陛下资帝唐钦明之德，体文王翼翼之仁，惠洽椒房，恩昭九亲，群后百寮，番休递上，执政不废于公朝，下情得展于私室，亲理之路通，庆吊之情展，诚可谓恕己治人、推

传

陈思王曹植，字子建。每次进见太祖，太祖提出问题问他，他都能应声对答，所以特别受到太祖宠爱。曹植既因才华受到宠爱，又有丁仪、丁廙、杨修等人作为他的辅佐，太祖犹豫不决，有好几次差点儿立他为太子。黄初三年，曹植被立为鄄城王。太和元年，改封为雍丘王。太和三年，又改封东阿王。太和五年，曹植上疏请求探望亲戚，于是表达自己的心意说："臣听说上天之所以被称为高，是因为没有什么不被其覆盖；大地之所以被称为广，是因为没有什么不受其承载；日月之所以被称为明，是因为没有什么不受其照耀；江海之所以被称为大，是因为没有什么不能被它容纳。所以孔子说：'尧作为君主，真是伟大啊！只有天最高大，也只有尧能效法上天。'上天施予万物的恩德，可以说是弘远广大了。唐尧施行教化，先亲后疏，由近到远。周朝的文王也遵从这一教化。从前，周公伤痛于管叔鲜、蔡叔度与王室不和，所以广泛分封宗室至亲，以此来捍卫周王室。《左传》上说：'周朝时天子与诸侯盟会，异姓的诸侯排列在后。'实在是因为骨肉之间恩情深厚，即使有过失也不会离弃；亲属之间的情义，确实应当深厚坚固。未曾有忠义的臣子会怠慢君主，也未曾有仁德之人会遗弃自己的亲人。"

臣想到陛下有着尧帝那样敬肃明察的德行，效法周文王那样恭敬谨慎的仁爱，恩惠施及于后妃，恩德显扬于九族；公卿百官轮流休息，依次入值侍奉陛下，既不荒废在朝廷上处理政务，个人的情感也能在私室里得到抒发；亲戚间的来往通畅无碍，庆贺与吊唁的

惠施恩者矣。至于臣等，婚媾不通，兄弟乖绝，吉凶之问塞，庆吊之礼废，恩纪之违，甚于路人，隔阂之异，殊于胡越。以一切之制，无朝觐之望，至于注心皇极，结情紫闼，神明知之矣。愿陛下沛然垂诏，使诸国庆问得展，以叙骨肉之欢恩，全怡怡之笃义；妃妾之家，膏沐之遗，岁得再通。齐义于贵宗，等惠于百司，如此则《风》《雅》所咏，复存于圣世矣。

"臣伏自思惟，无锥刀之用。及观陛下之所拔授，若以臣为异姓，窃自料度，不后于朝士矣，若得辞远游，戴武弁，解朱组，佩青绂，驸马奉车，趣得一号，安宅京室，执鞭珥笔，出从华盖，入侍辇毂，承答圣问，拾遗左右，乃臣丹诚之至愿也。远慕《鹿鸣》君臣之宴，中咏《常棣》匪他之戒，下思《伐木》友生之义，终怀《蓼莪》罔极之哀。每四节之会，块然独处，左右唯仆隶，所对唯妻子，高谈无所与陈，发义无所与展，未尝不闻乐而拊心、临觞而叹息也。臣伏以为，犬马之诚不能动人，譬人之诚不能动天。崩城陨霜，臣初信之，以臣心况，徒虚语耳。若葵藿之倾叶，大阳不为之回光，亦终向者诚也，窃自比葵藿，若降天地之施，垂三光之明者，实在陛下。今之否隔，友于同忧，而臣独倡言者，窃不愿于圣世使有不蒙施之物，必有惨毒之怀。故《柏舟》有天只之怨，《谷风》有弃予

情感能够表达，确实可以称得上是扩充自己的仁爱之心来治理百姓，推己及人广施恩惠了。至于臣下，姻亲之间不相往来，兄弟之间彼此隔绝，问候吉凶的音讯被阻塞，庆贺吊唁的礼仪被废弃；恩情的疏远，超过陌路之人；隔阂的程度，比天各一方的胡越还严重。因为受到权宜之制的限制，使臣永无进京朝见的希望；至于臣对陛下的关心，情系于宫廷，只有神明知道了。希望陛下迅速下诏，使各诸侯王之间的庆贺问候得以进行，以叙谈骨肉之间欢乐的恩情，成全兄弟间友好和睦的深厚情义。对妻妾之家，馈赠润发脂膏之类的物品；每年可以两次往来问候，使皇室宗亲在恩义上与贵族外戚相等，在恩惠上等同于百官。这样，那么《诗经》中所歌颂的事情就又会出现在当今圣明的时代了。

"臣思量自己，连像锥刀那样微小的用处都没有，等看到陛下所选拔任用的人，如果臣是异姓之人，暗自揣度，也不会比朝廷上的官员差。如果能够脱掉王侯的远游冠，戴上武官的帽子，解下诸侯的朱组，佩上武将的青绶，在驸马都尉或奉车都尉中，尽快得到其中一个名号，然后安住在京城，持鞭驾车，戴笔记录，外出时跟从陛下的车驾，入宫时陪侍陛下左右，在您身边拾遗补缺，这才是臣赤诚之心的最大愿望啊！臣远慕《鹿鸣》诗中君臣欢宴的情景，其次歌咏《常棣》诗中'兄弟不是外人'的告诫，近思《伐木》诗中珍惜朋友情谊的道理，最终感怀《蓼莪》诗中父母深恩无以为报的哀伤。臣每逢四季中亲人聚会的日子，孤身独处，左右只有奴仆，面对的只有妻子儿女，高谈阔论没有人倾听，阐发理义却无处表达，未尝不是一闻奏乐就捶胸悲痛，对着酒杯就叹息不已。臣以为犬马的真诚不能感动人，就好像人的真诚不能感动上天一样。听说杞梁的妻子能哭崩城墙，邹衍的冤死会让夏天降霜的故事，臣起初还相信，但现在以

之叹。故伊尹耻其君不如尧舜。臣之愚蔽，欲使陛下崇光日月、被时雍之美者，是臣慺慺之诚也。"

诏报曰："夫忠厚仁及草木，则《行苇》之诗作；恩泽衰薄，不亲九属，则《角弓》之章刺。今令诸国兄弟，情理简怠，妃妾之家，膏沐疏略，纵不能敦而睦之，王援古喻义，备矣悉矣，何言精诚不足以感通哉？夫明贵贱，崇亲亲，礼贤良，顺少长，国之纲纪，本无禁诸国通问之诏也。矫枉过正，下吏惧谴，以至于此耳。已敕有司，如王所诉。"

植复上疏陈审举之义曰："臣闻天地协气而万物生，君臣合德而庶政成。五帝之世非皆智，三季之末非皆愚，用与不用、知与不知也。书曰：'有不世之君，必能用不世之臣。用不世之臣，必能立不世之功。'昔乐毅奔赵，心不忘燕，廉颇在楚，思为赵将。臣生乎乱，长乎军，又数承教于武皇帝，伏见行师用兵之要，不必取孙吴而暗与之合。窃揆之于心，常愿

臣的心境来比较，这只是些假话罢了。像葵藿的叶子倾向太阳，太阳虽然并不会为此而回光照耀，但葵藿始终向着太阳却是真诚的。臣私下把自己比作葵藿，而能够降下像天地那样的恩惠，赐予像日、月、星那样光辉的人，确实就是陛下您啊。现今亲戚隔绝不通，兄弟们同有忧愁，然而唯独臣首先向陛下进言的原因，是自己不希望在圣明之世还有得不到陛下恩惠的人。若有这样的人，他们必定会有悲痛怨愤的心情，所以《柏舟》诗中有'天啊，为何不信任我'的悲怨，《谷风》诗中有弃恩忘旧的哀叹。因而伊尹为他的君主不如唐尧、虞舜而深感羞愧。为臣愚钝，但希望使陛下能够与日月同光，广施和睦亲族的美德，确实是出自于臣恭谨至诚的心愿啊。"

　　明帝下诏回答说："君主的忠厚仁爱施及草木，《行苇》之诗就因此产生了；而君主的恩惠寡薄，不亲善九族，那么就会有《角弓》那样的诗篇予以讽刺。现今使各诸侯国兄弟之间，人情冷淡，对妃妾之家，膏沐的馈赠也忽略了。纵然不能使大家亲厚和睦，但是您援引古代的事例来说明道理，已经十分详尽了，怎么能说精诚不足以感动人呢？区分贵贱，尊崇亲族，礼遇贤才，使长幼有序，这些都是国家的法度纲常。朝廷本来就没有禁止诸王之间互通问候的诏令，大概是矫枉过正，下面的官吏害怕受到谴责，才到了今天这样的地步。朕已经下令有关部门按照您所说的去做了。"

　　曹植又向明帝上疏，陈述审慎选用官吏的道理说："臣听说天地阴阳之气协调，万物才能生长；君臣同心同德，各项政事才能成功。五帝时代的人，并不都是智者；夏、商、周三代末期的人，也不都是愚人，这全在于对贤才用与不用、了解与不了解。《尚书》中说：'有非凡的君主，必定能使用非凡的臣子；使用非凡的臣子，必定能建立非凡的功业。'从前乐毅逃奔到赵国，心里不曾忘记燕国；廉颇移居

得一奉朝觐，排金门，蹈玉陛，列有职之臣，赐须臾之间，使臣得一散所怀，摅尽蕴积，死不恨矣。然天高听远，情不上通，徒独望青云而拊心、仰高天而叹息耳。屈平曰：'国有骥而不知乘焉，遑遑而更索！'昔管、蔡放诛，周、邵作弼；叔鱼陷刑，叔向匡国。三鉴之譬，臣自当之；二南之辅，求必不远。华宗贵族，藩王之中，必有应斯举者。故传曰：'无周公之亲，不得行周公之事。'唯陛下少留意焉。

"近者汉氏广建藩王，丰则连城数十，约则飨食祖祭而已，未若姬周之树国五等之品制也。若扶苏之谏始皇，淳于越之难周青臣，可谓知时变矣。能使天下倾耳注目者，当权者是矣，故谋能移主，威能慑下。豪右执政，不在亲戚。权之所在，虽疏必重；势之所去，虽亲必轻。盖取齐者田族，非吕宗也；分晋者赵、魏，非姬姓也。唯陛下察之。苟吉专其位、凶离其患者，异姓之臣也；欲国之安，祈家之贵，存共其荣，没同其祸者，公族之臣也。今反公族疏而异姓亲，臣窃惑焉。今臣与陛下践冰履炭，高下共之，岂得离陛下哉？不胜愤懑，拜表陈情，若有不合，乞且藏之书府，不便灭弃，臣死之后，事可

到楚国,仍想着做赵国的将军。臣生于乱世,长在军中,又多次受到太祖武皇帝的指教,看到太祖行军用兵的要领,不必照搬孙武、吴起之说,却能与他们的兵法暗合。臣心里考虑,常常希望能奉命朝见陛下,待诏于金马门,踏上宫殿的玉阶,排在任职大臣之列,赐予臣短暂的时间,使臣能畅叙心意,尽情抒发郁积多年的话语,这样臣就是死也没有遗憾了!然而陛下身居高位,难以听到臣在远方的心声,臣的心情不能上达陛下,只有独自望着浮云而捶胸悲痛,仰望苍天而深深叹息。屈原说:'国内有骏马不知道去骑,为何匆匆忙忙到别处去寻觅?'从前管叔鲜被处死,蔡叔度被流放,周公、召公做辅佐大臣;晋国的叔鱼犯罪被陈尸示众,叔向仍匡扶国家。三鉴反叛这样的灾祸,就由臣来承受好了;像周公、召公那样的辅政大臣,必定在您身边不远处就能找到。贵族藩王之中,必定会有能担此重任之人。所以《左传》上说:'没有周公那样的亲族关系,就不能做周公那样的事。'希望陛下稍加留意。"

"近代的汉朝大举分封藩王,封地大的有接连几十座城池,小的则只够供奉祭祀祖宗而已,不像周朝的分封藩国,有公、侯、伯、子、男五等爵位的制度。像扶苏劝谏秦始皇,淳于越驳斥周青臣,都可以说是知道时势的变化了。能够使天下的人倾听和注视的,就是掌握大权的人了。所以他们的谋略能够左右君主,其威势能够震慑下级。名门大族执掌国政,不在于他是不是皇室宗亲。若大权在握,虽是疏远的关系(而非宗亲),也定会显得举足轻重;一旦失去权势,即使是皇族近亲也会变得轻微。取代齐国君主位置的是田氏家族,而非吕氏的宗亲;瓜分晋国的是赵氏、魏氏家族,而非姬姓的宗亲,希望陛下明察。如果在有利可图时就把持官位,在形势险恶时就逃离祸患的,必是异姓大臣;而希望国家安定,祈望家族尊贵,得势时共

思。"

《魏略》曰：植以近前诸国士息已见发，其遗孤稚弱，在者无几，而复被取，乃上书曰："臣闻古之圣君，与日月齐其明，四时等其信，恩不中绝，教无二可，以此临朝，则臣下知所死矣。受任在万里之外，审主之所以授官，必已之可以投命，虽有构会之徒，泊然不以为惧者，盖君臣相信之明效也。臣初受封，策书曰：'植受兹青社，为魏藩辅。'而所得兵百五十人，皆年在耳顺，或不逾矩，虎贲官骑及亲事凡二百余人。皆使年壮，备有不虞，检校乘城，顾不足以自救，况皆复耄耋罢曳乎？而名为魏东藩，使屏翰王室，臣窃自羞矣。就之诸国，国有士子，合不过五百人，伏以为三军益损，不复赖此。方外定否，必当须办者，臣愿将部曲，倍道奔赴，夫妻负襁，子弟怀粮，蹈锋履刃，以徇国难，何但习业小儿哉？愚诚以挥涕增河，鼷鼠饮海，于朝万无损益，于臣家计甚有废损。又，臣士息前后三送，兼人已竭。唯尚有小儿，七八岁已上、十六七已还，三十余人。今部曲皆年耆，卧在床席，非糜不食，眼不能视，气息裁属者，凡三十七人；疲瘵风靡，疣盲聋聩者，二十三人。唯正须此小儿，大者可备宿卫，虽不足以御寇，粗可以警小盗。小者未堪大使，为可使耘锄秽草，驱护鸟雀。休候人则一事废，一日猎则众业散，不亲自经营则功不摄。常自躬亲，不委下

同享受富贵,失势时共同承受祸难的人,定是王室宗族的大臣了。如今的情况反而是宗族被疏远而异姓得亲近,臣私下对此感到困惑。现今臣与陛下,如同一起踏过薄冰、踩过炭火,或上或下都将共同承受,怎么能离开陛下呢?臣无法承受心中的抑郁,所以向您呈上奏章来陈述衷情。如果有不合陛下心意的地方,乞求您暂且把它收藏在书府,不要立即销毁丢弃,在臣死了之后,这些事情或许还值得反思。"

《魏略》说:曹植因为看到离皇帝较近的诸侯国的子弟已被征调,那些死难者所遗留下的子孙又太幼弱,留在国中的人已经所剩无几,然而这些人却仍不断被派走,于是上书说:"臣听说古代圣明的君主,有和日月一样的光明,同四季的交替一般守信,恩惠从不中断,教化也没有双重标准,以此来处理朝政,那么臣下即使为之去死,心里也很明白。臣远在万里之外接受任命,认真思考陛下之所以授予职位,必定是因为自己可以舍命报效,即便有从中设法陷害的小人,臣却能淡然处之而不以此为忧虑的原因,大概是君臣之间相互信任带来的明显效果吧。臣刚受封时,策书上说:'曹植受封于此东方之地,作为我大魏的藩国。'然而,臣所分得的军队只有一百五十人,他们的年龄都在六十岁或是七十岁,勇士、骑兵以及亲信侍从,加在一起也只有二百多人。即使他们都是壮年的士兵,用来防备意外之事,巡查守城,尚且都不能自救,更何况都是些年老疲弱的人呢?而名义上作为魏国东面的藩王,让臣保卫大魏王室,臣私下感到着愧。臣就任于藩国,而国内将士家的子弟加起来不过五百人,臣以为为朝廷军队的增减,不会再依赖他们。若边境不安定,必须要进行治理时,臣愿率领这些部下日夜兼程,奔赴前线,即使夫妻背着小孩、子弟带着干粮,踩着锋刀,踏着利刃,也会为国家的危难而献身,岂止是这些还在研习学业的孩童啊?臣确实愿用挥散泪水也要使河水上涨,像鼱鼠饮海水却要把海水喝干一样的诚心来报效陛下,

吏而已。陛下圣仁,恩诏三至,士子绘国,长不复发。明诏之下,有若皦日,保金石之恩,必明神之信,定习业者并复见送,晻若昼晦,怅然失图。伏以为陛下既爵臣百僚之右,居藩国之任,为置卿士,屋名为宫,冢名为陵,不使其危居独立,无异于凡庶。若陛下听臣,悉还部曲,罢官属,省鉴官,使解玺释绂,追柏成、子仲之业,营颜渊、原宪之事,居子臧之庐,宅延陵之室,如此,虽进无成功,退有可守节,身死之日,犹松、乔也。然伏度国朝,终未肯听臣之若是,固当羁绊于世绳,维系于禄位,怀屑屑之小忧,执无已之百念,安得荡然肆志,逍遥于宇宙之外哉?此愿未从,陛下必欲崇亲亲,笃骨肉,润白骨而荣枯木者,唯遂仁德,以副前恩,有诏皆遂还之也。"

但这对朝廷也许没有多大用处，但对臣的家庭生计却会造成严重的损害。另外，臣已先后向朝廷三次选送士兵上前线，其他的人已经没有了，唯独还有年龄在七、八岁以上至十六、七岁以下的孩童三十多人。现在臣的部下都是年老的士卒，其中卧病在床，只能喝点稀粥，眼睛看不清楚，奄奄一息的，共有三十七人；身患疾病，弱不禁风，长有疣疮，耳聋目盲的，有二十三人。正等着这些孩子成长，大一些的可以担任警卫，即使不足以防御贼寇，大略还是可以防备小贼的；年龄小的，还不能派上大用处，但可以让他们去田间除草、驱赶鸟雀。罢免了候人，一件事情就做不成；打一天猎，许多事情就会变得杂乱。不亲自规划经营，则事情不能持久，就只好经常亲自动手，不去委派下属官吏而已了。陛下圣明仁爱，降恩的诏书三次下达，征调将士家的子弟供给国家，年长之人不再被征调。英明的诏书颁发后，就像明亮的太阳，永保不朽的恩惠，必能表明上苍的信用。然而后来又规定攻习学业的人还是要被派送出去，就像是白昼中的阴影，令人失意而不知所措。臣以为，陛下既然封臣在百官之上的爵位，居于藩国的职任，又专为设置了下属官吏，臣住的房屋称为宫殿，死后的坟墓称为陵寝，而不让臣危居独立，实际上与普通百姓没什么差别。若陛下允许臣全部退还现有的老弱兵士，罢除官属，削减鉴察地方事务的官吏，让臣解下官印，辞去官职，追随柏成、子仲的前业，经营颜渊、原宪所行之事，身居曹子臧的庐舍，居于延陵季子的宅室。这样，臣即使在位时没有成就的功业，引退后还能保守节操，去世的时候，也会像赤松子和王子乔那样了。然而臣思量朝廷始终未肯让臣这样做，所以臣还是要被世俗的绳索所牵制，牵绊于俸禄爵位，心怀琐碎的小小忧愁，持守着与己无关的各种想法，怎能随心快意，安闲自在的逍遥于宇宙之外啊！臣的这个愿望还没有实现，若陛下必定要推崇亲亲之义，加深骨肉之情，让白骨受到润泽，让枯木重新繁茂，臣只有顺从您的仁德，不辱皇上此前的恩诏了。"皇上下达诏书，让把这些人都放还诸国。

六年，封植为陈王。时法制待藩国，既自峻迫，寮属皆贾竖下才，兵人给其残老，大数不过二百人。十一年而三徙都，常汲汲无欢，遂发疾薨。孙盛曰：异哉，魏氏之封建也！不度先王之典，不思藩屏之术，违敦穆之风，背维城之义。汉初之封，或权侔人主，虽云不度，时势然也。魏氏诸侯，陋同匹夫，虽惩七国，矫枉过也。且魏之代汉，非积德之由，风泽既微，六合未一，而彫翦枝干，委权异族，势同瘣木，危若巢幕，不嗣忽诸，非天丧也。五等之制，万世不易之典。六代兴亡，曹囧论之详矣。

中山恭王衮，每兄弟游娱，衮独谭思经典。文学防辅，遂共表称陈衮美。衮闻之，大惊惧，责让文学曰："修身自守，常人之行耳，而诸君乃以上闻，是适所以增其负累也。且如有善，何患不闻，而遽共如是，是非益我。"其诫慎如此。衮尚约俭，教敕妃妾，纺绩织纴，习为家人之事。衮病困，令世子曰："汝幼少，未闻义方，早为人君，但知乐，不知苦，必将以骄奢为失也。接大臣，务以礼。虽非大臣，老者犹宜答拜。事兄以敬，恤弟以慈。兄弟有不良之行，当造膝谏之。谏之不从，流涕喻之。喻之不改，乃白其母。若犹不改，当以奏闻，并辞国土。与其守宠罹祸，不若贫贱全身也。此亦谓大罪恶耳，其微过细愆，故当奄覆之。嗟乎小子，慎修乃身，奉圣朝以忠贞，

太和六年，曹植被封为陈王。当时的法令制度，对待各藩国已经开始严厉急迫，配给各藩国的属官都是些商贾和才能低劣之辈，配备的士兵也都是残疾或年老之人，大约不到二百人。曹植在十一年当中三次迁徙封地，常常忧虑不安、郁郁寡欢，最终发病去世。孙盛说：魏国的封邦建国真是奇怪。不思量先王的典制，不考虑捍卫王室的方法，违背了敦厚和睦的风教，背弃了以宗亲连城保卫皇室的本义。汉朝初期的分封，有的诸侯王权势相当于天子，虽然说不合礼法，但也是时势造成的。魏国的诸侯，鄙陋得和普通百姓一样，即使是鉴戒于七国之乱的教训，即矫枉过正，但也太过了。况且魏国取代汉朝，并不是积德的缘由，德泽已经衰微，而天下尚未统一，却剪除如枝干一样的宗族，将权柄交给异姓之人，国势就像快要病死的树木，危险得就像筑在帷幕上的鸟巢，后人不足以继承前人之位，于是国家突然灭亡，不是上天要灭掉它啊。五等爵禄的制度，是万代不能改变的法则。六代兴亡的道理，曹囧已经论述得很详细了。

中山恭王曹衮。每次兄弟们游玩娱乐时，曹衮却独自深思经典。文学侍从和防辅之官于是一同上表称述曹衮的美德。曹衮听说后，大为惊恐，责备文学说："修养身心、保持操守，不过是平常人的行为罢了，而诸位却将此上报给朝廷，这恰恰会为我增加负担。再说，如果我有好的行为，何必担心别人不知道，而你们却急着一起这样做，这并不是对我好啊。"他的警惕谨慎就像这样。曹衮崇尚节约俭朴，教导训诫妻妾纺线织布，学做普通妇女所做的事情。曹衮病重之时，教令继承自己王位的儿子说："你年纪尚小，还不懂得为人处世的道理，过早的成为人主，若知道享乐而不知道吃苦，必将会因为骄傲奢侈犯下过失。接待大臣时，务必要遵照礼仪，即使不是大臣，对年老的人也应该回拜；侍奉兄长要恭敬，照顾弟弟要仁慈。兄弟中有不好的行为，应当促膝谈心劝谏他；若劝谏不听，就要流着泪给他讲

事太妃以孝敬。闺闱之内,奉令于太妃;阃阈之外,受教于沛王。无怠乃心,以慰余灵。"薨,诏使大鸿胪持节典护丧事,赠赗甚厚。

评曰:魏氏王公,徒有国土之名,而无社稷之实,又禁防壅隔,同于囹圄。位号靡定,大小岁易。骨肉之恩乖,《棠棣》之义废。为法之弊,一至于此乎?《魏氏春秋》载宗室曹冏上书曰:"臣闻古之王者,必建同姓以明亲亲,必树异姓以明贤贤。故传曰:'庸勋亲亲,昵近尊贤'。《书》曰:'克明俊德,以亲九族'。《诗》云:'怀德惟宁,宗子维城'。由斯观之,非贤无与兴功,非亲无与辅治也。夫亲亲之道,专用则其渐也微弱;贤贤之道,偏任则其毙也劫夺。先圣知其然也,故博兼亲疏而并用之,近则有宗盟藩卫之固,远则有仁贤辅佐之助,兴则有与共其治,衰则有与守其土,安则有与享其福,危则有与同其祸。夫然,故能有其国家、本枝百世也。今魏尊尊之法虽明,亲亲之道未备。《诗》不云乎?'鹡鸰在原,兄弟急难'。以斯言之,明兄弟相救于丧乱之际,同心于忧祸之间,虽有阋墙之忿,不忘御侮之事。何则?忧患同也。今则不然,或任而不重,或释而不任,一旦疆场称警,关门反拒,股肱不扶,胸心无卫。臣窃惟此,寝不安席。

道理；讲道理还不改，那就要禀告他的母亲。如果仍然不改，就应当上奏天子，并削夺其封国土地。与其让他保持着恩宠而遭祸，不如身处贫贱而保全性命，当然这说的是大的罪恶。至于微细的过错，就应当为他们掩盖。唉，儿子啊！要谨慎的修养自身，侍奉朝廷要忠诚坚贞，侍奉太妃要孝顺恭敬。家里的事应遵从太妃的指令，外面的事要接受伯父沛王的教导。不要有懈怠的心，以此来慰藉我的灵魂。"曹衮去世，明帝下诏派大鸿胪持符节主持料理丧事，赠送的丧葬物品十分丰厚。

有评论说：魏朝的王公，空有封国领地的虚名，却没有国家的实质，又对他们设置禁令进行防范、阻隔，如同被关进监狱一般。爵位和封号不固定，封地大小年年变动，违背了骨肉之间的恩情，兄弟间的和睦友爱也被废弃。这种制定法令的弊端，竟然到了如此地步！〔《魏氏春秋》记载魏宗室曹冏的奏书说："臣听说古代的君王必定封立同姓宗亲，以表示亲爱亲属；必定要树立异姓之臣，以表明尊崇贤才。所以《左传》说：'酬赏有功之人，亲爱宗族亲戚，亲近身边的大臣，尊敬贤明的人才。'《尚书》说：'能任用贤明之士，以此来和睦九族宗亲。'《诗经》说：'为政有德国以安宁，宗子连城以卫王室。'由此可见，不是贤才就不能兴立功业，不是宗亲就不能辅佐治理政事。如果一味任用亲戚宗族，王室就会逐渐衰弱；如果只注重任用贤明之士，恐国家会被外族篡位。先圣知道这个道理，所以广泛的任用亲疏两方面的人才。近有同姓宗族捍卫的稳固保护，远有仁义贤明大臣的辅佐帮助。国家兴盛时，有人和君主共同治理；国家衰落时，有人和君主共同守卫国土。国家安定时，有人与君主共享幸福；国家危亡时，有人与君主共赴国难。这样，才能保有他的国家，使子孙昌盛，百代不衰。现在魏国尊敬长的法制虽很明确，但亲爱宗亲的方法还不完备。《诗经》上不是说：'鹡鸰被困在原野，兄弟赶来解救急难。'以此说来，

"谨撰合所闻,叙论成败。论曰:昔夏、殷周历世数十,而秦二世而亡。何则?三代之君,与天下共其民,故天下同其忧也。秦王独制其民,故倾危莫救也。夫与人共其乐者,人必忧其忧。与人同其安者,人必拯其危。先王知独治之不能久也,故与人共治之;知独守之不能固也,故与人共守之。兼亲疏而两用,参同异而并建,是以轻重足以相镇,亲疏足以相卫,并兼路塞,逆节不生。及其衰也,桓、文帅礼,王纲弛而复张,诸侯傲而复肃。二霸之后,浸以陵迟,吴、楚凭江汉,负固方城,虽心希九鼎,而畏迫宗姬,奸情散于胸怀,逆谋消于唇吻。斯岂非信重亲戚,任用贤能,枝叶硕茂,本根赖之与?自此之后,转相攻伐,暨于战国,诸姬微矣。至于王赧,降为庶人,犹枝叶相持,得居虚位,海内无主,四十余年。秦据形胜之地,骋谲诈之术,至于始皇,乃定天位。旷日若彼,用力若此,岂非深固根蒂不拔之道乎?秦观周之弊,以为小弱见夺,于是废五等之爵,立郡县之官。子弟无尺寸之封,功臣无立锥之土。内无宗子以自毘辅,外无诸侯以为藩卫。仁心不加于亲戚,惠泽不流于枝叶。譬犹芟刈股肱,独任胸腹;浮身江海,弃捐楫櫂。观者为之寒心,而始皇晏然,自以为关中之固,金城千里,子孙帝王,万世之业也,岂不悖哉!至于身死之日,无所寄付,委天下之重于凡人之手,托废立之命于奸臣之口,至令赵

表明了兄弟在动乱患难的时候要相互救助,在忧愁祸患的时候要同心协力,即使有内部争斗的忿懑,也不要忘记抵御外侮的事情,为什么呢?因为大家面对的是同样的忧患。现在却不是这样,有的受到委任而不受重视,有的则被弃之一旁而不加任用,一旦战场有紧急情况,兄弟们反而关起门来拒绝授命,辅佐大臣也不扶持帮助,要害之地无人护卫。臣私下思考此事,经常忧虑得睡不好觉。"

"臣慎重的写出自己所知道的,陈述论说其中成败的原因。论文中说:过去夏、商、周三代经历了几十世,而秦朝到二世就灭亡了,为什么呢?因为夏、商、周三代的君主,能分封诸侯,与他们共同治理百姓,共享利益,所以天下有难时,诸侯会与天子共同承担忧患。而秦始皇独裁专制、压迫人民,所以在国家覆灭时,却无人相救。能与百姓共享快乐的君主,百姓必定会忧虑他所忧虑的事。能与百姓共享安宁的君主,百姓必定会拯救他的危难。先王知道靠一人治理国家是不能维持长久的,所以要与人共同治理;也知道独自守护王室是不稳固的,所以要与人一起守护。对亲戚和外人都能任用,对同姓和异姓都能树立,所以轻重足以安定国家,亲疏足以保卫王室,兼并、动乱的途径被堵塞,叛逆也不会发生。等到周王室衰微时,齐桓公、晋文公遵循礼义,废弛的周王朝纲纪又重新树立起来,诸侯们由傲慢又重新变得恭敬起来。齐桓公、晋文公之后,周朝就渐渐衰落了。吴国、楚国凭借长江、汉水,依恃着险要的方域,虽然心里希望得到九鼎,却又害怕周王室,于是奸邪的想法在心中散去,叛逆的阴谋在嘴边消失。这难道不是周朝信任重视宗亲、任用贤能的人才,就如同枝叶茂盛,而根本才可以有所依赖一样吗?从此以后,各诸侯国转而相互攻打讨伐。等到了战国时,众姬姓之国渐渐衰微,到周赧王的时候,周天子则沦落到如同普通百姓一般了,但仍因宗亲相互扶助,还能够居于天子的虚位,天下没有实际的君主,这种情况持续了四十多年。秦国占据险要的地势,运用狡诈的手段,到秦始

高之徒，诛锄宗室。胡亥少习刻薄之教，长遭凶父之业，不能改制易法，宠任兄弟，而乃师谭申商、谘谋赵高。自幽深宫，委政谗贼，身残望夷，求为黔首，岂可得哉？遂乃郡国离心，众庶溃叛，胜、广倡之于前，刘、项獘之于后。向使始皇纳淳于之策，抑李斯之论，割裂州国，分王子弟，封三代之后，报功臣之劳，士有常君，人有定主，枝叶相扶，首尾为用，虽使子孙有失道之行，时人无汤、武之贤，奸谋未发，而身已屠戮，何区区之陈、项。而得措其手足哉？故汉祖奋三尺之剑，驱乌集之众，五年之中，而成帝业。自开辟已来，其兴立功勋，未有若汉祖之易者也。夫伐深根者难为功，摧枯朽者易为力，理势然也。汉鉴秦之失，封殖子弟，及诸吕擅权，图危刘氏，而天下所以不倾动者、百姓所以不易心者，徒以诸侯强大，盘石胶固，东牟、朱虚受命于内，齐、代、吴、楚作卫于外也。向使高祖踵亡秦之法，忽先王之制，则天下已传，非刘氏有也。然高祖封建，地过古制，大者跨州兼郡，小者连城数十，上下无别，权侔京室，故有吴楚七国之患。贾谊曰：'诸侯强盛，长乱起奸。莫若众建诸侯而少其力，则下无背叛之心，上无诛伐之事。'文帝不从。至于孝景，猥用晁错之计，削黜诸侯，亲者怨恨，疏者震恐，吴、越倡谋，五国从风。兆发高帝，疊钟文、景，由宽之过制、急之不渐故也。所谓末大必折，尾大难掉。尾同于体，犹或不从，况乎非体之尾，其可掉哉？武帝从主父之策，下推恩之令，自是之后，齐分为七，赵分为六，淮南三割，梁、代五分，遂以陵迟，子孙微弱，衣食租税，不预政事，或以酎金免削，或以无后国除。至于成帝，王氏擅朝。刘向谏曰：'臣闻公族者，国之枝叶。枝叶落则本根无所庇荫。'其言深切，多所称引，成帝虽悲伤叹息而不

皇的时候才确定了帝位,耗废了那么长的时间,花了这么大的力气,难道不正是因为周王朝的分邦建国根深蒂固、不可轻易动摇的原因吗?秦朝看到周朝分封的弊端,认为分封诸侯会使王室弱小而容易被侵夺,于是便废除了五等爵位的制度,设立了郡县制的官职。同宗子弟没有尺寸土地的封赏,功臣也得不到立锥之地,内部没有宗族子弟来自相辅助,外部没有诸侯来作为屏障护卫。仁爱之心不施加给亲戚,恩惠德泽也不能扩散到宗族,就好像砍去胳膊和大腿,只留下胸腹;又像行船于江海之中,却丢弃了船桨。看到这种情况的人无不为之寒心,而秦始皇却显得很安然,自认为关中稳固,辽阔的国土坚城环绕,险固可靠,可以作为子孙万代的帝王基业,这岂不是很荒谬吗?等到秦始皇去世的时候,皇权却无可寄托,只好把治理天下的重任托付于平庸之人的手中,把废立皇子的诏命委托于奸臣之口,致使赵高之辈能诛杀除掉秦朝的宗室。胡亥从小接受刻薄寡恩的教育,长大后继承其凶暴父亲的帝业,不能改革制度、变更法令,也不能宠爱重用宗室兄弟,竟效法申不害、商鞅的方法,和赵高商议谋划治国之道。自己幽居深宫,却把权柄委托给谗贼赵高,等自己在望夷宫受到侵害,乞求成为普通的百姓,又怎么能做得到呢?于是郡国各怀异心,百姓叛乱离散,先是陈胜、吴广带头发动叛乱在前,接着刘邦、项羽灭亡秦朝在后。假使秦始皇采纳了淳于越建议分封的策略,抑制李斯提出的郡县制的谬论,分割疆土,分封子弟为王,封赏三代的后裔,报答功臣们的功劳,士大夫们有了固定的君主,百姓也有了稳定的国君,同宗兄弟相扶持,首尾呼应为王室效力,即使后世子孙有违背道义的行为,当时的人也没有像商汤、周武王那样的贤才,有谋反之心的人还未发难,就已经被诛杀了,何至于区区的陈胜、项羽便能谋反得逞呢?所以汉高祖举起三尺之剑,率领乌合之众,五年之中便成就了帝业,自从开天辟地以来,建立功勋帝业,还没有像汉高祖这样容易的先例。砍伐深根之树难以成功,摧折枯朽之木却很容易奏效,这是形势

能用。至于哀、平,异姓秉权,假周公之事,而为田常之乱,高拱而窃天位,一朝而臣四海。汉宗室王侯,解印释绶,贡奉社稷,犹惧不得为臣妾,或乃为之符命,颂莽恩德,岂不哀哉!由斯言之,非宗子独忠孝于惠、文之间,而叛逆于哀、平之际也,徒权轻势弱,不能有定耳。赖光武皇帝挺不世之姿,禽王莽于已成,绍汉嗣于既绝,斯岂非宗子之力邪?而曾不鉴秦之失策,袭周之旧制,踵亡国之法,而徼幸无疆之期。至于桓、灵,阉竖执衡,朝无死难之臣,外无同忧之国,君孤立于上,臣弄权于下,本末不能相御,身首不能相使。由是天下鼎沸,奸凶并争,宗庙焚为灰烬,宫室变为榛薮,居九州之地,而身无所安处,悲夫!汉氏奉天,禅位于大魏。大魏之兴,于今二十四年矣,观五代之存亡而不用其长策,睹前车之倾覆而不改其辙迹,子弟王空虚之地,君不使之民,宗室窜于闾阎,不闻邦国之政,权均匹夫,势齐凡庶,内无深根不拔之固,外无盘石宗盟之助,非所以保安社稷,为万世之策。且今之州牧、郡守,古之方伯、诸侯,皆跨有千里之土,兼军武之任,或比国数人,或兄弟并据。而宗室子弟,曾无一人间厕其间,非所以强干弱枝、备万一之虞也。今之用贤,或超为名都之主,或为偏师之帅,而宗室有文者必限小县之宰,有武者必置于百人之上,使夫廉高之士毕志于衡轭之内,才能之人耻与非类为伍,非所以劝进贤能、褒异宗室之礼。夫泉涸则流竭,根朽则叶枯。枝繁者荫根,条落者本孤。故语曰:'百足之虫,至死不僵。'扶之者众也。此言虽小,可以譬大。且墉基不可仓卒而成,威名不可一朝而立,皆为之有渐,建之有素。譬之种树,久则深固其根本,茂盛其枝叶,若造次徙于山林之中,植于宫阙之下,虽壅之以黑坟,暖之以春日,犹不

所趋的缘故啊!汉朝借鉴于秦朝失败的教训,分封子弟。等到诸吕独揽大权,企图危及刘姓江山时,而天下之所以不被其动摇,百姓之所以不改变心志,只是因为诸侯的势力强大,封藩的宗室十分稳固。东牟侯、朱虚侯受命宿卫于京城之内,齐、代、吴、楚等诸侯国在外部进行护卫。假如汉高祖因袭亡秦的方法,忽略先王的制度,那么天下早已另传于他人,不再归刘氏所有了。然而,汉高祖的封邦建国,封地的范围超过了古代的制度,封地大的横跨州郡,封地小的也有几十座城池相连,君臣上下没有区别,权势等同于皇室,所以才有后来的吴、楚等七国之乱。贾谊说:'诸侯国强盛,会增长祸乱,引起奸邪。不如多建诸侯国而削弱它们各自的势力,那么下面的诸侯国就不会有背叛之心,皇上也不会有诛伐叛乱之事。'汉文帝没有听从。到孝景帝时,错误的使用了晁错的建议,削减诸侯的封地,同宗族的诸侯产生了怨恨,异姓之人也感到惊恐,于是吴、楚两国带头谋反,其他五国也随即附和。此事的开端产生于高帝,祸乱却集中在文帝、景帝之时,是由于分封时过于宽松而超过了礼制,后来又急于削藩而不循序渐进的缘故。这就是人们所说的:树枝的末端太大了,枝干必然折断;尾巴太大了,难以掉转。尾巴和身体相连,有时仍不听从调遣,更何况不是自己身体上的尾巴,怎么可以支配呢?汉武帝听从主父偃的策略,颁布推恩令。从此以后,齐国一分为七,赵国一分为六,淮南国一分为三,梁、代一分为五,诸侯国势力于是逐渐削弱,子孙势微,仅以租税作为衣食生计,不再干预政事。有的因为奉献酎金的质地和数量不合规定而被削除侯爵,有的则因为没有后代此侯国便被废除。到汉成帝时,王氏外戚独揽朝政。刘向劝谏说:'我听说皇室宗族好比国家的枝叶,枝叶凋落了,那么树木的根就得不到庇护了。'他的话深刻恳切,多引经据典,汉成帝虽然为之悲伤叹息,最终还是不能采用。到汉哀帝、汉平帝时,异姓大臣执掌政权,假借周公辅佐成王之事,实际做的却是田常专权的叛乱。(王莽)拱手安坐而窃取皇位,一时间使四海称臣,

救于枯槁,何暇蕃育哉?夫树犹亲戚,土犹士民,建置不久,则轻下慢上,平居犹惧其离叛,危急将如之何?是以圣王安而不逸,以虑危也;存而设备,以惧亡也。故疾风卒至而无摧拔之忧,天下有变。而无倾危之患矣。"

汉朝刘氏的宗族王侯，解下印绶，让位辞官，把社稷江山拱手奉献于他人，仍担心自己不能成为王莽的臣下；有的人还为王莽制造祥瑞的凭证，歌颂王莽的恩德，难道不令人悲哀吗？按此说来，不是刘氏宗亲只效忠于汉惠帝、汉文帝之时，而在汉哀帝、汉平帝时就叛逆，只是因为他们权力轻，势力弱，不能稳定江山社稷罢了。幸而汉光武帝以杰出非凡的才干，制服了已成帝业的王莽，使已经断绝的汉朝皇嗣又得以延续下去。这难道不是同姓宗族的力量吗？然而东汉竟不借鉴秦朝失败的政策，不沿袭周朝旧有的制度，继承西汉的陈规旧法，却侥幸希望得到永久的存在。到了汉桓帝、汉灵帝时，宦官执掌权柄，朝廷里没有为国难献身的大臣，外部没有共当忧患的藩国，皇上在上被孤立，奸臣在下滥用权力，本末不能相约束，身首不能相支配。因此，天下分扰动乱，奸凶并起争权夺利，汉室宗庙被烧成灰烬，宫室变成长满荆棘的荒地，虽在九州之地，却没有安身的处所，可悲啊！汉朝奉行天命，禅让帝位给魏国。魏国兴起，至今已有二十四年了。观察夏、商、周、秦、汉五代兴亡的历史，而不采纳它们成功的政策；看到前面的车已翻倒却仍不改变旧的车辙而行进。宗亲子弟在虚设的封地称王，统治不顺从的百姓，宗室亲族混迹于民间，听不到国家的政务，权力和匹夫相等，势力和普通百姓一样。皇室内部没有根深不拔的稳定，外部没有同姓宗室磐石般的扶助，这并不是用来保护国家社稷安定、可以流传万代的良策。况且现在的州牧、郡守，就像是古代的方伯、诸侯，都拥有千里的土地，兼任军队的武职，有的整个诸侯国有好几个这样的人，有的兄弟共同占据州郡，而宗族子弟却没有一个人参与其间，这不是使树干粗壮、使枝叶细弱，防备万一的忧患的做法啊。现在皇帝任用贤才，有的超越制度提拔为著名城市的主宰，有的封为偏师的主帅。而对同姓宗亲中，有文采的人必是被限制为小县的县令，有武功的人也被限于统率百人的职位。使那些志行高洁之士在种种限制中丧失志向，有才能的人则耻于和志趣不同的人为伴。这不是用

王粲，字仲宣，山阳人也，拜侍中。始文帝为五官将，及平原侯植皆好文学。粲与徐干、陈琳、阮瑀、应玚、刘祯并见友善。琳，字孔璋，避难冀州，袁绍使典文章。《魏氏春秋》载："绍使琳作檄文曰：'司空曹操祖父腾，故中常侍，与左悺、徐璜并作妖孽，饕餮放横，伤化虐民。父嵩，乞丐携养，因赃假位，舆金辇璧，输货权门，窃盗鼎司，倾覆重器。操赘阉遗丑，本无令德，僄狡锋侠，好乱乐祸。幕府昔遭董卓侵官暴国，方罗英雄，弃瑕录用，谓其鹰犬之才，爪牙可任。遂乘资跋扈，肆行酷裂，割剥元元，残贤害善，放志专行，威劫省禁，卑侮王宫，败法乱纪，坐召三台，专制朝政，爵赏由心，刑罚由口，所爱光五宗，所恶灭三族，群谈者蒙显诛，

来劝勉贤才,褒奖宗亲的礼义。泉水干涸了,水流就会枯竭;树根腐烂了,枝叶就会枯萎。枝叶繁茂的,树根就能受到保护;枝条枯落的,树根就会孤立无援。所以谚语说:'有一百只脚的虫,到死去时身体都不会倒下,这是因为扶持身体的脚很多。'这句话虽然说的是小事,但可以用来说明大道理。而且,城墙的根基不可在仓猝间完成,威望名声不能在一时间树立,都是要有逐步发展的过程才能做到,要日积月累才能建立。比如种树,时间久了,树根就会扎得深而且牢固,树叶也会长得茂盛,倘若一会儿把它移栽到山林当中,一会儿种植在宫殿的之中,即使用肥土来培育它的根部,让它接受春日照耀的温暖,仍然不能阻止它枯萎,哪里还谈得上繁衍培育呢?树好比是亲戚,土好比是士民,藩王的建立不能长久,就会轻慢下属和上司,安居无事时还害怕他离心背叛,如果国家遭遇危难又将会如何呢?因此,圣明的帝王安定而不放逸,因为要考虑如何应付危难;存在时而有设防,因为惧怕灭亡。所以即使剧烈的变故突然袭来,也不会有摧枝拔根的担忧;即使天下有变乱,国家也不会有倾覆灭亡的忧患。"

王粲,字仲宣,山阳郡(高平县)人。魏国初建,任侍中。魏文帝曹丕还为五官中郎将时,与弟弟平原侯曹植都很喜好文学。王粲与北海人徐干、广陵人陈琳、陈留人阮瑀、汝南人应场、东平人刘桢都受到曹丕兄弟的友好对待。陈琳,字孔璋。他因避难来到冀州,袁绍让他掌管文章之事。〔《魏氏春秋》记载:袁绍让陈琳作声讨曹操的檄文说:"司空曹操,他的祖父曹腾是原来的中常侍,与左悺徐璜共同作乱,贪诈蛮横,伤害教化,虐待百姓;他的父亲曹嵩乞求作为曹腾的养子,靠着行贿,借助曹腾的地位,用车子载运黄金宝玉,向权贵豪门进献财物,窃取得了三公的职位,颠覆皇权。曹操是宦官养子的后代,本没有什么美德,轻疾狡黠仗势凌人,喜欢叛乱,好为祸患。将军袁绍过去遇到董卓侵犯百官,欺凌国家,于是网罗天下英雄,不记缺点过失而加以录用。人们说曹操有鹰犬一样

腹议者蒙隐戮，道路以目，百寮钳口。梁孝王，先帝母弟，坟陵尊显。操率将士，亲临发掘，破棺裸尸，略取金宝。又署发丘中郎将摸金校尉，所过堕突，无骸不露。身处三公之官，而行桀虏之态，殄国虐民，毒流人鬼。加其细政苛惨，科防互设，缯缴充蹊，坑阱塞路。历观古今书籍所载，贪残虐烈，无道之臣，于操为甚。'"

袁氏败，琳归太祖。太祖谓曰："卿昔为本初移书，但可罪状孤而已，恶恶止其身，何乃上及父祖邪？"琳谢罪。《文士传》称："琳谢曰：'楚汉未分，蒯通进策于韩信；干时之战，管仲肆力于子纠。唯欲效计其主，取祸一时。故跖之客可使刺由，桀之犬可使吠尧也。令明公必能进贤于忿后，弃愚于爱前，四方革命，而英豪托心矣，唯明公裁之。'"太祖爱才而不咎也。太祖以琳为军谋祭酒，管记室。

的才干，可以当作爪牙使用。曹操于是凭借其才质骄横跋扈，横行放肆，残忍妄为，侵夺百姓，残害贤明善良之人，放纵恣意，独断专行，威逼天子，凌辱皇室，败坏法纪。坐着召见三台，独揽朝廷政务。封爵赏赐任凭心意，施用刑罚随口而说。他所宠爱的人可令其光耀五宗，所厌恶的人则会被诛灭三族。聚众议论的人会遭到公开的杀戮，口中不说而内心不满的人，也会被借故杀害。人们在路上相遇，以目示意，不敢交谈，朝廷百官也都闭口不言。梁孝王是景帝的同母胞弟，他的坟墓陵寝显赫尊贵。曹操亲自率领部下挖掘他的坟墓，破坏棺椁，将尸体暴露荒野，夺取其中的金银财宝。又设立了发丘中郎将和摸金校尉（专司掘坟挖金），其所过之地的陵墓均遭破坏，尸体没有不暴露在野外的。曹操身居三公的官位，却做出凶恶之人的邪行，灭绝国家，虐待百姓，其危害遍及人鬼。再加上他实行苛细的法令，暴虐残酷，又用禁令刑律加以防范，两者相互施用。到处是手持弓箭的吏卒，陷阱布满道路。逐一看看古今书籍中所记载的贪婪残忍、凶暴酷烈、邪恶无道的臣子，到曹操是最厉害的。"〕

袁氏败亡后，陈琳归附了太祖。太祖对他说："您过去为袁绍发布檄文，只列举我一个人的罪状也就可以了，憎恶邪恶应限于我本人，为什么还要向上涉及到我的祖父和父亲呢？"陈琳认错。〔《文士传》记载：陈琳谢罪说："楚汉之争未见分晓时，蒯通曾向韩信进献三分天下的计策；干时之战时，管仲仍为公子纠效力。他们都是希望为各自的主人效力谋划，而一时间惹下了祸害。所以盗跖的客人可以让他刺杀许由，夏桀的狗可以让它朝着尧帝狂吠。明公您必定能在气消之后进用贤才，在宠爱之前忘记我的愚昧。现在全国都在战乱之中，然而天下的英雄豪杰都倾心于您，希望您裁察。"太祖曹操爱惜陈琳的才干，对其既往不咎。〕太祖任命陈琳为军谋祭酒，掌管记室。

卫觊，字伯儒，河东人也，为尚书。明帝即位，百姓凋匮，而役务方殷，觊上疏曰："夫变情厉性，强所不能，人臣言之既不易，人主受之又艰难。且人之所乐者，富贵荣显也；所恶者，贫贱死亡也。然此四者，君上之所制，君爱之则富贵显荣，君恶之则贫贱死亡。顺指者，爱所由来也；逆意者，恶所从至也。故人臣皆争顺指而避逆意，非破家为国、杀身成君者，谁能犯颜色、触忌讳，建一言、开一说哉？陛下留意察之，则臣下之情可见矣。今议者多好悦耳。其言政治，则比陛下于尧舜；其言征伐，则比二虏于狸鼠。臣以为不然。汉文之时，诸侯强大，贾谊累息以为至危。况今四海之内，分而为三，群士陈力，各为其主。是与六国分治，无以为异也。当今千里无烟，遗民困苦，陛下不善留意，将遂凋獘难可复振。礼，天子之器必有金玉之饰，饮食之肴必有八珍之味，至于凶荒，则彻膳降服。然则奢俭之节，必视世之丰约也。武帝之时，后宫食不过一肉，衣不用锦绣，茵蓐不缘饰，器物无丹漆，用能平定天下，遗福子孙。此皆陛下之所亲览也。当今之务，宜君臣上下，量入为出。深思句践滋民之术，由恐不及，而尚方所造金银之物，渐更增广，侈靡日崇，帑藏日竭。昔汉武信神仙之道，谓当得云表之露以飡玉屑，故立仙掌以承高露。陛下通明，每所非笑。汉武有求于露，而由尚见非，陛下无求于露而空设之，不益于好而糜费功夫，诚皆圣虑所宜裁制也。"

卫觊,字伯儒,河东郡安邑县人,任尚书。明帝即位,百姓生活贫困匮乏,但劳役却十分繁多。卫觊上疏说:"要让人改变性情,是不可以强迫的。臣子敢说这些已经不容易,君主接受这些意见就更难了。况且,人们所喜欢的是富贵和荣华,所厌恶的是贫贱和死亡。但这四样,都是由君主来掌握的。君主喜欢谁,谁就会富贵显荣;君主厌恶谁,谁就会贫贱死亡。逢迎君主的意思,宠爱就会由此而来;违背君主的心意,厌恶就会从此而至。因此,做臣子的都争着顺从君主的旨意而避免违背君主的意志,却不是能为国牺牲小家,能舍身来成就君主的人。谁能够冒犯君主的尊严,触犯君主的忌讳,而提出一个建议,陈述一个说法呢?若陛下留心观察,那么臣子们的情况就可以了解了。如今议论政事的人大都爱说好听话,他们谈到治国,就把陛下比作尧舜;谈起征战讨伐,就把吴、蜀两国比作狸猫和老鼠。臣认为不是这样的。汉文帝时,诸侯强大,贾谊为此而长叹,认为天下形势已极其危险。何况现在天下一分为三,众多人才各献其能,各为其主。这种状况,和战国时六国分治没什么区别。当今,方圆千里之内粮尽炊断,百姓困苦不堪,陛下若不好好留意这些事,国家就会凋敝衰败,难以再复兴起来啊。礼制规定,天子所用的器物,必定有金玉的装饰;饮食的菜肴,必定有八种珍贵的美味。等遇到荒灾时,就要撤减膳食,脱下盛装换上素服。可见奢侈与节俭的调节,一定要根据当时国家的贫富情况来定。武皇帝在世的时候,后宫里吃饭不过一样肉食,衣服不用锦绣制作,褥垫不加边饰,器物不涂红漆,因此才能平定天下,留福于子孙。这些都是陛下亲眼见到的啊!当今的要务,应当君臣上下,量入为出。深思句践繁衍百姓的方法,尚且还唯恐不及,然而尚方署所制造的金银器物,却逐渐增加,奢侈浪费的风气日益增长,国库的储蓄日益空虚。从前汉武帝相信神仙的方术,说是

刘廙,字恭嗣,南阳人也,为五官将文学。魏讽反,廙弟伟为讽所引,当相坐诛。太祖令曰:"叔向不坐弟虎,古之制也。"特原不问。《廙别传》载廙表论治道,曰:"昔周有乱臣十人,有妇人焉,孔子称:'才难,不其然乎!'明贤者难得也。况乱獘之后,百姓彫尽,士之存者,盖亦无几。其股肱大职,及至州郡督司,边方重任,虽备其官,亦未得其人也。此非选者之不用意,盖才匮使之然耳。况长吏已下,群职小任,能皆简练,备得其人乎?其计莫如督之以法也。不尔而数转易,往来不已,送迎之烦,不可胜计。转易之间,辄有奸巧,既于事不省,而为政者亦以其不得久安之故,知惠益不得成于已,而苟且之可免于患,皆将不念尽心于恤民,而梦想于声誉,此非所以为政之本意也。今之所以为黜陟者,近颇以州郡之毁誉,听往来之浮言耳,非皆得其事实而课其能否也。长吏之所以为佳者,奉法也、忧公也、恤民也。此三事者,或州郡有所不便,往来者有所不安,而长吏执之不已,于治虽得计,其声誉未为美。屈而从人,于治虽失计,其声誉必集也。长吏皆知黜陟之在于此也,亦何能不去本而就末哉?以为长吏皆宜使少久,足使自展岁课之能,三年总计,乃加黜陟。课之皆当以事,不得依名也。事者皆以其户口,率其垦田之多少,及盗贼发兴、民之亡叛者,为得负之计。如此行之,则无能之吏,修名无益;有能之人,无名无损。法之一行,虽无部司之鉴,奸誉妄毁,

应当取云外的露水再调和玉石的碎末一起喝下（就能长生不老），因此树立起捧着铜盘的仙人以承接云露。陛下开通圣明，对此举每每讥笑。汉武帝想求取云露，尚且被人指责，而陛下不欲求取云露，却（下令把承露盘从长安搬到洛阳来）空设承露盘，既不能增益陛下所好，又浪费功夫，这些确实都是陛下所应考虑并加以制止的。"

刘廙，字恭嗣，南阳郡（安众县）人。任五官中郎将曹丕的文学侍从。魏讽谋反，刘廙之弟刘伟被魏讽所牵连，按律刘廙当连坐被处死。太祖下令说："叔向不因其弟弟羊舌虎犯罪而受诛连，这是古代已有的制度。"于是特别宽恕了刘廙，不再追究他的罪过。〔《廙别传》记载刘廙上表议论治国之道说："过去周朝（武王时）有善于治国的臣子十人，其中还有一位妇人，孔子说人才难得，难道不是这样吗？"这说明贤才是很难得到的。更何况丧乱之后，百姓困苦贫乏，存留下来的人才大概也不多了。自辅佐大臣的要职，到地方州郡的官署和镇守边疆的重要职位，虽然官员都已配齐，却没有得到真正称职的人才。这不是选拔官吏的人不用心，而是人才匮乏所造成的。何况长吏以下的各种小官，难道都能选到精明干练的称职之人吗？解决这一问题的办法，不如用法制进行鉴管。不然，官员们会屡次辗转调换，来来去去不断，迎来送往的烦劳就无法计算了。调换官员的期间，常常会有奸诈之事发生，对于这些事已经没有人理会，而做官的人也因为他不能长期安于这一职务的缘故，知道惠世济民的事不可能在自己任内完成，而以得过且过的态度则会免于祸患。所以官员们都将不再考虑全心全意忧念百姓的疾苦，却幻想着自己能有个好的声誉。这不是为政的本来意图。现在官员们之所以罢免或者提升的原因，大概多是根据州郡长官的褒贬，听取往来之人的流言而已，都不是了解到官员为政的实际情况而考察他们有无能力。能成为优秀长吏的原因，是遵守法令，心忧国家，能忧虑百姓的疾苦。官员的这三个方面，有的州郡长官不甚了解，道听途说

可得而尽也。"事上,太祖甚善之。

陈群,字长文,颍川人也。为司空,录尚书事。青龙中,营治宫室,百姓失农时。群上疏曰:"禹承唐、虞之盛,犹卑宫室而恶衣服,况今丧乱之后,人民至少,吴、蜀未灭,社稷不安!今舍此急而先宫室,臣惧百姓遂困,将何以应敌?此安危之机也,唯陛下虑之。"帝答曰:"王者宫室,亦宜并立。灭贼之后,但当罢守耳,岂可复兴役耶?是故君之职,萧何之大略也。"群又曰:"昔汉祖唯与项羽争天下,羽已灭,宫室烧焚,是以萧何起武库太仓,皆是要急,然犹非其壮丽。今二虏未平,诚不宜与古同也。夫人之所欲,莫不有辞,况乃天下莫之敢违。前欲坏武库,谓不可不坏也。后欲置之,谓不可不置也。若必作之,固非臣下辞言所屈。若少留神,卓然回意,亦非臣下之所及也。汉明帝欲起德阳殿,钟离意谏,即用其

的信息又不可靠。然而长吏在这三个方面坚持不懈的努力,对当地的治理即使策略得当,但他的声誉不一定就好;委屈自己而随顺大众,对当地的治理即使谋划失误,但好的声誉一定会得到。若长吏们都知道官位升降的关键全在此,又怎么能不舍本而逐末呢?臣以为长吏任职的期限都应该稍微长一些,足以使他们施展自己取得政绩的能力,每三年进行总结计算,然后再加以黜退或提拔。考核都应根据事实,不能依据虚名。事实都要根据其辖区内的人口数量,计算已开垦的田地有多少,以及抢劫盗窃之事发生的情况,百姓中有多少叛逃的人,以这些作为对他为官优劣的审核。按照这种办法来实施,那些没有能力的官吏,即使得到好的名声也没有益处;有能力的人才,即使没有好的名声也不会有损害。这项制度一实施,即使没有各部门官署的鉴督,虚假的声誉和不实的毁谤,也可以完全消失了。"表章送上后,太祖曹操很称赞他。〕

陈群,字长文,颍川郡(许昌县)人。明帝时任司空,统领尚书台事务。青龙年间,明帝兴建宫殿,百姓因此耽误了农作的时节。陈群上疏说:"大禹继承了唐尧、虞舜的盛世基业,却仍住在简陋的宫室中,穿着粗劣的衣服。何况当今是战乱之后,人口数量很少,吴、蜀二国尚未消灭,国家还不安定。现在舍弃当务之急而先建宫殿,臣担心百姓就会更加贫困,那么将用什么来应付敌人呢?这是国家安危存亡的关键,希望陛下认真考虑。"明帝回答说:"帝业和宫殿,应该一同建立。消灭吴、蜀之后,只应当遣散防守的士兵,怎么可以再兴起徭役呢?所以您的职责,大概就像萧何督建未央宫那样。"陈群又说:"当初汉高祖仅和项羽一人争夺天下,项羽已被消灭,而宫殿都被大火烧毁了,因此萧何才在长安修建了武库和太仓,这些都是当时所急需的,可汉高祖仍责备建造得过于壮丽。如今吴、蜀两国尚未平定,确实不应该与过去(萧何大兴土木)相提并论。人们对于自己想要

言。后乃复作之，殿成，谓群臣曰：'钟离尚书在，不得成此殿也。'夫王者岂惮一臣？盖为百姓也。今臣曾不能少凝圣听，不及意远矣。"帝于是有所减省。

陈矫，字季弼，广陵人也。迁尚书令。明帝尝卒至尚书门，矫跪问帝曰："陛下欲何之？"曰："欲案行文书耳。"矫曰："此自臣职分，非陛下所宜临也。若臣不称其职，则请就黜退。陛下宜还。"帝惭，回车而反。其亮直如此。

卢毓，字子家，涿郡人也。青龙中，入为侍中。侍中高堂隆，数以宫室事切谏，帝不悦，毓进曰："臣闻君明则臣直。古之圣王，恐不闻其过，故有敢谏之鼓。近臣尽规，此乃臣等所以不及隆。隆诸生，名为狂直，陛下宜容之。"为吏部尚书。前此诸葛诞等驰名誉，有四窗八达之诮，帝深疾之。时举中书郎，诏曰："得其人与否，在卢生耳。选举莫取有名，名如画地作饼，不可啖。"毓对曰："名不足以致异人，而可以得常士。常士畏教慕善，然后有名，非所当疾也。愚臣既不足以识异

做的事,没有找不到托词的,何况您又是天下无人敢违抗的天子呢?此前想要拆毁武库,说是不能不拆掉,后来又打算建立武库,又说不能不建造。如果你一定要修建宫殿,固然不是臣下的言辞能使您改变的;如果您稍加注意,突然回心转意,也不是臣下所能做到的。从前汉明帝想修建德阳殿,钟离意进行劝谏,汉明帝当即采纳了他的意见,后来(钟离意死后)才又动工兴建。宫殿建成后,明帝对大臣们说:'如果钟离尚书还在,就不能建成这座德阳殿了。'帝王难道会惧怕一个臣子吗?这都是为了百姓啊!如今臣竟不能让陛下稍稍留意来听听臣的意见,比起钟离意来差得太远了!"明帝于是对宫殿的建造有所减少。

陈矫,字季弼,广陵郡(东阳县)人。文帝时升任尚书令。明帝曾乘车突然来到尚书台的门前,陈矫跪在地上问明帝说:"陛下想去哪里呢?"明帝说:"我想视察一下尚书台的文书案卷。"陈矫说:"这自是为臣的职责,不是陛下所应亲临察看的。如果臣不称职,请陛下立即将臣罢免。陛下应当回去。"明帝感到惭愧,掉转车头回宫去了。陈矫的诚实正直就像这件事一样。

卢毓,字子家,涿郡(涿县)人。青龙年间,入朝任侍中。侍中高堂隆多次因兴建宫殿的事情直言极谏,明帝不高兴。卢毓进言说:"臣听说君主圣明臣下就正直。古代圣明的君王惟恐听不到自己的过错,因此设立了让人们敢于进谏的登闻鼓。作为近臣应竭力规谏,这正是臣等不如高堂隆的地方。高堂隆等儒生,有着豪放率直的名声,陛下应该宽容他。"后来卢毓任吏部尚书。在此之前,诸葛诞等人追逐名誉,人们对其有"四聪八达"的讥讽,明帝非常厌恶他们。当时朝廷正在选拔中书郎,明帝下诏说:"中书郎能不能得到合适的人选,全在卢毓了。选拔时不要选取有名的人,名声如同画在地上的饼,是

人,又主者正以循名案常为职,但当有以验其后。故古者敷奏以言,明试以功。"帝纳其言。

　　和洽,字阳士,汝南人也。为丞相掾属。时毛玠、崔琰并以忠清干事,其选用先尚俭节。洽言曰:"天下大器,在位与人,不可以一节俭也。俭素过中,自以处身则可,以此格物,所失或多。今朝廷之议,吏着新衣、乘好车者,谓之不清;形容不饰,衣裘弊坏者,谓之廉洁。至令士大夫故污辱其衣。藏其舆服;朝府大吏,或自挈壶飡以入官寺。夫立教观俗,贵处中庸,为可继也。今崇一概难堪之行,以检殊涂,勉而为之,必有疲瘁。古之大教,务在通人情。而凡激诡之行,则容隐伪矣。"孙盛曰:"夫矫枉过正,则巧伪滋生,以克训下,则民志险隘,非圣王所以陶化万物、闲邪存诚之道。和洽之言,于是允矣。"魏国既建,为侍中。后有白毛玠谤毁太祖,太祖见近臣怒甚。洽陈玠素行有本,求案实其事。罢朝,太祖令曰:"今言事者白玠,不但谤吾也,乃复为崔琰觖望。此损君臣恩义,妄为死友怨叹,殆不可忍也。和侍中比求实之,所以不听,欲重参之耳。"洽对曰:"如言玠罪过深重,非天地所覆载,臣非敢曲理玠以枉大伦也。以玠出群吏之中,特见拔擢,显在首职,历年

不能吃的。"卢毓回答说:"只重视名声不足以招致来奇才,但却可以得到普通的士人。一般的士人敬服教化,仰慕美善,然后就会有名声,他们并不是应该被厌恶的。愚臣既不能识别奇异的人才,而主管人正是以根据名声和日常品行选拔人才为职责,因此只应当用他们任职后的表现来检验。所以古时候,天子让官员们各自陈述自己的政绩,再根据他们所说的话来进行明确的考察。"明帝采纳了他的意见。

和洽,字阳士,汝南郡(西平县)人,曾任丞相府属官。当时毛玠、崔琰都因忠诚清廉而处理政务,他们选任官员时首先注重节俭的品行。和洽说:"天下最重要的东西,在于职位与任职的人,不能只以节俭一项来衡量人才。过于俭省朴素,自己用来要求自身还可以,若以此来纠正别人的行为,所失去的或许会更多。如今朝廷议论政事,官员中有穿新衣、坐好车的人,就认为他们不清廉;凡不修饰仪容,衣服破旧的人,就说他们清廉。以致使士大夫们故意弄脏衣服,藏起自己的车马、冠服;朝廷各官署的重要官员,有的自己带着饭食进入官府。推行教化,观察风俗,贵在适中,这样才可以延续下去。如今推崇单一而又难以做到的行为,以此来约束不同的人们,勉强做下去,必会产生弊病。古代崇高的教化,着重在通达人情事理,凡是矫情立异的行为,则常常包含着虚伪之事。"〔孙盛说:矫枉过正,便会导致欺诈、虚伪的产生;以约束克制来训导百姓,那么民心就会变得刻薄、狭隘,这不是圣王用来陶冶、教化万物,防止邪恶、保持诚敬的方法。和洽的话,在此说得很得当。〕魏国建立后,和洽任侍中。后来有人告发毛玠毁谤太祖,太祖召见近臣时非常愤怒。和洽陈述毛玠平素的行为很有原则,请求查证核实此事。退朝后,太祖下令说:"现今报告此事的人说毛玠不但诽谤我,还为崔琰抱怨。这有损君臣之间的

荷宠,刚直忠公,为众所惮,不宜有此。然人情难保,要宜考覈,两验其实。今圣恩垂含垢之仁,不忍致之于理,更使曲直之分不明,疑自近始。"太祖曰:"所以不考,欲两全玠及言事者耳。"洽对曰:"玠信有谤上之言,当肆之市朝。若玠无此,言事者加诬大臣以误主听。二者不加检覈,臣窃不安。"太祖曰:"方有军事,安可受人言便考之耶?"转为太常,清贫守约,至卖田宅以自给。明帝闻之,加赐谷帛。

杜袭,字子绪,颍川人也。为侍中。将军许攸拥部曲,不附太祖而有慢言。太祖大怒,先欲讨之。群臣多谏:"可招怀攸,共讨强敌。"太祖横刀于膝,作色不听。袭入欲谏,太祖逆谓之曰:"吾计已定,卿勿复言之。"袭曰:"若殿下计是耶,臣方助殿下成之。若殿下之计非耶,虽成宜改之。殿下逆臣令勿言,何待下之不阐乎?"太祖曰:"许攸慢吾,如何可置乎?"袭曰:"殿下谓许攸何如人耶?"太祖曰:"凡人也。"袭曰:"夫唯贤知贤,唯圣知圣,凡人安能知非凡人邪?方今豺

恩义，妄自为死去的好友怨叹，恐怕这是不能容忍的。和侍中近来要求核实此事，我之所以不听从，是因为准备重新弹劾他了。"和洽回答说："如果说毛玠罪过深重，天地不容，臣不敢曲意为毛玠辩白而违背君臣之间的伦理。只是因为毛玠出自群臣之中，特别受到您的提拔，处于显赫的要职，多年来蒙受恩宠，他刚强正直，忠诚公正，被群臣敬畏，应当不会做出这等事情。然而人情难以保证，应当加以考查核实，让毛玠与告发者双方对质以验证实情。如今您降下容忍耻辱的仁慈，不忍心把毛玠交给司法官员审问，更会使是非难以分明，疑惑将会从您的身边开始。"太祖说："我之所以不进行核查，是希望让毛玠和举报者双方都得以保全。"和洽回答说："如果毛玠确实有诽谤主上的言论，就应当将其处死，陈尸市朝；如果毛玠没有此事，举报者就犯了诬陷大臣、迷惑君上视听之罪，两方面若不加以核查，臣私下里感到不安。"太祖说："眼下正有战事，怎么可以听了别人的话就审问人家呢？"后来和洽转任太常，虽生活清寒贫苦，仍保持着俭朴的品德，以至于要卖掉田地住宅来养活自己。明帝听说后，赐给他谷物布帛。

杜袭，字子绪，颍川郡（定陵县）人。魏国建立后，杜袭任侍中。当时将军许攸聚集属下军队，不肯归附太祖，而且口出狂言。太祖大怒，准备先去讨伐许攸。大臣们多数劝谏说："可以招抚许攸，共同征讨强敌。"太祖把刀横放在膝上，神情严肃，不肯听从。杜袭入朝想上前劝谏，太祖拒绝，对他说："我的主意已定，你不必再说了！"杜袭说："假如殿下您的主意正确，臣正当帮助殿下完成此事；假如殿下的主意不正确，即使决定了也应该改变。殿下拒绝臣的进谏，让臣不要再说，为何不等臣下把话阐述完呢？"太祖说："许攸轻慢于我，怎么能放下不管呢？"杜袭说："殿下认为许攸是个什么样的

狼当路而狐狸是先,人将谓殿下避强攻弱,进不为勇,退不为仁。臣闻千石之弩不为鼷鼠发机,万钧之钟不以莛撞起音。今区区之许攸,何足以劳神武哉?"太祖曰:"善。"遂厚抚攸,攸即归服。

高柔,字文慧,陈留人。拜丞相理曹掾。时置校事卢洪、赵达等,使察群下,柔谏曰:"设官分职,各有所司。今置校事,既非居上信下之旨。又达等数以憎爱擅作威福,宜检治之。"太祖曰:"卿知达等,恐不如吾也。要能刺举而辨众事。使贤人君子为之,则不能也。昔叔孙通用群盗,良有以也。"达等后奸利发,太祖杀之,以谢于柔。文帝践阼,转治书执法。时民间数有诽谤妖言,帝疾之,有妖言,辄杀而赏告者。柔上疏曰:"今妖言者必戮,告之者辄赏。即使过误无反善之路,又将开凶狡之群,相诬罔之渐,诚非所以息奸省讼、缉熙治道也。昔周公作诰,称殷之祖宗,咸不顾小人之怨。在汉太宗,亦除妖言诽谤之令。臣愚以为宜除妖谤赏告之法,以隆天父养物之仁。"帝不即从,而相诬告者滋甚。帝乃下诏:"敢以诽谤相告,以所告罪罪之。"于是遂绝。迁为廷尉。明帝即位,时猎法甚峻,而典农刘龟窃于禁内射兔,其功曹张京诣校事言之。帝匿京名,收龟付狱。柔表请告者名,大怒曰:"刘龟

人?"太祖说:"是个平凡的人。"杜袭说:"只有贤人才能理解贤人,也只有圣人才能理解圣人。许攸这个平凡的人,怎么能理解您这位非凡的人呢?如今豺狼挡道却要先消灭狐狸,人们将会说殿下是避开强敌而攻打弱小,进兵算不上英勇,退兵也算不上仁慈。臣听说千钧之力的强弩不会为鼹鼠而扣动扳机,有万钧重量的大钟不会因草茎的撞击而发出声音。如今区区一个许攸,哪里值得劳烦英明威武的殿下您呢?"曹操说:"好。"于是优厚的安抚许攸,许攸便归附了太祖。

高柔,字文慧,陈留郡(圉县)人。任丞相府理曹掾。当时设置了校事官,由卢洪、赵达等人担任,让他们鉴察群臣的过失。高柔进谏说:"设立官职、分配任务,官员们都有各自的职责。如今设置校事,既不符合上司信任下属的宗旨,且赵达等人多次凭着个人的憎爱作威作福,应当审查惩治他们。"太祖说:"您对赵达等人的了解,恐怕不如我。要能够打探检举官员的情况并辨别众多事务,这些事情让贤人君子去做,是不能做成的。过去叔孙通举荐许多盗贼(而不举荐儒生),确实是有原因的。"后来赵达等人非法谋利的事情败露,太祖便杀了他们向高柔致歉。魏文帝曹丕登基后,高柔转任治书执法。当时,民间常有诽谤朝廷的坏话,文帝对此很痛恨,一旦发现有散布邪说的人,就将其处死并赏赐告发的人。高柔上疏说:"如今对散布坏话的人必定要杀死,对告发的人就给予赏赐,这样就会使犯过错的人失去回心向善的机会,又将开凶残狡诈之徒诬陷他人的先河,实在不是消除奸伪、减少诉讼,正大光明的治国之道啊。从前周公撰写诰书《无逸》,称颂殷商的祖先能够不计较平民百姓的怨言;在汉文帝时,也废除了追查诽谤妖言的法令。臣愚钝,以为应该废除奖赏告发诽谤妖言者的法令,来兴盛天子养育万物的仁德。"文帝没

当死,乃敢猎吾禁地。送龟廷尉,廷尉便当考掠,何复请告者主名,吾岂妄收龟邪?"柔曰:"廷尉,天下之平也,安得以至尊喜怒而毁法乎?"重复为奏,辞指深切。帝意寤,乃下京名。即还讯,各当其罪。

辛毗,字佐治,颍川人也。文帝践祚,迁侍中。帝欲徙冀州士家十万户实河南。时连蝗民饥,群司以为不可,而帝意甚盛。毗与朝臣俱求见,帝知其欲谏,作色以见,皆莫敢言。毗曰:"陛下欲徙士家,其计安出?"帝曰:"卿谓我徙之非邪?"毗曰:"诚以为非。"帝曰:"吾不与卿共议。"毗曰:"陛下不以臣不肖。置之左右,厕之谋议之官,安得不与臣议也?臣所云非私也,乃社稷之虑,安得怒臣!"帝不答,起入内。

毗随而引其裾,帝遂奋衣不还,良久乃出,曰:"佐治,卿持我何太急邪?"毗曰:"今徙,既失人心,又无以食也。"帝

有马上接受,而相互诬告的人越来越多,文帝于是下诏说:"胆敢借诽谤罪而诬告别人的,就以所告发的罪名来惩治他。"于是诬告之风便断绝了。后来高柔升为廷尉。魏明帝即位,当时关于狩猎的法令非常严厉。(宜阳县的)典农都尉刘龟私自在禁猎区内射兔,他的功曹张京到校事官那告发了此事。魏明帝隐瞒了张京的名字,将刘龟逮捕入狱。高柔上奏请求知道告发者的名字,明帝大怒说:"刘龟应该处死,竟敢在我的禁地打猎!把刘龟交付廷尉,廷尉就应该立即拷问他,为什么还要请求知道告发者的名字?我难道是随便逮捕刘龟的吗?"高柔说:"廷尉,是天下公平执法的象征,怎么能够因为皇上的喜怒而破坏法律的程序呢?"于是再次上奏,言辞深刻恳切。明帝有所醒悟,便告诉了张京的名字。高柔立即回去审问,使刘龟、张京都受到应有的惩处。

辛毗,字佐治,颍川郡(阳翟县)人。文帝曹丕登基,辛毗升任侍中。文帝打算把冀州十万户世代当兵的家庭迁徙到河南。当时接连发生蝗灾,人民饥饿,群臣都认为不可以这样做,而文帝移民的想法很坚决。辛毗与朝廷大臣一同求见,文帝知道他们想劝谏此事,就表情严肃的接见了他们,众人吓得都不敢说话。辛毗说:"陛下想迁徙世代当兵的家庭,是怎么考虑的呢?"文帝说:"您认为我的迁徙计画不对吗?"辛毗回答说:"确实认为不对。"文帝说:"那我就不和你商议此事了!"辛毗说:"陛下不认为臣不贤,把我安排在您的身边,置身于谋划政事的官员之列,怎么能不和臣商议呢?臣所说的不是私事,而是对国家社稷的考虑,陛下怎么能对臣发怒呢?"文帝不回答,起身朝内室走去。

辛毗跟上去拉住文帝的衣襟,文帝便拂袖离开走进内室,过了很久才出来,说道:"佐治,你是不是把朕逼得太急了?"辛毗说:

遂徙其半。尝从帝射雉,帝曰:"射雉乐哉!"毗曰:"于陛下甚乐,于群下甚苦。"帝默然,后遂为之希出。明帝即位,时中书鉴刘放,令孙资见信于主,制断时政,大臣莫不交好,而毗不与往来。毗子敞谏曰:"今刘、孙用事,众皆影附,大人宜小降意,和光同尘,不然,必有谤言。"毗正色曰:"主上虽未称聪明,不为暗劣。吾之立身,自有本末。就刘、孙不平,不过令吾不作三公而已,何危害之有?焉有大丈夫欲为公,而毁其高节者耶?"冗从仆射毕轨表言:"尚书仆射王思,精勤旧吏,忠亮计略,不如辛毗,毗宜代思。"帝以访放、资,放、资对曰:"陛下用思者,诚欲取其效力,不贵虚名也。毗实亮直,然性刚而专,圣虑所当深察也。"遂不用,出为卫尉。

杨阜,字义山,天水人也。为将作大匠。时初治宫室,发美女充后庭,数出入弋猎。阜上疏曰:"陛下奉武皇帝开拓之大业,守文皇帝克终之元绪,诚宜思齐往古圣贤之善治,总观季世放荡之恶政。所谓善治者,务俭约、重民力也;所谓恶政者,从心恣欲、触情而发也。惟陛下稽古,世代之初所以明赫,及季世所以衰弱,至于泯灭,近览汉末之变,足以动心诫惧矣。曩使桓、灵不废高祖之法、文景之恭俭,太祖虽有神

"现今迁徙士家,既丧失民心,又没有粮食给他们吃。"文帝就只迁徙了原计划的一半人口。辛毗曾经跟随文帝去射野鸡,文帝说:"射雉真是快乐啊!"辛毗却说:"这对陛下是很快乐,而对您的臣下们就很辛苦了。"文帝默不作声,后来便为此很少外出射雉了。魏明帝即位,当时中书鉴刘放、中书令孙资受到明帝的宠信,专断朝政,大臣们没有不和他们结交的,而辛毗却不与他们往来。辛毗的儿子辛敞劝他说:"现今刘放、孙资掌权,众人都像影子一样依附他们,父亲大人您应该稍微的屈意委从,随顺流俗而与之相处,不然必定会出现诽谤您的言论。"辛毗态度严肃的说:"当今皇上即使称不上聪明,也绝不是昏庸无能的君主。我立身处事自有主次的原则,纵然刘、孙二人不满,也不过使我当不上三公而已,又有什么危害呢?哪有大丈夫因为想当三公就毁弃自己高尚节操的呢!"冗从仆射毕轨上奏说:"尚书仆射王思是认真勤勉的旧臣,但论忠诚坚贞、计策谋略却不如辛毗,辛毗应当代替王思。"明帝以此事谘询刘放、孙资,两人回答说:"陛下任用王思的原因,实在是想得到他实干的功效,而不是重视虚名。辛毗确实忠诚正直,但是性情刚烈而专断,圣上应当深思熟虑。"明帝就没有任用辛毗。后来辛毗出任为卫尉。

杨阜,字义山,天水郡(冀县)人。明帝时任将作大匠。当时明帝开始修建宫殿,征发民间美女来充实后宫,多次出入射猎。杨阜上疏说:"陛下继承武皇帝开创的大业,守护着文皇帝能够完成太祖之志而成就的帝业,实在应当思考向古代圣贤君主的善政看齐,从整体上观察各个朝代末世放荡的恶政。所谓清明的政治,就是务求节约,重视民力;所谓恶劣的政治,就是随心所欲,因情绪和欲望而产生。希望陛下考察古代历朝开国之初所以会清明兴盛,到末期所以会衰弱以至于灭亡的原因,考察近代汉朝末年的变化,就足以触动内心而产

武,于何所施其能耶?而陛下何由处斯尊哉?今吴、蜀未定,军旅在外,愿陛下动则三思,虑而后行,重慎出入,以往鉴来,言之若轻,成败甚重。"诏报曰:"间得密表,先陈往古明王圣主,以讽暗政,切至之辞,款诚笃实,将顺匡救,备悉矣。览思苦言,吾甚嘉之。"迁少府。

后诏大议政治之不便于民者,阜议以为:"致治在于任贤,兴国在于务农。若舍贤而任所私,此忘治之甚者也;广开宫馆,高为台榭,以妨民务,此害农之甚者也;百工不敦其器,而竞作奇巧,以合上欲,此伤本之甚者也。孔子曰:'苛政甚于猛虎。'今守功文俗之吏,为政不通治体,苟好烦苛,此乱民之甚者也。当今之急,宜去四甚。"

帝既新作许昌宫,又营洛阳宫殿观阁。阜上疏曰:"古之圣帝明王,未有极宫室之高丽,以彫獘百姓之财力者也。桀作璇室象廊,纣为倾宫、鹿台,以丧其社稷;楚灵以筑章华,而身受其祸;秦始皇作阿房而殃及其子,二世而灭。夫不度

生警惕和畏惧了。之前，假如桓帝、灵帝不废弃高祖创立的法度，不抛弃文帝、景帝谦恭节俭的作风，太祖虽然英明神武，将在何处施展他的才能呢？而陛下又怎能居于这至尊的位置呢？如今吴、蜀两国尚未平定，军队征战在外，希望陛下一举一动都要反复思考，然后再行动，慎重出入，用过去的历史教训作为将来的借鉴。这些话说起来好像很轻松，但对于事业成败影响却很重大。"明帝下诏回答说："最近看到了您的密封奏表，先陈述了古代的圣明君主，以此来讽刺昏暗的政治，恳切精到的言辞，忠诚而实在，顺应善举，匡救时弊的意思也表达得很详尽。观看、思考您劝谏的忠言，朕非常赞许。"后来杨阜升任少府。

后来明帝下诏集中商议当前的政策中对人民不利的地方，杨阜的议论认为："使政治清明在于任用贤才，振兴国家在于致力于农业生产。如果舍弃贤才而任用自己所宠爱的人，这是忽忽治理最严重的事情；大肆建造离宫别馆，修筑高大的楼台，从而妨碍了百姓承担的事务，这是损害农业最严重的事情；各种工匠不制作朴实耐用的器具，而争着制造新奇、精巧的玩物，以满足上面的欲望，这是伤害国家根本最严重的事情。孔子说：'繁重的赋税、苛刻的法令，比猛虎还要凶残。'而今守持事业、拘守礼法而安于习俗的官员，为政却不懂得治国的纲领，只是无原则的喜欢烦琐苛细，这是侵害百姓最严重的事情。当前最为紧急的事，就是应当去除上述四个最严重的问题。"

明帝已经新建了许昌的宫殿，又营造洛阳的宫殿楼阁。杨阜上疏说："古代圣明的帝王，没有为把宫殿修得极为高大华丽，而以此来损耗百姓财力的。夏桀建造璇室、象廊，商纣修建倾宫、鹿台，他们都因此丢掉了天下。楚灵王因为修章华台而自身遭受灾祸，秦始皇

万人之力，以从耳目之欲，未有不亡者。陛下当以尧、舜、禹、汤、文、武为法则，夏桀、殷纣、楚灵、秦皇为深诫。巍巍大业，犹恐失之。不夙夜敬止、允恭恤民而自逸，唯宫室是侈是饰，必有颠覆危亡之祸。方今二虏合从，谋危宗庙，十万之军，东西奔赴，边境无一日之娱。农夫废业，民有饥色。陛下不是为忧，而营作宫室，无有已时。君作元首，臣为股肱，存亡一体，得失同之。臣虽驽怯，敢忘争臣之义？言不切至，不足以感寤陛下。陛下不察臣言，恐皇祖烈考之祚，将坠于地。使臣身死有补万一，则死之日，犹生之年也。"奏御，天子感其忠言，手笔诏答。

高堂隆，字升平，泰山人也。为散骑常侍。青龙中，大治殿舍，西取长安大钟。隆上疏曰："昔周景王不仪刑文、武之明德，忽公旦之圣制，既铸大钱，又作大钟，单穆公谏而不听，泠州鸠对而不从，遂迷不反，周德以衰，良史记焉，以为永鉴。然今之小人，好说秦、汉之奢靡，以荡圣心，求取亡国不度之器，劳役费损，以伤德政，非所以兴礼乐之和、保神明之休也。"是日，帝幸上方，隆与卞兰从。帝以隆表授兰，使难隆曰："兴衰在政，乐何为也？化之不明，岂钟之罪？"隆对曰："夫礼乐者，为治之大本也。故箫韶九成，凤皇来仪；雷鼓六变，

建阿房宫而祸殃延及到他的儿子,以致秦朝传到二世就告灭亡。如果不估量众人之力,却来放纵自己耳目的欲望,没有不灭亡的。陛下应当以唐尧、虞舜、夏禹、商汤、周文王、周武王为榜样,把夏桀、商纣、楚灵王、秦始皇作为最深刻的鉴戒。宏伟的帝王大业,唯恐失去。如果不日夜恭敬,诚信恭勤,忧念百姓,反而自图安乐,只想着把宫殿建得奢侈华丽,必定会有颠覆灭亡的祸患。如今吴、蜀两国联合,企图危及国家,我们十万大军,东征西讨,边境上没有一天的安乐日子,农民荒废了本业,百姓面带饥色。陛下不以此为忧患,却营建宫殿,没有休止的时候。君主好比是头颅,臣子好比是四肢,存亡连为一体,得失共同承当。臣虽然才能低劣、性格怯懦,怎么敢忘掉臣子应该直言进谏的责任呢?话说得不恳切直率,就不足以感动陛下,使您有所醒悟。陛下若不体察臣的话,恐怕您先祖、先父开创的基业将会坠落在地了。假使臣死了能够对国家有万分之一的补救,那么臣死之日,则犹如再生之年。"此疏上奏明帝,明帝被他的忠直之言感动,亲笔写下诏书回复。

　　高堂隆,字升平,泰山郡(平阳县)人,明帝时任散骑常侍。青龙年间,明帝大修宫殿,还派人去西面把长安的大钟运来,高堂隆上奏说:"从前周景王不效法文王、武王的美德,忽视周公定下的神圣制度,既铸造大钱,又制作大钟。单穆公劝谏,景王不听;泠州鸠规劝,景王也不从,终于陷入迷途而不知返回,周朝的德治因此衰败。优秀的史官记载了这件事,作为后世永久的鉴戒。然而如今的小人,喜欢鼓吹秦、汉两朝的奢侈靡费之风来动摇圣上的心,去求取那已经灭亡之国的不合法度的大钟,劳民伤财,以至损害德政。这不是为了兴盛礼乐教化的和谐、保持神明美善的做法。"当天,明帝来到尚方署,高堂隆与卞兰陪从。明帝把高堂隆的奏章交给卞兰,让他责问

天神以降。政是以平,刑是以错,和之至也。新声发响,商辛以殒;大钟既铸,周景以毙。存亡之机,恒由此作,安在废兴之不阶也?君举必书,古之道也。作而不法,何以示后?"帝称善。迁侍中,犹领太史令。

崇华殿灾,诏问隆:"此何咎?于礼宁有祈禳之义乎?"对曰:"夫灾变之发,皆所以明教戒也,惟率礼修德,可以胜之。《易传》曰:'上不俭,下不节,孽火烧其室。'又曰:'君高其台,天火为灾。'此人君苟饰宫室,不知百姓空竭,故天应之以旱,火从高殿起也。上天降鉴,故谴告陛下。陛下宜增崇人道,以答天意。"陵霄阙始构,有鹊巢其上,帝以问隆,对曰:"诗云:'惟鹊有巢,惟鸠居之。'今兴宫室,而鹊巢之,此宫室未成、身不得居之象也。夫天道无亲,唯与善人,不可不深虑。夏、商之季,皆继体也,不钦承上天之明命,惟谗谄是从,废德适欲,故其亡也忽焉。臣备腹心,苟可以繁祉圣躬,安存社稷,虽灰身破族,犹生之年也,岂惮忤逆之灾,而令陛下不闻至言乎?"于是帝改容动色。

高堂隆,说:"国家的兴衰取决于政治,音乐能起什么作用?教化不昌明,难道是钟的罪过吗?"高堂隆回答道:"礼乐,是治国的根本。因此虞舜制定的音乐《箫韶》,在演奏了九遍后,则有凤凰来应和而舞;祭祀天神的雷鼓,在乐章变化六次后,就有天神降临。政治因此而安定,刑罚因此弃置不用,这是和谐达到了极点。新的靡靡之音一奏响,商纣便因此而灭亡;大钟铸成之后,周景王也因此而败亡。国家存亡的关键,常常是由此产生的。怎么能说它不是国家兴衰的缘由呢?君主的一举一动,都要被记录下来,这是古来就有的规矩,做事不合法度,用什么来让后人效法呢?"明帝称赞他说得好。后升任侍中,仍兼任太史令。

崇华殿发生了火灾,明帝下诏问高堂隆:"这是什么灾祸?从礼法上讲,有没有祈祷消灾的仪式呢?"高堂隆回答说:"灾害的发生,都是上天用来显明教导和告诫的,只有遵循礼法、修养德行,才能够制止灾祸。《易传》上说:'上面的君主不俭朴,下面的臣民不节约,就会有灾害之火烧毁他们的房屋。'又说:'君主高筑楼台,天火就会造成灾害。'这就是说君主如果只知道修饰宫殿,不知道百姓已经穷困贫乏,那么就会感应上天降下旱灾,大火就会从高大的殿堂烧起来。上天进行俯察,因此谴责警告陛下,陛下应更加注重人伦道德,来回覆上天的意愿。"陵霄阙刚开始修建时,有喜鹊在上面筑巢,明帝以此事问高堂隆,他回答说:"《诗经·鹊巢》中说:'喜鹊筑好了窝,斑鸠却来霸占。'如今刚开始兴建宫殿,就有喜鹊在上面筑窝,这是宫殿尚未修成,就已经失去了居住机会的征兆。天道公正无私,只帮助善良的人,陛下不能不深思啊!夏朝、商朝的末期,都是继承先祖基业的君主,他们不能恭敬地承受上天明确的意旨,只听从好诌谀谗毁之人的话,废弃道德,随顺私欲,所以他们的灭亡是

帝愈增崇宫殿，雕饰观阁，凿太行之石英，采谷城之文石，起景阳山于芳林之园，建昭阳殿于太极之北，铸作黄龙凤乌奇伟之兽，饰陵云台、陵霄阙。百役繁兴，作者万数，公卿以下至于学生，莫不展力，帝乃躬自掘土以率之。而辽东不朝，悼皇后崩，天作淫雨，冀州水出，漂没民物。

隆上疏切谏曰："昔在伊唐，洪水滔天。灾眚之甚，莫过于彼；力役之兴，莫久于此。尧、舜君臣，南面而已。禹敷九州，庶士庸勋，各有等差；君子小人，物有服章。今无若时之急，而使公卿大夫并与厮徒，共供事役，闻之四夷，非嘉声也；垂之竹帛，非令名也。是以古先哲王，畏上天之明命，矜矜业业，惟恐有违。灾异既发，惧而修政，未有不延期流祚者也。爰及末叶，暗君荒主，不崇先王之令轨，不纳正士之直言，以遂其情志，恬忽变戒，未有不至于颠覆者也。秦始皇不筑道德之基，而筑阿房之宫；不忧萧墙之变，而修长城之役。当其君臣为此计也，亦欲立万世之业，使子孙长有天下，岂意一朝匹夫大呼，而天下倾覆哉？故臣以为，使先代之君，知其所行必将至于败，则弗为之矣。是以亡国之主自谓不亡，然后至于亡；贤圣之君自谓将亡，然后至于不亡。昔汉文帝称为贤

很迅速的。臣作为陛下的心腹大臣,只要能造福圣上,安定保全国家社稷,即使是粉身碎骨、灭族亡家,也如同活着的时候一样,怎么会害怕忤逆君主带来的灾祸,而使陛下听不到真实之言呢?"明帝听后不禁神色大变。

此后明帝更加扩建增高宫殿,装饰楼阁。开凿太行山的石英,开采穀城带有有花纹的石头;在芳林园中堆起景阳山,在太极殿的北面建造昭阳殿;铸造黄龙、凤凰等奇异高大的兽像,装饰了陵云台、陵霄阙等。各种劳役兴起了很多,参与劳作的人数以万计,公卿以下的百官以至于在读的学生,没有不出力的,明帝竟亲自挖土以作表率。而当时,辽东的公孙渊反叛,毛皇后去世。天降大雨不停,冀州发生洪水,冲没了百姓的财物。

高堂隆上疏直言极谏,说:"从前在唐尧的时候,洪水滔天。灾祸的严重,没有超过那时候的;劳役的征用,没有比这更久的。而尧、舜君臣,只是面向南面安坐本位而已。禹把天下分为九州,众多参加治水的士民的功劳,大小各有差别;官员和百姓,各有不同的服饰。现今没有那时候的紧急情况,却让公卿大夫与做杂务的奴隶一同供给劳役。让四方的少数民族听到了,不是好的声誉;若是记载在史册上流传后世,也不是好的名声。因此古代贤明的君主,畏惧上天明确的意旨,谨慎戒惧,生怕有所违背;灾害和反常的现象出现了,就会感到畏惧而修明政教,这样做则没有不使王朝寿命增长、国统得以延续的。等到了末代,昏庸荒淫的君主不尊崇先王良好的法度,不采纳正直人士的直言,随顺自己的情绪和欲望,毫不在意上天以异常变化发出的告诫,这样做则没有不走向灭亡的。秦始皇不建立道德的基础,而去筑造阿房宫;不担心内部的变乱,而去做修筑长城之事。当他们君臣为此谋划时,也是想建立万代永存的基业,使其子孙

主,躬行约俭,惠下养民,而贾谊方之,以为天下倒县,可为痛哭者一,可为流涕者二,可为长叹息者三。况今天下彫獘,民无儋石之储,国无终年之畜,外有强敌,六军暴边,内兴土功,州郡骚动,若有寇警,则臣惧板筑之士,不能投命虖庭矣。又,将吏奉禄,稍见折减,方之于昔,五分居一。夫禄赐谷帛,人主之所以惠养吏民,而为之司命者也。若今有废,是夺其命。既得之,而又失之,此生怨之府也。今陛下所与共坐廊庙治天下者,非三司九列,则台阁近臣,皆腹心造膝,宜在无讳。若见丰省而不敢以告,从命奔走,唯恐不胜,是则具臣,非鲠辅也。昔李斯教秦二世曰:'为人主而不恣睢,命之曰天下桎梏。'二世用之,秦国以覆,斯亦灭族。是以史迁议其不正谏,而为世诫。"

　　书奏,帝览焉,谓中书鉴、令曰:"观隆此奏,使朕惧哉!"隆疾笃,口占上疏曰:"臣常疾世主,莫不思绍尧、舜、汤、武

长久的享有天下,怎会料到有一天一个平民(陈胜)高呼一声,而秦朝的天下就随之覆灭了呢?所以臣认为,假使前代的君主知道他们的所作所为必将导致败亡,就不会那样做了。因此,亡国的君主自以为不会灭亡,然后才会导致灭亡;圣贤的君主自以为将会灭亡,然后才不会导致灭亡。从前汉文帝被称为贤明的君主,亲自实行节俭,施惠于下,养育万民,而贾谊比喻当时的形势,认为天下如同一个倒挂着的人(处境危急),可为之痛哭的问题有一个,可为之流泪的问题有两个,可为之深深叹息的问题有三个。又何况如今天下穷困,百姓连很少米粮的存储也没有,国家也没有够用一年的粮食储备。外面有强大的敌人,军队驻扎在边境上;而国内却大兴土木,州郡受到骚扰,一旦有敌人入侵的警报,臣担心这些从事宫殿修筑的人们是不能为抗击敌人而舍命的。另外,目前将领官员的俸禄,逐渐被减少,与从前相比,只有过去的五分之一。俸禄赏赐和谷物布帛,是君主用来加恩抚养官吏百姓、作为维持他们生命的东西。如果像现在这样克扣减发,就等于是剥夺他们的生命。他们曾经得到的现在又失去了,这就是产生怨恨的根源。现在与陛下一起坐在朝廷上治理天下的人,不是三公九卿,就是尚书台的亲近大臣,都是关系亲密的心腹之臣,应当没有顾忌。如果看到官员俸禄丰厚或减少而不敢报告陛下,只知道服从命令而奔走效劳,唯恐不称陛下心意,这只能算是充数之臣,而不是刚直有力的辅佐之臣。从前李斯告诉秦二世说:'当了君主若不能放任自己、无拘无束,这就叫做把天下变成束缚自己的脚镣手铐'。秦二世采用了他的话,秦国因此而灭亡,李斯也被灭族。所以司马迁评论李斯时说他不能正言进谏,以此作为对后世的告诫。"

高堂隆的奏疏呈上,明帝看了之后,对中书鉴和中书令说:"看了高堂隆这封奏疏,使朕感到畏惧啊!"后来高堂隆病势严重,便口

之治,而蹈踵桀、纣、幽、厉之迹;莫不蚩笑季世惑乱亡国之主,而不登践虞、夏、殷、周之轨。悲夫!寻观三代之有天下,圣贤相承,历载数百,尺土莫非其有,一民莫非其臣。癸、辛之徒,恃其旅力,知足以拒谏,才足以饰非,谄谀是尚,台观是崇,淫乐是好,倡优是悦,上天不蠲,眷然回顾,宗国为墟。天子之尊,汤、武有之,岂伊异人,皆明王之胄也。且当六国之时,天下殷炽,秦既兼之,不修圣道,乃构阿房之宫,筑长城之守,矜夸中国,威服百蛮,天下震竦,道路以目,自谓本枝百世,永垂洪晖,岂悟二世而灭,社稷崩圮哉?臣观黄初之际,异类之鸟,育长燕巢,口爪胸赤,此魏室之大异也。宜防鹰扬之臣于萧墙之内,可选诸王,使君国典兵,往往棊跱,镇抚皇畿,翼亮帝室。昔周之东迁,晋郑是依,汉吕之乱,实赖朱虚,盖前代之明鉴也。夫皇天无亲,唯德是辅。民咏德政,则延期过历;下有怨叹,则掇录授能。由此观之,则天下之天下也,非独陛下之天下也。臣百疾所钟,气力稍微,辄自舆出还舍,若遂沉沦,魂而有知,结草以报。"

述（由别人记录）上疏说："臣常常痛恨世上君主没有不想着承继尧、舜、汤、周武王的清明之治的，但实际上却重走了夏桀、商纣、周幽王、周厉王的道路；他们没有不耻笑末代迷乱亡国之君的，但却不遵循虞舜、夏禹、商汤、周武王的制度。可悲啊！回头看看夏、商、周三代拥有天下之时，圣贤君主一个接着一个，每个王朝都历时数百年，没有一尺土地不是归他们所有，没有一个百姓不是他们的臣民。夏桀、商纣之辈，依仗自己的力量，其智慧足以拒绝别人的劝谏，才能足以掩饰自己的过错。他们喜欢阿谀奉承，崇尚楼台亭观，喜好荒淫嬉乐，宠爱乐舞艺人。上天不能免除其罪过，等他们回头来看，国家已变成废墟，天子的尊严，被商汤、周武王所拥有。难道说夏桀、商纣是王族之外的人吗？他们都是圣明君主的后代啊！在六国（与秦国相互分争）之时，天下繁荣兴盛，秦朝兼并六国之后，不实行圣人之道，却构筑阿房宫，修建长城来守边，在国内耀武扬威，以威力慑服周边的少数民族。天下人民震惊恐惧，人们在路上相见，只是以目示意，不敢交谈。而秦始皇却自以为会子孙昌盛，百代不衰，永远留下光辉，怎会想到第二代就灭亡，国家也覆灭了啊！臣看到黄初年间，有一只与燕子不同类的鸟，生长在燕子窝中，喙、爪和胸口都是红色的，这预示着魏朝的大灾异啊！应防备朝廷内部出现位高权重、难以驾驭的大臣，可选择藩王，让他们有统治封国的实权并统领军队，散布在各地形成力量，安抚京城地区，辅佐皇室。从前周朝东迁，依靠的是晋、郑二国；汉朝的诸吕之乱，实在是依赖于朱虚侯刘章才得以平定。这些都是前朝明显的鉴戒。上天没有偏爱，只是辅助有德之君。老百姓歌颂德政，上天就让他享国的时间延长超过预定期限；如果人民怨恨悲叹，上天就会选取任用贤能的人来治理天下。由此看来，天下是天下人的天下，不仅是陛下一人的天下啊！臣百病缠

田豫,字国让,渔阳人也。为护乌丸校尉。《魏略》曰:"鲜卑、素利等,数来客见,多以牛马遗豫,豫转送官。胡乃密怀金三十斤,谓豫曰:'我见公贫,故前后遗公牛马,公辄送官,今密以此上,公可以为家资。'豫张袖受之,答其厚意。胡去之后,皆悉付外。于是诏褒之曰:'昔魏绛开怀以纳戎,今卿举袖以受狄金,朕甚嘉焉。'乃赐青缣五百匹也。"

徐邈,字景山,燕国人也。为凉州刺史。西域流通,荒戎入贡,皆邈勋也。赏赐皆散与将士,无入家者,妻子衣食不充。天子闻而嘉之,随时供给其家。弹邪绳枉,州界肃清。嘉平六年,朝廷追思清节之士,诏曰:"夫显贤表德,圣王所重;举善而教,仲尼所美。故司空徐邈、征东将军胡质、卫尉田豫,皆服职前朝,历事四世,出统戎马,入赞庶政,忠清在公,忧国忘私,不营产业,身没之后,家无余财,朕甚嘉之。其赐邈等家,谷二千斛,钱三十万,布告天下。"

王昶,字文舒,太原人也。迁兖州刺史。为兄子及子作名字,皆依谦实,以见其意。故兄子默字处静,沈字处道;其子浑字玄冲,深字道冲。遂书戒之曰:"夫人为子之道,莫大

身,精神体力逐渐衰微,便准备自行乘车离开官府,返回家中,假如就此死去,若魂灵有知,也要在冥冥之中报答陛下。"

田豫,字国让,渔阳郡(雍奴县)人。文帝时任护乌丸校尉。〔《魏略》说:鲜卑的素利等人,多次派人来拜见田豫,常赠送牛马给田豫,田豫随即转送官府。胡人秘密携带了三十斤黄金,对田豫说:"我看您贫困,所以前后多次送给您牛马,而您却都送交官府了。今天秘密地送上这些金子,您可以把它作为自家的财产。"田豫便张开袍袖收下了,并谢过胡人的深情厚意。胡人走后,田豫便把这些金子都交给了官府。于是皇帝下诏称赞他说:"从前魏绛能敞开胸怀来包容戎狄,现在您张开袍袖接受胡人送上的金子,朕十分赞许。"于是赐给田豫青绢五百匹。〕

徐邈,字景山,燕国(蓟县)人。明帝时任凉州刺史。(魏国)与西域交往通好,远方少数民族前来进贡,这些都是徐邈的功劳。凡是得到的赏赐,他都分给将士,没有拿回家的,而自己的妻子儿女却常常衣食不足。天子听说后很赞许他,便随时供给他家衣食物资。他弹劾、惩处邪曲之人,凉州境内秩序井然。嘉平六年,朝廷追念清高有节操的官员,诏书说:"显扬贤良之才,表彰有德之人,是圣王所重视的事情;推举贤善之人以教育大家,也是孔子所赞美的行为。已故的司空徐邈、征东将军胡质、卫尉田豫,都曾在前朝任职,侍奉过我魏朝四代君主,出外则统领军队,入朝则辅佐政事,忠诚清廉一心为公,忧劳国事忘记自我,不置办家产,去世之后,家里没有多余的财物,朕十分赞赏他们,现赐给徐邈等人的家中粮食二千斛、钱三十万,以此公告天下。"

王昶,字文舒,太原郡(晋阳县)人。文帝时升任兖州刺史。他为哥哥的儿子和自己的儿子取名时,都依照谦虚和诚实的意思,以此来体现他的意愿。所以他哥哥的儿子,一个叫王默,字处静;一个

于宝身全行,以显父母。此三者,人知其善,而或危身破家、陷于灭亡之祸者,何也?由所祖习非其道也。夫孝敬仁义,百行之首,而立身之本也。孝敬则宗族安之,仁义则乡党重之,此行成于内、名著于外者矣。若不笃于至行,而背本逐末,以陷浮华焉,以成朋党焉。浮华则有虚伪之累,朋党则有彼此之患。此二者之戒,照然著明,而循覆车滋众,逐末弥甚,皆由惑当时之誉,昧目前之利故也。夫富贵声名,人情所乐,而君子或得而不处,何也?恶不由其道耳。患人知进而不知退,知欲而不知足,故有困辱之累,悔吝之咎。语曰:'不知足则失所欲。'故知足之足,常足矣。览往事之成败,察将来之吉凶,未有干名要利,欲而不厌,而能保世持家、永全福禄者也。欲使汝曹立身行己,遵儒者之教,履道家之言,故以玄默冲虚为名,欲使汝曹顾名思义,不敢违越也。古者盘杅有铭,几杖有诫,俯仰察焉,用无过行,况在己名,可不戒之哉!夫物速成则疾亡,晚就则善终。朝华之草,夕而零落。松柏之茂,隆寒不衰。是以大雅君子,恶速成、戒阙党也。

叫王沈，字处道。他自己的儿子，一个叫王浑，字玄冲；一个叫王深，字道冲。他又告诫他们说："为人子之道，没有比爱惜自己的身体，保持良好的品行，从而使父母名声显扬更重要的了。这三件事，人们都知道好，而有的人却危害自身、破坏家庭，陷入灭亡的灾祸之中，这是为什么呢？是由于他们尊崇学习的不是正道。孝敬、仁义，是各种品行当中最重要的，也是为人处世的根本。能孝敬，则家族内部就会安定；有仁义，则会受到乡亲们的尊重。这就是德行养成于自身，好的名声就会显扬在外了。人如果不专注于培养卓越的品行，而背离根本，追逐末节，就会陷入华而不实之中，就会因此结成帮派。华而不实就会有虚伪的毛病，拉帮结派则会有彼此牵累的祸患。这两方面的鉴戒，是非常明显的，然而重蹈覆辙的人愈来愈多，舍本逐末的现象更加严重，这都是因为迷惑于当时的声誉，贪图眼前利益的缘故。富贵和名声，是人人心中都喜欢的，而君子有时得到了却不要，这是为什么呢？是因为厌恶它们不是从正道得来的。最怕的就是人们知进而不知退，知道贪求而不知道满足，所以才会有困窘侮辱的牵累，才会有令人悔恨的过错。俗话说：'如果不知足，就会失去想要的东西。'所以知足的满足是长久的满足。观察往事的成败，考察将来的吉凶，还没有追名逐利，贪婪而不知满足，却能保持家道世代相传并长久享有福禄的人。我希望让你们立身处世，遵从儒家的教诲，奉行道家的学说，所以用玄默冲虚这样的字来作为你们的名字，想让你们看到名字就想到其含义，不敢有所违背。在古代，盘盂上铸有铭文，几杖上刻有训诫，低头抬头都能看见，因此才不会有错误的行为。何况如今这些告诫就在自己的名字中，能不警惕吗？大凡事物成就得快而灭亡得也快；成就得慢，结果就会善终。早晨开花的草，到晚上就会凋谢；而松柏的茂盛，在严冬也不会衰败。因此高尚雅正

若范丐对秦客,至武子击之,折其委笄,恶其掩人也,夫人有善鲜不自伐,有能者寡不自矜。伐则掩人,矜则陵人。掩人者人亦掩之,陵人者人亦陵之。故三郤为戮于晋,王叔负罪于周,不唯矜善自伐好争之咎乎?故君子不自称,非以让人,恶其盖人也。夫能屈以为伸,让以为得,弱以为强,鲜不遂矣。夫毁誉,爱恶之原,而祸福之机也,是以圣人慎之。孔子曰:'吾之于人,谁毁谁誉?如有所誉,必有所试。'以圣人之德,犹尚如此,况庸庸之徒而轻毁誉哉?昔伏波将军马援戒其兄子,言:'闻人之恶,当如闻父母之名。耳可得闻,口不可得道也。'斯戒至矣。人或毁己,当退而求之于身。若己有可毁之行,则彼言当矣。若己无可毁之行,则彼言妄矣。当则无怨于彼,妄则无害于身,又何反报焉?且闻人毁己而忿者,恶丑声之加人也,人报者滋甚,不如默而自修也。谚曰:'救寒莫如重裘,止谤莫如自修。'斯言信矣。

若与是非之士、凶险之人,近犹不可,况与对校乎?其害深矣。可不慎与!吾与时人从事,虽出处不同,然各有所取。

的君子，不喜欢速成，以孔子对阙党童子的评价作为借鉴。

像晋国的范燮在秦国客人面前显示才能，以致被范武子打得折断了发簪，这是因为范武子厌恶他掩盖了别人的才能。人有优点，很少有不自夸的；人有才能，很少有不自负的。自夸就会掩盖别人，自负就会压低别人。掩盖别人的人，别人也会掩盖他；以势压人的人，别人也会压低他。所以晋国的郤锜、郤犨、郤至三人被杀；王叔（与人争权夺利）最后成为周朝的罪人。这不正是自夸自傲、争强好胜惹来的灾祸吗？所以，君子不称赞自己，不是为了谦让他人，而是厌恶这样做会掩盖别人。人如果能够以屈为伸，以让为得，以弱为强，就很少会有不顺利的。诋毁和赞誉，是喜好和厌恶产生的根源，也是决定祸福的关键，所以圣人对此特别谨慎。孔子说：'我对于他人，诽谤过谁？又赞誉过谁呢？如果有所赞誉，一定是经过试验的。'以圣人那样的德行，还尚且如此，何况平庸之辈反而能轻意诋毁或赞誉别人吗？从前伏波将军马援告诫他的侄儿说：'听到别人的过失，应当像听到自己父母的名字一样，耳朵可以听到，嘴里却不能说出来。'这样的告诫真是太对了。别人如果诋毁我，应当退一步反省自己。如果自己有可以被人诋毁的行为，那么他所说的就是恰当的；如果自己没有可被诋毁的行为，那么他的话就是虚妄的。若所言恰当，就不能怨恨别人；若所言不实，对自己也没有损害，何必要报复怨恨呢？再说，听见别人诋毁自己便发怒的人，便会用恶言恶语对待别人，这样别人对你的报复就会更加厉害，不如默不作声而去修养自己的德行。谚语说：'要防止寒冷，没有比穿上厚皮衣更有效的了；要止息谤言，没有比修养自己的德行更好的了。'这话真是不虚啊！

如果遇上那些搬弄是非，狠毒奸险的人，接近他们尚且不可以，更何况与他们面对面的计较争论呢！这样做的危害很深啊！能

颍川郭伯益,好尚通达,敏而有知。其为人弘旷不足,轻贵有余。得其人,重之如山;不得其人,忽之如草。吾以所知亲之昵之,不愿儿子为之。北海徐伟长,不治名高,不求苟得,澹然自守,唯道是务。其有所是非,则托古人以见其意,当时无所褒贬。吾敬之重之,愿儿子师之。乐安任昭先,淳粹履道,内敏外恕,处不避洿,怯而义勇。吾友之善之,愿儿子遵之。若引而申之,触类而长之,汝其庶几举一隅耳。及其用财先九族,其施舍务周急,其出入存故老,其议论贵无贬,其进仕尚忠节,其取人务道实,其处世戒骄淫,其贫贱慎无戚,其进退念合宜,其行事加九思,如此而已,吾复何忧哉?"

钟会,字士季,颍川人也。司马文王欲图蜀,以会为镇西将军,从骆谷入。姜维等悉降会。诏以会为司徒。会内有异志,因邓艾承制专事,密白艾有反状。《世语》曰:"会善效人书,于剑阁,要艾章表白事,皆易其言,令辞指悖傲,多自矜伐也。"于是槛车征艾。艾既禽,而会独统大众,威震西土。自谓功名盖世,不可复为人下,遂谋反,诸军兵杀会。《汉晋春秋》曰:"文王闻钟会功曹向雄之收葬会也,召而责之曰:'往王经之死,卿哭于东

不谨慎吗？我和世人交往共事，虽然有的出仕、有的隐退，情况有所不同，但各有其可取的长处。颍川的郭伯益，喜好洞达事理，聪敏而有智慧。可是他的为人心胸不够宽阔，对待人轻视尊重的分别有些过分。碰到他中意的人，就会敬重如山；碰到不中意的人，就会轻视如草芥。我因为和他相识，所以和他亲近，但不希望儿子们像他一样。北海的徐伟长，不求取显赫的名声，不谋求不当得到的利益，淡泊无求、坚守节操，一心追求道义。他要是有所褒贬评论，就会依托古人（言行）来表达自己的意见，不直接对人进行褒贬。我很敬重他，希望儿子们向他学习。乐安国的任昭先，为人淳厚精粹、躬行正道，内心聪敏而对人宽和，居处不避卑下的环境，看似怯弱却见义勇为。我和他友好亲善，希望儿子们以他为榜样。如果能从这些道理中加以引申，触类旁通，你们大概就能举一反三了。在使用钱财时要先考虑到家族其他成员，施舍时要着重周济那些急需的人，出外返回时要问候尊长，议论时注意不要贬低别人，做官时要崇尚忠贞的节操，选择朋友要注重道义和诚实，处世为人要戒除骄纵淫逸，贫贱时切勿忧愁，进与退要想到是否恰当。做事时要考虑到这九条，能这样做就行了，我还有什么可忧虑的呢？"

　　钟会，字士季，颍川郡（长社县）人。司马文王想大举进攻谋取蜀国，任命钟会为镇西将军，率军从骆谷进入蜀汉境内。姜维等人向钟会投降，朝廷下诏任钟会为司徒。钟会怀有反叛之心，他借邓艾以皇帝的旨意擅自行事之机，秘密上奏邓艾有谋反的迹象。〔《世说新语》说：钟会善于模仿别人的笔迹。在剑阁时，钟会取得了邓艾的奏章和报告，把邓艾的话都改了，使奏章的言辞显得很狂傲，多有自我夸耀的地方。〕于是朝廷下令用囚车将邓艾押解回京。邓艾已经被擒，钟会独自统率大军，威震蜀地。他自认为功名盖世，不能再屈居人下，于是图谋反

市而我不问也,今钟会躬为叛逆而又辄收葬,若复相容,其如王法何!"雄曰:"昔先王掩骸埋胔,仁流朽骨,当时岂先卜其功罪而后收葬哉?今王诛既加,于法已备,雄感义收葬,教亦无阙。法立于上,教弘于下,以此训物,雄曰可矣!何必使雄背死违生,以立于时。殿下雠对枯骨,捐之中野,百岁之后,为臧获所笑,岂仁贤所掩哉?'王悦之,与宴谈而遣之。习凿齿曰:'向伯茂可谓勇于蹈义也,哭王经而哀感市人,葬钟会而义动明主,彼皆忠烈奋劲,知死而往,非存生也。'寻其奉死之心,可以见事生之情,览其忠贞之节,足以愧背义之上矣。王加礼而遣,可谓明达矣。"

叛。后（谋反失败）诸军兵杀死了钟会。〔《汉晋春秋》说：司马文王听说钟会的功曹从事向雄收殓埋葬了钟会的尸体，召见并责备他说："以前王经死后，你在刑场为他哭泣，我没有追究你的罪过。如今钟会亲自反叛，你却又擅自收葬了他的尸体，倘若再容忍你的话，将把王法放在哪里呢？"向雄说："从前先王埋葬遗骸死尸，仁爱施及枯骨，当时难道要先占卜死者的功过，然后再收葬吗？如今对钟会的诛杀已经施行，已满足了刑法的要求，向雄有感于道义而收葬他的尸体，对于教化也没有什么损害。法律在上建立，教化在下弘扬，以此来教诲百姓，向雄认为是可以的。何必让向雄违背死生的道义，而立身在世上呢？殿下对死人的骸骨也有仇恨，若把它扔到荒野中，那么百年之后，就会被奴婢所取笑。这难道是陛下的仁爱贤明所能掩盖的吗？"司马文王听后很高兴，与他宴饮交谈后，便让他回去了。习凿齿说："向伯茂可以说是勇于遵循道义了。哭悼王经，他的哀痛能感动市人；埋葬钟会，其忠义可打动明主。这些都是忠诚壮烈、奋勇刚劲之举，即使知道去死也要前往，不会顾及自己生命的存亡。观察他对待死者的存心，可以知道他侍奉生者的情形；看到他忠诚坚贞的节操，足以使背信弃义之人羞愧。司马文王对他以礼相待，然后放他回去，可以称得上是明达事理了。"〕

卷二十七　蜀志

　　刘璋,字季玉,江夏人也。为益州刺史。闻曹公征荆州,遣别驾张松诣曹公。曹公时已定荆州,走先主,不复存录松,松劝璋自绝。《汉晋春秋》曰:"张松见曹公,曹公方自矜伐,不存录松。松归,乃劝璋自绝。习凿齿曰:'昔齐桓一矜其功而叛者九国,曹操暂自骄伐而天下三分,皆勤之于数十年之内而弃之于俯仰之顷,岂不惜乎!是以君子劳谦日昃,虑以下人,功高而居之以让,势尊而守之以卑。情近于物,故虽贵而人不厌其重;德洽群生,故业广而天下愈欣其庆。夫然,故能有其富贵,保其功业,隆显当时,传福百世,何骄矜之有哉!君子是以知曹操之不能遂兼天下者也。'"

　　先主姓刘,讳备,字玄德,涿郡人也。少语言,善下人,喜怒不形于色。为豫州牧。叛曹公,刘表郊迎,以上宾礼待之,益其兵,使屯新野。曹公南征表,会表卒,子琮请降。先主遂将其众去,与曹公战于赤壁,大破之。益州牧刘璋降。先主领益州牧,诸葛亮为股肱,法正为谋主,关羽、张飞、马超为爪牙,许靖、麋竺、简雍为宾友。及董和、黄权、李严等,本璋之所授用也;吴壹、费观等,又璋之婚亲也;刘巴者,宿昔之所忌恨也。皆处之显任,尽其器能。有志之士,无不竞劝。

卷二十七　蜀志

刘璋，字季玉，江夏人，任益州刺史。他听说曹操征讨荆州，派别驾从事张松前去拜见曹操。曹操当时已经平定荆州，赶走了刘备，所以不再录用张松。张松（回去后）就劝刘璋与曹操断绝往来。〔《汉晋春秋》说："张松拜见曹操，曹操却自我夸耀，对张松没有存恤录用。张松回去后，就劝刘璋同曹操断绝交往。习凿齿说：'从前齐桓公一自夸功绩，就有九个诸侯盟国背叛他；曹操一时骄傲自矜，便导致了天下三分的局面。他们都是勤苦经营了几十年，却毁弃于片刻之间，难道不是很可惜吗？因此君子终日勤劳谦恭，专心不懈，想着屈己尊人。功绩虽高却以谦让自居，位势尊贵却用卑下持守。真情亲近众人，所以君子虽然显贵而人们不嫌他显贵；仁德滋润百姓，所以功业虽大而天下人更欣喜他的福德。这样君子才能享有他的富贵，保持他的功业，显赫于当时，并使福禄流传百世，哪里有一点骄傲自夸的！君子因此知道曹操不能最终统一天下的原因了。'"〕

先主姓刘，名备，字玄德，涿郡（涿县）人。平常少言寡语，善于礼贤下士，喜怒都不表现在脸色上。后任豫州牧，背叛了曹操。（此后先主投奔刘表）刘表亲自出城迎接，以上宾之礼接待先主，又给他增加兵力，让他屯驻在新野。曹操南下征讨刘表，恰逢刘表病死，刘表之子刘琮向曹操请降，先主于是带领自己的人马离去。（后与孙权联合）与曹操在赤壁决战，大破曹军。（后来）益州牧刘璋投降，先主兼任益州牧，诸葛亮为辅佐大臣，法正为主要谋士，关羽、张飞、马超为武将，许靖、麋竺、简雍为宾客朋友。至于董和、黄权、李严等人，本是刘璋以前所任用的部下，吴壹、费观等人又是刘璋的

魏文帝称尊号,传闻汉帝见害,先主乃发丧制服,即皇帝位于成都。章武三年,病笃,托孤于丞相亮,殂于永安宫。《诸葛亮集》载先主遗诏敕后主曰:"朕疾殆不自济。人年五十不称夭,年已六十有余,何所复恨,不复自伤也。更以卿兄弟为念,勉之!勿以恶小而为之,勿以善小而不为。唯贤唯德,能服于人。汝父薄德,勿效之。吾终亡之后,汝兄弟父事丞相也。"评曰:先主之弘毅宽厚,知人待士,盖有高祖之风,英雄之器焉。及其举国托孤于诸葛亮,而心神无二,诚君臣之至公、古今之盛轨也。

诸葛亮,字孔明,琅邪人也。每自比于管仲、乐毅,时人莫之许也。唯博陵崔州平、颍川徐庶元直与亮友善,谓为信然。时先主屯新野。徐庶见先主,先主器之,谓先主曰:"诸葛孔明者,卧龙也,将军岂愿见之乎?"先主遂诣亮,凡三,于是与亮情好日密。关羽、张飞等不悦,先主解之曰:"孤之有孔明,犹鱼之有水也。愿诸君勿复言。"羽、飞乃止。成都平,以亮为军师将军。先主外出,亮常镇守成都,足食足兵。先主既帝位,策亮为丞相,录尚书事。先主病笃,召亮,属以后事,谓亮曰:"君才十倍曹丕,必能安国,终定大事。若嗣子可辅,辅

姻亲，刘巴是先主过去忌恨的人，先主全都把他们安排在显要的位置上，让他们充分发挥自己的才能。有志之士无不争相劝勉以效先主。

魏文帝曹丕称帝，传闻汉献帝已经遇害，先主于是发布讣告，并身着丧服。此后在成都即位称帝。章武三年，先主病重，把儿子托付给丞相诸葛亮，在永安宫去世。〔《诸葛亮集》记载先主遗诏告诫后主道："朕的病恐怕已经无法治愈了。人的年龄过了五十岁，就不算短命，朕已经六十多岁了，还有什么可遗憾的？也不会再自我伤感了。只是挂念你们兄弟几个，心里放不下。你们要好好努力！不要因为恶事很小就去做，不要因为善事很小就不去做。只有贤能和仁德，才能使人信服。你父亲我德行浅薄，你不要学。我死之后，你们兄弟要像侍奉父亲一样侍奉丞相。"〕评论说：先主的宽宏坚毅，宽大厚道，能识别人才，礼贤下士，有汉高祖的风范，英雄的气度。及至他把整个国家和儿子托付给诸葛亮，而心中没有丝毫怀疑，确实是君臣之间最无私的表现，是古今美好的典范啊！

诸葛亮，字孔明，琅玡郡（阳都县）人。他常常把自己比作管仲、乐毅，当时的人并不认同。只有博陵的崔州平、颍川的徐庶（字元直）与诸葛亮亲密友好，认为确实是这样。当时先主屯驻新野，徐庶来见先主，先主很器重他。徐庶对先主说："诸葛孔明，人称卧龙，将军可愿意见见他吗？"于是先主便去拜访诸葛亮，一连去了三次（才得以见面）。于是与诸葛亮的情谊日益深厚。关羽、张飞等人因此不太高兴，先主对他们解释说："我有了孔明，就像鱼有了水一样，希望诸位不要再说什么了。"关羽、张飞这才罢休。成都平定后，先主任诸葛亮为军师将军。先主外出征战时，经常让诸葛亮镇守成都，保证了前方粮食和兵力的充足。先主即位称帝后，策封诸葛亮为丞相，并统

之。如其不才，君可自取。"亮涕泣曰："臣敢竭股肱之力，效忠贞之节，继之以死！"先主又为诏敕后主曰："汝与丞相从事，事之如父。"

建兴十二年，亮悉大众由斜谷出，以流马运，据武功五丈原，与司马宣王对于渭南。分兵屯田，耕者杂于渭滨居民之间，而百姓安堵，军无私焉。相持百余日，亮病，卒于军。初，亮自表后主曰："成都有桑八百株、薄田十五顷，子弟衣食，自有余饶。至于臣，在外任，无别调度随身，衣食悉仰于官。若死之日，不使内有余帛，外有赢财，以负陛下。"及卒，如其所言。《汉晋春秋》曰："樊建为给事中，晋武帝问诸葛亮之治国，建对曰：'闻恶必改，而不矜过；赏罚之信，足感神明。'帝曰：'善哉！使我得此人以自补，岂有今日之劳乎！'建稽首曰："臣窃闻天下之论，皆谓邓艾见枉，陛下知而不理，此岂冯唐所谓"虽得颇，牧而不能用"者乎'帝笑曰：'吾乃欲明之，卿言起我意。'于是发诏理艾焉。"

评曰：诸葛亮之为相国也，抚百姓，示义轨，约官职，从权制，开诚心，布公道。尽忠益时者虽雠必赏，犯法怠慢者虽

领尚书台事务。先主病重,把诸葛亮(从成都)召来,将后事托付给他,对他说:"您的才能是曹丕的十倍,必定能安定国家,最终完成复兴汉室的大业。如果我的儿子可以辅佐,您就辅佐他;如果他不成材,您可以自己取而代之。"诸葛亮流着泪说:"臣怎敢不竭尽辅佐大臣之力,用忠贞的节操来报效,直到竭尽自己的生命呢?"先主又立遗诏告诫后主,说:"你今后与丞相共事,要像侍奉父亲一样侍奉丞相。"

建兴十二年,诸葛亮率领全军从斜谷出兵,用流马运送粮草,据守在武功的五丈原,与司马懿在渭水南岸对峙。诸葛亮分出部分士兵在驻地进行屯田,耕作的士兵混杂在渭水岸边的居民中间,而百姓安居无忧,军队没有抢掠百姓以谋取私利的行为。双方相持了一百多天,诸葛亮病逝于军中。当初,诸葛亮曾向后主上表说:"臣在成都有桑树八百株,薄田十五顷,家中子弟的衣食,已有富余。至于臣在外任职,没有其他财物的征调收入,随身的衣食都依赖朝廷供给。如果臣有一天死去,不让家中有多余的布帛、家外有多余的财产,以致辜负陛下的信任。"到诸葛亮去世的时候,正像他所说的那样。〔《汉晋春秋》说:樊建任给事中,晋武帝向他询问诸葛亮治理国家的方法,樊建回答说:"听到恶行必定改正,而不纵容过错;奖赏惩罚严而有信,足以使神明感动。"晋武帝说:"真好啊!如果让我得到这个人辅佐,哪里会有今天的辛劳呢!"樊建叩首说:"臣私下听到天下人的议论,都说邓艾被冤枉了,陛下您知道了却不理会,这难道不是冯唐所说的'即使得到了像廉颇、李牧那样的将领,也不能重用他们'吗?"晋武帝笑着说:"我正想为他申明,您的话正符合我的心意。"于是下诏处理邓艾之事。〕

评论说:诸葛亮担任丞相,安抚百姓,明示礼仪法度,精简官职,采取顺应时宜的制度,坦露诚心,宣示公道。对竭尽忠心有益时

亲必罚。服罪输情者虽重必释,游辞巧饰者虽轻必戮。善无微而不赏,恶无纤而不贬。庶事精练,物理其本,循名责实,虚伪不齿。终于邦域之内,咸畏而爱之,刑政虽峻而无怨者,以其用心平而劝戒明也。可谓识治之良才,管、萧之亚匹矣。

关羽,字云长,河东人也。先主合徒众,羽与张飞为之御侮。先主与二人寝则同床,恩若兄弟。而稠人广坐,侍立终日,随先主周旋,不避艰险。先主使羽守下邳,曹公东征,擒羽以归,拜为偏将军,礼之甚厚。袁绍遣大将军颜良攻东郡太守刘延于白马,曹公使张辽及羽为先锋击之。羽望见良麾盖,策马刺良于万众之中,斩其首还,绍诸将莫能当者,遂解白马围。曹公表封羽为汉寿亭侯。初,曹公壮羽为人,而察其心神无久留之意,谓张辽曰:"卿试以情问之。"即而辽以问羽,羽叹曰:"吾极知曹公待我厚,然吾受刘将军恩,誓以共死,不可背之。吾终不留,吾要当立效以报曹公,而后乃归。"辽以羽言报曹公,曹公义之。及羽杀颜良,曹公知其必去也,重加赏赐。羽尽封所赐,而奔先主。左右欲追之,曹公曰:"彼各为其主,勿追之。"

政者,即使是仇人也必定奖赏;对触犯法律做事懈怠者,即使是亲信也必定惩罚;对承认罪过真心悔改的,即使罪过很重也必定宽释;对用花言巧语掩饰罪恶者,即使罪过较轻也必定责罚。对好人好事哪怕再微细,没有不奖赏的;对坏人坏事哪怕再轻微,没有不贬斥的。精通熟习各项政事,对事物从根本上加以治理,要求名实相符,鄙视虚伪。最终在蜀国的辖境之内,人们都敬畏而爱戴他,刑法政令虽然严厉却没有怨恨他的人,这是因为他用心公平而勉励告诫十分明确。他可以称得上是懂得治理国家的杰出人才,是能和管仲、萧何相媲美的人物。

关羽,字云长,河东郡(解县)人。先主召集兵马,关羽和张飞一同为他抵御外来欺侮。先主与二人睡则同床,情谊如同兄弟一般。在大庭广众之中,二人整日侍立先主身边,追随先主辗转各地,不畏艰难险阻。先主(袭杀徐州刺史车胄后)派关羽镇守下邳。曹操东征徐州,生擒关羽而回,任命关羽为偏将军,给予他优厚的礼遇。袁绍派大将颜良在白马进攻东郡太守刘延,曹操派张辽和关羽为先锋进击颜良。关羽远远望见颜良的旌旗伞盖,扬鞭催马冲进万军之中斩杀颜良,并砍下其首级返回。袁绍手下众将没人能抵挡他,从而解了白马之围。曹操上表朝廷封关羽为汉寿亭侯。最初,曹操赞许关羽的为人,然而观察他的心志却没有长久留下来的意思,就对张辽说:"您试着通过你们的交情去问问他的想法。"于是张辽来问关羽,关羽感叹的说:"我深知曹公待我优厚,但我蒙受刘将军的大恩,发誓与他同生共死,不能违背誓言,我终究是不会留下的。我自当立功来报效曹公,然后再离去。"张辽把关羽的话告诉曹操,曹操很赞赏他的忠义。等到关羽杀了颜良,曹操知道他必定会离去,便重加赏赐。关羽把所赏赐的物品全部封存未动,便投奔先主去了。曹操的部下想去

张飞,字益德,涿郡人也。先主攻刘璋,飞分定郡县。至江州,破璋将严颜,生获颜。飞呵颜曰:"大军至,何以不降而敢拒战?"颜答曰:"卿等无状,侵夺我州,我州但有断头将军,无有降将军也。"飞怒,令左右牵去斫头,颜颜色不变,曰:"斫头便斫头,何为怒耶!"飞壮而释之,引为宾客。章武元年,迁车骑将军。飞雄壮威猛,亚于关羽。魏谋臣程昱等咸称羽、飞万人之敌也。羽善待卒伍而骄于士大大,飞爱敬君子而不恤小人。先主常戒之曰:"卿刑杀既过差,又日鞭楚健儿,而令在左右,此取祸之道也。"飞犹不悛。先主伐吴,飞当率兵万人,自阆中会江州。临发,其帐下将张达、范强杀飞。

庞统,字士元,襄阳人也。郡命为功曹,性好人伦,勤于长养。每所称述,多过其才。时人怪问之,统答曰:"当今天下大乱,雅道陵迟,善人少而恶人多。方欲兴风俗、长道业,不美其谈,即声名不足慕企,不足慕企而为善者少矣。今拔十失五,犹得其半,而可以崇迈世教,使有志者自厉,不亦可乎?"守耒阳令,在县不治,免官。吴将鲁肃遗先主书曰:"庞士元非百里才也,使处治中、别驾之任,始当展其骥足耳。"诸葛亮亦言之于先主,先主见,与善谈,大器之,以为治中从事,亲待亚诸葛亮。为流矢所中,卒。先主痛惜,言则流涕。

追击，曹操说："大家都各为其主，不要追了。"

张飞，字益德，涿郡人。先主攻打刘璋，张飞分兵平定沿途郡县。到达江州后，击溃了刘璋部将严颜，将其活捉。张飞呵斥严颜说："大军到来，为什么不投降还敢抵抗？"严颜回答说："你等无礼，侵占我州，我州只有断头将军，没有投降的将军！"张飞大怒，命令左右把严颜拉出去砍头。严颜面不改色，说："砍头就砍头，何必发火呢？"张飞赞许他勇敢而释放了他，并聘他为宾客。章武元年，张飞升任车骑将军。张飞的雄壮威猛，仅次于关羽。曹操的谋臣程昱等人都说关羽、张飞的勇力可敌万人。关羽善待士兵而轻视士大夫，张飞喜爱敬重君子却不怜悯下层士卒。先主常常告诫他说："你惩罚杀戮已经过度，又天天鞭打士兵，却还让他们在身边随侍，这是招取灾祸的做法啊！"张飞却仍不改。先主讨伐东吴，张飞正准备率兵一万人，从阆中出发与先主在江州会合。临行前，其帐下的部将张达、范强杀害了张飞。

庞统，字士元，襄阳人。南郡太守任命他为郡功曹。他生性喜好品评人物，致力于扶持培养人才。每当他称赞某人时，往往会超过此人的实际才能，当时的人感到奇怪就问他原因，庞统回答说："当今天下大乱，正道衰败，善人少而恶人多。正想要振兴世风，弘扬道义，如果不用赞美他们的言论，其名声就不足以使众人仰慕，不能被人仰慕，则行善的人就更少了。如今选拔十个人，即使有五个人名不副实，还能得到半数的人才，这样也可以推崇社会教化，使有志之士自我勉励，不也是可以的吗？"先主命庞统代理耒阳县令，在任上政绩不佳，被免职。吴将鲁肃写信给先主说："庞士元并非治理一县的人才，若让他担任治中、别驾之职，才能施展他的才华。"诸葛亮也向先主表达了类似的意思。先主便会见庞统，并进行了详谈，对他大

简雍,字宪和,涿郡人也。为昭德将军。时天旱禁酒,酿者有刑。吏于人家索得酿具,论者欲令与作酒者同罚。雍从先主游观,见一男子行道,谓先主曰:"彼人欲行淫,何以不缚?"先主曰:"卿何以知之?"雍对曰:"彼有淫具,与欲酿者同。"先主大笑,而原欲酿者。

董和,字幼宰,南郡人也。先主定蜀,与诸葛亮并署大司马府事,献可替否,共为欢交。死之日,家无儋石之贮。亮后为丞相,教与群下曰:"夫参署者,集众思、广忠益也。若远小嫌,难相违覆,旷阙损矣。违覆而得中,犹弃弊蹻而获珠玉也。然人心苦不能尽,唯徐元直处兹不惑,又董幼宰参署七年,事有不至,至于十反,来相启告。苟能慕元直之十一、幼宰之殷勤,有忠于国,则亮可少过矣。"又曰:"昔初交州平,屡闻得失,后交元直,勤见启诲,前参事于幼宰,每言则尽,后从事于伟度,数有谏止。虽姿性鄙暗,不能悉纳,然与此四子终始好合,亦足以明其不疑于直言也。"其追思和如此。伟度者,姓胡,名济,义阳人也。为亮主簿,有忠荩之效,故见褒述。

为器重,任命他为治中从事,对他的亲近、优待仅次于诸葛亮。(在围攻雒县时)庞统被乱箭射中,阵亡。先主感到十分痛心和惋惜,一说到他就流泪。

简雍,字宪和,涿郡人。为昭德将军。当时天旱缺粮,朝廷下令禁酒,酿酒者要被判刑。官吏在一人家中搜查出酿酒的器具,议事者想判处他与酿酒者同样的刑罚。简雍随先主出外游览,看到路上有一男子在行走,就对先主说:"那个人想进行淫乱,为什么不抓起来?"先主说:"您怎么知道?"他回答说:"他有行淫的器官(就会行淫),就像人家中藏有酿酒器具就会酿酒一样。"先主听了大笑,从而赦免了藏有酿酒器具的人。

董和,字幼宰,南郡(枝江县)人。先主平定益州后,他与诸葛亮一起掌理大司马府的事务,进献合理的建议,废去不可行的做法,两人相处得非常愉快。他去世的时候,家中连少量的积蓄也没有。诸葛亮后来出任丞相,告谕他的属下说:"为官者就是要集中大家的意见,广泛采纳有益于国家的建议。如果为了避免与别人发生小的矛盾,而难以提出不同的意见,也不能反复审核,那么政事就会有所失误和损失。听取不同意见而能得出正确的结论,就如同扔掉破草鞋而获得珍珠美玉一样。然而人们内心的想法很难全部说出来。唯有徐元直在这种情况下能够不迟疑,还有董幼宰,参与处理政务七年,看到事情有不妥之处,甚至会往返十次前来禀告说明。如果我们能效法徐元直精神的十分之一,学习董幼宰的恳切尽职,效忠于国家,那我就可以少犯过失了。"又说:"过去我初与崔州平交往,屡次听到他指出我的过失;后来又与徐元直交往,常常受到他的启发和教诲;此前与董幼宰共事,他每次讲言时都是毫无保留;此后又与胡伟度共事,他也多次对我进行劝阻。虽然我的资质鄙陋愚昧,不能全部采纳

允,字休昭,和子也。迁为侍中,甚尽匡救之理,后主严惮之。后主渐长大,爱宦人黄皓,皓便辟佞谄,欲自容人,允常上则正色匡主,下则数责于皓。皓畏允,不敢为非。终允之世,皓位不过黄门丞。陈祗代允为侍中,与皓互相表里,皓始预政事。祗死后,皓从黄门令为中常侍、奉车都尉,操弄威柄,终至覆国,蜀人无不追思允。

张裔,字君嗣,蜀郡人也。丞相亮以为府长史,常称曰:"公赏不遗远,罚不阿近,爵不可以无功取,刑不可以势贵免,此贤愚之所以佥忘其身者也。"

黄权,字公衡,巴西人也。州牧刘璋召为主簿。时别驾张松建议,宜迎先主,使伐张鲁。权谏曰:"左将军有骁名,今请到,欲以部曲遇之,则不满其心;欲以宾客礼待之,则一国不容二君。若客有泰山之安,则主有累卵之危矣。"璋不听,出权为广汉长。先主遂袭取益州,诸县望风影附,权闭城门坚守,须刘璋稽服,乃诣先主。先主假权偏将军。

他们的意见,但是与这四人始终保持着友好关系,这也足以表明他们对我的直言规劝没有任何犹豫了。"诸葛亮就是这样的怀念董和。(伟度,即胡济,义阳人。曾担任诸葛亮的主簿,因在任时忠心耿耿,尽心尽力辅佐丞相,所以在这里受到表扬赞赏。)

董允,字休昭,董和之子。升任侍中,很能尽到匡正补救的职责,后主很敬畏他。后主逐渐长大,宠爱宦官黄皓。黄皓善于逢迎谄媚,一心想取悦后主以求得进身。董允常常对上严肃的匡正后主,对下则多次斥责黄皓。黄皓害怕董允,不敢为非作歹。董允在世时,黄皓的官位最高也不过是黄门丞。陈祗代替董允为侍中后,与黄皓内外勾结,黄皓开始参与政事。陈祗死后,黄皓从黄门令升任中常侍、奉车都尉,操纵权柄,终于导致国家灭亡。蜀国人没有不怀念董允的。

张裔,字君嗣,蜀郡(成都县)人。丞相诸葛亮任他为丞相府长史。他常称赞诸葛亮说:"诸葛公奖赏时不遗漏关系疏远的人,惩罚时不袒护亲近的人;没有功劳的人不可以取得爵位,权势显贵的人也不会免掉应受的刑罚。这就是不论贤愚都能忘我为国效劳的原因啊!"

黄权,字公衡,巴西郡(阆中县)人。益州牧刘璋征召他为主簿。当时别驾张松建议,应当迎接先主来益州,让他讨伐张鲁。黄权劝谏说:"左将军刘备有勇武的名声,现在把他请来,要是把他当作部下对待,那么他心中不会满意;要是以宾客之礼相待,但一国之内容不下两个君主。如果客人的处境安如泰山,主人的处境就会危如累卵。"刘璋不听,外调黄权为广汉县长。先主于是袭击夺取了益州,各郡县纷纷望风归附,而黄权却关闭城门坚守。等到刘璋叩头归降后,黄权才去拜见先主。先主授予他代理偏将军的官职。

先主将东伐吴，权谏曰："吴人捍战，又水军顺流，进易退难，臣请为先驱以尝寇，陛下宜为后镇。"先主不从，以权为镇北将军，督江北军。南军败绩，先主引退，而道隔绝，权不得还，故率将所领降于魏。有司执法，白收权妻子。先主曰："孤负黄权，权不负孤也。待之如初。"臣松之以为汉武用虚罔之言，灭李陵之家，刘主拒宪司所执，宥黄权之室，二主得失县邈远矣。魏文帝谓权曰："君舍逆效顺，欲追踪陈、韩邪？"权对曰："臣过受刘主殊遇，降吴不可，还蜀无路，是以归命。且败军之将，免死为幸，何古人之可慕也！"文帝善之，拜为镇南将军，封育阳侯，加侍中，使之陪乘。蜀降人或云诛权妻子，权知其虚言，未便发丧，后得审问，果如所言。及先主薨，问至魏，群臣咸贺，而权独否。

蒋琬，字公琰，零陵人也。随先主入蜀，除广都长。先主尝因游观奄至广都，众事不理，时又沉醉，先主大怒，将加罪戮。诸葛亮请曰："蒋琬，社稷之器，非百里之才。其为政以安民为本，不以修饰为先。愿公重加察之。"先主雅敬亮，但免官而已。亮每言："公琰托志忠雅，当与吾共赞王业者也。"密表后主："臣若不幸，后事宜以付琬。"亮卒，琬为尚书令，迁

先主准备向东讨伐吴国，黄权劝谏说："吴人勇猛善战，加上我们水军是顺长江而下，前进容易后退难，臣请求充当先锋来试探敌人的强弱，陛下应当坐镇后方。"先主不听，任命黄权为镇北将军，统领长江北岸的蜀军。南岸的蜀军溃败，先主退兵。由于道路被敌军隔断，黄权不能退回，所以带领部下将士投降了魏国。有关部门执行军法，向先主报告请求逮捕黄权的妻子儿女，先主说："是我辜负了黄权，黄权没有辜负我啊。"对待黄权的家属依然像当初一样。（臣裴松之以为：汉武帝听信虚妄的话，诛灭了李陵的家族；刘主拒绝宪司逮捕的请求，宽恕了黄权的家人，二位君主的得失，真是相差太远了。）魏文帝对黄权说："您舍弃叛逆者，前来投诚，是想效法陈平、韩信吗？"黄权回答说："臣过分受到刘主公的特殊礼遇，不可以投降吴国，返回蜀国又无退路，所以前来归顺陛下。况且败军之将，能免除一死已是幸运，哪还敢去仿效什么古人啊！"魏文帝认为他说得很好，任命他为镇南将军，封育阳侯，加任侍中，让他陪同自己乘车。从蜀国来投降的人中，有的说先主已经杀了黄权的妻子儿女，黄权知道这是假话，没有立即发布丧讯。后来得到确切的消息，果然像他预料的那样。等到先主去世的消息传来，魏国群臣都向文帝祝贺，而唯独黄权没有这样做。

蒋琬，字公琰，零陵郡（湘乡县）人。蒋琬随先主进入益州，担任广都县长。先主曾经借游览的机会突然来到广都县，看到众多公务都未处理，蒋琬当时又喝得大醉，先主大怒，要把他治罪处死。诸葛亮请求说："蒋琬是国家的栋梁之材，不是当县官的人物。他处理政务以安民为本，不讲究表明的形式，希望主公对他重新加以考察。"先主素来敬重诸葛亮，所以只是罢免了他的官职而已。诸葛亮常说："公琰心志忠正高雅，是和我共同辅佐帝王大业的人。"又秘

大将军,录尚书事。时新丧元帅,远近危竦。琬出类拔萃,处群僚之右,既无戚容,又无喜色,神守举止,有如平日,由是众望渐服。加大司马。

东曹掾杨戏,素性简略,琬与言论,时不应答。或欲构戏于琬曰:"公与戏语而不见应,戏之慢上,不亦甚乎!"琬曰:"人心不同,各如其面。面从后言,古人之所诫也。戏欲赞吾是邪,则非其本心;欲反吾言,则显吾之非。是以默然,是戏之快也。"又督农杨敏曾毁琬曰:"作事愦愦,诚非及前人。"或以白琬,主者请推治敏,琬曰:"吾实不如前人,无可推也。"主者重据听不推,则乞问其愦愦之状。琬曰:"苟其不如,则事不当理。事不当理,则愦愦矣。复何问邪?"后敏坐事系狱,众人犹惧其必死,琬心无适莫,得免重罪。

杨戏,字文然,犍为人也。为射声校尉。著季汉辅臣赞。其注载:诸葛亮与张裔、蒋琬书曰:"掾属赏杨颙,为朝中多损益。"《襄阳记》曰:"杨颙,字子昭,为丞相诸葛亮主簿。亮尝自校簿书,颙直入谏曰:'为治有体,上下不可相侵,请为明公以作家譬之。今有人于此,使奴执耕稼,婢典炊爨,鸡主司晨,犬主吠盗,牛负重载,马涉远路,私业无旷,所求皆足,雍容高枕,饮食而已。忽一旦尽欲

密上奏后主说:"臣若有不幸,以后的国事应该托付给蒋琬。"诸葛亮去世后,蒋琬任尚书令,不久升任大将军,录尚书事。当时蜀国刚刚丧失统帅,远近之人都感到危惧。蒋琬德才出众,位居百官之上,既没有忧伤的表情,也没有喜悦的神色,神态举止和平时一样,因此众人对他逐渐信服了。后来加封蒋琬为大司马。

东曹掾杨戏,一向性情疏阔,蒋琬和他谈论事情,有时他却不回答。有人想在蒋琬那儿诬陷杨戏,说:"您与杨戏谈话却得不到回应,杨戏对上司的怠慢,不是太过分了吗?"蒋琬说:"人的想法不同,就像人的面貌各不相同一样;当面顺从而背后非议,这是古人所警诫的事。杨戏要是称赞我说得对,那不是他的本心;想要反驳我的话,又会显出我的不对,所以他才沉默不语,这正是杨戏的爽快之处啊。"又有督农杨敏曾诋毁蒋琬说:"做事糊涂,真是比不上他的前任。"有人把这话报告蒋琬,主管官员请求对杨敏审问治罪,蒋琬说:"我确实不如前人,没有什么可追究的。"主办官员再次请求,即使不追究治罪,也希望查问杨敏说蒋琬做事糊涂的证据。蒋琬说:"如果说不如前任,就是办事不够合理;办事不够合乎理,就是糊涂啊,还有什么可问的呢?"后来杨敏因事获罪被关进牢狱,众人则担心他必死无疑,然而蒋琬在处理这件事时却毫无偏见,杨敏得以免除死刑。

杨戏,字文然,犍为郡(武阳县)人。任射声校尉,著有《季汉辅臣赞》。[《季汉辅臣赞》的注释中记载了诸葛亮给张裔、蒋琬的书信说:"佐官当中失去了杨颙,是朝廷中很大的损失。"《襄阳记》中说:"杨颙,字子昭,是丞相诸葛亮的主簿。诸葛亮曾经亲自校正文书,杨颙径直进去劝谏说:治理政务有一定的制度,上司下属都不可以超出自己的权职范围。请允许我为您用治家来打个比方。假如现在这里有一个人,派田奴从事耕作,

以身亲其役,不复付任,劳其体力,为此碎务,形疲神困,终无一成。岂其智之不如奴婢鸡狗哉?失为家主之法也。是故古人称坐而论道谓之王公,作而行之谓之士大夫。邴吉不问横道死人而忧牛喘,陈平不肯知钱谷之数,云自有主者,彼诚达于位分之体也。今明公为治,乃躬自校簿书,流汗竟日,不亦劳乎。'"亮谢之。

又有"义阳傅肜,先主退军,断后拒战,兵人死尽。吴将语肜令降,肜骂曰:'吴狗!何有汉将军降者。'遂战死。子佥为关中督都,景耀六年,又临危授命。"《蜀记》载:晋武帝诏曰:"蜀将傅佥,前在关城,身拒官军,致死不顾。佥父肜为刘备战亡。天下之善一也,岂由彼此以为异?"佥息著、募,后没入奚官,免为庶人。

让婢女负责烧饭,雄鸡报晓,狗来守盗,牛负载重物,马长途跋涉;家中事务无一荒废,所希求的都能满足,从容自在,高枕无忧,坐享饮食而已。忽然有一天他想亲自去做所有这些杂务,不再把事情交给别人去做,结果劳苦身体,为这些琐碎的事务,而身心疲惫,终究一事无成。难道他的智慧还不如奴婢和鸡狗吗?不,这是失去了作为家主的法度所造成的。所以古人说'坐着议论政事的人,称作王公;执行命令,亲身去做事情的人,称作士大夫'。邴吉不过问路上死人的事情,却担心耕牛因天热而喘;陈平不肯了解国家钱物谷粮的数量,而说这些事自有相关的人负责,他们确实是懂得官员职位和权限的法度。如今您治理政务,却亲自校改公文,终日汗流浃背,不是太操劳了吗?"诸葛亮感谢他的忠告。〕

〔又有义阳人傅肜,先主(伐吴)兵败撤退,傅肜在后掩护,阻击吴军,手下士兵全部阵亡。吴将喊话令傅肜投降,傅肜骂道:"吴狗!哪有会投降的汉将军!"于是战死。其子傅佥任关中都督。景耀六年,傅佥又临危授命(驻守阳安关口)。《蜀记》记载晋武帝的诏书说:"蜀将傅佥,之前在关城,亲自抵抗我朝官兵,致死也无所顾忌。傅佥的父亲傅肜为刘备战死。天下的善举,是一致的,怎么会因为敌我双方的不同而有差别呢?"傅佥的儿子傅著、傅募,后来被没入奚官做杂役,又被免为平民。〕

吴志（上）

孙权，字仲谋，吴郡人。策弟也。策薨，以事授权。权待张昭以师傅之礼，而周瑜、程普、吕范等为将率。招延俊秀，聘求名士，鲁肃、诸葛瑾等始为宾客。分部诸将，镇抚山越，讨不从命。赤乌元年，初，权信任校事吕壹，壹性苛惨。用法深刻，太子登数谏，权不纳，大臣由是莫敢言。后壹奸罪发露伏诛，权引咎责躬，乃使中书郎袁礼告谢诸将，因问时事所当损益。

孙休，字子烈，权第六子也。弟亮废，孙綝使迎休。改元永安。以丞相濮阳兴及左将军张布有旧恩，委之以事，布典宫省，兴关军国。休锐意于典籍，欲与韦曜、盛冲讲论道艺。曜、冲素皆切直。布恐入侍，发其阴失，令己不得专，因妄饰说以拒遏之。休答曰："孤之涉学，所见不少，其明君暗主、奸臣贼子，成败之事，无不览也。今曜等入，但欲与讲论书耳，不为从曜等始更受学也。纵复如此，亦何所损？君特当以曜等恐道臣下奸变之事，以此不欲令入耳。"布得诏陈谢，重自序述，又言惧妨政事。休答曰："书籍之事，患人不好，好之无伤也。此无所为非，而君以为不宜，是以孤有所及耳。政务学业，其流各异，不相妨也。不图君今日在事，更行此于孤也，良所不取。"布拜表叩头，休答曰："聊相开悟耳，何至叩头乎！如君

孙权，字仲谋，吴郡人，孙策之弟。孙策去世，把军国大事交付给孙权。孙权以老师的礼节对待张昭，而以周瑜、程普、吕范等人为将领；招请才智杰出的人，聘请有名望的士人，鲁肃、诸葛瑾等人作为他的宾客。孙权分派众将，安抚山越之民，讨伐其中不服从命令的人。赤乌元年，当初孙权信任校事官吕壹，而吕壹生性暴虐残酷，执法严刻。太子孙登为此多次进谏，孙权不接受，大臣们从此不敢讲话。后来吕壹奸恶的罪行败露而被处死，孙权引咎自责，于是派中书郎袁礼去向各位将领表示歉意，并询问当时政务中所应增加和革除之处。

孙休，字子烈，孙权的第六个儿子。他的弟弟孙亮被废黜，孙綝派使臣迎立孙休，改年号为永安。孙休因为丞相濮阳兴和左将军张布与自己有昔日的恩情，就把政事委托给他们，张布掌管宫禁，濮阳兴参与统军治国。孙休一心研读典籍，想和博士祭酒韦曜、博士盛冲讲论学问和技能，韦曜、盛冲向来说话恳切正直，张布害怕他们入宫奉侍孙休时，会揭发他那些不为人知的过失，使自己不能独断专行，就胡乱编造理由来阻止此事。孙休回答说："我在研究学问时，所读到的东西不算少，对那些关于明君昏君、奸臣贼子的成败之事，无不阅览。而今让韦曜等人入宫，只是想和他们讲论书籍而已，并不是为了跟随韦曜等人重新开始学习。就算是跟随他们重新学习，又有什么害处呢？您只不过是担心韦曜等人会讲述臣下奸邪狡诈之事，因此不想让他们入宫吧。"张布得到诏书后立即谢罪，他重新叙述了自己的观点，又说是怕会妨碍政事。孙休回答说："研读书籍之事，

之忠诚,远近所知。《诗》云:'靡不有初,鲜克有终。'终之实难,君其终之。"初,休为王时,布为左右将督,素见信爱。及至践祚,厚加宠待,专擅国势,多行无礼。自嫌瑕短,惧曜、冲言之,故尤患忌。休虽解此旨,心不能悦,更恐其疑惧,竟如布意,废其讲业,不复使冲等入。

孙皓,字元宗,权孙也。休薨,迎立皓。《江表传》曰:"皓初立,发优诏,恤士民,开仓廪,振贫乏,料出宫女以配无妻,禽兽扰于苑者放之。当时翕然称为明主矣。"皓既得志,粗暴骄盈,多忌讳,好酒色,大小失望。凤皇二年,皓爱妾或使人至市,劫夺百姓财物。司市中郎将陈声,素皓幸臣也,绳之以法。妾诉皓,皓大怒,假他事,烧锯断声头,投其身于四望之下。天玺元年,会稽大守车浚、湘东大守张咏不出算缗,就在所斩之,徇首诸郡。《江表传》曰:浚在公清忠,值郡荒旱,民无资粮,表求振贷。皓谓浚欲树私恩,遣人枭首。又尚书熊睦,见皓酷虐,微有所谏,皓使人以刀环撞杀之,身无完肌。

就怕人不喜欢，喜欢研读是不会有害处的，此事没有什么不对，而您却认为不适宜，所以我才有所论及。政务和学业，其品类各有不同，不会互相妨碍。没有想到您如今居官任事，却对朕研习典籍有如此看法，这是我很不赞成的。"张布呈上奏章叩头谢罪。孙休回答说："姑且开导，使您明白罢了，何至于叩头谢罪啊！像您这样的忠诚，远近的人都知道。《诗经》中说：'做事情无不有好的开头，但很少有坚持到底的。'能坚持到底确实困难，您应该坚持到底。"当初孙休做琅邪王时，张布为左右将督，素来受到信任宠爱；等到孙休登基后，对张布更加宠信厚待，于是张布独揽国家权力，做出许多无礼之事。他忌讳自己的毛病和短处，害怕韦曜、盛冲说出来，所以特别担忧、忌讳他们入宫。孙休虽然明白他的意思，心中不高兴，但是更怕张布猜疑畏惧，竟顺从了他的意思，废弃了讲论典籍之事，不再让盛冲等人进宫。

孙皓，字元宗，孙权之孙。孙休去世后，孙皓被迎立为皇帝。〔《江表传》记载：孙皓初即位时，颁布嘉奖的诏书，体恤百姓，打开仓库赈济贫民，考较后放出多余的宫女以许配无妻之人，放生侵扰园林的珍禽异兽，当时一致被人们称为明主。〕孙皓得志后，变得粗鲁凶暴，骄傲自满，多有忌讳，喜好酒色，大小官员都很失望。凤皇二年，孙皓的爱妾有时派人到集市上抢夺百姓的财物，司市中郎将陈声向来是孙皓宠爱的臣子，（他仗恃孙皓的宠待）就将那些人绳之以法。爱妾告诉了孙皓，孙皓大怒，借其他事情用烧红的锯子锯断了陈声的头，把他的尸体扔到四望山下。天玺元年，会稽太守车浚、湘东太守张咏交不出算缗钱，孙皓便派人将他们就地处决，并将其首级送到各郡示众。〔《江表传》记载：车浚在任时，清正忠诚，适逢郡内发生旱灾，百姓没有粮食，车浚上奏请求赈济灾民。孙皓认为车浚想树立私恩，就派人将他斩首

天纪三年，晋命杜预向江陵，王濬、唐彬浮江东下。初，晧每宴会群臣，无不咸令沉醉。置黄门郎十人，特不与酒，侍立终日，为司过之吏，宴罢之后，各奏其阙失，逆视之咎，谬言之愆，罔有不举。大者即加威刑，小者辄以为罪。后宫数千，而采择无已。又激水入宫，宫人有不合意者，辄杀流之。或剥人之面，或凿人之眼。岑昏险谀贵幸，致位九列。好兴功役，众所患苦。是以上下离心，莫为尽力，盖积恶已极，不复堪命故也。四年，濬、彬所至，则土崩瓦解。晧奉书于濬。濬受晧之降。

张昭，字子布，彭城人也。孙策创业，命昭为长史，升堂拜母，如比肩之旧，文武之事，一以委昭。每得北方士大夫书疏，专归美于昭。昭欲嘿而不宣，则惧有私，宣之则恐非宜也，进退不安。策闻之，欢笑曰："昔管子相齐，一则仲父，二则仲父，而桓公为霸者宗。今子布贤，我能用之，其功名独不在我乎！"

策临亡，以弟权托昭，昭率群僚立而辅之。权每田猎，常乘马射虎，虎常突前攀持马鞍。昭变色而前曰："将军何有当

示众。又有尚书熊睦，看到孙晧残酷凶狠，稍有劝谏，孙晧便令人用刀环将他击杀，乃至死后体无完肤。］

天纪三年，晋国命杜预出兵江陵，王濬、唐彬沿长江东下。当初，孙晧每次与群臣宴饮，没有不让大家喝得大醉的。设置了黄门郎十人，特地不让他们饮酒，整日侍立一旁，作为伺察群臣过失的官员。宴会结束之后，各自奏报他们发现的过错，目光不逊的错误，妄言谬说的过失，没有不举报的。过错大的当即处以严刑，过错小的也会被记录为罪。后宫宫女有几千人，孙晧仍在民间不停的挑选美女。又引水入宫，宫女有不合他心意的，就杀死丢到水中冲走。有时剥下人的面皮，有时挖出人的眼睛。岑昏奸诡谄媚却位尊受宠，位列九卿。又喜欢征发劳役大兴土木，为百姓所痛恨。因此吴国上下离心离德，没有人愿意为孙晧尽力，这大概是因为他的罪恶已积累到了极点，臣民们都无法再承受的缘故。天纪四年，王濬、唐彬所到之处，吴军便土崩瓦解。孙晧向王濬献上降书，王濬接受了孙晧的投降。

张昭，字子布，彭城人。孙策在江东开创基业，任命张昭为长史，和他一起登堂拜见自己的母亲，就像是关系亲密的同辈老友，行政和军事的公务，一概委托张昭处理。张昭每逢收到北方士大夫的来信，信中都把治理江东的成绩归功于张昭，张昭想保持沉默而不告诉别人，却担心别人会以为自己有不可告人的秘密；拿出来给孙策看，又怕不合适，因而进退两难，惴惴不安。孙策听说后，高兴地笑着说："从前管仲辅佐齐桓公，官员们请示事情时齐桓公总是说：去问仲父，去问仲父，最终齐桓公成为了春秋霸主之首。如今子布贤明，我能任用他，他的功名难道不是在于我对他的任用吗！"

孙策临终把弟弟孙权托付给张昭，张昭率领群臣拥立孙权为主并辅佐他。孙权每当外出打猎，常常骑马射虎，老虎曾扑上来抓住了

尔?夫为人君者,谓能驾御英雄,驱使群贤,岂谓驰逐于原野,校勇猛兽者乎?如有一旦之患,奈天下笑何?"权谢昭曰:"年少虑事不远。"权于武昌,临钓台,饮酒大醉。权使人以水洒群臣曰:"今日酣饮,惟醉堕台中,乃当止耳。"昭正色不言,出外车中坐。权遣人呼昭还,谓曰:"为共作乐耳,公何为怒乎?"昭曰:"昔纣为糟丘酒池长夜之饮,当时亦以为乐,不以为恶也。"权嘿然有惭色,遂罢酒。

每朝见言论,辞气壮厉,义形于色。曾以直言逆旨,中不进见。后遣中使劳问,因请见昭,昭曰:"昔太后、桓王不以老臣属陛下,而以陛下属老臣,是以思尽臣节,以报厚恩,使泯没之后,有可称述,而意虑浅短,违逆盛旨,自分幽沦,长弃沟壑,不图复蒙引见,得奉帷幄。然臣愚所以事国,志在忠益毕命而已。若乃变心易虑,以偷荣取容,此臣所不能也。"权辞谢焉。

权以公孙渊称藩,遣张弥、许晏至辽东,拜渊为燕王,昭谏曰:"渊背魏惧讨,远来求援,非本志也。若渊改图,欲自明于魏,两使不反,不亦取笑于天下乎?"权与相反复。昭意弥切。权不能堪,案刀而怒曰:"吴国士人,入宫则拜孤,出宫则拜

孙权的马鞍。张昭看到后改变脸色，上前说："将军有什么必要这样做呢？作为君主，是指他能够驾驭英雄，任用群贤，难道是指在原野上驰马追逐，与猛兽比试勇力吗？若一旦发生意外，怎么面对天下人的嘲笑呢？"孙权向张昭致歉，说："我年轻，考虑事情不够长远。"孙权在武昌时，登临钓台与群臣饮酒，众人大醉。孙权派人向群臣洒水，说："今日痛饮，只有醉倒在台上，才可罢休。"张昭神色严肃、一言不发，径自出外坐在车上。孙权派人叫他回来，对他说："这只是为了一起取乐罢了，您为什么发怒呢？"张昭说："从前商纣王用过的酒糟堆成了山丘，以酒为池，彻夜痛饮，当时他也认为这是乐事，而不认为是恶事。"孙权沉默不语，露出惭愧的脸色，于是停止了饮酒。

张昭每次朝见时发表议论，语气刚直激烈，正义之色显现在脸上。他曾因直言进谏违背了孙权的心意，一度不去进见。孙权派宫中的使者前去慰问，并要求召见张昭。（见面时）张昭说："从前太后、桓王不把老臣托付给陛下，而是把陛下托付给老臣，因此臣一心想着恪尽臣子之节，来报答他们的厚恩，以便老臣身死之后，还有可以值得称述的地方。而臣思虑短浅，违逆了陛下的意旨，自以为从此沉沦，将长久的被抛弃于沟壑之中，没想到又蒙受召见，得以侍奉陛下。但老臣的愚诚之心是用来事奉国家的，立志忠心报效，死而后已。至于要臣改变初衷，来窃取荣华富贵，获得陛下的欢心，这是臣所不能做的。"孙权也向他表示歉意。

孙权因为公孙渊向东吴称藩，派张弥、许晏前往辽东，封公孙渊为燕王。张昭劝谏说："公孙渊背叛魏国，害怕遭到讨伐，才远道而来请求援助，称藩并不是他的本意。如果公孙渊改变主意，想向魏国表明自己的忠心，我们的两位使者不能返回，不是要招致天下人

君,孤之敬君,亦为至矣,而数于众中折孤,孤尝恐失计。"昭孰视权曰:"臣虽知言不用,而每竭愚忠者,诚以太后临崩,呼老臣于床下,遗诏顾命之言故耳。"因涕泣横流。权掷刀致地,与昭对泣。昭容貌矜严,有威风。权常曰:"孤与张公言,不敢妄也。"举邦惮之。

顾谭,字子默,吴郡人也。祖父雍卒,代雍平尚书事。是时鲁王霸有盛宠,与太子和齐衡。谭上疏曰:"臣闻有国有家者,必明嫡庶之端,异尊卑之礼,高下有差,阶级逾邈。如此则骨肉之恩生,觊觎之望绝。昔贾谊陈治安之计,论诸侯之势,以为势重,虽亲必有逆节之累;势轻,虽疏必有保全之祚。故淮南亲弟,不终飨国,失之于势重也;吴芮疏臣,传祚长沙,得之于势轻也。今臣所陈,非有偏,诚欲以安太子而便鲁王也。"由是霸与谭有隙。

步骘,字子山,临淮人也。拜骠骑将军,都督西陵。中书吕壹典校文书,多所纠举。骘上疏曰:"伏闻诸典校,摘抉细微,吹毛求瑕,重案深诬,趣陷人以成威福,无罪无辜,横受大刑,是以吏民踢天蹐地,谁不战栗?昔之狱官,唯贤是任,

的耻笑吗？"孙权和他反复争论，张昭的态度更加激烈。孙权不能忍受，按着佩刀大怒说："吴国的士人，进宫则向我礼拜，出宫则向你礼拜，我对您的尊敬，也算是到极点了！然而您却多次当着众人的面驳斥我，我常常担心自己会忍不住而杀了你。"张昭仔细的看着孙权，说："臣虽然知道臣说的话不会被采纳，却每次都要竭尽愚忠进谏的原因，确实是因为太后临终时，把老臣叫到病床前，诏告臣的那些话一直铭记心中的缘故啊！"说罢便涕泪交流。孙权也把刀扔在地上，与张昭面对面的哭泣。张昭的容貌矜持庄严，很有威风。孙权常说："我与张公谈话，不敢随便啊。"全国上下都敬畏他。

顾谭，字子默，吴郡人。顾谭的祖父顾雍去世后，他接替顾雍参议尚书的公务。当时鲁王孙霸受到孙权特殊的宠幸，与太子孙和的待遇相同。顾谭上疏说："臣听说有国有家的人，必须明确嫡庶的次序，区分尊卑的礼数，使高下有所差别，等级相去很远。这样才能使骨肉之间的恩情产生，非分的希望断绝。从前贾谊陈述使国家长治久安的计策，论及诸侯的形势，认为诸侯权势重了，即使是亲近之人，也必将会有叛逆的忧患；如果权势较轻，即使关系疏远，也必将会有保全封国的福运。所以淮南王刘长是汉文帝的亲弟弟，却未能最终享有封国，过失就在于权势过重；吴芮是关系疏远的异姓大臣，却能在长沙国传承王位，就是得益于权势较轻。如今臣所陈述的，并非有所偏袒，实在是想让太子安定，也使鲁王受益啊。"从此孙霸与顾谭有了嫌怨。

步骘，字子山，临淮郡（淮阴县）人，被封为骠骑将军，又任西陵都督。中书吕壹负责审查官府公文，纠察举报了很多官员。步骘上疏说："听说各典校挑剔官员们细小的毛病，吹毛求疵，严厉追究，深加诬陷，旨在陷害他人以作威作福。没有罪过的人，无端遭受重刑，

故民无冤枉,升泰之祚,实由此兴。今之小臣,动与古异,狱以贿成,轻忽人命,归咎于上,为国速怨,甚可仇疾。明德慎罚,哲人惟刑,书传所美。自今蔽狱,都下则宜谘顾雍,武昌则陆逊、潘濬,平心专意,务在得情。骘覆神明,受罪何恨?此三臣者,思虑不至则已,岂敢专擅威福,欺其所天乎?"权亦觉寤,遂诛吕壹。

张纮,字子纲,广陵人也。权以为长史。病卒,临困留牋曰:"自古有国有家者,咸欲修德政以比隆盛世,至于其治,多不馨香。非无忠臣贤佐、暗于治体也,由主不胜其情,弗能用耳。夫人情惮难而趣易,好同而恶异,与治道相反。传曰:'从善如登,从恶如崩。'言善之难也,人君承奕世之基,据自然之势,操八柄之威,甘易同之欢,无假取于人。而忠臣挟难进之术,吐逆耳之言,其不合也,不亦宜乎!虽则有衅,巧辩缘间,眩于小忠,恋于恩爱,贤愚杂错,长幼失叙,其所由来,情乱之也。故明君悟之,求贤如饥渴,受谏而不厌,抑情损欲,以义割恩,上无偏谬之授,下无希冀之望。宜加三思,含垢藏疾,以成仁覆之大。"权省书流涕。

所以官吏、百姓惶恐不安，谁不心惊胆战？从前主持刑狱的官员，只有贤能之人才可担任，所以百姓没有冤屈，安宁太平的福祉，实在是由此产生的。现今的小臣，其举动和古人不同，狱讼按贿赂的多少来决断，草菅人命，却把过失归于上级，为国家招来怨恨，非常令人愤恨。'彰明美德，慎用刑罚'，'制裁犯罪的人当依照刑律来审案'，这都是经典中所称美的。从今往后，凡是判决不明的案件，京都地区应当谘询顾雍，在武昌可谘询陆逊、潘濬，他们都用心公平，办事专注，力求了解案件的实情。臣与冥冥中的神灵同在，即使为此而获罪又有什么遗憾呢？这三位大臣，思虑不到的地方可能会有，但怎敢擅自行事、作威作福而欺骗陛下呢？"孙权也有所觉悟，于是诛杀了吕壹。

张纮，字子纲，广陵郡人。孙权任命他为长史。后因病去世，临终时给孙权留下奏章说："自古以来有国有家者，都想实施德政来达到与古代盛世同样的兴盛，但是他们治理的成果，大多都不美好。这不是因为没有忠诚贤明的辅臣，也不是因为他们不懂得治国的要领，而是由于君主不能克制自己的私情，不能使用忠臣良辅和正确的治国之道罢了。人之常情总是害怕困难而趋向容易，喜欢与自己相同的意见，而讨厌与自己不同的意见，这与治理国家的原则刚好相反。《国语》中说：'为善如登山那样不易，而为恶却像山崩那样容易。'说的就是为善的不易。君主承接累世传下来的基业，据有天然的优势，掌握着驾驭群臣的权威，习惯于趋易赞同的欢悦，不愿听取他人的意见。然而忠臣怀有的是难以被接受的方法，吐露的是君主不爱听的言语，那么忠臣与君主之间不和谐，不就是很自然的吗？君臣之间不和谐就会产生嫌怨，诡辩之人便有机可乘，君主被他们在小事上的忠君表现所迷惑，留恋于平日的感情和亲爱，使贤愚混杂，长幼尊

吕蒙，字子明，汝南人也。拜虎威将军。关羽讨樊，权遣蒙到南郡，糜芳降。蒙入据城，尽得羽及将士家属，蒙皆抚慰过于平时，故羽吏士无斗心，皆委羽降，荆州遂定，以蒙为南郡守。蒙疾发，权时在公安，迎置内殿，所以治护者万方，募封内，有能愈蒙疾者，赐千金。时有减加，权为之惨慼，欲数见其颜色，又恐其劳动，常穿壁瞻之，见其小能下食则喜，顾左右言笑，不然则咄唶，夜不能寐。病中瘳，为下赦令，令群臣毕贺。后更增笃，权自临视。卒，权哀痛甚。

吕范，字子衡，汝南人也。迁前将军。初，策使范典主财计，权时年少，私从有求，范必关白，不敢专许，当时以此见望。权守阳羡长，有所私用，策或料覆，功曹周谷辄为传着簿书，使无谴问，权临时悦之。及后统事，以范忠诚，厚见信任；以谷能欺更簿书，不用也。

卑失去秩序。这一切的由来,都是私情扰乱的。英明的君主明白这一点,所以寻求贤才如饥似渴,接受劝谏从不厌烦,克制私情、减少欲望,用大义来割舍私恩,使上面没有偏颇不公的封官授爵现象,下面也没有非分企图的奢望。(希望您)对这些事应加以三思,以宽宏的度量包容臣下的缺点,以成就仁德遍覆天下的大业。"孙权看到这封信流下了眼泪。

吕蒙,字子明,汝南郡(富陂县)人,被拜为虎威将军。关羽率军征讨(魏国的)樊城时,孙权派吕蒙领兵至南郡,南郡太守糜芳投降。吕蒙进入南郡并占领城池,俘虏了关羽及其将士的全部家属,吕蒙对他们都加以抚慰,比平日更为优待,因此关羽的将士没有了斗志,都抛弃关羽而投降,荆州于是就平定了。孙权任命吕蒙为南郡太守,这时吕蒙疾病发作,而孙权当时尚在公安,就把吕蒙接来安置在自己的宫殿。采用了各种方法为他治疗护理,招募境内有能治好吕蒙之病的人,就赏赐给他千金。治病过程中时常要用到针灸,孙权因之为他悲凄忧伤,想多看看吕蒙的气色,又怕吕蒙因施礼而劳累身体,于是经常通过墙壁上凿开的小洞来看望他,看到吕蒙稍微能吃些东西就欢喜,并回过头对左右的人又说又笑;否则,就会叹息,夜不能眠。吕蒙的病情曾一度好转,孙权专门为此下达赦令,又让群臣都来道贺。后来吕蒙病情加重,孙权亲临探视。吕蒙去世,孙权非常悲痛。

吕范,字子衡,汝南郡(细阳县)人,升任前将军。起初,孙策让吕范掌管财务,孙权当时还年轻,私下向他要钱,吕范必定要先向孙策报告,不敢擅自答应,当时因此而受到孙权的怨恨。孙权代理阳羡县长时,曾私用财物,孙策有时进行核查,县功曹周谷就替孙权补写帐目,使孙权不致于被责问,孙权当时很喜欢周谷。等后来孙权统理政事时,因吕范忠诚,所以很受信任;又因周谷能作假更改

虞翻，字仲翔，会稽人也。孙策命为功曹，待以交友之礼。孙权以为骑都尉。数犯颜谏争，权不能悦，又性不协俗，多见谤毁。权既为吴王，欢宴之末，自起行酒，翻伏地阳醉，不持。权去，翻起坐。权于是大怒，手剑欲击之，侍坐者莫不遑遽，惟大司农刘基起抱权谏曰："大王以三爵之后，手杀善士，虽翻有罪，天下孰知之？且大王以能容贤畜众，故海内望风，今一朝弃之，可乎？"权曰："曹孟德杀孔文举，孤于虞翻何有哉？"基曰："孟德轻害士人，天下非之。今大王躬行德义，欲与尧舜比隆，何得自喻于彼乎？"翻由是得免。权因敕左右，自今酒后言杀，皆不得杀，翻性疏直，数有酒失，权积怒非一，遂徙翻交州。

张温，字慧恕，吴人也。容貌奇伟。权延见，文辞占对，观者倾竦，权改容加礼。拜议郎、选曹尚书，以辅义中郎将使蜀。还，权既阴衔温称美蜀政，又嫌其声名太盛，众庶炫惑，恐终不为己用，思有以中伤之，会暨艳事起，遂因此发举。艳，字子休，亦吴郡人也，温引致之，以为选曹郎，至尚书。艳性狷厉，好为清议，见时郎署杂浊，多非其人，欲令臧否区别，贤愚异贯；弹射百僚，覈选三署，率皆贬高就下，其居位贪鄙，志节污卑者，皆以为军吏，置营府以处之。而怨愤之声积，浸润

帐目,所以不予任用。

虞翻,字仲翔,会稽郡(余姚县)人。孙策任命他为功曹,以朋友的礼节对待他。孙权任命虞翻为骑都尉。虞翻多次冒犯孙权的威严直言劝谏,孙权很不高兴。加上其性格不愿迎合世俗,故常遭人毁谤。孙权当了吴王后,在庆贺酒宴结束前,亲自起身为群臣依次斟酒,虞翻趴在地上假装醉了,不举杯接酒。孙权离开后,虞翻又起身坐好。孙权于是勃然大怒,亲手拔剑要杀他,在座者无不惊慌失措,只有大司农刘基起身抱住孙权,劝谏说:"大王在酒过三巡后杀死有德之人,即使虞翻有罪,天下又有谁知道呢?而且大王因为能容纳贤才、包容大众,所以海内人士无不仰慕,如今一下子抛弃这些,可以吗?"孙权说:"曹操尚且杀了孔融,我对虞翻又有什么杀不得的!"刘基说:"曹操轻易杀害士人,天下人都责备他。如今大王亲自实行仁德道义,希望与尧、舜相媲美,怎么能拿自己与曹操相比呢?"虞翻因此得以免死。孙权于是告诫左右,从今以后凡酒后命令杀人,都不能杀。虞翻性格粗疏率直,多次在酒后犯下过失,孙权对虞翻积累的怨怒不止一次,于是就把虞翻流放到了交州。

张温,字慧恕,(吴郡)吴县人,容貌不凡。孙权召见他,张温言辞答对很有文采,旁观的人都很惊讶,孙权也肃然起敬,厚礼相待。任命他为议郎、选曹尚书,让他以辅义中郎将的身份出使蜀国。回来后,孙权既对张温称赞蜀国的政治怀恨在心,又嫌他的声名过于显赫,使百姓受到迷惑,怕他终究不能被自己所用,便想找个机会整治他。恰巧暨艳获罪之事发生,就借此揭发张温。暨艳,字子休,也是吴郡人。张温引荐他,任命为选曹郎,后来升任选曹尚书。暨艳性格严厉,气量狭窄,喜欢对时政发表议论。他看到当时的郎署中人员混杂,多数官员都不称职,就想使好人坏人有所区别,将贤才和愚人

之潛行矣,竞言艳及选曹郎徐彪,专用私情憎爱,不由公理。艳、彪皆坐自杀。温宿与艳、彪同意,数交书疏,闻问往还,即罪温。权幽之有司,斥还本郡。

骆统表理温曰:"伏惟陛下,天生明德,神启圣心,招髦秀于四海,置俊乂于宫朝,多士既受普笃之恩,张温又蒙最隆之施。而温自招罪谴,孤负荣遇,念其如此,诚可悲疚。然臣周旋之间,为国观听,深知其状,故密陈其理。温实心无他情,事无逆迹,但年纪尚少,镇重尚浅,而戴赫烈之宠,体卓伟之才,亢臧否之谈,效褒贬之议。于是务势者妒其宠,争名者嫉其才,玄嘿者非其谈,瑕衅者讳其议。此臣下所当详辩,明朝所当究察也。在昔,贾谊至忠之臣也;汉文,大明之君也。然而绛、灌一言,贾谊远退。何者?疾之者深,潛之者巧也。然而误闻于天下,失彰于后世。故孔子曰:'为君难,为臣不易。'温虽智非从横,武非虓虎,然其弘雅之素,英秀之德,文章之采,论议之辩,卓跞冠群,炜晔曜世,世人未有及之者也。故论温才即可惜,言罪则可恕。若忍威烈以赦盛德,宥贤才以敦大业,固明朝之休光,四方之丽观也。

按类分开。他抨击百官，审核选拔三署的官员，大都从较高位置贬到低位，那些身居官位却贪婪卑鄙、志趣节操污浊卑下的人，都被贬为军中官吏，并设置营府来安置他们。然而怨恨之声越来越多，谗言也逐渐兴起。大家竞相传言暨艳和选曹郎徐彪，专凭个人感情办事，好恶不依照公理。暨艳、徐彪都因此获罪被赐死。张温一向与暨艳、徐彪二人志同道合，有过多次书信往来，互通音讯，于是就给张温定罪。孙权把张温囚禁在有关部门，之后将他贬回到原籍所在之郡。

将军骆统上奏为张温申诉说："臣想到陛下具有天生的美德，神灵启迪的圣心，从四方招纳优秀人才，将俊杰之士安置在朝廷。众多贤士都受到您普遍而深厚的恩德，其中张温又蒙受了最为隆重的恩惠。然而张温却自招罪责，辜负了您赐予的殊荣。想到他会这样，实在令人悲痛。然而臣周旋其间，为国家观察探听，深深了解其中的情况，所以才秘密地向您禀报其中的情况。张温心中确实没有其他的想法，所做的事情也没有叛逆的行迹，只是因为他年纪尚轻，还不够稳重，却承受了显赫的荣宠。具有卓越的才能，高声谈论他人的善恶得失，呈现出褒贬是非的议论，于是追求权势的人忌妒他的荣宠，争求名声的人妒忌他的才能；沉默不语的人非议他的言谈，有罪过的人厌恶他的评论。这些都是臣下应当详细分辨，圣明的朝廷应当深究细察的。在从前，贾谊是极为忠诚的臣子，汉文帝是非常英明的君主，然而周勃、灌婴一句话，贾谊就被贬到偏远之地。为什么呢？是因为人们对他的妒忌很深，诬陷的方法也很巧妙的缘故。虽然如此，汉文帝的过失还是被传遍了天下，其名声在后世也遭受了损失。孔子说'当君主难，做臣子也不容易'。张温的智谋虽然比不上战国时的纵横谋士，其勇武也不及猛虎一般的战将，然而他那高雅的气质、优秀的品德、文章的华美、议论的明辨，可说是卓越超群，盛名

君臣之义,义之最重;朋友之交,交之最轻者。国家不嫌与艳为最重之义,是以温亦不嫌与艳为最轻之交也。时世宠之于上,温窃亲之于下也。臣窃念人君虽有圣哲之姿,非常之智,然以一人之身,御兆民之众,从增宫之内,瞰四国之外,照群下之情,求万机之理,犹未易周也,固当听察群下之言,以广聪明之烈。今者人非温既殷勤,臣是温又契阔,辞则俱巧,意则俱至,各自言欲为国,谁其言欲为私?仓卒之间,犹难既别。然以殿下之聪睿,察讲论之曲直,若潜神留思,纤粗研核,情何嫌而不宣,事何昧而不昭哉?温非亲臣也,臣非爱温者也。昔之君子,皆抑私忿,以增君明。彼独行之于前,臣耻废之于后,故遂发宿怀于今日,纳愚言于圣听,实尽心于明朝,非有念于温身也。"权终不纳。

骆统,字公绪,会稽人也。权召为功曹。统志在补察,苟所闻见,夕不待旦。常劝权以尊贤接士,勤求损益,飨赐之日,可人人别进,问其燥湿,加以密意,诱谕使言,察其志趣,令皆

显耀于当世，如今的人没有能比得上他的。因此，论张温的才能则是值得爱惜的，论其罪过也是可以饶恕的。如果陛下能抑制威怒来赦免他，宽恕贤才以促进帝王大业，这确实是盛明之朝的功业，也将成为天下的美德。

君臣之间的恩义，是恩义中最重的；朋友之间的交往，是交往中最轻的。国家不嫌弃和暨艳结成最重的君臣大义，所以张温也不嫌弃和暨艳结成最轻的朋友之交。当时朝廷宠信暨艳在上，而张温私自亲近他在下。臣私下想到，君主虽然具有圣明睿智的资质、非同寻常的智慧，然而以一人之身，统治千千万万的百姓，从层层深宫之中，眺望国土的四面八方，想明了群臣的情况，求得各项政事的治理，还是不容易做到周全完备。所以应倾听、审察群臣的进言，以扩大自己明察的光辉。现在人们非议张温已经很激烈，臣肯定张温也很辛苦，双方的言辞都很巧妙，意思也全都表达出来了，各自都说自己是要为国家考虑，有谁会说是要为自己考虑呢？仓猝之间，还是难以立即辨别清楚的。然而以殿下您的聪明睿智，来考察双方议论的是非曲直，如果专心留意，对细节概况都加以研究考核，那么实情有什么嫌疑而不能公开，事实有什么隐讳而不能显明呢？张温平素并不亲近臣，臣也不是偏爱张温的人。从前的君子，都能抑制私人的怨恨，来增加君主的英明。他们能独行正道在前代，臣也耻于废弃正道在后世，所以才在今天说出久藏在心里的话，向殿下进献自己愚昧的意见，确实是想为盛明的朝廷竭尽忠心，而不是对张温个人有什么顾念。"孙权最终没有采纳骆统的意见。

骆统，字公绪，会稽郡（乌伤县）人。孙权征召他担任功曹。骆统志在帮助孙权弥补、省察政治上的得失，如果听到或看到反映的问题，总是连夜写好奏章。他常劝孙权要尊敬贤才，接纳士人，努力

感恩戴义，怀欲报之心。权纳用焉，出为建忠郎将。

是时征役繁数，重以疫疠，民户损耗，统上疏曰："臣闻君国者，以据疆土为强富，制威福为尊贵，曜德义为荣显，永世胤为丰祚。然财须民生，强赖民力，威恃民势，福由民殖，德俟民茂，义以民行。六者既备，然后应天受祚，保族宜邦。《书》曰：'众非后无能胥以宁，后非众无以辟四方。'推是言之，则民以君安，君以民济，不易之道也。今强敌未殄，海内未乂，三军有无已之役，江境有不释之备，征赋调数，由来积纪；加以殃疫死丧之灾，郡县荒虚，田畴芜旷，听闻属城，民户浸寡，又多残老，少有丁夫。思寻所由，小民无知，既有安土重迁之性，且又前后出为兵者，生则困苦，无有温饱，死则委弃，骸骨不反。是以尤用恋本畏远，同之于死。每有征发，羸谨居家重累者，先见输送；小有财货，倾居行赂，不顾穷尽；轻剽者则迸入嶮阻，党就群恶。百姓虚竭，嗷然愁扰，愁扰则不营业，不营业则致穷困，致穷困则不乐生。故口腹急，则奸心动而携叛多也。夫国之有民，犹水之有舟，停则以安，扰则以危，愚而不可欺，弱而不可胜也。是以圣王重焉，祸福由之。故与人消息，观时制政。方今长吏亲民之职，惟以办具为能，取过目前之急，少复以恩惠为治，副称陛下天覆之仁、勤恤之德者也。官民政俗，日以彫弊，渐以陵迟，势不可久。夫治疾及其未笃，除

向大家征询时政的利弊;在宴请和赏赐时,可以每人分别接见,询问他们的生活状况,表达自己殷切的情意,诱导他们说出自己的想法,以此观察他们的志趣,使他们都感恩戴德,怀有报恩的心愿。孙权采用了他的建议。后来他出外担任建忠中郎将。

当时,徭役频繁,加上瘟疫流行,户口减少。骆统上疏说:"臣听说统治国家的君主,以拥有广大的疆土为富强,以控制赏罚大权为尊贵,以光大道德信义为荣耀,以永世承传国统为厚福。然而财富需要百姓来创造,强盛要依靠百姓的力量,威势要依凭百姓的势力,福祉要由百姓来增进,德行有待百姓来兴盛,仁义要凭借百姓来实行。这六方面的条件具备了,然后就能顺应天意,接受天地神明的福佑,保全宗族、造福国家。《礼记》上说:'民众没有君主,就不能都得到安宁;君主没有民众,就不能开辟四方。'由此推论,百姓凭借君主而得以安定,君主依靠百姓而成就大业,这是永恒不变的真理。如今强大的敌人尚未消灭,天下还没有安定,军队有打不完的战争,长江边界有不能撤除的戒备,征收赋税次数繁多,从始至今已延续了十二年,加上瘟疫死亡的灾祸,使得郡县空虚,田地荒芜,听说(会稽郡)下属各县邑,人口逐渐减少,现有人口中又多为病残老弱之人,很少有健壮的男子。臣思考其中的原因,以为百姓愚昧无知,原本就有留恋故土而不愿轻易迁居异地的习惯,况且又因前后被征调出去当兵的人,活着则生活穷苦,连温饱都不能保证;死了则被抛弃荒野,尸骨不能送回家乡。所以这更使他们眷恋本土、惧怕从军远行,把行军远行视作死亡。每次征兵,贫困老实而家庭负担沉重的人,总是先被送进军队;稍有钱财的人,不惜用尽家财进行贿赂,为此不顾倾家荡产;轻捷强悍的人则逃入深山险阻之中,与作恶的匪徒结成团伙。百姓财物枯竭,哀叹忧愁苦于苛扰,百姓苦于苛扰就无心从事生产,不

患贵其未深。愿陛下少以万机余闲，留神思省，补复荒虚，深图远计。臣统之大愿，足以死而不朽矣。"权感统言，深加意焉。迁偏将军。数陈便宜，前后书数十上，所言皆善。

朱据，字子范，吴郡人也。拜左将军。嘉禾中，始铸大钱，一当五百。后据部曲应受三万缗，工王遂诈而受之。典校吕壹疑据实取，考问主者，死于杖下。据哀其无辜，以厚棺敛之。壹又表据吏为据隐，故厚其殡。权数责问据，据无以自明，籍草待罪数月。典军吏刘助觉，言王遂所取，权大感寤曰："朱据见枉，况吏民乎？"乃穷治壹罪，赏助百万。

从事生产则会导致穷困，导致穷困则生活就没有乐趣。所以人们在饥饿的逼迫下，就会萌生邪恶的念头，而背叛的人就会多起来。国家有百姓，就像水中有船。水面平静船就安全；水面动荡船就危险。百姓虽然愚昧却不能欺骗，虽然软弱却不可战胜，因此圣明的君王重视百姓，知道国家的祸福决定于他们，所以让百姓休养生息，观察时势而制定政策。当今县里的长吏，是亲自治理民众的官员，他们只是以完成上级的任务为能事，只想着应付眼前的急事，很少再有用施予恩惠来治理，以符合陛下如上天覆盖万物般的仁慈、关怀怜悯百姓之恩德的人了。官员的政治和百姓的风俗，日益败坏，渐至衰微，这种形势是不可以长久持续下去的。治病要趁病情不重时治疗，消除祸患贵在祸患不深时动手。希望陛下能稍微利用处理政务的闲余，留神考虑这些问题，从而补救、恢复虚弱的国力，深刻思考长远之计。这是臣骆统最大的心愿，也足以使臣死而不朽了。"孙权有感于骆统的话，特别重视他提出的意见。后来骆统升任偏将军，多次陈述有利于国家时政的建议，前后数十次上书，所说的内容都很好。

朱据，字子范，吴郡（吴县人），任左将军。嘉禾年间，开始铸造大钱，一枚大钱相当于五百枚小钱。后来，朱据的部下应领钱三万缗，而铸钱的工匠王遂用欺诈的手段把这笔钱据为己有，典校吕壹怀疑朱据实际上领取了这笔钱，就拷打审问朱据军中主管财务的官员，结果这位官员冤死在刑棍之下。朱据怜悯他无辜而死，用上好的棺木将他收殓安葬。吕壹又上表说朱据的部下为朱据隐瞒实情，所以朱据才厚葬他。孙权多次责问朱据，朱据无法为自己辩白，只好坐在草垫上等待治罪。几个月后，典军吏刘助发现了事情的真相，便说明是工遂拿了这笔钱。孙权大为感慨，说："朱据尚且都受到冤枉，更何况是普通的官员和百姓呢？"于是彻底查办了吕壹的罪行，赏赐刘助一百万钱。

卷二十八　吴志（下）

陆逊，字伯言，吴郡人也。为镇西将军。刘备大率众来，权命逊为大都督拒之。备众奔溃。拜上大将军、右都护。逊虽身在外，乃心于国，上疏陈时事曰："臣以为科法严峻，下犯者多。顷年以来，将吏罹罪，虽不慎可责，然天下未一，当图进取，小宜恩贷，以安下情。且世务日兴，良能为先，自不奸秽入身难忍之过，乞复显用，展其力效，此乃圣王忘过记功，以成王业也。昔汉高舍陈平之愆，用其奇略，终建勋祚，功垂千载。夫峻法严刑，非帝王之隆业；有罚无恕，非怀远之弘规也。"

赤乌七年，为丞相。先是，二宫并阙，中外职司，多遣子弟给侍。全琮报逊，逊以为子弟苟有才，不忧不用，不宜私出以要荣利，若其不佳，终为取祸，且闻二宫势敌，必有彼此，此古人之厚忌也。琮子寄，果阿附鲁王，轻为交构。逊书与琮曰："卿不师日磾，而宿留阿寄，终为足下门户致祸矣。"琮既不纳，更以致隙。及太子有不安之议，逊上疏陈："太子正统，宜有盘石之固；鲁王藩臣，当使宠秩有差。彼此得所，上下

陆逊，字伯言，吴郡（吴县）人，任镇西将军。刘备率领大军来犯，孙权任命陆逊为大都督来抵御敌军。（经战）刘备之军溃败奔逃。此后孙权任命陆逊为上大将军、右都护。陆逊虽不在朝中，却心忧国事，于是上疏陈述当时的政事说："臣认为国家的法令过于严厉，下面犯法的人就会很多。近年以来，不少文武官员遭受罪罚，虽然是因为他们自己不谨慎而本应受到的责罚。但是现今天下尚未统一，应考虑进取的大事，所以应当（对他们）稍加宽恕，以安定下面的情绪。再说，当今事务日益增多，应以任用贤能之人为要务，只要（其人）不是行为邪恶污秽、犯有无法容忍的罪过，恳请陛下能再度重用他们，让他们有机会施展才能为国效力。这是古圣先王忘人过失记人功劳、得以成就帝王大业的原因啊。从前汉高祖不计较陈平的过失，采用他的奇策，终于建立了功勋和帝业，功垂千载。严酷的法令和刑罚，不是帝王（使国家）兴隆的功业；只有惩罚而没有宽恕，也不是安抚远方民众的宏远谋略啊！"

赤乌七年，陆逊为丞相。此前，太子孙和与鲁王孙霸两宫并立，朝廷内外的官员，大都派子弟去太子宫和鲁王府奉事。全琮（将此情况）告诉陆逊，陆逊认为，子弟如果有才能，不用担心不被任用，不应私下请托去谋取功名利禄；如果子弟才能不佳，那样做终究会招来灾祸。而且听说太子与鲁王势力相当，彼此之间必会争斗，这是古人的大忌。全琮的儿子全寄终究还是亲附于鲁王，轻率与他人勾结，狼狈为奸。陆逊写信给全琮说："您不效法金日磾（手杀弄儿）的义举，而让全寄留在鲁王府中，最终要给您的家族带来灾祸。"全琮

获安。谨叩头流血以闻。"书三四上，及求诣都，欲口论嫡庶之分，以匡得失。既不听许，而逊外甥顾谭、顾承、姚信，并以亲附太子，枉见流徙。太子太傅吾粲坐数与逊交书，下狱死。权累遣中使责让逊，逊愤恚致卒也。

子抗，字幼节，迁立节中郎将。权谓曰："吾前听用谗言，与汝父大义不笃，以此负汝。前后所问，一焚灭之，莫令人见也。"孙晧即位，加镇军大将军，督信陵等军事。抗闻都下政令多阙，时何定弄权，阉官与政。抗上疏曰："臣闻开国承家，小人勿用；靖譖庸回，唐书攸戒。是雅人所以怨刺，仲尼所为叹息也。春秋已来，爰及秦、汉，倾覆之衅，未有不由斯者也。小人所见既浅，虽使竭情尽节，犹不足任，况其奸心素笃，而憎爱移易哉？苟患失之，无所不至。今委以聪明之任，假以专制之威，而冀雍熙之声作，肃清之化立，不可得也。方今见吏，殊才虽少，然或冠冕之胄，少渐道教，或清苦自立，资能足用，自可随才授职，抑黜群小，然后俗化可清，庶政无秽。"

不但不听,反而怨恨陆逊。等到太子孙和有将被废掉的议论,陆逊上疏说:"太子为正统,应使其地位像磐石那样稳固;鲁王是藩臣诸侯,应当对他们在恩宠的次序上有所差别,使彼此二人各得其所,朝廷上下得到安宁。臣谨叩头流血向陛下禀告。"他上了三四封奏疏,并请求到京都,想亲口向孙权说明嫡庶的分别,以匡正当前的过失。孙权没有听从他的意见,而陆逊的外甥顾谭、顾承、姚信,都因为亲近依附太子,无辜的被流放。太子太傅吾粲因多次与陆逊互通书信而获罪,被关进鉴狱而死。孙权又不断派宫中使者责备陆逊,陆逊愤恨而卒。

  陆逊之子陆抗,字幼节,升任立节中郎将。孙权对他说:"此前我听信谗言,和你父亲之间的君臣大义未能善始善终,因此很对不住你。我前后责问(您和父亲)的材料,就一概焚毁吧!不要让别人看到。"孙晧即位后,加封陆抗为镇军大将军,统领信陵等地军事。陆抗听说朝廷政令多有缺失,且当时何定凭借职位滥用权势,宦官也来干预政治,陆抗上疏说:"臣听说建立国家,继承家业,小人是不能任用的;他们语言善巧而行动乖违,正是《尧典》中所说要警诫的,也是正直之人所加以讥讽而孔子所为之叹息的原因。自春秋以来直到秦、汉,凡是国家灭亡的灾祸,无不是因此(亲信小人)而造成的。小人见识短浅,即使他们尽心竭力,守节尽忠,依然不足以任用。何况他们素来深藏奸心,且喜怒无常呢?如果重用他们以至于常常担心失去他们,他们就会什么事都干得出来。而今陛下让他们充当耳目之职,授予他们独断专行的威权,而希望国家能出现和乐升平的声音,树立安定清明的教化,这是不可能实现的。如今现有的官员,特别出色的人才虽然少,然而他们当中有的是仕宦贵族的后代,从小就受到道德教化的熏陶;有的守贫刻苦自持操守,其品质与才能

闻薛莹征下狱,抗上疏曰:"夫俊乂者,国家之良宝,社稷之贵资,庶政所以伦叙,四门所以穆清也。故大司农楼玄、散骑中常侍王蕃、少府李勖,皆当世秀颖,一时显器。既蒙初宠,从容列位,而并旋受诛殛,或圮族替祀,或投弃荒裔。盖《周礼》有赦贤之辟,《春秋》有宥善之义。《书》曰:'与其杀不辜,宁失不经。'而蕃等罪名未定,大辟以加,心经忠义,身被极刑,岂不痛哉!且已死之形,固无所识,至乃焚烁流漂,弃之水滨,惧非先王之正典,或甫侯之所戒也。是以百姓哀耸,士民同慼。蕃、勖永已,悔亦靡及,诚望陛下赦召玄出,而顷闻薛莹卒见逮录。莹父综,纳言先帝,傅弼文皇,及莹承基,内厉名行,今之所坐,罪在可宥。臣惧有司未详其事,如复诛戮,益失民望,乞垂天恩,原赦莹罪,哀矜庶狱,清澄刑网,则天下幸甚。

孙登,字子高,权长子也。权为吴王,立登为太子,选置师傅,铨简秀士,以为宾友。登或射猎,远避良田,不践苗稼,至所顿息,又择空间之地,其不欲烦民如此。尝乘马出,有弹

足以为国家所用。完全可以根据他们的才能来授予职务,贬斥那些小人,然后风俗教化可以清明,各项政事也不会杂乱无章了。"

陆抗听说薛莹被收捕入狱,就呈上奏疏说:"才德出众之士,是国家的珍宝,社稷的栋梁,是各种政事之所以处理得井井有条、四门之内和睦安定的保障。前大司农楼玄、散骑中常侍王蕃、少府李勖都是当今优异聪颖之士,一代著名的人物。他们最初既然受到朝廷的恩宠,从容的获得爵位(排列朝班),然而又都很快遭到诛杀,有的被灭族绝后,有的被贬谪到边远之地。《周礼》上有赦免贤才之法,《春秋》中有宽恕良善之义。《尚书》说:'与其杀无辜之人,宁可犯(判罪)不合常法之过。'然而王蕃等人的罪名都还没有确定,就被处以死刑。他们心怀忠义,却身遭极刑,难道不令人悲痛吗?再说已经死亡的身体,本来毫无知觉,竟至于焚烧尸体,让其随水漂流,抛弃在河岸水边,这恐怕不是先王的制度,或许他是(制定五刑的)甫侯所禁戒的吧。因此百姓悲哀恐惧,官民共感忧伤。王蕃、李勖去世了,后悔也来不及了,臣真诚的期望陛下能赦免楼玄,召他出狱。最近听说薛莹突然被拘捕了,薛莹的父亲薛综,在先帝时曾担任出纳王命之官,又辅佐过文皇帝,薛莹长大后继承其基业,专心于修养自己的品行、保养自己的名节。如今就其所犯过错而言,其罪责也还是可以宽恕的。臣所担心的是有关部门未能详细了解情况便轻易作出判定,如若薛莹因此而受到诛杀,就会更加使民众失去希望。乞求陛下施以圣恩,赦免薛莹的罪过,怜悯狱讼之事,省察繁密的法令条文,那将是天下的大幸啊!"

孙登,字子高,是孙权的长子。孙权(向魏文帝称臣)被封为吴王,立孙登为王太子,为他选择安排老师,挑选德才出众的人做为他的宾客朋友。孙登有时出外打猎,远远的避开农田,从不践踏庄稼;

丸过,左右求之。有一人操弹佩丸,咸以为是,辞对不服,从者欲捶之。登不听,使求过丸,比之非类,乃见释。又失盛水金马盂,觉得其主,左右所为。不忍致罚,呼责数之,长遣归家,敕亲近勿言。

孙和,字子孝,立为太子。常言,当世士人宜讲修术学,校习射御,以周世务,而但交游博奕,以妨事业,非进取之谓。后群寮侍宴,言及博奕,以为妨事费日,而无益于用,劳精损思,而终无所成,非所以进德修业、积累功绪也。且志士爱日惜力,君子慕其大者。凡所患者,在于人情所不能绝,诚能绝无益之欲,以奉德义之涂,弃不急之务,以修功业之基,其于名行,岂不善哉?夫人情犹不能无嬉娱,嬉娱之好,亦在于饮宴琴书射御之间,何必博奕以为欢。乃命侍坐者八人,各著论以矫之。于是中庶子韦曜,退而论奏,和以示宾客。时蔡颖好奕,直事在署者颇效焉,故以此讽之。

是后王夫人与全公主有隙。权尝寝疾,和祠祭于庙,和妃叔父张休居近庙,邀和过所居。全公主使人觇,因言太子不在

到停猎休息时，又总是挑选空闲的地方。他就是这样不想打扰百姓。他曾经乘马出行，有弹丸从他身边飞过，左右侍卫去寻找弹射弹丸的人。发现有一人手拿弹弓，身带弹丸，众人都认为就是他干的，那人却不承认，侍从想要动手打他，孙登不允许，派人去找刚才那颗从身边飞过的弹丸，与此人所带弹丸相比，并不相同，那人即被释放。又有一次，丢失了金制的盛水马盂，发现盗窃的就是自己身边的人，他不忍心给予惩罚，只是把那人叫来责备了一番，然后将他永久的遣送回家（不再任用），并告诫亲近之人不要把这件事说出去。

孙和，字子孝，被立为太子。孙和常说现在的读书人应当讲习道德学问，练习骑射之术，以适应当世的需要。然而若只是乐于结交朋友、局戏围棋，因此妨废了正业，这就不能说是发奋进取了。后来在宴饮时百官陪侍，谈到了局戏围棋，（孙和）认为这项娱乐妨害正事、浪费时间，而没有实际的用处，劳伤精神，减损思虑，而终究无所成就，不是用来增进道德修养，建立积累功业的事情。而且有志之士爱惜时间不浪费精力，君子应当向往大的方面。大凡人所担忧的地方，就在于不能断绝人情。若果真能断绝无益的欲望，来遵循仁德信义之道；放弃无关紧要的事情，来修习建功立业的根基，这对自己的名声与品行，难道不是很好吗？就人之常情而言，尚且还不能没有娱乐，但对娱乐的喜好，也可以在饮宴、抚琴、书法、射箭、骑马之间，何必只在下棋中寻求欢乐呢？于是，孙和请在座的八位侍臣，各自撰写论文来矫正当前这种现象。于是中庶子韦曜在退席后写了一篇论文上奏，孙和把它拿给宾客们传看。当时孙和的侍臣蔡颖喜欢下棋，在官署中值班的人很多都效仿他，所以孙和用这种方式来劝诫他。

此后，孙和的生母王夫人与全公主有矛盾。孙权曾经卧病不起，孙和前往长沙桓王庙中祭祀祈祷，而孙和妃子的叔父张休，就住在

庙中，专就妃家计议。又言王夫人见上寝疾，有喜色。权由是发怒，夫人忧死，和宠稍损，惧于废黜。鲁王霸觊觎滋甚，陆逊、吾粲、顾谭等，数陈适庶之义，理不可夺，全寄、杨竺等为霸支党，潛诉日兴。粲遂下狱诛，谭徙交州。权沈吟者历年。殷基《通语》曰："初，权既立和为太子，而封霸为鲁王，初拜犹同宫室，礼秩未分，群公之议，以为太子、国王，礼秩宜异，于是分宫别僚，而隙端开矣。自侍御宾客，造为二端，仇党疑贰。中外官僚将相大臣，举国中分。权患之，于是有改嗣之规矣。"

后遂幽闭和。于是骠骑将军朱据、尚书仆射屈晃，率诸将吏泥头自缚，连日诣阙请和。权甚恶之，无难督陈正、五营督陈象上书，称引晋献公杀申生，立奚齐，晋国扰乱，又据、晃固谏不止。权大怒，族诛正、象，牵晃入殿，杖一百。《吴历》曰："晃入，口谏曰：'太子仁明，显闻四海。今三方鼎峙，实不宜摇动太子，以生众心。愿陛下少垂圣虑，老臣虽死，犹生之年。'叩头流，辞气不挠。讳晃言，斥还田里。"竟徙和于故鄣，群司坐谏诛放者十数。众咸冤之。《吴书》曰："权寝疾，意颇感寤，欲征和还立之，全公主及孙峻、孙弘等固争之，乃止。"封和为南阳王，遣之长

王庙的附近，邀请孙和到他家去坐坐。全公主派人暗中鉴视，于是就向孙权报告，说太子不在庙中祈祷，却单单到太子妃的叔父家密谋；又说王夫人看到皇上生病卧床而面带喜色。孙权因此勃然大怒，王夫人忧惧而死，孙和受到的宠爱也逐渐减少，担心自己会被废黜。这时鲁王孙霸对太子位置的觊觎更加强烈，陆逊、吾粲、顾谭等人多次（向孙权）陈述嫡庶有别的道理，（认为）太子的地位按理来说不可动摇。而全寄、杨竺等是孙霸的党羽，他们对太子一方的谗毁日益加剧。结果，吾粲被抓进鉴狱处死，顾谭被流放到交州。孙权犹豫不决了好几年。（殷基《通语》上说：当初孙权立孙和为太子，而封孙霸为鲁王。授封之初两人仍和在宫中时一样，所受礼遇和爵禄都没有差别，大臣们议论纷纷，认为太子和诸侯王在礼遇和爵禄等级上都应有所区别，于是让他们分两宫而居，各自分配官吏，而两人的矛盾也由此开始出现了。侍从和宾客分成两派，互相仇视猜忌。宫内宫外的官僚、将相大臣，全国的官员都分成两派。孙权对此感到担忧，于是就有了改换继承人的计划。）

后来孙权将孙和幽禁起来。于是骠骑将军朱据、尚书仆射屈晃率领诸位文武官员，以泥涂面自缚其身，连日到皇宫为太子孙和求情，孙权非常厌恶。无难督陈正、五营督陈象共同上书，援引晋献公杀太子申生，另立奚齐为太子而使晋国动乱的事例来劝谏，加上朱据、屈晃又坚持进谏不止，孙权大怒，下令将陈正、陈象灭族，又把屈晃拉进殿内杖责一百。（《吴历》上说：屈晃上朝进谏说："太子仁爱明察，闻名四海。如今三国鼎立，实在不应动摇太子之位，以便让大众安心，希望陛下稍加考虑。老臣我即便因此而死，也如同活着一样。"于是屈晃叩头流血，语气刚正不屈。孙权没有听取屈晃的意见，将其免官遣送回乡。）最终将孙和流放到故鄣县，朝中百官因进谏而被诛杀、流放的有十

沙。诸葛恪被诛,孙峻遣使者赐死,举邦伤焉。

孙霸,字子威,和弟也。和为太子,霸为鲁王,宠爱崇特,与和无殊。顷之,和、霸不穆之声闻于权耳,权禁断往来。时全寄、吴安、孙奇、杨竺等阴共附霸,图危太子。谮毁既行,太子以败,霸亦赐死。流竺尸于江,又诛寄、安、奇等,咸以党霸构和故也。

潘濬,字承明,武陵人也。权称尊号,拜为少府。《江表传》曰:"权数射雉,濬谏权,权曰:'相与别后,时时蹔出耳,不复如往日之时。'濬曰:'天下未定,万机务多,射雉非急,弦绝括破,皆能为害,乞特为臣故息置之。'濬出,见雉翳故在,乃手自撤坏之。权由是不复射雉。"迁太常。时校事吕壹,操弄威柄,奏按丞相顾雍、左将军朱据等,皆见禁止。濬求朝,欲尽辞极谏。至,闻太子登已数言之而不见从,濬乃大请百寮,欲因会手刃杀壹,以一身当之,为国除患。壹密闻知,称疾不行。濬每进见,无不陈壹之奸险也。由此壹宠渐衰,后遂诛戮。权引咎责躬也。

多人，众人都为他们感到冤枉。(《吴书》说：孙权患病，心中颇有感悟，想召回孙和仍立他为太子。因全公主和孙峻、孙弘坚持反对，只好作罢。)孙权封孙和为南阳王，遣送至长沙郡。诸葛恪被诛杀后，权臣孙峻派使者将孙和赐死。全国上下都为此而悲伤。

孙霸，字子威，是孙和的弟弟。孙和立为太子，孙霸封为鲁王。孙权对鲁王特别宠爱优待，与太子孙和没有区别。不久，孙和、孙霸不和睦的消息传到孙权耳朵里，孙权就禁止两兄弟相互往来。当时全寄、吴安、孙奇、杨竺等人暗中共同依附孙霸，图谋危害太子。他们的谗言诋毁得逞后，太子因此被废黜，孙霸也被赐死。杨竺被处死，尸体丢进了江中，又诛杀了全寄、吴安、孙奇等人，都是由于他们党附孙霸而陷害孙和的缘故。

潘濬，字承明，武陵郡(汉寿县)人。孙权称帝，委任他为少府。(《江表传》上说："孙权多次射雉鸡，潘濬劝谏孙权，孙权说：'和您分开后，只是有时短暂的出去打猎，不再像以前一样了。'潘濬说：'天下还没有平定，各种政务繁忙，射雉不是急事，弓弦折断、弓括破损，都能(给您)带来伤害，恳请您看在臣的分上，停止这种做法！'潘濬出宫时，看见用雉鸡的羽毛做的华盖还在，就动手把它扯碎了。孙权从此不再射雉。")后又升任太常。当时校事吕壹操纵威权，上奏请求审查丞相顾雍、左将军朱据等人，这些大臣的行动都受到限制。潘濬请求觐见，想尽其所能竭力劝谏孙权。他到达建业后，听说太子孙登已多次向孙权进言(要求斥退吕壹)，而孙权却没有采纳。潘濬就大摆酒席宴请朝廷百官，打算借此聚会亲手用刀杀死吕壹，然后自己承担全部罪责，为国家铲除祸患。吕壹暗中得知消息，就称病未去(参加宴会)。潘濬每次进见孙权，没有不陈述吕壹的奸险的。因此吕壹受到的宠信逐渐衰减，后来终被诛杀。孙权为之引咎自责。

陆凯,字敬风,吴郡人也。孙晧立为左丞相。时徙都武昌,杨土百姓泝流供给,以为患苦,又政事多谬,黎元穷匮。凯上疏曰:"臣闻有道之君,以乐乐民;无道之君,以乐乐身。乐民者,其乐弥长;乐身者,不久而亡。夫民者,国之根也,诚宜重其食,爱其命。民安则君安,民乐则君乐。自顷年以来,君威伤于桀纣,君明暗于奸雄,君惠闭于群孽。无灾而民命尽,无为而国财空,辜无罪,赏无功,使君有谬误之愆,天为作妖。而诸公卿媚上以求爱,困民以求饶,导君于不义,败政于淫俗,臣窃为痛心。

"今邻国交好,四边无事,当务息役养士,实其府库,以待天时。而更倾动天心,搔扰万姓,使民不安,大小呼嗟,此实非保国养民之术也。昔秦所以亡天下者,但坐赏轻而罚重,刑政错乱,民力尽于奢侈,目眩于美色,志浊于财宝,邪臣在位,贤哲隐藏,百姓业业,天下苦之,是以遂有覆巢破卵之忧。汉所以强者,躬行诚信,听谏纳贤,惠及负薪,躬请岩穴,广采博察,以成其谋。此往事之明证也。近者汉衰,三家鼎立,曹失纲纪,晋有其政。又益州危险,兵多精强,闭门固守,可保万世,而刘氏与夺乖错,赏罚失所,君恣意于奢侈,民力

陆凯，字敬风，吴郡（吴县）人。孙皓当皇帝后，任命陆凯为左丞相。时逢孙皓迁都武昌，扬州地区的百姓沿长江逆流而上运送供给朝廷的物资，为此深感痛苦。再加上朝廷政事多有谬误，弄得黎民百姓穷困不堪。陆凯于是上疏说："臣听说有道之君，用快乐的事使百姓快乐；无道之君，用快乐的事使自己快乐。使百姓快乐的君主，他的快乐将更加长久；只是使自己快乐的君主，不久便会灭亡。人民是国家的根本，实在应当重视他们的吃饭问题，爱护他们的生命。人民安定，君主才会安定；人民快乐，君主才会快乐。自近年以来，君主的威望被类似夏桀、商纣的举动所伤害，君主的英明被狡猾弄权之徒弄得黯然失色，君主的恩惠被一批邪恶小人所阻塞。未有灾害而百姓却丧失生命，无所作为而国家却财政空虚。惩处无罪的人，奖赏无功的人，从而使得君主有施政谬误的过失，上天也为之出现异常的现象。然而朝廷的公卿大臣却取悦君主以求得宠爱，压榨百姓以求得富裕，引导君主陷于不义之地，以不正的风俗来败坏朝政，为臣私下深感痛心。"

"如今邻国与我们关系友好，四方边境没有战事，应当致力于停止劳役、培养人才，充实仓库的储备，以等待统一天下的时机。但陛下却改变上天的心意，扰乱百姓，使人民不得安定，大人小孩都悲呼哀叹，这实在不是保护国家养育万民的办法啊。以前秦朝之所以失去天下，就是因为赏赐轻而刑罚重，刑法政令混乱。国君的奢侈耗尽了民力，国君的双眼被美色迷惑，心志被财宝腐蚀污染，奸邪之臣在位掌权，贤明之人隐居退避，百姓忧虑恐惧，天下人深感痛苦，因此最终遭到国破家亡的祸患。汉朝之所以强盛的原因，就在于君主亲自履行诚信，听取谏言，招纳贤才，恩惠施及微贱之人，亲自礼请隐逸的贤士出山，广泛听取各种意见，全面进行考察，从而成就了其

竭于不急,是以为晋所伐,君臣见虏。此目前之明验也。

"臣暗于大理,文不及义,智慧浅劣,无复冀望,窃为陛下惜天下耳。臣谨奏耳目所闻见,百姓所为烦苛,刑政所为错乱,愿陛下息大功,损百役,务宽荡,忽苛政。又武昌土地,实危险而塉埆,非王都安国养民之处。且童谣言:'宁饮建业水,不食武昌鱼;宁还建业死,不止武昌居。'臣闻童谣之言,生于天心,乃以安居而比死,足明天意,知民所苦也。臣闻:'国无三年之储,谓之非国。'而今无一年之畜,此臣下之责也。而诸公卿位处人上,禄延子孙,曾无致命之节、匡救之术,苟进小利于君,以求容媚,荼毒百姓,不为君计也。

自从孙弘造义兵以来,耕种既空废,所在无复输入,而分一家,父子异役,禀食日张,畜积日耗,民力困穷,鬻卖儿子,调赋相仍,日以疲极,加有鉴官,务行威势,所在搔扰,更为烦苛。民苦二端,财力再耗,此为无益而有损也。愿陛下

宏远的计划。这些都是过去的鲜明例证。近代汉朝衰落,(魏、蜀、吴)三国鼎立,曹魏失掉纲常法纪,晋朝便取代了它的政权。而益州地势险要,士兵大多精良强壮,如果闭门固守,可以永保万世基业,然而后主刘禅的赐予和剥夺错乱,奖赏和惩罚失度,君主放纵于奢侈的生活,民力被不急之务消耗殆尽,所以被晋军讨伐,君臣都成为了俘虏。这都是眼前的明证啊。"

"臣对于大道理不甚明了,文辞难以表达大义,智慧低下,不再有其他的希望了,只是私下为陛下的天下感到可惜。臣恭谨的呈奏自己的所见所闻,百姓(对政令)之所以感到繁杂苛细,刑法政事之所以错杂混乱的原因。希望陛下停止大规模的工程,减少各种劳役,致力于施行宽大的政策,消除繁重的赋税和苛刻的政令。另外武昌一带,实在是地势险恶且土地贫瘠,不是帝王做为都城来安定国家养育民众的地方。而且童谣唱道:'宁肯喝建业的水,也不吃武昌的鱼;宁肯回到建业死,也不在武昌安居。'臣听说民间的童谣,实际上是出自上天之意,把在武昌安居同回建业去死相比,足以借此表明上天知道人民的苦处。臣听说国家如果没有足够三年(使用)的物资储备,就不能称之为国家。可如今我国连一年的储备也没有,这是臣下们的责任啊。然而各位公卿位处众人之上,禄位延及子孙,却从来没有为国献身的节操,匡正挽救时弊的办法,而是苟且向君主进献一些小利,以求用奉承谄媚博得君主的宠爱,残害百姓,不为君主着想。"

"自从孙弘组织义兵以来,农田的耕种已经荒废,到处都不再有赋税上交,而且把一家的父子分在不同地区服役,使得供给官府的粮食数量一天天增加,仓库中的积蓄一天天减少。老百姓贫穷困窘,只得卖儿卖女,而各种赋税的征收却连续不断,百姓日益穷乏。

一息此辈，以镇抚百姓之心。此犹鱼鳖得免毒螫之渊，乌兽得离罗网之纲，四方之民襁负而至矣。如此，民可得保，先王之国存焉。臣闻：'明王圣主取士以贤，非求颜色而取好服、捷口、容悦者也。'臣伏见当今内宠之臣，位非其人，任非其量，不能辅国匡时，群党相扶，害忠隐贤。愿陛下简文武之臣，各尽其忠，拾遗万一，则康哉之歌作，刑错之理清。愿陛下留神，思臣愚言。"

时殿上列将何定，佞巧便僻，贵幸任事，凯面责定曰："卿见前后事主不忠，倾乱国政，宁有得以寿终者？何以专为奸邪，秽尘天听？宜自改厉。不然，方见卿有不测之祸矣。"定大恨凯，思中伤之，凯终不以为意，乃心公家，义形于色。

疾病，晧遣中书令董朝，问所欲言，凯陈："何定不可任用，宜授外任，不宜委以国事。姚信、楼玄、贺邵、张悌、郭逴、薛莹，或清白忠勤，或姿才卓茂，皆社稷之桢干，国家之良辅，

再加上鉴察地方事务的官员,专门行使其权势,作威作福,他们所到之处对百姓的侵扰更加烦琐苛刻,人民苦于这两方面的侵害,财力一再被消耗,这样的做法对国家不仅没有益处,反而会造成损害。希望陛下一律停止派用这类官员,以安定抚慰百姓之心。这样做就好比鱼鳖得以逃脱有毒害的深渊、鸟兽得以脱离罗网的束缚,四方的百姓就会背负着孩子前来投奔。果能如此,那么人民就可以得到安定,先帝创建的国家就可以永存了。臣听说圣明的君主以贤德为标准来选用人才,而不是为寻求容貌好(让自己看起来顺眼)而选取那些穿着华美服饰,能言善辩,曲意逢迎取悦于上的人。臣看到当今陛下宠爱的臣子,得到的官位和他的人品不相符,授予的职权和他的才能不相称。这样的人并不能辅助国家匡正时弊,反而会结党营私相互勾结,陷害忠良,埋没贤才。希望陛下(谨慎)选择文武大臣,让他们各自竭尽忠诚,对政治上万一出现的过失努力加以弥补。这样,太平盛世的赞歌就会唱起来,刑罚搁置不用的道理就会明晰。愿陛下能留意思考臣的这些话。"

当时负责殿堂警卫的将领何定,为人奸佞巧诈,善于谄媚逢迎,受到孙晧的宠信而担任要职。陆凯当面责备他说:"你看古往今来侍奉君主不忠诚,扰乱国政的人,哪有得到善终的呢?你为什么专做奸诈邪恶的事,污染皇上的听闻呢?你应当好好改过自勉,否则的话,就要看到你会遭受无法预知的灾祸了。"何定因此对陆凯恨之入骨,总想找机会诬蔑陷害他。陆凯始终不把这些放在心上,仍一心为国家着想,忠义的神态表露在他的脸上。

陆凯病重,孙晧派中书令董朝去问他有什么话要说,陆凯说:"何定不可任用,应当授予他地方上的官职,不能让他在朝中治理政事。姚信、楼玄、贺邵、张悌、郭逴、薛莹等人,有的品行廉洁,忠诚

愿陛下重留神思，访以时务。"晧遣亲近赵钦，口诏报凯曰："孤动遵先帝，有何不平？君所谏非也。又建业宫不利，故避之，而宫室衰耗，何以不可徙乎？"凯上疏曰："臣窃见陛下执政事以来，阴阳不调，五星失晷，职司不忠，奸党相扶，是陛下不遵先帝之所致也。

"夫王者之兴，受之于天，修之由德，岂在宫乎？而陛下不谘之公辅，便盛意驱驰，六军流离，就令陛下身得安，百姓愁劳，何以用治？此不遵先帝一也。臣闻，有国以贤为本，夏杀龙逄，殷获伊挚，斯前世之明效，今日之师表也。中常侍王蕃，黄中通理，处朝忠謇，斯社稷之重镇、大吴之龙逄也。而陛下忿其苦辞，恶其直对，枭之殿堂，尸骸暴弃。邦内伤心，有识悲悼，咸以吴国夫差复存。先帝亲贤，陛下反之，是不遵先帝二也。臣闻宰相，国之柱也，不可不强，是故汉有萧、曹之佐，先帝有顾、步之楷。而万彧琐才凡庸之质，昔从家隶，超步紫闼，于彧已丰，于器已溢，而陛下爱其细介，不访大趣，荣以尊辅，越尚旧臣，贤良愤惋，智士赫咤，是不遵先帝三也。先帝爱民过于婴孩，民无妻者以妾妻之，见单衣者以帛给之，枯骨不收而取埋之。而陛下反之，是不遵先帝四也。

勤勉；有的资质卓越，才能出众。他们都是社稷的支柱，国家贤良的辅臣，但愿陛下多多留心注意，向他们谘询当前重大的事务。"孙晧派亲信赵钦口头传达他对陆凯此前上表的答覆说："朕凡有所举动都遵从先帝的制度，有什么不合适的呢？您的劝谏是不对的。另外建业的皇宫住着不吉利，所以要迁走避开它，而且宫内房屋已有损坏，为什么不能迁移呢？"于是陆凯上疏说："臣私下看到陛下当政以来，阴阳之气不相协调，水、木、金、火、土五星的运行反常，任职官员不尽忠心，结成奸党相互扶持，这是陛下不遵先帝之法所导致的。"

"帝王的兴起，受命于上天，靠的是修养自身的德行，难道是在于宫室（是否吉利）吗？而陛下不谘询辅佐大臣们的意见，就决意要迁都，使军队辗转迁移，纵然迁都能使陛下自身得以安稳，但百姓愁苦劳碌，怎么能治理好国家呢？这是陛下不遵从先帝遗范的第一件事。臣听说保有国家应当把贤才视为根本，夏桀杀害龙逢（而灭亡），商汤得到伊尹（而兴起），这是前代明显的证例，是今时应当效法的表率。中常侍王蕃心怀美德，通晓事理，身在朝廷而忠诚正直，是国家的重臣，我吴国的龙逢啊！然而陛下因愤恨他的逆耳忠言，厌恶他直率的对答，在殿堂上将其斩首，抛尸荒野。国内的百姓为他伤心，有识之士更是悲痛伤感，都认为以前吴国的夫差又复活了。先帝亲近贤才，陛下所做却与之相反。这是陛下不遵从先帝遗范的第二件事。臣听说宰相是国家的支柱，不能不强干有力。所以汉朝有萧何、曹参做为辅佐，先帝有顾雍、步骘充任丞相。而万彧才能平庸，资质平凡，从以前的家仆，跃升到宫廷任职。这对万彧来说已是厚待了，就好像容器已经满得流了出来。然而陛下喜欢他的细微之处，不考察他的大节志趣，使他荣任尊贵的辅政大臣，地位超过了有功的老臣，致使贤良之臣为之愤恨，有智慧的人也感到愤怒。这是陛下不遵从先帝遗

"昔桀、纣灭由妖妇,幽厉乱在嬖妾。先帝鉴之,以为身戒,故左右不置婬邪之色,后房无旷积之女。今中宫万数,不备嫔嫱,外多鳏夫,女吟于中,是不遵先帝五也。先帝忧劳万机,犹惧有失。陛下临祚以来,游戏后宫,眩惑妇女,乃令庶事多旷,下吏容奸欺,是不遵先帝六也。先帝笃尚朴素,服不纯丽,宫无高台,物无雕饰。而陛下征调州郡,竭民财力,土被玄黄,宫有朱紫,是不遵先帝七也。先帝外杖顾、陆、朱、张,内近胡综、薛莹,是以庶绩雍熙,邦内清肃。今者外非其任,内非其人,陈声、曹辅,斗筲小吏,先帝之所弃,而陛下幸之,是不遵先帝八也。

"先帝每宴见群臣,抑损醇醲,臣下终日无失慢之尤。而陛下拘以视瞻之敬,惧以不尽之酒,无异商辛长夜之饮,是不遵先帝九也。昔汉之桓、灵,亲近宦竖,大失民心。今高通、羊度,黄门小人,而陛下赏以重爵,权以战兵。若江渚有难,则度

范的第三件事。先帝爱护百姓胜过自己的孩子。人民没有妻子的,就把自己的妾嫁给他们;看到衣服单薄的人,就送给他们布帛;枯骨没有人收殓的,就派人去拾取埋葬,而陛下所做则与此相反。这是陛下不遵从先帝遗范的第四件事。"

从前夏桀、商纣的灭亡是由于迷恋妖艳的妇人,周幽王、周厉王时发生动乱,是因为宠幸爱妾。先帝吸取这些教训,以此做为自身的借鉴,所以身边不安派淫邪的美色,后宫没有积聚闲置多余的女子。而今宫中的女子数以万计,不可能都有机会当上妃嫔。宫外有许多无妻的男子,而许多女子却在宫中叹息,这是陛下不遵从先帝遗范的第五件事。先帝为政务而忧愁劳苦,(即便如此)仍害怕有失误的地方,而陛下登基以来,在后宫游乐嬉戏,迷恋女色,使得各种政事多有荒废,而下面的官员包容邪恶,虚伪欺诈。这是陛下不遵从先帝遗范的第六件事。先帝非常崇尚俭朴,衣服不要求精美华丽,宫中不建高大的楼台,所用器物也不加雕琢装饰。然而陛下却向地方州郡征调人力、物力,耗尽了百姓的财力,宫里地面铺的是用各种颜色的丝帛织成的席、毯,宫中充满了红紫的色彩。这是陛下不遵从先帝遗范的第七件事。先帝在外务上依仗的是顾雍、陆逊、朱然、张昭等人,对内则亲近胡综、薛莹,所以各项事业显得和谐兴盛,国内清平安宁。如今在外的官员不胜任其职务,朝内的官员也不是合适的人选,陈声、曹辅都是才识短浅的小官吏,是被先帝抛弃不用的人,而陛下却宠爱他们,这是陛下不遵行先帝遗范的第八件事。"

"先帝每次设宴会见群臣,总是限制大家饮酒过量,所以臣下终日也没有失礼和怠慢的过失。而陛下却用瞻望是否恭敬来约束群臣,又让他们因没完没了的喝酒而感到惶恐,这和商纣的彻夜长饮没有什么两样。这是陛下不遵从先帝遗范的第九件事。过去汉朝的

等之武不能御侮明矣,是不遵先帝十也。今宫女旷积,而黄门复走州郡,条牒民女,有钱则舍,无钱则取,怨呼道路,母子死诀,是不遵先帝十一也。先帝在时,亦养诸王太子,若取乳母,其夫复役,赐与钱财,时遣归来,视其弱息。今则不然,夫妇生离,夫故作役,儿从后死,家为空户,是不遵先帝十二也。

"先帝叹曰:'国以民为本,民以食为天,衣其次也,三者孤存之于心。'今则不然,农桑并废,是不遵先帝十三也。先帝简士,不拘贵贱,任之乡间,效之于事,举者不虚,受者不妄。今则不然,浮华者登,朋党者进,是不遵先帝十四也。先帝战士,不给他役,江渚有事,责其死效。今之战士,供给众役,廪赐不赡,是不遵先帝十五也。夫赏以劝功,罚以禁邪,赏罚不中,则士民散失。今江边将士,死不见哀,劳不见赏,是不遵先帝十六也。

桓帝、灵帝，因亲近宦官而大失民心。现今高通、羊度，都是出身宦官的小人，而陛下却赏赐他们很高的爵位，让他们掌握领兵的权利。如果长江防线上有危险，那么凭羊度等人的军事才干，很明显是不足以抵御外敌侵略的。这是陛下不遵从先帝遗范的第十件事。如今皇宫内的女子闲置积聚，而宦官们还奔走于各地州郡，通令挑选民间美女，给钱的就放过，没有钱的就带走，哀怨悲呼的声音不绝于途，造成母女生离死别的惨状。这是陛下不遵从先帝遗范的第十一件事。先帝在的时候，同样也抚养诸王和太子，如果选取了奶娘，那么对她的丈夫就免除劳役，并赐给钱财，还时常让乳母回家探视自己幼小的子女。如今则不是这样，（乳母）夫妇被活生生的拆散，丈夫依旧要去服役，幼儿随后便会饿死，这些家庭就成了空户。这是陛下不遵从先帝遗范的第十二件事。"

"先帝曾叹息着说：'国家以人民为根本，人民以吃饭为最重要的事，其次就是穿衣了。这三件事孤牢记在心中。'而今却不是这样，农耕和蚕桑都荒废了。这是陛下不遵从先帝遗范的第十三件事。先帝挑选人才，不拘泥于身分的贵贱，（对举荐的人才）先让他到乡间基层去任职，通过实际工作来考察其才能。如此则举荐者不能作假，被举荐的人也不敢妄为。现在却不是这样，虚浮不实的人得到提拔，结党营私的人受到进用。这是陛下不遵从先帝遗范的第十四件事。先帝时的战士，不分配他们别的劳役，一旦长江防线有战事，就责成他们拼死效命。可是今天的战士，要服各种各样的劳役，而供给他们的粮食和俸禄却不充足，这是陛下不遵从先帝遗范的第十五件事。奖赏是用来勉励人们立功的，刑罚是用来禁止人们作恶的。奖赏和刑罚使用得不恰当，那么士兵和百姓就会离散逃走。而今守卫长江边防的官兵，死亡了却得不到哀抚，辛劳有功而得不到奖赏。这

"今在所鉴司,已为烦猥,兼有内使扰乱其中,一民十吏,何以堪命?是不遵先帝十七也。夫校事,吏民之仇。先帝末年,虽有吕壹、钱钦等,皆诛夷以谢百姓。今复张立校曹,纵吏言事,是不遵先帝十八也。先帝时,居官者咸久于其位,然后考绩黜陟。今州郡职司,或莅政无几,便征召迁转,纷纭道路,伤财害民,于是为甚,是不遵先帝十九也。先帝每察竟解之奏,常留心推接,是以狱无冤囚,死者吞声。今则违之,是不遵先帝二十也。若臣言可录,藏之盟府。如其虚妄,治臣之罪。愿陛下留意。"

《江表传》曰:"皓所行弥暴,凯知其将亡,上表曰:'臣闻恶不可积,过不可长。是以古人惧不闻非,立敢谏之鼓。武公九十,思闻警诫。臣察陛下,无思警诫之义,而有积恶之渐,臣深忧之,故略陈其要。陛下宜克己复礼,述履前德,不可捐弃臣言,而放奢意。意日奢,情日至;吏日欺,民日离。则上不信下,下当疑上,骨肉相刻,公子将奔。臣虽愚暗于天命,以心审之,败不过二十稔也。臣常忿亡国之人夏桀、殷纣,亦不可使后人复忿陛下也。臣受国恩,奉朝三世,复以余年,值遇陛下,不能循俗,与众沉浮。若比干、伍员,以忠见戮,

是陛下不遵从先帝遗范的第十六件事。"

"如今在各地的鉴察官员,已经是繁多杂乱,再加上还有宫中派出的使者在其中扰乱,一个百姓十个官吏,百姓怎么能活得下去呢?这是陛下不遵从先帝遗范的第十七件事。校事之官可以说是官吏和百姓的仇敌。先帝末年,虽然有吕壹、钱钦等校事官,但不久就都将他们处死以向百姓表示歉意。而今又公开设立校曹,放纵官吏举报告发。这是陛下不遵从先帝遗范的第十八件事。先帝时,当官的人都长久的担任其职务,然后对他们的政绩进行考核以决定贬黜或提升。而今州郡的在职官员,有的到任理政没多久,就被征召升官或者转任他职,送旧迎新的队伍充满道路,劳民伤财,在这件事上是最为严重的。这是陛下不遵从先帝遗范的第十九件事。先帝每次审察终审案件的上报文书,总要留心推究审问,所以鉴狱里没有被冤枉的囚犯,被判死刑的人也无言可辩。如今却违背了这种做法。这是陛下不遵从先帝遗范的第二十件事。如果臣的话可以采用,就请陛下把它收藏在盟府中;如果其中所言虚妄,就请依法惩处臣的罪过。希望陛下留意臣的话。"

《江表传》说:孙皓的行为愈发残暴,陆凯知道孙皓即将灭亡,上表说:"臣听说恶不可积累,过失不可增长。因此古人担心听不到自己的过错,就设立了进谏之鼓。卫武公九十五岁的时候,还想着听到警告劝诫的话。臣观察陛下没有认真思考警诫之词的意思,却有积累恶行的迹象,臣为此深感忧虑,所以想简略的向陛下陈述一些要点。陛下应当自我约束,使言行合乎先王的礼法,遵循履行先人之德,不要对臣的话置若罔闻,而放纵奢侈的念头。心念日渐奢侈,欲望就日渐增长;官吏愈来愈欺辱百姓,百姓就愈来愈背离朝廷。那么在上位者不相信下面的人,下面的人也必定怀疑在上位者。亲族间互相残害,宗室王子中就会有人被迫出逃。臣虽愚钝,不明天

以正见疑,自谓毕足,无所余恨,灰身泉壤,无负先帝,愿陛下九思,社稷存焉。'

"初,晧始起宫,凯上表谏,不听。凯重表曰:'臣闻宫功当起,夙夜反侧,是以频烦上事,往往留中,不见省报,于邑叹息。昨食时,被诏曰:君所陈,诚是大趣,然未合鄙意,如何?此宫殿不利,宜当避之,乃可以妨劳役,长坐不利宫乎?父之不安,子亦何倚?臣伏读一周,不觉气结于胸,而涕泣雨集。臣年已六十九,荣禄已重,于臣过望,复何所冀?所以勤勤数进苦言者,臣伏念大皇帝创基立业,劳苦勤至。今强敌当涂,西州倾覆,孤疲之民,宜当畜养,广力肆业,以备其虞。且始徙都,属有军征,战士流离,州郡搔扰,而大功复起,征召四方,斯非保国致治之渐也。臣闻为人主者,攘灾以德,除咎以义。今宫室之不利,但当克己复礼,笃祖宗之至道,愍黎庶之困苦,何忧宫之不安、灾之不销乎?陛下不务修德而筑宫,若德之不修,行之不贵,虽殷辛之瑶台,秦始之阿房,何止而不丧身覆国,宗庙作墟乎?夫兴土功,高台榭,既致水旱,民又多疾,其不疑也。为父长安,使子无倚,此乃子离于父、臣离于陛下之象也。臣子壹离,虽念刮骨肉,茅茨不翦,复何益焉?大皇帝之时,寇钞慴威,南州无事,尚犹冲让,未肯筑宫,况陛下危侧之世,乏大皇帝之德,可不思哉?可不虑哉?愿陛下留意,臣不虚言也。'"

命，但心中细细推究，这样下去败亡的时间不会超过二十年。臣常愤恨亡国的人，像夏桀、商纣，当然也不愿意让后人再痛恨陛下。臣承蒙国恩，前后侍奉三代帝王，又在晚年幸逢陛下，臣不能顺从流俗，与大众随波逐流，若臣像比干、伍子胥一样，因忠诚而被杀害，因正直而遭猜疑，自己也就满足了，没有什么可遗憾的了，纵然粉身碎骨，在九泉之下也不会辜负先帝了。希望陛下再三慎思，国家社稷才会得以保全啊！"

当初，孙晧开始兴建宫殿时，陆凯曾上表劝谏，孙晧不听。陆凯又上表说："臣听说宫殿的修建将要兴起，彻夜难以入睡，所以频频上书，而（奏表）往往被留在宫中，不见交办，也不见审阅批复，臣因此忧郁叹息。昨天吃饭时得到诏书说：'您所讲得确实是大道理，但不合寡人之意，为什么？这个宫殿不吉利，应该避开它。难道可以为了不影响劳役，长期住在不吉利的宫殿里吗？父亲不平安，那儿子还有什么可依靠的？'臣恭敬的把诏书读了一遍，不禁感到心中忧郁，泪如雨下。臣已经六十九岁了，得到的功名利禄已经很高了，早已超过了臣自己的希望，还有什么可奢求的呢？臣之所以至诚恳切的多次以诤言进谏的原因，是臣想到大皇帝创立基业时，非常辛勤劳苦。现在强敌当前，西边的蜀国已被晋国所灭。对孤弱疲惫的百姓，应当让他们休养生息，大力发展生产，以防备可能发生的危难。而且先前迁都，已有军队的征调，使将士流转离散，地方上受到扰乱。现在又大兴土木、向各地征调劳役，这不是安定国家、使政治清明的迹象。臣听说，做君主的应当用德行消除灾祸，用道义消除罪过。现在宫殿不吉利，只是应当自我约束，使言行符合先王的礼法，笃行祖宗高尚的道德，怜悯人民的困苦，何必忧愁宫殿不吉利、灾难不能消除呢？陛下不致力于修积德行，却修筑宫殿。如果德行不修养，行为不高尚，即使是商纣王的瑶台、秦始皇的阿房宫，又怎么能保证不身死国亡、宗庙变为废墟呢？大兴土木，建造高大的亭台楼阁，既会导致水旱灾害，又会使百姓更加困苦，这是毋庸置疑的。做

楼玄，字承先，沛郡人也。孙晧即位，为大司农，主殿中事，应对切直，渐见责怒。后人诬白玄与贺邵相逢，驻共耳语大笑，谤讪政事，遂被诏诘责，送付广州。徙交趾，别敕令杀之。

贺邵，字兴伯，会稽人也。孙晧时，迁中书令。晧凶暴骄矜，政事日弊，邵上疏谏曰："古之圣王，所以潜处重闱之内而知万里之情，垂拱衽席之上而明照八极之际者，任贤之功也。陛下宜旌贤表善，以康庶政。自顷年已来，朝列纷错，真伪相贸，上下空任，文武旷位，外无山岳之镇，内无拾遗之臣。佞谀之徒抚翼天飞，干弄朝威，盗窃荣利，而忠良排坠，信臣被害。是以正士摧方，而庸臣苟媚，遂使清流变浊，忠臣结舌。陛下处九天之上，隐百重之室，言出风靡，令行景从，媾近宠媚之臣，日闻顺意之辞，将谓此辈实贤，而天下已平也。臣心所不安，敢不以闻？

父亲的长久安乐,却使儿子没有依靠,这就是儿子离开父亲、臣子离心于陛下的征兆啊。臣下、子民一离散,即使再深切的想念他们,像尧那样住茅草搭成的房屋,又有什么用呢?大皇帝时,敌人慑于他的威势,南方没有战事。(即便如此)他尚且仍旧谦让,不肯修筑宫殿。何况陛下现在正处于国家面临危险的时期,又缺乏大皇帝的德行,能不慎思吗?能不熟虑吗?希望陛下留意,臣说的都是实话啊。"

楼玄,字承先,沛郡(蕲县)人。孙皓即位后,拜为大司农。主管宫殿中各项事务。他对答问题恳切直率(多次违逆了孙皓的心意),逐渐受到孙皓的怒责。后来有人诬告说楼玄与贺邵相遇时,在路上停下车来附耳低语又大笑,毁谤政事,于是受到孙皓下诏责问,被流放到广州,后又流放到更远的交趾郡。孙皓暗中又另下一道指令(派人)杀死楼玄。

贺邵,字兴伯,会稽郡(山阴县)人,孙皓时升为中书令。孙皓凶恶残暴,骄傲自负,政事日益荒废,贺邵上疏劝谏说:"古代的圣王之所以居住在深宫之内,就知道万里之外的事情;垂衣拱手安坐在衽席之上,而能明察八方最远地区的情况,是因为任用贤才的结果。陛下应当表彰贤人,称扬善行,以此来治理政务。自近年以来,朝廷的官员纷繁杂乱,(贤才)真假混杂,上下官员虚任其职,文武大臣空居其位;外没有得力的将领和官吏,内没有弥补政事缺失的大臣;阿谀谄媚的人飞黄腾达,玩弄朝廷的威权,盗取功名利禄,而忠良之士却遭受排挤,忠诚可靠的大臣反受迫害。所以正直的人失掉了节操,而平庸之臣则随意取悦逢迎,结果使得德行高洁的士大夫变得污浊,忠臣们则闭口不言。陛下高居九天之上,身处深宫之中,话一出口,臣民们闻风而从;令一发出,众人如影随形。身边亲近的是邀宠献媚的侍臣,每天听闻的是顺合心意的言语,陛下大概会认为这些人真的

"臣闻兴国之君乐闻其过,荒乱之主乐闻其誉。闻其过者,过日消而福臻;闻其誉者,誉日损而祸至。是以古之人君,揖让以进贤,虚己以求过,譬天位于乘奔,以虎尾为警戒。至于陛下,严刑法以禁直辞,黜善士以逆谏臣,眩耀毁誉之实,沉沦近习之言。故常侍王蕃忠恪在公,才任辅弼,以醒酒之间,加之大戮。近鸿胪葛奚,先帝旧臣,偶有逆迕昏醉之言耳,三爵之后,礼所不讳,陛下猥发雷霆,谓之轻慢,饮之醇酒,中毒殒命。自是之后,海内悼心,朝臣失图,仕者以退为幸,居者以出为福,诚非所以保光洪绪,熙隆道化也。又何定本趋走小人,仆隶之下,身无锱铢之行,能无鹰犬之用,而陛下爱其佞媚,假其威柄,使定恃宠放姿,自擅威福,口正国议,手弄天机,上亏日月之明,下塞君子之路。臣窃观天变,自比年已来,阴阳错谬,四时逆节,日蚀地震,中夏殒雹,参之典籍,皆阴气陵阳,小人弄势之所致也。臣尝览书传,验诸行事,灾祥之应,可为寒栗。昔高宗修已,以消鼎雉之异;宋景崇德,以退荧惑之变。愿陛下上惧皇天谴告之诮,下追二君攘灾之道,远览前代任贤之功,近寤今日谬授之失,清澄朝位,旌叙俊乂,放退佞邪,抑夺奸势,广延淹滞,容受直辞,祇承干指,敬奉先业,则大化光敷,天人望塞矣。

是贤才,天下也已经太平无事了。臣心中有所不安,怎敢不向你如实禀报呢?"

"臣听说振兴国家的君主喜欢听到自己的过失,荒淫昏乱的君主喜欢听到别人对自己的称赞。喜欢听到自己过失的君主,过失会一天天减少而福分就会到来;喜欢听到对自己赞美的君主,赞誉会一天天减损而灾祸就会降临。所以古代的君主,拱手行礼谦恭敬让来招纳贤才,虚心屈己以求听到自己的过失,把身处天子之位喻为乘坐飞奔的快马,用像踩着老虎尾巴一样的比喻来警诫自己。至于陛下,却是加重刑法来禁绝正直的言辞,用贬退有德之士来拒绝进谏之臣,看不清诋毁赞誉的真相,沉溺于亲信宠臣的颂扬声中。过去的散骑中常侍王蕃,忠诚恭谨一心为公,才能足以胜任辅政大臣,而陛下却在他酒醉不醒时将其斩首。近来大鸿胪葛奚,是先帝的老臣,偶尔冒犯了陛下,那不过是酒醉后说的糊涂话,喝过三杯酒以后,礼仪上是没有忌讳的。但是陛下却大发雷霆,认为他轻狂傲慢,让他喝下毒酒,使他中毒身亡。从这以后,全国之人感到伤心,朝廷大臣心灰意冷,出仕的人以隐退为幸运,在朝为官者以到外地任职为福分,这确实不是用来保持、发扬先帝的基业,振兴道德教化的办法啊!再者何定本是奔走跑腿的小人,地位在奴仆之下,自身没有丝毫的德行,连鹰犬般的才能都没有。而陛下却喜欢他的阿谀谄媚,并授于他威权,使他得以依仗宠爱而放纵妄为,擅自作威作福,竟敢张口改变国家的决议,手中操纵着国家的机要,对上减损了陛下的日月之明,对下堵塞了君子的晋升之路。臣私下观察天象的变化,近年以来,阴阳错乱,四季气候的变化与时令相违背,上有日蚀、下有地震,仲夏五月竟天降冰雹。参考古代典籍的记载,这都是阴气胜过阳气,小人玩弄权势所造成的。臣曾经阅读典籍,用以往发生的事来验证(典籍中

"传曰:'国之兴也,视民如伤;其亡也,以民为草芥。'陛下昔韬神光,潜德东夏,以望哲茂姿,龙飞应天,四海延颈,八方拭目,以成康之化,必隆于旦夕也。自登位已来,法禁转苛,赋调益繁。在所长吏,迫畏罪负,严法峻刑,蹙民求办。是以人力不堪,家户离散,呼嗟之声,感伤和气。又江边戍兵,宜时优育,以待有事,而征发赋调,烟至云集,衣不全短褐,食不赡朝夕,出当锋镝之难,入抱无聊之慼,是以父子相弃,叛者成行。愿陛下宽赋除烦,省诸不急。夫民者国之本也,食者民之命也。今国无一年之储,家无经月之畜,而后宫坐食万有余人,内有离旷之怨,外有损耗之费,使库廪空于无用,士民饥于糟糠。

的记载),发现这些都是吉凶灾变的征兆,真可以说令人惊恐战栗。从前,殷高宗修养德行,以此消除了鼎雉所预示的灾祸;宋景公崇尚道德,以此消除了荧惑守心的灾异。希望陛下对上能畏惧皇天的警告责备,向下能追循前面两位君主消灾去祸的方法;远看前代任用贤才的功德,近悟现今错授官职的过失;整肃朝纲,表扬录用贤能之人;放逐斥退奸邪的小人,剥夺奸佞的势力;广泛招纳久被埋没的贤才,容纳接受正直的言辞,敬承天意,恭敬的奉守先帝的基业,那么深远的教化就会遍布天下,上天和人民就不再会有怨恨了。"

"《左传》上说:'国家兴盛的时候,国君把人民当作婴儿一样爱护;国家将要灭亡的时候,国君把人民当作草芥一样轻视。'陛下之前敛藏起神圣的光彩,在东部潜修德行,凭借超人的才智和美好的资质,像神龙腾飞一般顺应天意即位为帝,四海百姓都延颈仰慕,八方民众也拭目以待,以为周成王、周康王时的清明教化,必定会在短时间内兴盛于世。但是自陛下即位以来,刑法和禁令变得更加严苛,赋税日益繁重。各地的地方官员,迫于害怕自己承担罪责,于是动用严刑峻法,不惜陷民众于痛苦,也要责求其照样执行。因此,民力难以承受,家家户户妻离子散,悲呼哀叹的声音,扰乱了阴阳调和之气。另外在长江沿岸的守边士兵,应该时常给予优厚的待遇,以防备有战事时(能为国效力)。可现今征调赋税,多得像烟云一样密集,使他们连粗布短衣都穿不周全,吃的则是有上顿没下顿,出战时要遭受敌人刀箭的危难,回营后则怀有贫穷无依的忧伤。因此父子之间相互离弃,叛逃的人成群结队。希望陛下宽减赋税,除去繁杂的征收,减省各种不急之务。人民是国家的根本,而食物是人民的生命。现今国家没有一年的储备,家庭没有一月的积蓄,然而后宫中不劳而食者却有一万多人。内有家庭离散的愁怨,外有损失消耗的费用;使

"又,北敌注目,伺国盛衰,陛下不恃己之威德,而怙敌之不来,忽四海之困穷,而轻虏之不为难,诚非长策庙胜之要也。昔大皇帝创基南夏,割据江山,虽承天赞,实由人力,余庆遗祚,至于陛下。陛下宜勉崇德器,以光前烈,何可忽显祖之功勤,轻难得之大业哉?臣闻'否泰无常,吉凶由人'。长江之限不可久恃,苟我不守,一苇可航也。昔秦建皇帝之号,据殽函之阻,德化不修,法政苛酷,毒流生民,忠臣杜口,是以一夫大呼,社稷倾覆。近刘氏据三关之崄,守重山之固,可谓金城石室,万世之业。任授失贤,一朝丧没,君臣繋颈,共为羁仆。此当世之明鉴,目前之炯戒也。愿陛下远考前事,近鉴世变,丰基强本,割情从道,则成康之治兴,而圣祖之祚隆矣。"

书奏,晧深恨之。邵奉公贞正,亲近所惮。乃共谮邵与楼玄谤毁国事,俱被诘责。玄见送南州,邵原复职。后邵中恶风,口不能言,去职数月。晧疑其托疾,掠考千所,卒无一言,

得国库粮仓空荡无用，以至于士兵百姓却连酒糟、糠皮之类的粗劣食物都不足裹腹。"

"另外北方的强敌正注视着我们，窥视我们国家的盛衰。陛下不依仗自己的威望与德行，却依赖于敌人不来侵犯，忽视国家的困穷，且又小看敌人，认为他们不敢发难，这实在不是长远之计和朝廷预先制定决胜策略的关键啊！从前大皇帝在南方开创基业，割据江山建立政权，虽说承蒙上天的帮助，实际上还是由于人为的努力。先帝留给子孙后代的德泽和余福，现在传到了陛下，陛下应当努力提升自己的德行与才识，来光大前人的功业，怎么可以忽视先祖的功劳，轻视这难得的帝王大业呢？臣听说世事盛衰无常，吉凶取决于各人的作为。长江的天险不能长久地依赖，如果我们不去守卫，那么乘一叶小舟就可以渡过江来。从前秦王创建皇帝的尊号，拥有崤山、函谷关的险阻，却不修明德教，法律政令苛刻严酷，祸害波及百姓，忠臣只能闭口不言。因此陈胜一人高声大呼，秦朝很快便覆灭了。最近，蜀国的刘氏据有阳平、江关、白水三处险关，守卫着重重高山筑就的坚固防线，可以说是铁铸的城墙、石砌的房室，足以保全万世的基业。然而因任授官职不用贤才，结果一时间国家就遭到灭亡，君臣的脖子上被套上绳索，一起成为他人的奴仆，这是当代明显的借鉴，眼前鲜明的警诫啊！希望陛下远察前代的史事，近则借鉴当今世事的变化，巩固扩大基础，加强农业生产，弃绝私情，遵从道义，那么像周朝成王、康王之时的清明政治就会兴起，先帝传下来的国统就会隆盛了。"

奏疏呈上后，孙皓非常憎恨他。贺邵为人奉公守法，坚贞正直，孙皓的亲信宠臣们都畏惧他，于是就共同诬陷贺邵与楼玄诽谤国政，两人因此都受到了责问。楼玄被流放到了广州，贺邵得到赦免官

竟杀之，家属徙临海，并下诏，诛玄子孙。

韦曜，字弘嗣，吴郡人也。迁太子中庶子。时蔡颖亦在东宫，性好博奕，太子和以为无益，命曜论之。其辞曰："盖闻君子耻当年而功不立，疾没世而名不称，故曰：'学如不及，犹恐失之'。是以古之志士，悼年齿之流迈，而惧名称之不建也，故勉精厉操，不遑宁息。且以西伯之圣、姬公之才，犹有日昃待旦之劳，故能隆王道，垂名亿载，况在臣庶，而可以已乎？历观古今功名之士，皆有积累殊异之迹，劳身苦体，契阔勤思，平居不惰其业，穷困不易其素。是以卜式立志于耕牧，而黄霸受道于囹圄，终有崇显之福，以成不朽之名。故山甫勤于夙夜，而吴汉不离公门，岂有游惰哉。

"而今之人，多不务经术，好翫博奕，废事弃业，忘寝与食，穷日尽明，继以脂烛。当其临局交争，雌雄未决，专精锐意，心劳体倦，人事旷而不修，宾旅阙而不接，虽有太牢之馔、韶夏之乐，不暇存也。或至赌及衣物，徙棋易行，廉耻之意弛，而忿戾之色发。其所志不出一枰之上，所务不过方罫之间，胜敌无封爵之赏，获地无兼土之实。技非六艺，用非

复原职。后来贺邵患了中风，口不能说话，离职几个月，孙晧怀疑他是假托生病，（将其逮捕）拷打了上千次，贺邵始终没有说一句话，最终被杀害，家属也被流放到临海郡。与此同时，孙晧又下诏诛杀楼玄的子孙。

"韦曜，字弘嗣，吴郡（云阳县）人，升任太子中庶子。当时蔡颖也在太子宫中任职，生性喜欢局戏和围棋。太子孙和认为下棋没有益处，命韦曜论证此事。韦曜的文章说："听说君子以年富力强而功业未能建立为羞耻，痛恨人在将死之时名声还未能显扬。所以（孔子）说：'做学问如同追赶什么似的生怕追不上，追上之后还生怕丢掉了。'因此古代的有志之士，伤感于时光的流逝，而害怕功名不能建立，所以精勤奋勉，砥砺节操，无暇安闲休息。况且凭着文王的圣明、周公的才能，仍要忙碌到日头偏西还顾不上吃午饭，勤于政事而坐等天明的辛劳，才可以使王道兴隆，美名流传亿万年，何况普通的臣民，难道可以止步不前吗？逐一地看看古今功成名就之人，都有着日积月累而不同于常人的经历，劳苦自己的身体，勤奋刻苦的思索，闲居时不放松自己的学业，穷困时也不改变平素的志向。因此卜式在农耕牧羊时立下志向，黄霸在监狱中获得道学，最终得到了尊显的福分，成就了不朽的名声。往昔仲山甫日夜勤劳，而吴汉勤勉公务不离官署，他们哪里有游荡懈怠呢？"

"现今之人，大多不致力于研究经典学术，而好玩局戏、围棋，荒废了事业，却废寝忘食，从日出玩到日落，晚上还要挑灯夜战。当人们面对棋局而相互争夺，胜负未分之时，就会专注一心，聚精会神，使心神劳累，身体疲倦。应该做的事却不去办理，宾客来了则搁置一旁不去接待，即使有太牢一般的佳肴，韶、夏之类的雅乐，他们也没有空闲去注意。甚至有人用衣服财物作赌注，或偷移棋子，或落

经国,立身者不阶其术,征选者不由其道。求之于战陈,则非孙、吴之伦也;考之于道艺,则非孔氏之门也。以变诈为务,则非忠信之事也;以劫杀为名,则非仁者之意也。而空妨日废业,终无补益,是何异设木而击之、置石而投之哉!

"且君子之居室也,勤身以致养,其在朝也,竭命以纳忠,临事且犹旰食,而何博奕之足耽乎?夫然,故孝友之行立,贞纯之名彰也。方今大吴受命,海内未平,圣朝乾乾,务在得人。勇略之士则受熊虎之任,儒雅之徒则处龙凤之署。百行兼苞,文武并骛,博选良才,旌简髦俊,设程试之科,垂金爵之赏,诚千载之嘉会,百世之良遇也。当世之士,宜勉思至道,爱功惜力,以佐明时,使名书史籍,勋在盟府,乃君子之上务,当今之先急也。夫一木之枰,孰与方国之封?枯棊三百,孰与万人之将?衮龙之服,金石之乐,足以兼棊局而贸博奕矣。设令世士移博奕之力,而用之于诗书,是有颜、闵之志也;用之于智计,是有良、平之思也;用之于资货,有猗顿之富也;用之于射御,是有将帅之备也。如此则功名立而鄙贱远矣。"

子后又另改走法，廉耻的思想松懈了，而蛮横愤怒的表情却出现了。他们的志向不超出一个棋盘的范围，所追求的只不过是棋盘方格间的得失。战胜对手没有封土授爵的赏赐，获得棋盘上的地盘也没有兼并土地的事实，这种技艺并非属于六艺之内，其作用又不能用来治理国家。立身处世的人凭借的不是这种技艺，被征召任用的人不是通过(博弈)这种途径。探求作战的阵法，是不与孙武、吴起的兵法相同的；考察其中的学问技能，与孔子所传授的内容也是不同的。下棋致力于巧变诡诈，就不是忠诚信义的事；以攻劫杀戮为名，就不是仁者的心意。这样白白浪费时光、荒废正业，最终却无所补益。这与立一根木板去敲一敲，放一些石子去摆一摆，又有什么不同呢？"

"况且君子居家时当劳苦身体来奉养父母，在朝廷时应尽心效命奉献忠诚，治理政事时尚且忙得顾不上吃饭，哪里会沉溺在下棋中呢？正因为这样，所以孝顺父母、友爱兄弟的品行才会树立，守正纯洁的名声才会彰显。如今大吴承受天命，海内尚未平定，皇上自强不息，一心招纳德才兼备的人才。勇敢有谋者则授于熊虎般的武将之职，学识渊博者则安置在文职官署，具有各种优良品行的人才一律包容，文臣武将齐头并进；广泛的选拔良才，表彰选用才智杰出的人；设立按规程考试的科目，赐予佩金印紫绶爵位的奖赏。这确实是千载难逢的昌盛之世，百代不遇的大好机缘啊！当代的士人，应当努力思考至善至美的道德，热爱事业，珍惜精力，以辅佐圣明的朝廷，使自己的名字载于史册，功劳记入盟府，这才是君子最重要的任务，当今最急迫的大事。一块木制的盘棋怎能与郡国的分封相比？摆弄三百颗枯木做的棋子怎能与指挥千军万马的将帅相比？身穿绣有龙形图案的礼服，耳听钟磬演奏的音乐，足以包容棋局的乐趣而取代下棋了。假如世人转移下棋的精力用在学习诗书上，就会有颜回、

孙晧即位，为侍中，常领左国史。时在所承指，数言瑞应。晧以问曜，曜答曰："此人家筐箧中物耳。"又，晧欲为父和作纪，曜执以和不登帝位，宜名为传。如是者非一，渐见责怒。曜益忧惧，自陈衰老求去，晧终不听。皓每飨宴，无不竟日，坐席无能否，率以七升为限，虽不悉入口，皆浇灌取尽。曜素饮酒不过二升，初见礼时，常为裁减，或密赐茶茗以当酒。至于宠衰，更见逼强，辄以为罪。又于酒后使侍臣难折公卿，以嘲弄侵刻、发摘私短以为欢，时有愆过，或误犯晧讳，辄见收缚，至于诛戮。曜以为外相毁伤，内长尤恨，使不济济，非佳事也，故但示难问，经义言论而已。晧以为不承用诏命，意不忠尽，遂积前后嫌忿，收曜付狱。华覈连上疏救曜，晧不许，遂诛曜也。

华覈，字永先，吴郡人也。为中书丞。孙晧更营新宫，制度弘广，饰以珠玉，所费甚多。时盛夏兴功，农守并废，覈上疏谏

闵损那样的志向；用在智谋上，就会有张良、陈平那样的谋略；用在经营货物上，就会有猗顿那样的财富；用在射箭御马上，就会有将帅应具备的本领。如果能够这样，那么功名就可以建立，而卑贱就可以远离了。"

孙皓即位后，韦曜任侍中，长期兼任左国史。当时各地为迎合孙皓的心意，多次报告有祥瑞的征兆出现。孙皓就此事询问韦曜，韦曜回答说："这不过是像别人家竹筐里的东西一样，是很普通的事罢了。"此外孙皓想为他的父亲孙和作纪，韦曜坚持认为孙和没有登上帝位，应当称名为传。像这样的事情不止一次，于是韦曜逐渐受到孙皓的怒斥。韦曜更加忧虑恐惧，于是上表陈述自己年纪衰老，请求辞去官职，孙皓始终不允许。孙皓每次与群臣宴饮，没有不进行一整天的，在座的人不管能不能喝酒，一律以七升酒为底限，即使不能全部喝下去，也都要浇灌到脸上，把酒用尽。韦曜向来饮酒不超过二升，当初受到孙皓的礼遇时，孙皓常常为他减少限量，有时悄悄赐给他茶水来代替酒。等到宠爱衰退之后，孙皓就强迫他喝酒，韦曜常常因此而获罪。孙皓又在酒后让侍臣责难折辱公卿大臣，以嘲弄中伤，或者揭发其隐私和短处来取乐。其间时或有人出现过错，或冒犯了孙皓的忌讳，就会被逮捕拘禁，甚至被诛杀。韦曜认为人们在言辞上相互诋毁伤害，内心中会滋长怨恨，使得官员们的关系不融洽，不是好事情，所以每逢让他向公卿大臣们诘问时，只是提问一些经典的义理或言论而已。孙皓认为他这是不遵从自己的诏命，内心没有竭尽忠诚，于是累积前前后后的愤怒和不满，下令逮捕韦曜投入鉴狱。华覈接连上疏营救韦曜，孙皓不允许，最终诛杀了韦曜。

华覈，字永先，吴郡（武进县）人，任中书丞。孙皓新营建的宫殿，规模弘大，用珍珠、宝玉进行装饰，花费很大。当时是在盛夏时

曰："臣闻汉文之世，九州晏然，当此之时，皆以为泰山之安，无穷之基也。至于贾谊，独以为可痛哭及流涕者三，长大息者六，乃曰方今之势，何异抱火措之积薪之下而寝其上。窃以曩时之事，揆今之势。谊云：'复数年间，诸王方刚，欲以此为治，虽尧舜不能安。'而今大敌据九州之地，有大半之众，习攻战之余术，乘戎马之旧势，非徒汉之诸王淮南、济北而已。谊之所欲痛哭，比今为缓；抱火卧薪之喻，于今为急。诚宜住建立之役，先备豫之计，勉垦植之业，为饥乏之救。若舍此急，尽力功作，卒有风尘不虞之变，当委版筑之役，应烽燧之急，驱怨苦之众，越白刃之难，此乃大敌所因为资也。如但固守，旷日持久，则军粮必乏，不待接刃，而战士已困矣。

"王者以九域为宅，天下为家，不与编户之民转徙同也。今之宫室，先帝所营，卜土立基，非为不祥。又杨市土地与宫连接，若大功毕竟，舆驾迁住，门行之神，皆当转移，犹恐长久未必胜旧。屡迁不可，留则有嫌，此乃愚臣所以夙夜为忧灼也。臣省《月令》：'季夏之月，不可以兴土功，不可以会诸侯，不可以起兵动众，举大事必有大凶。'六月戊巳，土行正王，

节进行施工,农业生产和边防守备都荒废了,华覈上疏劝谏说:"臣听说汉文帝在位之时,天下安定。在这个时候,大家都认为汉朝已经如泰山一般稳固,帝王基业将会传之无穷了。然而贾谊却单单认为当时的天下,可为之痛哭流涕的有三个问题,令人深深叹息的有六个问题。还说,当今天下的形势,无异于把火种放在堆积的柴草下面,而人却躺在柴草上面。臣私下用以往的史事,来估量现今的形势。贾谊当时说,再过几年,各诸侯王将是年富力壮之时,要想就此进行治理,即使是尧、舜也不能安定局面。现今强大的敌人占据了(汉朝全国十三个州中)九个州的地盘,拥有天下一大半的人口,熟悉魏军留下的攻战方法,凭借北方兵马旧有的优势,这就不只是像汉朝诸侯王中淮南王、济北王的反叛而已了。贾谊为之痛哭的问题,比之于现今的情况要缓和;他所说的抱火卧薪的比喻,对今天的吴国来说更加急迫。实在应当停止建造宫殿的劳役,首先制定防御的计策,勉励垦荒种植之事业,对饥饿困穷的百姓进行救助。如果舍弃这些紧迫的事务,而倾其全力去修建宫殿,突然发生难以预料的战乱变故,就只能放弃兴建宫殿的劳役,去应付战场之急务,驱使着怨恨痛苦的战士,奔赴前线刀剑相搏的战乱,这正是强大的敌人可以利用的资本。如果只是就地固守,时间拖延久了,军粮必定会缺乏,到那时不等到交战,战士们就已经困乏了。"

"天子以九州为住所,以天下为家园,不与普通百姓的辗转迁移相同。现在的宫殿,是先帝时营造的,是经过占卜选择地点,奠基建立的,并非不吉利。再者新宫所在的杨市,地势上与旧宫连接,一旦工程完成,陛下大驾迁往居住,那么在原宫门内外巡游的神灵,都将随之转移,只恐怕时间一久,未必能比旧宫吉利。多次迁居是不可能的,留住则心中会有忌讳。这就是愚臣日夜为之担忧、焦灼的原因。

既不可犯,加又农月,时不可失。昔鲁隐夏城中丘,《春秋》书之,垂为后戒。今筑宫为长世之洪基,而犯天地之大禁,袭《春秋》之所书,废敬授之上务,臣以愚管,窃所不安。又恐所召离民,或有不至,讨之则废役兴事,不讨则日月滋蔓。若悉并到,大众聚会,希无疾病。且人心安则思善,苦则怨叛。今当角力中原,以定强弱,正于际会,彼益我损,此乃雄夫智士所以深忧也。臣闻先王治国,无三年之储,曰国非其国。安宁之世,戒备如此,况敌强大而忽农忘畜。若上下空乏,运漕不供,北敌犯疆,使周、邵更生,良、平复出,不能为陛下计明矣。"书奏,皓不纳。

后迁东观令,领右国史。时仓廪无储,世俗滋侈,覈上疏曰:"今寇虏充斥,征伐未已,居无积年之储,出无应敌之畜,此乃有国者所宜深忧也。夫财谷所生,当出于民,趋时务农,国之上务。而都下诸官,所掌别异,各自下调,不计民力,辄与近期。长吏畏罪,昼夜催民,委舍田事,遑赴会日,定送到

臣查看《礼记·月令》，上面说农历的六月不可以兴建大的工程，不可以聚会诸侯，不可以兴师动众，此时兴办大事必定有大的灾殃。凡六月戊、己之时，土德正旺，已经不可以冒犯，加上又是农事繁忙的月份，农时不可错过。从前鲁隐公在夏季修筑中丘城，《春秋》中予以记载，留为后世的警诫。如今修筑新宫本来是千秋万代的宏伟基业，却冲犯天地间的大禁，沿袭《春秋》所记载的鲁隐公的错误作法，废弃了恭敬劝勉百姓按照季节时令从事农耕的重要任务。臣以浅陋之见，私下感到有所不安。又担心征召来（修建新宫）的离散百姓，或许有人会不来。讨伐他们将会荒废劳役，另兴事端；若不讨伐，这种违令情况就会一天天滋长蔓延。即使他们（服役之人）全都到了，大量的人聚集在一起，很少不会有疾病发生。况且人心安定时就会产生善良的念头，感到痛苦时就会有怨恨背叛的想法。而今正当敌我双方将在中原进行决战，以定强弱之时，在这关键时刻，敌方力量增强而我方力量受损，这正是勇士和智者所深深担忧的。臣听说前代的帝王治国，如果没有三年的粮食储备，就说这个国家不是一个国家了。在安定太平的时代，戒备尚且如此，何况在敌人强大的今天，而我们却忽视了农业，忽略了储备。一旦全国上下粮食匮乏，而粮食运输供应不上，此时北方敌人又侵犯边境，即使周公、召公再生，张良、陈平重现，也不能为陛下谋划了，这是很明显的啊。"奏疏呈上后，孙皓没有采纳。

后来华覈升为东观令，兼任右国史。当时仓库中没有物资储备，社会风气却更加奢侈。华覈呈上奏疏说："如今敌人强大，征战还没有停止，平时没有多年的储备，出战没有应敌的积蓄，这是拥有国家的人应当深感忧虑的事。钱粮的生产，都来自于百姓，抓紧时节进行农业生产，是国家最重要的任务。然而京城中各官署的官员，所负

都，或蕴积不用，而徒使百姓消力失时。到秋收月，督其限入，夺其播殖之时，而责其今年之税，如有逋悬，则籍没财物，故家户贫困，衣食不足。宜暂息众役，壹心农桑。古人称：'一夫不耕，或受其饥；一女不织，或受其寒。'是以先王治国，唯农是务。军兴已来，已向百载，农人废南亩之务，女工失机杼之业。推此揆之，则蔬食而长饥、薄衣而履冰者，固不少矣。

"臣闻主之所求于民者二，民之所望于主者三。二谓求其为己劳也，求其为己死也；三谓饥者能食之，劳者能息之，有功者能赏之。民已致其二事，而主失其三望者，则怨心生而功不建。今帑藏不实，民劳役猥，主之二求已备，民之三望未报。且饥者不待备羞而后饱，寒者不俟狐貉而后温，为味者口之奇、文绣者身之饰也。今事多而役繁，民穷而俗奢，百工作无用之器，妇人为绮靡之饰，不勤麻枲，并绣文黼黻，转相仿效，耻独无有。兵民之家，犹复逐俗，内无担石之储，而出有绫绮之服。至于富贾商贩之家，奢恣尤甚。天下未平，百姓不赡，宜壹生民之原，丰谷帛之业。而弃功于浮华之巧，妨日

责的事务有所不同,都各自向地方下达征调任务,不考虑民众的承受能力,下达任务时总是限定很近的期限。地方官吏害怕(完不成任务)获罪,便昼夜催促百姓,百姓只好舍弃农事,急忙的赶赴会集的日期,按时送到京都,有时却又积压不用,白白让老百姓耗费力气还错过了农时。到了秋收的月份,又督促百姓在限定的日期交纳赋税,耽误了百姓播种的时节,却向他们索求当年的税赋,若有拖欠,就登记、没收家中的财产,因此家家户户贫困不堪,衣食不足。现在应当暂时停止各项劳役,(让百姓)专心从事农耕和蚕桑。古人说,一个农夫不耕种,就会有人受到饥饿;一个妇女不纺织,就会有人遭受寒冷。所以先王治理国家,一心致力于农业生产。自从(汉灵帝中平元年)州郡起兵(进攻黄巾军)以来,已将近一百年了,这期间,农民荒废了农田的耕种,妇女停止了纺织的工作。按此情况来推测,现今民间以蔬果为食而长期饥饿,在冰天雪地里衣衫单薄的人,一定已经不少了。"

"臣听说君主要求民众的事有两条,而百姓寄希望于君主的事有三条。君主的两条是要求百姓为自己效劳,为自己献身。百姓的三项期望是:饥饿的人能有饭吃,疲劳的人能得到休息,有功劳的人能得到奖赏。民众已经做到了君主要求的两条,而君主却不能满足其三项期望的话,那么百姓的怨恨之心就会产生,而伟大的功业就不能建立了。现在国家的库存不充实,民众劳苦而徭役繁多,君主的两条要求已经满足,民众的三项期望却未能实现。况且饥饿的人不必等到准备好美味佳肴才能吃饱,寒冷的人不必等到有了狐裘貉皮才来温暖身体;讲求美味只不过是使口中的感觉奇妙,刺绣华美的服饰只是做为身上的装饰而已。如今国家事务很多而徭役繁重,人民贫困而风俗奢侈,各种工匠制作着没有实用价值的器具,妇女们做的是华丽

于侈靡之事,上无尊卑等级之差,下有耗财费力之损。且美貌者,不待华采以崇好;艳姿者,不待文绮以致爱。五色之饰,足以丽矣。若极粉黛,穷盛服,未必无丑妇;废华采,去文绣,未必无美人也。若实如所论,有之无益,废之无损者,何爱而不暂禁,以充府藏之急乎?此救乏之上务,富国之本业也,使管、晏复生,无以易此。汉之文、景,承平继统,天下已定,四方无虞,犹以雕文之伤农事,锦绣之害女工,开国家之利,杜饥寒之本。况今六合分乖,豺狼充路,兵不离疆,甲不解带,而可以不广生财之原,充府藏之积哉?"

奢侈的服饰，不努力进行种麻和纺织，却都追求绣有花纹图案的艳丽衣服，且互相仿效，耻于唯独自己没有。普通士兵和百姓的家庭，也在追逐这种风气，家内没有多少粮食的储备，而出门时却穿着带着花纹的绫罗绸缎。至于富裕的商人家庭，奢侈浪费的情况则更为严重。天下还没有平定，人民的衣食供应还不充足，应当专注于养育百姓这个根本，扩大谷物布匹的生产事业。而今却把功夫花在了华而不实的技艺上，让奢靡的事情耗费了时间，使得上无尊卑等级的差别，下有耗费财力、人力的损失。况且容貌美丽的女子，不需要用华丽的色彩来增添美貌；姿容艳美的女子，用不着穿着华丽的衣服来招致他人的喜爱；五种色彩的装饰，足以使人美丽了。如此穷尽粉黛的妆扮，极尽华丽的衣服，未必就没有丑妇；不用华丽的色彩，舍去华美的衣服，也未必就没有美人。如果确实像臣所说的这样，这些拥有它无益处而抛弃它也没有损害的东西，为何舍不得放下而不暂时禁止以此来补充府库的急需呢？这是挽救储备缺乏的首要措施，使国家富裕的根本大事啊！即使是善于治国的管仲、晏婴再生，他们也不会改变这一方法。汉朝的文帝、景帝，在太平时期继承帝位，那时天下已经安定，四方没有祸患，仍然认为雕饰纹采会伤害农业生产，制作华美刺绣的丝织品会妨害纺织。因而注重广开富国的有利事业，杜绝造成饥寒的本源。何况当今天下分裂，贪婪残暴之人充满道路，士兵不能离开边疆，休息时也不敢脱下铠甲。在这种情况下，难道还不广开生财的途径，充实国库的积蓄吗？"

卷二十九　晋书（上）

纪

　　武皇帝讳炎，字安世，文帝太子也。泰始五年，廷尉上西平民曲路，伐登闻鼓，言多妖妄毁谤。帝诏曰："狂狷怨诽，亦朕之愆，勿罪也。"孙盛《阳秋》云："泰始八年，帝问右将军皇甫陶侃事，陶固执所论，与帝争言，散骑常侍郑徽表求治罪。诏曰：'谠言謇谔，直意尽辞，所望于左右也。人主常以阿媚为患，岂以争臣为损乎？陶所执不愆此义，而徽越职奏之，岂朕意乎？'乃免徽官也。"

　　咸宁四年，大医司马程据，献雉头裘。诏曰："异服奇技，典制所禁也。"其于殿前烧裘。甲申，敕内外敢有犯者，依礼治罪。太康元年，吴主孙晧降。有司奏："晋德隆茂，光被四表。吴会既平，六合为一。宜勒封东岳，以彰圣德。"帝曰："此盛德之事，所未议也。"群臣固请，弗听。

　　干宝《纪》云："太康五年，侍御史郭钦上书曰：'戎狄强横，自

纪

（晋）武帝司马炎，字安世，是文帝司马昭的太子。泰始五年（公元269年），廷尉呈上西平郡百姓曲路敲击登闻鼓上书的谏议，其中有很多虚妄不实、污蔑诽谤的话。武帝下诏说："虽然是狂妄偏激、埋怨诽谤的话，但这也是朕的过失，不要降罪于他。"〔孙盛所著的《晋阳秋》说：泰始八年，晋武帝谘询右将军皇甫陶，讨论国事，皇甫陶固执己见，和武帝争论起来。散骑常侍郑徽上表，请求治皇甫陶言语顶撞的罪。武帝下诏说："正直敢言，直话直说，言无不尽，是我对左右谏臣的期望。做为君主，常常担忧臣下阿谀奉承（从而听不到真话），怎么能觉得（身边）有一个正直敢言的臣子是损害呢？皇甫陶虽固执己见，但并不违背他作为一个臣子直言进谏的宗旨，而郑徽却越职上奏皇甫陶的不是，怎么能合乎朕的心意呢？"于是武帝免去了郑徽的官职。〕

咸宁四年（公元279年），太医司马程据进献了一件用雉头羽毛制成的名贵大衣。（武帝）下诏说："凡奇异的服饰，过于奇巧而无益的技艺，是国家的法令制度所禁止的。"武帝就在殿前将大衣烧毁，并在甲申日下令：今后朝廷内外官员胆敢有违犯者，将依礼法治罪。

太康元年（公元281年），东吴国主孙晧投降。主管官员上奏说："晋王朝的德政隆盛，圣德的光辉泽被四方。现在南方吴郡和会稽郡已经得到平定，天下恢复一统，应该下令到东岳泰山举行'封禅'祭天的庆典，以彰显帝王的圣德。"武帝说："这种彰显盛德的事，现在还不宜讨论。"群臣坚持请求封禅，但是武帝终究没有采纳。

干宝在《晋纪》中说：太康五年（公元284年），侍御史郭钦上书说：

古为患。魏初民寡，西北诸边郡，皆为戎居。今虽伏从，若百年之后，有风尘之惊，胡骑自平阳、上党，不三日而至孟津。北地、西河失土，冯翊、太原、安定，裁居数县。其余及上郡，尽为狄庭，连接畿甸。宜及平吴之威，出北地、西河、安定，复上郡，实冯翊、平阳北统河以北诸县，募取死罪，徙三河三魏见士四万家以充之，使裔不乱华。渐徙平阳、弘农、魏郡、京兆、上党、太原杂胡，出于其表。峻四夷出入之防，明先王荒服之制，万世之长策也。'弗纳。"荀绰《略记》云："世祖自平吴之后，天下无事，不能复孜孜于事物，始宠用后党。由此祖祢采择嫔媛，不拘拘华门。父兄以之罪叠，非正形之谓；扃禁以之攒聚，实耽秽之甚。昔武王伐纣，归倾宫之女，助纣为虐。而世祖平晧，纳吴姬五千，是同晧之弊也。"

惠皇帝讳衷，字正度，武帝太子也。永平元年，迁皇太后于永宁宫。贾后讽群臣，奏废皇太后为庶人，居于金墉城。九年，贾后诬奏皇太子有悖书，帝幸式乾殿，召公卿百官皆入，

戎、狄之地的少数民族强暴蛮横，自古就是威胁国家安全的大患。曹魏初年的时候，汉族人口稀少，西北部的边境地区，都被少数民族占为定居地。现在虽然这些地区臣服我朝，但是过一段时间后，如果这些地区出现兵乱，胡人的骑兵自平阳、上党二郡出发，用不了三天就能够到达都城洛阳的门户孟津县。一旦我们失去北地郡和西河郡，冯翊、太原、安定数郡县的汉族居民都要被迫向内地迁徙，其余的北方边境包括上郡，也会被胡人占领，这样，胡人控制的地方都几乎连到京城的近郊地区了。现在应该借助平定吴国的余威，出兵北地、西河、安定等郡，恢复上郡，迁徙晋朝的国民去冯翊、太原、安定数县去定居。北方要加强对河东、河南诸郡县的管理，招募一些犯死罪的人，以及迁徙三河、三魏地区已在官府登记的人，共四万家去北方边境地区定居，这样可以保证边远地区的少数民族势力不会影响到我中华的安定。我们还要有步骤的迁徙那些住在平阳、弘农、魏郡、京兆、上党、太原的诸多胡人，让他们去到边境之外。也要提高限制边境地区人民出入的防备措施，明确先王所订立的荒服制度，这才是万世太平的根本之计啊！但是晋武帝不采纳这个建议。荀绰《略记》记载：世祖晋武帝自从平定吴国之后，天下得到太平，就不能再继续勤奋于政务，而开始宠幸任用外戚及其政治势力集团。由此开始，选择嫔妃的时候，不限制女方的家庭背景（后妃因此彼此争宠以便为她们的家族谋求政治势力），父兄因此多犯淫乱的罪行，这不是正人君子应有的举止。后宫因此嫔妃人数增多，实在是过分沉溺于淫乐。当年武王伐纣，归因于纣王后宫的骄奢淫逸，助纣为虐（而导致商汤的灭亡）。而现在晋世祖武帝打败了吴王孙皓，却接收了吴国后宫的姬妾五千人，这和孙皓亡国的弊病是同样的啊！

晋惠帝司马衷，字正度，是武帝的太子。永平元年（公元291年），将皇太后杨芷迁到永宁宫。贾皇后暗示群臣，让他们上奏，将太后废为庶人，还将她囚在（幽禁皇帝后妃的）金墉城里。元康九年

诏赐太子死,以所谤悖书及诏文,遍示诸王公。司空张华曰:"此国之大祸,自汉武以来,每废黜正嫡,恒至丧乱,且晋有天下日浅,愿陛下详之。"尚书仆射裴頠曰:"臣不识太子书,不审谁为通表、谁发此者。为是太子手书不?宜先检校。"而王公百官竟无言。免太子为庶人,幽于金墉城。

永康元年,前西夷校尉司马阎缵,舆棺诣阙上书曰:"伏见赦文,及牓下,前太子遹手疏,以为惊愕。自古已来,臣子悖逆,未有如此之甚者也。幸赖天慈,全其首领。臣伏念遹生于圣父,而至此者,由于长养深宫,沉沦富贵,受饶先帝,父母骄之。每见选师傅,下至群吏,率取膏粱击钟鼎食之家,稀有寒门儒素,如卫绾、周文、石旧、疏广者也,洗马、舍人,亦无汲黯、郑庄之比,遂使不见事父事君之道。臣案古典,太子居以士礼,与国人齿,以此明先王欲令知先贱然后乃贵。自顷东宫亦微太盛,所以致败也。非但东宫,历观诸王,师友文学,亦取豪族。为能得者,率非龚遂、王阳,能以道训。友无直亮三益之节,官以文学为名,实不读书。但共鲜衣怒马,纵酒高会,嬉游博奕,岂有切磋能相长益哉?臣常恐公族凌迟,以此叹息。

（公元299年），贾皇后诬奏皇太子（司马遹）写过谋反叛乱的书信。惠帝驾临式干殿，命文武百官都进殿，要下诏赐太子死，并拿出太子叛逆犯上的书信和（赐死太子的）诏文，给诸王公大臣看。司空张华上前奏称："废黜太子，是国家的大祸。自汉代武帝以来，每因废黜嫡子，一定会带来政局动乱。再说，晋朝立国时间不长，请陛下慎重审查这件事。"尚书仆射裴𬱟说："臣不认得太子的字迹，也不知是谁举发这件事的。这是否真的是太子手书，应该先核查清楚。"而其余的王公百官竟不发一言。就这样废太子为庶人，囚禁于金墉城。

永康元年（公元300年），前任西夷校尉司马阎缵，抬上棺材前往宫殿冒死向惠帝上书说："臣见到（定太子忤逆罪的）公文，和（朝廷）颁布的（废太子为庶人的）公告。（臣看到）前太子司马遹亲手写的奏章，感到很吃惊。自古以来，臣子犯上忤逆还没有这么过分的。幸亏仰赖圣上仁慈，保全了太子的性命。臣思量，太子遹是圣主您的后代，之所以走到这个地步，是由于他从小生长在深宫，沉溺在富贵的生活环境中，受到先帝的恩宠，父母的娇惯。每次为太子选择老师及下属官员，都选自大富大贵的人家，很少有出身寒门而具有儒家品德操守的人，像汉代的卫绾、周文、石奋、疏广那样的良臣；充当太子属官洗马、舍人的人选中，也没有像汲黯、郑庄那样的人才，从而使太子不知道如何孝养父母奉事君主。臣考察古代的典章制度，太子的礼遇应该与一般的士人等同，生活待遇上则与一般老百姓一样，由此明了先王的用心是要让太子明白要先贫贱然后才能富贵。近来，东宫太子的生活稍过于丰足，所以惹祸败身。非但住在东宫的太子如此，（臣）逐个观察各诸侯王身边的师友文士，也都选之于豪门望族之中被认为很合适的人选，却都不是像汉代的龚遂、王阳那样能以道义相劝之士，没有正直、坦诚、多闻的节操。虽然有文学从事这样

今遹可以为戒，恐其被斥，弃逐远郊，始当悔过，无所复及。昔戾太子无状，称兵拒命，而壶关三老上书，犹曰子弄父兵，罪应笞。汉武感悟，筑思子之台。今遹无状，言语逆悖，受罪之日，不敢失子道，犹为轻于戾太子。尚可禁持检著，目下重选师傅，为置文学，皆选以学行自立者，及取服勤更事、名行素闻者，使共与处；使严御史鉴护其家，绝贵戚子弟轻薄宾客。如此左右前后，莫非正人，使共论议于前，但道古今孝子慈亲、忠臣事君，及思愆改过之比，日闻善道，庶几可全。

昔太甲有罪，放之三年，思庸克复，为殷明王。又魏明帝因母得罪，废为平原侯，为置家臣庶子文学，皆取正人，共相匡矫，事父以孝，事母以谨，闻于天下，于今称之。李斯云：'慈母多败子，严家无格虏。'由陛下骄遹，使至于此。庶其受罪以来，足自思改。方今天下多虞，四夷未宁，将伺国隙，储副大事，不宜空虚，宜为大计，少复停留，先加严诲，若不悛改，弃

的官员，而实际上并不读书，只是聚在一起穿着华丽的衣服，骑着高头大马，纵酒设宴，嬉戏游乐，下棋对弈，哪里能互相切磋、互相交流（学问与道义）而共同进步呢？臣常担忧王公贵族颓败衰落，并为此叹息。

现在司马遹可以引以为戒，恐怕他被贬斥、弃逐到边僻地方，应当开始忏悔过错，追悔莫及了。当年汉武帝的戾太子无礼，举兵违抗武帝，地方上德高望重的人士还上书说这只不过是儿子摆弄父亲的兵马，这样的罪处以鞭笞之刑就可以了。后来汉武帝有所感悟，修筑"思子台"（来表示追念）。当今太子遹（虽然也是）无礼，言语犯上，但他接受惩处的时候，还不敢违背为子之道，其罪过比戾太子要轻，还是可以将他放在身边给予约束管教的。眼下，可以为他重新选择师傅、安排文学之士（来教育太子）。应选那些有学识品行、自持守节的人，让那些恪尽职守、阅历丰富、名声操行皆为世称道的人与太子共处。派遣御史严格鉴护太子的住处，断绝他与那些贵戚子弟以及品格不良的幕僚门客的往来。这样太子身边前后左右都是正人君子，让这些人在太子面前谈事论理时，只谈论古今孝子如何敬爱父母、忠臣如何奉事国君，以及如何反省过错、勇猛改过之类的善言。太子天天听的都是善道，（这样）差不多就能保全太子了。

昔日（商汤之孙）太甲有罪，被流放了三年，才想要悔过自新，（终于）成为殷商的一位明君。再如魏明帝曹睿因为母亲被废为庶人的缘故，自己也被贬为平原侯。此时朝廷给他安排家臣、老师、文学之士等，都选择有道德修养的正人君子，一起帮助他改正错误，结果他以孝顺侍奉父亲、以恭谨侍奉母亲而名闻天下，至今还被人们称道。李斯曾说：'过于仁慈的母亲多教出败家子，家规严格的家庭不会有桀骜不驯的家丁。'由于陛下骄惯司马遹，才使他落到如此地

之未晚也。臣素寒门,不经东宫,情不私遹也。臣尝备近职,情同阍寺,悾悾之诚,皆为国事。臣以死献忠,辄具棺絮,伏须刑诛。"书御,不从。遣前将军司马,送太子幽于许昌宫,贾后使黄门孙虑贼太子于许昌。

《干宝纪》云:"史臣曰:世祖正位居体,重言慎法,仁以厚下,宽而能断。故民咏惟新,四海欢悦矣。聿修祖宗之志,独纳羊祜之策,役不二时,江湖来同。夷吴蜀之垒垣,通二方之险塞,掩唐、虞之旧域,班正朔于八荒。余粮委亩,外关不闭,民相遇者如亲,其匮乏者,取资于道路,故于时有天下无穷人之言。虽太平未洽,亦足以明,吏奉其法,民乐其生,百代之一时矣。武皇既崩,陵土未干,而杨骏被诛,母后废黜,朝士旧臣,夷灭者数十族。宗子无维城之助,而阋伯实沈之隙岁构。师尹无具瞻之贵,而颠坠戮辱之祸日有。民不见德,唯乱是闻,内外混淆,名实反错。国政迭移于乱人,禁兵外散于四方。方岳无钧石之镇,门关无结草之固。李辰、石冰,倾之于荆扬;刘渊、王弥,挠之于青冀。二十余年,而河洛为墟,戎羯称制,二帝失尊,山陵无所。何哉?树立失权,托付非才,四维不张,而苟且之政多也。

步。但愿他接受惩处以来，能十分认真地反思己过，予以悔改。当今天下多忧患，周边的外族还没有平定，都想伺机作乱。国家册立太子是大事，不宜使太子之位空缺，应为大局着想不要再耽搁。对太子应先严加教诲，若太子还不悔改，再废掉他也不迟啊。臣出自寒门，从未在东宫任事，感情上并不偏袒太子。臣曾做过皇帝身边的近臣，职位和一般掌管宫门的侍者差不多。今诚恳上奏，都是着眼于国家大事。臣以死表示忠心，并带来了棺材，等待死刑的处置。"惠帝看了奏章后没有同意，又派遣前将军司马将太子押送到许昌宫囚禁起来。不久，贾后派黄门太鉴孙虑在许昌宫杀害了太子。

干宝《晋纪》上记载：史臣说："晋世祖司马炎正式登基获得帝位后，言语谨慎，慎用刑法，用仁爱之心宽恕臣下，气度宽宏而又能决断，所以人民拥护新政，四海之内民众欢欣喜悦。他秉承祖宗的志向，力排众议采纳羊祜伐吴的建议，战争没过多久，长江和湘江流域就归附晋朝。此后破除了吴国和蜀国的营垒和城墙，打通了险要的关塞，国土面积超过了唐尧、虞舜所治理的旧国疆域，向边远的地方颁布了新的历法。田地里有许多剩余的粮食，对外的关口不用关闭，大家在路上遇到都和亲人一样。有缺衣少粮的人，从旁人那里都能够得到资助，所以那时有天下没有穷人的说法。虽然没有达到太平盛世，但也可以显示出官吏们奉公守法，人民安居乐业，这也是数百年方能一遇的啊！晋武帝驾崩之后，陵墓上的土还没有干，顾命大臣杨骏就被诛杀，皇太后被废黜，朝堂上原有的臣子，有数十家都被灭族。皇室宗亲也不能互相扶助，反而彼此争斗；国家的重臣不能得到尊重和仰慕，反而被罢黜和杀戮凌辱的祸事却经常出现。百姓们看不到为政者的德政，所听到的都是朝政混乱的消息；国家分不清敌友，官员名实不符。国家的政权经常落入乱臣贼子之手，卫护皇城的禁卫军队则散乱四方。州郡没有有才能的人去镇守治理，关隘像草扎的一样很不牢固。李辰和石冰攻占了荆州

夫作法于治，其弊犹乱，作法于乱，谁能救之？于时天下非蹙弱也，军旅非无素也。彼刘渊者，离石之将兵都尉；王弥者，青州之散吏也。盖皆弓马之士，驱走之人，凡庸之才，非有吴先主、诸葛孔明之能也；新起之寇，乌合之众，非吴蜀之敌也；脱耒为兵，裂衣为旗，非战国之器也；自下逆上，非邻国之势也。然而成败异效，扰天下如驱群羊，举二都如拾遗芥，将相侯王，连颈受戮，乞为奴仆，而犹不获，后嫔妃主，虏辱于戎卒，岂不哀哉！夫天下，大器也；群生，重畜也。爱恶相攻，利害相夺，其势若积水于防、燎火于原，未尝蹔静也。器大者，不可以小道治；势重者，不可以争竞扰。古先哲王知利百姓，是以感而应之，悦而归之，如晨风之郁北林、龙鱼之趣渊泽也。然后设礼文以理之，断刑罚以威之，谨好恶以示之，审祸福以喻之，求明察以官之，笃慈爱以固之。故皆乐其生而哀其死，悦其教而安其俗。

和扬州，刘渊和王弥扰乱于青州、冀州一代。仅二十多年的时间，中原的河洛地区成为废墟，外族胡人建国称帝，怀、愍二帝因此失去了国君的尊严，祖先的陵墓也无处安置，这是为什么呢？是因为治国的方略违背了常道，政事托付于无才能的人，礼义廉耻的纲常道德没有得到宣扬，而不循礼法的政令又太多了。

法制政令用在太平盛世，都会产生弊端和变化，用在乱世，有谁还能挽救其弊呢？当时的国力并不是暂时薄弱，军队也非训练无素。那刘渊不过是离石县领兵的都尉，王弥不过是青州闲散的官吏，都是平常只会骑射、被人驱使指挥的人，才能也很平庸，并不是像东吴先祖孙权与诸葛亮那样有才能的人。这些刚刚兴起的叛乱之人，都是些乌合之众，远远比不上当年东吴和蜀汉的军队，他们随便放下农具就成为兵士，把衣服撕破就做为旗帜，不是正规训练的军队；以臣下而反逆主上，也没有敌国那样的势力。即便是这样，却迅速取得了成功，扰乱天下就像在赶一群羊，攻占东西二都就像拾取他人的失物一样容易。将相王侯，一起被杀戮，连祈求成为奴仆都不被获准；后宫的嫔妃，被普通的士兵掳走凌辱，这难道不悲哀吗？天下，是最大的宝器；百姓，是最大的财富。面对这两者，多少人为了满足自己的欲望而互相攻击，为了利害得失而互相争夺，这形势就好比在堤坝上里蓄水，在平原上放火，不曾有一刻安宁。国家如此之大，不能以礼教之外的普通方法来治理；百姓如此众多，不可以争夺之心去妄加侵扰。古代的先哲圣王知道必须要利益百姓，所以用自己的德行来感召臣民，让他们心悦诚服地归顺，就像晨风鸟聚向茂密的北林，龙鲤趋向深渊水泽。人民归附后，再制定礼教仪制来规范他们，决断刑罚来威慑他们，慎重好恶来教导他们，告知民众辨明祸福的道理来引导他们，访求明察之士来管理他们，设法增进大家的慈爱之心来安定他们。所以，圣王在世，人们感到非常快乐；当他不在世时，人们都非常悲哀，人们愿意接受他的教化并乐于遵守他所倡导的淳

君子勤礼,小人尽力。廉耻笃于家间,邪僻消于胸怀。故其民有见危以授命,而不求生以害义。又况奋臂大呼聚之,以干纪作乱之事乎?基广则难倾,根深则难拔,理节则不乱,胶结则不迁。是以昔有天下者之所以长久也,夫岂无僻主?赖道德典刑,以维持之也。故延陵季子听乐,以知诸侯存亡之数、短长之期者,盖民情风教,国家安危之本也。晋之兴也,其创基立本,异于先代,又加之以朝寡纯德之士,乡乏不二之老,风俗淫僻,耻尚失所。学者以庄、老为宗,而黜六经;谈者以虚荡为辩,而贱名检;行身者以放荡为通,而狭节操;进仕者以苟得为贵,而鄙居正;当官者以望空为高,而笑勤恪。刘颂屡言治道,傅咸每纠邪正,皆谓之俗吏。其倚仗虚旷,依阿无心者,皆名重海内。由是毁誉乱于善恶之实,情愿奔于货欲之涂,选者为人择官,宦者为身择利。而秉钧当轴之士,身兼官以十数,大极其尊,小统其要,机事之失,十恒八九。而世族贵戚之子弟,凌迈超越,不拘资次。悠悠风尘,皆奔竞之士;列官千百,无让贤之举。

子真著《崇让》,而莫之省;子雅制'九班',而不得用;长虞直

朴风俗。

　　君子致力于礼制的建设和维护，普通人则尽心尽力做好本分，家族邻里笃信礼义廉耻，心中不再有邪恶怪僻的想法。所以民众见到国家有危难，能够献出生命去保护，决不会为了求生存而有损道义。如此又怎么会出现振臂一呼便群起作乱的事情呢？房子地基广阔就难以倾倒，树木根基深厚就难以拔起，政教有条不紊就不会混乱，人心像胶凝结在一起就不会涣散，这就是以往一些朝代拥有天下而能够长治久安的原因。那时也不是没有邪僻不正的君主，但仍能依赖道德和刑律来维持安定。延陵季札听到音乐就能够知道诸侯国兴亡的变数，存亡时间的长短，是因为民情风俗和教化，才是国家安危的根本啊。晋朝兴起，它的立国基础，和之前的朝代不同，又加上朝堂中很少有纯正道德的人，乡野里缺乏忠贞不二的里老，风俗邪僻淫佚，社会的荣辱价值观颠倒了。士人一味推崇老子、庄子的玄谈，而摒弃对儒家六经的学习；谈论世事以浮夸不切实际为明辨，而轻视名誉礼法；为人处世以放荡为通达，而不屑于气节操守。谋求做官者为达目的不择手段，而鄙视遵循正道；为官的人以应付公文为高明而嘲笑勤勤恳恳做事的人。刘颂多次进言治国大道，傅咸常常纠正正邪之失，他们却都被讥讽为俗吏；而那些故弄玄虚、曲从附顺而无定见的人，反而受人推崇，名重一时。正因如此，社会誉论的诋毁和赞誉不符合善恶的实质，人们都以邪恶之心为了财富贪欲四处奔走。负责铨选的官员只任命亲信，当官的只为自己搜刮钱财。那些朝中显要，一人身兼十多个官职，其中大的职位必是尽力显示自己的尊贵，小的职位必是尽力抓住要害部门，国家机要大事十有八九都处理失当。名门望族、皇亲国戚的子弟，常常得到破格提拔，而不管资历的深浅。官场上都是竞相奔走追求名利的人，朝中成百上千的官员，从未见让位于贤的举动。

　　刘子真虽然著了《崇让论》，却不能让人们醒悟；刘子雅虽然制定了考

笔,而不能纠。其妇女庄饰织紝,皆取成于婢仆,未尝知女功丝枲之业、中馈酒食之事也。先时而婚,任情而动,故不耻淫逸之过,不拘妒忌之恶。有逆于舅姑,有反易刚柔,有杀戮妾媵,有渎乱上下,父兄弗之罪也,天下莫之非也,又况责之,闻四教于古,修贞顺佐于今,以辅佐君子者哉!礼法刑政,于是大坏。如水斯积,而决其堤防;如火斯蓄,而离其薪燎也。国之将亡,本必先颠,其此之谓乎?故观阮籍之行,而觉礼教崩弛之所由;察庾纯、贾充之争,而见师尹之多僻;考平吴之功,而知将帅之不让;思郭钦之谋,而窹戎狄之有衅;览傅玄、刘毅之言,而得百官之邪;核傅咸之奏、钱神之论,而睹宠赂之彰。民风国势如此,虽以中庸之才、守文之主治之,辛有必见之于祭祀,季札必得之于声乐,范燮必为之请死,贾谊必为之痛哭。又况我惠帝,以放荡之德,而临之哉!故贾后肆虐于六宫,韩午助乱于内外,其所由来渐矣,岂特系一妇人之恶乎?"

成皇帝讳衍,字世根,明帝太子也。咸和七年,诏除诸养禽之属无益者。集书令史夏侯盛表曰:"伏闻明诏悉除养熊虎之费,举朝增庆,咸称圣主。伏惟陛下,未观古今成败之戒,而

核官吏的制度,也不能得到施行;傅长虞据事直书,也无法纠正这种情况。官宦人家妇女的装饰、穿戴之物,都出自于女仆之手,从来不知道纺织、刺绣和养蚕缫丝的职业以及供膳和做饭烧菜这些(持家本分的)事情。尚未成年就结婚,凡事任性而为,所以不以荒淫逸荡为过错,也不约束嫉妒忌恨的恶念。有的忤逆夫家公婆长辈;有的颠倒阴阳不能柔顺守礼;有的随意杀戮侍妾;有的搞乱尊卑上下的次序。即便如此,父亲和兄长都不罪责她们,世人也不认为这样不合乎女德,又谈何责令她们学习古时的妇德、妇言、妇容、妇功,并在她们之间推广贞节温顺的女德教育,使她们能够辅佐夫君呢?礼仪与法度,刑罚与政令,就这样遭到了严重的破坏。其恶果犹如储水而决其堤坝,储藏的火种将要引燃木柴一样危险啊!国家将要灭亡的时候,根基必然先会颠覆,说的就是这种情况啊。所以看阮籍的行为举止,就能知道礼教崩塌的原因;观察庾纯、贾充的争斗,就明白各级长官行为的邪僻了;看看平定东吴之后论功行赏时的情况,就知道将帅之间互不谦让;回想郭钦的远虑,就知道戎狄外族蓄谋已久;观览傅玄、刘毅的言论,就能知道官场充斥着不正之风;审阅傅咸的奏章、《钱神论》的论述,就能看到偏宠贿赂有多么盛行。社会风气和国家情势败坏到如此地步,即使让具备中庸之德,能够坚守先王法度的君主来治理,贤臣辛有也一定能从祭祀的礼仪上看出国之将亡的征兆,王子季札也一定能从音乐中听出亡国之音,忠臣范燮一定会因为痛心于国难将至而请求赐死,明哲贾谊必定会哀伤亡国而痛哭流涕,又何况是我朝的晋惠帝以骄纵放荡的品行来治理天下呢?所以贾皇后在后宫中肆虐,韩午在朝廷内外助其作乱,这样的局面是慢慢形成的,哪里只是跟贾皇后这一个女人的邪恶有关呢?

晋成帝司马衍,字世根,是明帝司马绍的太子。咸和七年(公元332年),下诏废除蓄养鸟兽这类无益的事情。集书令史夏侯盛上表说:"臣恭闻陛下明诏,要求全部去除蓄养熊虎的费用开支,满朝官

卓尔玄览，明发自然，遣除无益，务在啬民，诚可谓性与天道，生而知之。孔子十五志学，四十不惑。陛下年在志学之后，而思洞不惑之前。三代之兴，无不抑损情欲；三季之衰，无不肆其侈靡。陛下不学其兴，而与兴者同功；不觉其衰，已去衰者之弊。道侔上哲，德迈中古，吐丝发之言，著如纶之美。臣闻"将顺其美，匡救其恶"，故人主之言，则右史书之。陛下此诏，既当著之史籍，又宜宣布天下。

自丧乱已来，四十余载，涂炭之余，思治久矣。陛下智成当年，而运值百六，德音之诏，发自圣德。愿复触类而长之，广求其比，无使朝有游食费禄之臣，野有逋窜不徭之民。使居官者，必有供时之赋，则何患仓廪之不实，下土之不均？凡修此术，易于反掌耳。臣诚总猥，官自朝末，不足对扬盛化，裨广大猷，然自睹圣美，心悦至教，自忘丛细，谨拜表以贺。

员为之庆贺,都称道陛下是一位英明的君主。臣念及陛下您尚未看到古今成败的经验教训,却有超乎凡人的高瞻远瞩,能够阐发自然之道,废除无益之事,务求体恤农民疾苦,这真可以说陛下本性与天道相合,有与生俱来的智慧。孔子十五岁专心求学,到了四十岁遇到事情方能明辨不疑。陛下的年龄还不到孔子立志学问时的十五岁,而洞察事理的能力却达到不惑(四十岁)之年的程度。夏、商、周三代之所以兴盛,无不是因为对人的七情五欲加以节制;三代末期的衰败,无不因肆意奢侈浪费。陛下虽未学习三代的兴国之道,却能做到与三代兴国一样的事情;您虽没有考察三代末期的衰亡,却已经摒除了末代时期的弊病。您这样的治国之道比得上古代圣哲,这种圣德也超过了中古时期的帝王。您(的诏书)虽然谈论的是件小事,但是它却产生了广大深远的正面影响。臣听说:'做臣子的应该随顺君主的美德之举,纠正补救君主不善之处。'所以君主的言语,由右史记载下来。陛下这一诏书,既应该载入史册,又应该广布天下。

　　自从王朝发生宗室相争、政局混乱以来,到现在四十余年了,人民在遭受困顿苦难之余,早就希望国家恢复和平安定。陛下的智慧如同壮年人士,然而国运正值最衰微的时刻,这一至善施恩的诏书,来自于陛下圣明的德行。臣更希望陛下能触类旁通,将圣德广泛运用于执政的方方面面,不让朝廷有不勤于政事而空耗俸禄的臣子;不使民间有逃亡藏匿不服徭役的平民。使做官者,每年必定时向国家缴纳赋税,这样一来,何愁国家仓廪储备不足、天下百姓分配不均呢?为人君只要为政以德,要想治理好国家真是易如反掌啊!臣之所见的确琐碎、鄙陋,且官职低微,不足以颂扬陛下昌明的教化,以增益推广治国的大道,然而由于亲自目睹圣上美善之举,内心为此至圣的教化而欣喜,因而忘记了自己言语琐碎,谨向陛下呈上奏章表示

简文皇帝讳昱，字道万，元帝少子也。咸安二年，诏曰："夫敦本息末，抑绝华竞，开忠信公坦之门，塞浮伪阿私之路，询名检实，致之以道，使清浊异流，能否殊贯，官无秕政，士无谤讟，不有惩劝，则德礼焉施。且强寇未殄，劳役未息，每念民疲力单，则中夜忘寝。若不弘政以求民瘼，简除游烦以存俭约，将何以纾之耶？今自非军国戎祀之要，其华饰烦费之用，可除者皆除之，宜省者皆省之。其鳏、寡、穷、独、癃、残六疾，不能自存，皆生民之至艰，先王之所愍，宜加隐恤，各赈赐之。若或孝子贞妇，殊行异操之人，皆以状条列，当有以甄明其节。

夫肥遁穷谷之贤、汩泥扬波之士，虽抗志于玄霄之表，潜默于幽岫之里，贪屈高尚之道，以隆协赞之美，使惠风流于天下，膏泽被于万物，孰与独足山水，栖迟丘壑，殉匹夫之洁，而忘兼济之大？古人不借贤于曩代，朕所以虚想于今日。内外百官，剖符亲民，各勤所司，使善无不达，恶无不闻。退食自公，平情以道，令诗人无素飡之刺，而吾获虚心之求，岂不善哉！其各宣摄，知朕意焉。"

祝贺。"

简文帝司马昱，字道万，是元帝司马睿的小儿子。咸安二年（公元372年），颁发诏书说："要注重农业根本，限制工商末技，就能遏制浮华奢侈，大开忠诚、信义、公正、坦直之门，堵塞浮夸、诈伪、阿谀、徇私之路，检查名实是否相副，使之符合道义，善恶区分，贤愚有别，官无弊政，士人没有怨恨诽谤。如果不惩恶劝善，道德与礼教怎能得以实施？况且，当今强敌未灭，百姓劳役不断。朕每每念及老百姓穷困力竭，就会夜半难眠。如不弘扬德政，了解民间疾苦，免除放荡游乐与繁多的事务来保持节俭，怎么可以舒缓当前困难的局面呢？从现在起，除军需和祭祀的开支以外，其他用于奢华装饰的费用，能免则免，该省就省。至于鳏夫、寡妇、穷困、孤独、老病、残疾以及重病的人，他们不能独立生活，都是民众当中生活最艰苦的，先朝帝王常顾念怜悯，应对他们加以哀怜抚恤，给以赈济。如果还有孝子、贞妇以及具备卓越和独特操行的人，都应该分条目列出呈上来，以此审查明辨他们的节操并予以表彰。

至于那些隐居深谷的贤者，和光同尘的志士，虽然力守其高尚志节于云天之外，潜藏沉默于深山之中，（朕）希望（他们能够）委屈（他们所持的）高尚之道，前来辅佐协助朝政，使德政之美兴盛，使朕之仁政流布天下，朝廷恩泽普施万物。这样比起自己独步山水之间，游息隐居于山陵溪谷之中，为了追求一个人的清白节操，而忘了惠利服务天下苍生的大义，岂不是更好。古人不会借前代的贤人（来治国），朕因而挂念当今天下的贤臣。朝廷内外各级官员，既得以授官就应亲民爱民，各自勤勉做好本职工作，使善德畅达，恶行昭彰。臣子能够做到操守廉洁，依从道义而秉公办事，从而使诗人笔下不再有官员白吃俸禄的讽刺之词，也使我得以开辟一直向往的治世，这

后妃传

武元杨皇后,弘农华阴人也。初,贾充妻郭氏,使言于后,求以女为太子妃,兼有遗赂。及议太子婚,世祖欲娶卫瓘女,后苦誉贾庶人有淑德,又密使太子太傅荀顗进言,上乃听之。遂成婚。

惠贾庶人,名南风,平阳人也。拜太子妃,性妒虐,尝手杀数人,或以戟掷孕妾,子乃坠地。惠帝即位,为皇后,虐诛三杨,逆弑太后,矫害二公。荒淫放恣,与太医程据等乱,彰于内外。诈有身为产,养妹夫韩寿儿,遂谋废太子,以所养代立。专为奸诬,害太子,众恶彰著。永康元年,为赵王伦所废,赐死。

传

琅耶王伷,字子将,宣帝第五子。受诏征吴,孙晧请降,进拜大将军。伷既戚属尊重,加有平吴之功,而克己恭俭,无矜满之色,统御文武,各得其用。百姓悦仰,咸怀惠化。

难道不是很好的事吗？请各位宣讲朕的诏谕并加以辅助，使天下人了解朕的心意啊！"

后妃传

武帝司马炎的皇后杨艳，弘农华阴人。当年贾充的妻子郭氏，派人向皇后进言，请求让自己的女儿做太子的妃子，并以财物贿赂。及至商议太子婚事时，武帝司马炎打算娶卫瓘的女儿做太子妃。皇后竭力夸赞贾充之女有贤淑的品德，还暗地里让太子太傅荀𫖮向武帝推荐（贾充之女），于是武帝就采纳了他们的意见，让太子和贾充女儿成婚。

晋惠帝的皇后（后被废为庶人）贾南风，是平阳人。被封为太子妃，生性嫉妒残暴，曾亲手杀害数人。或用长戟掷向已经怀孕的侍妾，令胎儿坠亡。惠帝即位后，她被立为皇后，又残害诛杀"三杨"（即武帝朝的权臣杨骏、杨珧、杨济）；进而行叛逆之事，杀害了皇太后（杨芷）；更借惠帝之名杀害"二公"（汝南王司马亮和大臣卫瓘）。她荒淫放纵，和太医程据等人淫乱，丑闻传扬于宫内宫外。她假装怀孕临产，实则抱养了妹夫韩寿的儿子，阴谋废掉太子司马遹，将她所抱养的这个儿子替代司马遹立为太子。贾氏一生专施奸谋，肆意诬陷，甚至杀害了太子司马遹。她的众多奸恶之事昭著于世。永康元年（公元300年），被赵王司马伦废为庶人，终被赐死。

传

琅耶王司马伷，字子将，是宣帝司马懿的第五子。（晋武帝时期）他受诏征伐东吴，吴主孙皓请降后，伷晋封为大将军。他虽处了晋王朝宗室的尊贵地位，又有平定东吴的功劳，却能够克制私欲，严以律

扶风王骏，字子臧，宣帝第七子也。年五六岁，能书画，诵咏诗赋，秉德清贞，宗室之中，最为俊茂。封汝阴王。迁镇西大将军，都督雍梁诸军事，大兴佃农。入朝，徙封扶风王。薨，西土氓黎，思慕悲哭，涕泣岐路，更树碑讃述德范。长老见碑者，无不拜之。其遗爱如此。

齐王攸，字大猷，文帝第二子也。力行敦善，甚有名誉。为侍中数年，授太子太傅，献箴于皇太子。每朝政大议，悉心陈之。且孝敬忠肃，至性过人。太康三年，为大司马，都督青州诸军事，薨。

子冏嗣，字景治，与赵王伦共废贾后。伦篡，迁冏镇东大将军、开府仪同三司。冏因民心怨望，移檄天下。破伦，帝反正殿，就拜大司马，加九锡辅政。大筑第馆，使大匠营，制与西宫等。后房施钟悬，前庭僛八佾，沉于酒色，不入朝见，坐拜百官，符敕三台，选举不均，唯宠亲昵。殿中御史桓豹奏事，不先经冏府，即考竟之。于是朝廷侧目，海内失望。冏骄乱日甚，终无悛志。长沙王发兵攻冏府，生禽冏，斩于阊阖门外，诸

己,恭谨谦逊,毫无骄傲自满的态度。他统领文武官员时,能够让他们各尽其用。老百姓喜欢并敬仰他,都感念他的惠政以及高尚人格的教化。

扶风王司马骏,字子臧,是宣帝司马懿的第七个儿子。他五六岁时,就会书法绘画、背诵吟咏诗赋。他有洁坚贞的品德。在皇族宗室中,他的才智和声望最高。武帝即位后封他为汝阴王,又晋升为镇西大将军,统管雍州和凉州的军事。在位期间,他大力倡导鼓励农民租种土地。回朝后,被封为扶风王。他死后,西部黎民百姓,追思他的德政,都悲痛不已,在送葬的路上悲泣哀啼,还立碑赞颂他的道德风范。地方长老凡是见到碑的人,无不磕头跪拜,他留下的恩德竟达到这样的程度。

齐王司马攸,字大猷,是文帝司马昭的第二子。他努力践行敦厚、善美之德,因而享有很高的声望和名誉。(武帝即位后)担任侍中之职。数年后,又授加任太子太傅,常向皇太子司马衷进献劝谏之语。每逢朝廷讨论大政方针时,他都尽力陈述自己意见。同时他为人忠诚恭敬,天赋过人。太康三年封为大司马,统管青州诸军事,死于任中。

司马攸的儿子名冏,字景治,承袭了父亲的职位,他和赵王司马伦一起废掉惠帝的贾皇后。赵王伦篡夺惠帝司马衷帝位后,升任司马冏为镇东大将军,不仅给他最高的如同"三公"的礼遇,而且允许他自行招募属下幕僚官员。冏趁着民众对司马伦十分失望、心存不满的时候,便颁布讨逆檄文于天下,并击败了司马伦。这样惠帝得以返回朝廷,恢复帝位,并前往冏府拜他为大司马,赐与他九锡等器物,礼请他辅佐朝政。此后,司马冏大兴土木给自己修建府第,寻找全国最好的工匠来营造。王府规格和(皇帝朝议的)西宫相同,后房悬挂钟

党属皆夷三族。

愍怀太子遹,字熙祖,惠帝长子也。谢才人所生,少而聪慧。惠帝即位,立为皇太子。年转长大,而不好学,喜与左右嬉戏,不能尊敬保傅,敬狎宾友。贾后素忌太子有佳誉,因此密敕诸黄门阉宦,媚谀于太子曰:"殿下诚可及壮时极意所欲,何为恒自拘束?"每见喜怒之际,辄叹曰:"殿下不知用威刑,天下那得畏服也。"太子于是慢弛益彰,或废朝侍,有过差之声。洗马江统等谏,太子不能用。贾后诈称上不和,呼太子入朝,后不见,置别屋中,遣婢赐酒枣,逼使饮尽,仍赍谤书,多未成字,称诏令太子写之,累续催促,醉不暇看,粗得迹,便足成悖辞。后以呈帝,帝即幸式乾殿,召公卿入。使黄门令董猛以太子书及青纸诏曰:"遹书如此,令赐死。"遍示诸公王,而莫敢有言者,唯张华、裴𬱖证明太子,议至日西不决。后惧事变,乃表免太子为庶人。于是送幽于许昌宫,贾后矫诏害太子。赵王伦等废后于金墉城,赐死,册复太子,谥为愍怀。

磬,前庭设置八佾舞厅。司马囧沉溺于酒色,不但不入朝拜见皇帝,反而让百官向他跪拜,自行向朝廷三大主要部门发布政令文书。他选用官吏不讲公平,只宠信亲近他的人。殿中御史桓豹向皇帝奏事,事先未向囧府请示,司马囧就把他严刑拷打至死。此后,朝臣对他无不畏惧,天下百姓感到失望。司马囧骄傲、横暴无道日甚一日,始终没有悔改之意。长沙王司马乂发兵攻入囧府,生擒了司马囧,将他斩于阊阖门外,他的党羽亲戚都被诛杀三族。

愍怀太子司马遹,字熙祖,惠帝司马衷的长子,是惠帝的妃子谢才人所生。他少年时很聪慧。惠帝即位后,立为皇太子。随着年龄逐渐长大,他反而变得不好学了,喜欢和近臣侍从嬉戏玩乐,不能尊重太保太傅,反而亲近玩乐宾友。贾皇后平日妒忌太子有好的声誉,因此暗地里唆使服侍太子的宦官,奉承巴结太子说:"殿下,您正当壮年,实在应该随心所欲尽情享乐,何必时常自己约束自己呢?"当他们看见太子情绪冲动时,就又感叹说:"殿下不懂得使用严厉的刑罚,天下人怎会畏服您呢?"太子从此便更加轻慢松懈,有时甚至不去朝见父皇,因而朝中有了批评他过失的议论。洗马江统等人规劝他,太子却听不进去。贾后诈称惠帝身体不好,召太子入朝探望,自己却避而不见,将他安置于另一间屋内,差遣婢女赐酒枣,逼使太子喝完。然后拿来一张谤书,大多尚未成文,假称是惠帝让太子抄写完成,并不断从旁催促。太子醉眼朦胧,顾不得细看,草草写成,后被补足凑成一篇大逆不道的文章。贾后拿它呈给惠帝,惠帝当即来到式干殿,召公卿大臣进殿,让黄门令董猛拿出太子抄写的文章以及皇帝专用的青纸诏书说:"司马遹的书文如此悖逆,下令赐死。"两份文书遍示诸位王公后,无人敢于进言,唯独张华、裴頠仔细查看(太子所写的文章)认为是伪作。这样议论到日已偏西还是不能决定是否处

安平献王孚,字叔达,宣帝弟也。魏甘露元年,转太傅。高贵乡公卒,当时百官,莫敢奔赴。孚往,枕尸于股,号恸尽哀。奏治主者,会太后有令,使以庶人礼葬。孚与群公上表,乞以王礼葬之。世祖受禅,陈留王就金墉城。孚拜辞,执王手涕泣歔欷,不能自胜,曰:"臣死之日,固大魏之纯臣也。"临终曰:"有魏贞士河内司马孚,不伊不周,不夷不惠,立身行道,始终若一。"遗令素棺单椁,敛以时服,所给器物,一不施用。

高密文献王泰,字子舒,宣帝弟馗之子也。封为陇西王,迁太尉。为人廉静,不近声色。身为宰辅,食大国之租,服饰粗素,肴膳疏俭,如布衣寒士。事亲恭谨,居丧哀戚,谦虚下物,为宗室仪表。

刘寔,字子真,平原人也。太祖引参相国军事。实以世俗进趣,廉谦道缺,乃著《崇让论》。其辞曰:"古之圣王之治天下,所以贵让者,欲以出贤才、息争竞也。夫人情莫不皆欲己

死太子。贾后害怕事情有变化，就上表请求赦免太子的死罪，贬为庶人，于是太子被送往许昌宫囚禁起来。此后，贾后又假传圣旨害死了太子。赵王司马伦等人籍此废掉贾皇后，并赐死于金墉城，再册封复立司马遹为太子，谥号为"愍怀"。

安平王司马孚，字叔达，是宣帝司马懿的弟弟。三国魏甘露元年（即公元265年），转任太傅。高贵乡公曹髦去世时，当时的文武百官，没有人敢去吊唁，（唯独）司马孚一人前去，枕尸于腿上，悲痛号哭，极尽哀恸，并上奏要求追查主谋。恰好太后下令，让以平民的礼节安葬曹髦。司马孚与魏国诸王公上表，请求以帝王的礼仪安葬他。司马炎受魏禅让称晋武帝，魏末代皇帝元帝曹奂被废并被降为陈留王押往金墉城时，司马孚前去拜见辞别，拉着陈留王的手流泪、哀叹，悲伤得难以自控，说："臣到死时，都只会是大魏一朝的臣子。"他临终时说："大魏忠贞之士河内司马孚，不是伊尹，也不是周公；不是伯夷，也不是柳下惠，但立身处世遵行道义，始终如一。"他留有遗嘱，用朴素没有装饰的棺材安放遗体，只使用一层外棺以下葬。入殓时穿着当时通行的衣服，朝廷所给予的器物，一律不用。

高密文献王司马泰，字子舒，是宣帝司马懿之弟司马馗的儿子，被封为陇西王，又升迁为太尉。他秉性谦逊沉静，不近淫声与女色。身为宰辅重臣，享有如同大诸侯国那样多的租赋收入，却穿着质料粗糙没有装饰的衣服，吃着粗茶淡饭，和出身寒微的读书人没有两样。他侍奉父母长辈恭敬孝顺，居丧期间哀思真切，谦虚地对待所有的人、事、物，堪为皇家宗亲中的表率。

刘寔，字子真，平原郡人。当年太祖司马懿引荐他参与相国府的军事事务。刘寔看到当时社会风气崇尚追求进身为官，廉洁谦让之风缺失，于是撰写了《崇让论》。文中写到："古代圣王治理天下，之

之贤也，故劝令让贤以自明也。贤岂假让不贤哉！故让道兴，贤能之人不求自出矣，至公之举自立矣，百官之副亦豫具矣。一官缺，择众官所让最多者而用之，审之道也。在朝之士，相让于上，草庐之人，咸皆化之。推能让贤之风，从此生矣。为一国所让，则一国士也；天下所共推，则天下士也。推让之风行，则贤与不肖，灼然殊矣。此道之行，在上者无所用其心，因成清议，随之而已。故曰：'荡荡乎尧之为君，莫之能名。'又曰：'舜禹之有天下，而不与焉。'贤人相让于朝，大才之人恒在大官，小人不争于野，天下无事矣。以贤才治无事，至道兴矣。已仰其成，复何与焉，故可以歌南风之诗、弹五弦之琴也。成此功者，非有他，崇让之所致耳。在朝之人，不务相让久矣，天下化之。自魏代已来，登进辟命之士，及在职之吏，临见受叙，虽自辞不能终，莫肯让有胜己者。夫推让之风息，争竞之心生矣。孔子曰：'上兴让，则下不争。'明让不兴，下必争也。推让之道兴，贤能之人日见推举；争竞之心生，贤能之人日见谤毁。夫争者之欲自先，甚恶能者之先，不能无毁也。孔、墨不能免世之谤已，况不及孔、墨者乎？

所以贵谦让,是想让贤才出用于世,遏止互相争逐的风气。人之常情,没有不想着自己贤能的,因此劝勉让他们推贤让能,从而显明自己(的贤与不贤)。贤明的人难道会故意让位给不贤的人吗?所以说推举贤才的风气一但兴起,贤能的人不经访求就显现出来了,大公无私的举荐也自然会出现了。百官的后备人选也就事先预备了。一个官职空缺,就选拔众官员中被推荐次数最多的人来担任,这是一条周详审察(候选人)的途径。朝廷的官员相互谦让于上,那么在茅屋居住的平民就会受到教化(而知道礼让了),推贤让能的风气由此也就形成了。能够得到一国士人所推荐的人,就是一国的贤士;能够得到全天下的人所共同推荐的人,就是天下的贤士。推举让贤的风气盛行,贤达的人和不成材的人也就明显的区分出来了。这种风气一旦形成,为君者就不必劳神费心(选拔人才了),自然会有社会舆论出现,只要顺着舆论(任用贤士)就好了。所以说:'尧帝以广大无际的圣德治理天下,它的功绩无法用言语来形容。'又说:'虞舜大禹拥有天下,却不亲自干预政事。'贤人在朝廷相互谦让,有德高才备者总会在高官之位,一般人也不会在下边争夺,天下也会就平安无事了。用贤能的人治理平安无事的社会,理想中的治世就出现了。君主既已仰赖群贤使天下得到很好的治理,又何必再亲自干预政事呢?因而就可以安然自在地歌咏《南风》之诗,悠闲地弹拨五弦琴了。能成就这样的功业没有别的原因,只是推崇谦让所造就的而已。可是现在在朝做官的人,不能相互谦让已有很长时间了,天下也受到了此风气的感染。从魏朝以来,被举用任命的人,以及在职的官吏,面对召见依次接受官职时,虽然自己推辞说不能胜任,但最终还是没有谁肯让出职位给胜过自己的人。推贤让能的风气消失,争夺奔竞的心就生出来了。孔子曾说:'在上位的能谦让,居下位的就不争夺;明理谦让之

"议者佥言,世少高名之才,朝廷不有大才之人。可以为大官者,山泽人小。官吏亦复云:'朝廷之士,虽有大官名德,皆不及往时人也。'余以为此二言皆失之矣。非时独乏贤也,时不贵让,一人有先众之誉,毁必随之,名不得成,使之然也。虽令稷契复存,亦不复能全其名矣。能否浑杂,优劣不分,士无素定之价,官职有缺,主选之吏不知所用,但案官次而举之。同才之人先用者,非势家之子,则必为有势者之所念也。因先用之资,而复迁之无已;迁之无已,不胜其任之病发矣。所以见用不息者,由让道废也。因资用人之有失久矣。故自汉魏以来,时开大举,令众官各举所知,唯才所任,不限阶次,如此者甚数矣。其所举必有当者,不闻时有擢用,不知何谁最贤故也;所举必有不当,而罪不加,不知何谁最不肖故也。所以不可得知,由当时之人莫肯相推,贤愚之名不别,令其如此。举者知在上者察不能审,故敢漫举而进之,或举所贤,因及所念,一顿而至,人数猥多。各言所举者贤,加之高状,相似如一,难得而分矣。虽举者不能尽忠之罪,亦由上开听察之路滥,令其尔也。

风不兴,下边就必然要互相争夺。'如果谦让之道兴起,贤能的人就会一天天被举荐上来;奔竞争夺之心生起,贤能的人就一天天遭受到毁谤。这是由于竞争者想自己居先,就嫉恨比自己有才能的居先,所以不能不毁谤贤者。像孔子、墨子那样的人都不能免于世人的毁谤,更何况不如孔、墨的人呢!"

"议论者都说,当今社会上很少有德高名重之士,朝廷中也没有大才之人。可以做为大官的人选,居住在乡野山泽的人不多。官吏也跟着说:'朝廷中的官员,虽然有高官,但他们的名望和德行都比不上古时的贤人了。'我认为这两种说法都是错误的。当今不是偏偏缺少贤才,而是不重视谦让,一个人一旦有略高的声誉,毁谤就会随之而来,真正的名望不能成就,势所必然啊。即使让稷、契那样的贤德之士再生,也不再能保全他们的名望了。(现在)贤能者和无能者(鱼龙)混杂,优劣不分,社会对于士人没有一贯确定的评价,官职有空缺时,主选的官吏不知该任用谁,只得依照官位高下依次上补。在同等才能的人选中首先得到任用的,不是高门权贵家的子弟,就必然是有权势者所关注的人。这些人凭着优先被任用的资本,又能得到不停的升迁;如此不断升迁,便导致不能胜任本职工作的弊病出现。之所以出现因资历(而非因德能)而被不断升迁任用,就是由于谦让之道荒废了。凭借权势、资历用人出现问题的情况由来已久了,所以从汉魏以来,时常广开荐举之门,让众官员各自举荐所了解的贤人,根据才能加以任用,不受官阶品级限制,像这样的情况已有好多次了。其所举荐者中必有合适的人选,但很少听说这些人选真正得到任用,是因为并不知道哪位人选最贤能。其所举荐者中也必然有不合适的人选,但也很少听说有谁因此获罪,也是因为大家不知道谁最不贤能。之所以大家不知道,就是因为当时人不肯互相推让,贤

"昔齐王好听竽声,必令三百人合吹而后听之,廪以数人之俸。南郭先生不知吹竽者也,以三百人合吹,可以容其不知,因请为王吹竽,虚食数人之俸。嗣王觉而改之,难彰先王之过,乃下令曰:'吾之好闻竽声,有甚于先王,欲一一列而听之。'先生于此逃矣。推贤之风不立,滥举之法不改,则南郭先生之徒盈于朝矣。才高守道之士日退,驰走有势之门日多矣。虽国有典刑,弗能禁矣。让道不兴之弊,非徒贤人在下位,不得时进也,国之良臣,荷重任者,亦将以渐受罪退矣。何以知其然也?孔子以为颜氏之子不贰过耳,明非圣人皆有过矣。宠贵之地,欲之者多,恶贤能者塞其路,其过而毁之者亦多矣。夫谤毁之生,非徒空设,必因人之微过而甚之者也。毁谤之言数闻,在上者虽欲弗纳,不能不杖所闻,因事之来,而微察之也。无以其验至矣,得其验安得不治其罪?若知而纵之,主之威日衰,令之不行,自此始矣。知而皆治之,受罪退者稍多,大臣有不自固之心矣。夫贤才不进,贵臣日疏,此有国者之深忧也。窃以为改此俗甚易矣。何以知之?夫一时在官之

和愚分不清楚而造成的啊。让人们这样举荐贤才，举荐的人知道上级不可能考察仔细，所以才敢随便举荐人来求授官爵。有些人举荐人才的时候，把自己心中念及之人一下子都推荐出来，以至于一次举荐的人数众多。每个人都说他所推荐的是贤才，并且抬高对所举荐者的评价，（导致众多人选的资历看上去）差不多都一样，这就很难分出优劣。虽说举荐者有未能尽忠的过错，但也是由于上面开设审察选拔的途径虚妄不实，才导致这样的结果啊。"

"过去，齐宣王爱听竽乐，且一定会让三百人一起吹，并给这些乐师发放（相当于一个人）几倍的俸禄。南郭先生根本不会吹竽，但因为是三百人合奏，可以夹在其中不被发觉，就请求为齐王吹竽，白白享用几倍的俸禄。后来继位的齐湣王发觉了这一情况，想予以改正，又怕显现出先王的过失，就下令说：'我比先王更喜欢听竽声，想让你们一个个的单独吹给我听。'南郭先生因此就逃走了。推贤让能的风气不形成，过滥的举荐士人的方法不改正，那么像南郭先生这样的人就会满朝都是了。才智高超、守持道义之士就日渐减少，奔走于有权势者之门的人就会日渐增多。尽管国家有刑法，也不能遏止这种情况。推贤让能之道不能实行的弊端，不仅是贤人处于下位，得不到及时进用，而且国家的忠良之臣中担负重任的，也将会逐渐受到惩处而被贬退。凭什么知道会这样呢？孔子赞叹颜回能够不重犯曾出现的过错，这就说明除了圣人都会有过错。尊荣显贵的地位，想得到的人很多，因为忌恨贤能的人阻塞了自己晋升的道路，所以责难、诋毁贤臣的人自然会很多啊！毁谤的发生，不完全是凭空捏造的，一定是依据他人轻微的过错加以夸大而成的。毁谤的话多次听到，在上者即使不愿相信，却也不能不依凭所听到的，根据事情的由来暗中考察他。没有所闻之事的证据最好了，如果获得什么证据，又怎能不

人,虽杂有凡猥之才,其中贤明者亦多矣,岂可谓皆不知让贤为贵耶?直以其时皆不让,习以成俗,故遂不为耳。

"人臣初除,皆通表上闻,名之谢章,所由来尚矣。原谢章之本意,欲进贤能以谢国恩也。昔舜以禹为司空,禹拜稽首,让于稷契及咎繇。唐虞之时,众官初除,莫不皆让也。谢章之义,盖取于此也。《书》记之者,欲以示永世之则。季世所用,不贤不能让贤,虚谢见用之恩而已。相承不变,习俗之失也。夫叙用之官,通章表者,其让贤推能乃通;其不能有所让,徒费简纸者,皆绝不通。人臣初除,各思推贤能而让之矣。让之文,付主者掌之。三司有缺,择三司所让最多者而用之。此为一公缺,三公已豫选之矣,且主选之吏,不必任公而选三公,不如令三公自共选一公为详也。四征缺,择四征所让最多者而用之。此为一征缺,四征已豫选之矣,必详于停缺而令主者选四征也。尚书缺,择尚书所让最多者而用之。此为令八尚书共选一尚书,详于临缺而令主者选八尚书也。郡守缺,择众郡所让最多者而用之。详于任主者,令选百郡守也。夫以众官百郡之让,与主者共相比,不可同岁而论也。贤愚皆让,百

对其治罪？如果知道其曾有罪错而又放过他，君主的威严就会一天天降低，政令的难以行施，也就从此开始了。凡知有错误都予以治罪，那受到惩处而贬退的人就会慢慢的多起来，做大臣的就会纷纷产生自身难保的想法了。贤才不被任用，重臣一天天疏远，这是做君主者深为忧虑的呀！我私下认为，要改变这种风气也是很容易的。凭什么知道容易呢？那些同时在官位上的人，其中虽混杂有凡庸猥琐之人，但其中贤明的人也不少，怎么能说他们都不知道让贤为贵呢？只是因为时下大家都不谦让，习惯成自然，所以就都不这么做罢了。"

"人们初做官时，都要向君主上报表章，称之为'谢章'，长时期来都是这样的。推究谢章的本意就是要进荐贤能以谢国恩的。古时舜任命禹为司空，禹稽首跪拜，辞让给稷、契与咎繇。唐虞之时，百官初封时，皆无不谦让。谢章的意义，大概就是由此而来的吧。《尚书》把这些情况记载下来，是想用它来作世世代代的范例。到了末世，朝廷所任用的官员自己不贤，所以也不去让贤，（上奏谢章）只是假意感谢被朝廷任用之恩而已，而且前后传承不变，这是相沿成俗所致的过错。对那些之前被朝廷分等级进用的官员，所上报的表章，其中能让贤推能的奏章可予通报，如果不能有所推让的，只是白白的浪费纸张，都予以拒绝而不通报。这样，人臣初封官时，就会各自想到推举贤能而谦让了。对推让的表文，应呈交给主管者掌握存查，逢三司（太尉、司徒、司空）官位有空缺，就选拔三司官员中所推让次数最多的人来任用。这样，三司中有一空缺，而三司（在上任之时）都已预先（推荐）有备用人选了。而且，与其让主持选官者推举人出来补缺，不如让三公自己（通过上任时的推荐）共同推选一人更为审慎。若是四征求补空缺，就选四征（在上任时）推荐次数最多者来任用。这是一征缺人，而四征已预先（推荐）有备用人选了。一

姓耳目尽为国耳目。

"夫人情,争则欲毁己所不如,让则竞推于胜己。故世争则毁誉交错,优劣不分,难得而让也;时让则贤智显出,能否之美,历历相次,不可得而乱也。当此时也,能退身修己者,让之者多矣,虽欲守贫贱,不可得也。驰骛进趣,而欲人见让,犹却行而求前也。夫如是,愚智咸知进身求通,非修之于己,则无由矣。游外求者,于此相随而归矣。浮声虚论,不禁而自息矣。人人无所用其心,任众人之议,而天下自治矣。"元康中。迁司空。

阎缵,字续伯,巴西人也。杨骏为太傅,以缵补舍人,出为安复令。骏既被诛,莫敢收者。缵闻之,弃官免归,独以家财人力修墓,终成葬事。迁殿中将军,以疾不拜。愍怀太子之废,缵舆棺诣阙上书,理太子之冤。朝廷立太孙,缵复上疏

定比存留空缺官位让主管者去选用四征审慎（得多）啊。尚书出缺，就选各位尚书（上任时）推荐次数最多者来任用。这就等于由八名尚书共选一位尚书，比每次临时出缺都让主管者去选尚书要周详（得多）啊。郡守出缺，选择众多州郡（上任时）所推荐次数最多的人来任用，比起让主管者一个人去为天下百郡选拔继任官员，要妥当得多啊。拿众官百郡的谦让对象，和主管者提供的人选相比，真是不可以同日而语的。如果贤者愚者都能互相谦让，那么老百姓的耳目（指能替老百姓办事的贤才）自然都会成为国家的耳目。

"凡人之常情，如果竞争，就想诋毁自己才能所比不上的人；如果谦让，就会争着推举才能胜过自己的人。所以社会上争夺成风，就会有毁誉交错，优劣不分，难以出现互相推让之风；社会上谦让成风，就会使贤德智慧之士显现，贤能与否，等次高低，也清晰明了，那就不可能混乱无序了。当此之时，那些退而修身的智慧贤德之士被推荐的机会就增多了，他们即使自己想安守贫贱，也是很难做到的；而那些到处奔走、急于进身为官者，想被他人所推让，就会像倒着走却想前行一样难以实现。如果是这样，无论是愚笨还是聪明的人都会明白，要想进身以求显达，惟有提高自身修养，别无他途。交游于外、想求得进身显达者，此时便会回归于加强自身修养。那虚浮的言论，也就不用禁止便自行停息了。每个人都不必动用其心计，只是听凭众人的公论，那么天下就自然和谐有序了。"惠帝元康年间，刘实迁升为司空。

阎缵，字续伯，巴西郡人。杨骏为太傅时，让阎缵补任舍人，后出任安复县令。杨骏被诛杀后，没有人敢去收尸成敛。阎缵听到这一消息，主动弃官回京，独自用家财和人力为杨骏修墓办理了丧事。后来朝廷升任阎缵为殿中将军，他称说有病而未去拜官任职。到愍怀

陈:"今相国虽已保傅东宫,至于旦夕训诲,辅导出入,动静劬劳,宜选寒苦之士,忠贞清正,老而不衰,以为师傅。其侍臣以下,文武将吏,且勿复取盛戚豪门子弟。魏文帝之在东宫,徐干、刘桢为友,文学相接之道,并如气类。吴太子登,顾谭为友,诸葛恪为宾,卧同床帐,行则参乘,交如布衣,此则近代之明比也。天子之子,不患不富贵,不患人不敬畏,患于骄盈不闻其过,不知稼穑之艰难耳。至于甚者,乃不知名六畜,可不勉哉! 今不忍小相维持,令至阙失,顿相罪责,不亦误哉! 太孙幼冲,选置兵卫,宜得柱石之士如周昌者。"朝廷善其忠烈,擢为汉中太守。

段灼,字休然,敦煌人也。为邓艾镇西司马,征拜议郎。世祖即位,灼上疏追理艾曰:"故征西将军邓艾诛,以性刚急,矜功伐善,而不能协同朋类,轻犯雅俗,失君子之心,故莫肯理之者。臣敢昧死,言艾不反之状。艾本屯田掌犊人,宣皇帝拔之于农吏之中,显之于宰府之职。先帝委艾以庙胜成图,指授长策。艾受命忘身,前无坚敌,军不逾时,而巴蜀荡定。艾功名已成,亦当书之竹帛,传祚万世,七十老公,复何所求

太子司马遹被废，阎缵抬上棺材到宫门上书，为太子申冤。朝廷立司马臧为皇太孙，阎缵又上疏陈述说："当今相国虽已兼任东宫太保、太傅，至于朝夕训导教诲、辅助引导出入、行止动静这些辛劳的事情，应选择出身寒苦之士担任，且应选择品德清正，虽年老而不衰弱的读书人做太子的师傅。皇太子侍臣以下的文武将吏，也不可选用那些贵戚豪门的子弟。昔日魏文帝曹丕在东宫做太子时，徐干、刘桢为他的朋友，（后来魏文帝的）治学著文和待人接物的道德风尚就和这几位朋友相类似。吴国的太子孙登，以顾谭为友，以诸葛恪为宾客。他们几个人同睡一床、共用一帐，出行时共乘一辆车子，彼此交往如同普通百姓，（后来互相扶持）这些就是近世的好榜样啊。做为天子的子孙，不愁不富贵，不怕人不敬畏，所令人担心的在于骄傲自满，听不到（别人指出）自己的过失，不知道种植耕作的艰难啊。更有甚者，竟连六畜的名字都不知道，（这样的情况）太子能不尽力避免吗？现在的情况是年幼时不忍管教维护，致使犯下大过而立即遭到（严厉）惩责，这不是误了太子吗？皇太孙年纪幼小，选拔、安排兵将护卫，应该选择周昌那样能承担国家重任的人来担当。"朝廷夸赞阎缵的忠烈，提拔他做了汉中太守。

段灼，字休然，敦煌郡人。三国时为魏将邓艾军中的镇西司马，后被征召入朝，拜为议郎。武帝司马炎即位，段灼上疏追请核查邓艾冤案，疏中说："原征西将军邓艾被诛，是因其性格刚直急躁，仗着自己有大功而常夸耀自己的才能，因而不能和同僚和睦团结，（无论）对风雅之士还是流俗之人都曾有过轻率冒犯，失掉了君子们的同情之心，所以没有人肯为他核查冤情。臣下我冒昧甘犯死罪，陈说邓艾并没有反叛朝廷的实情。邓艾本是一个耕田养牛的人，宣皇帝从农官中把他提拔上来，他在服务宰相府时，显示出其从政带兵的

哉！艾以刘禅初降，远郡未附，矫令承制，权安社稷。虽违常科，有合古义，原心定罪，事可详论。钟会有吞天下之心，恐艾威名，知必不同，因其疑似，构成其事。夫反非小事，若怀恶心，即当谋及豪桀，然后乃能兴动大众。不闻艾有腹心一人，临死口无恶言，而独受腹背之诛，岂不哀哉！故见之者垂涕，闻之者叹息。此贾谊所以忼忾于汉文。天下之事可为痛哭者，良有以也。昔秦民怜白起之无罪，吴人伤子胥之冤酷，皆为之立祠。天下之人，为艾悼心痛恨，亦由是也。谓可听艾门生故吏，收艾尸柩，归葬旧墓，以平蜀之功，继封其后，使艾阖棺定谥，死无所恨。赦冤魂于黄泉，收信义于后世，则天下殉名之士，立功之臣，必投汤火，乐为陛下死矣。"世祖得表省览，甚嘉其意。

虞悝，长沙人也。弟望，字子都。并有士操。闺门有孝悌

才能。先帝委任他完成战前朝廷制定的破敌谋略，并传授他作战的良策。邓艾受命以后率军作战，舍身忘死，屡破强敌，用兵不贻误战机，所以能平定巴蜀。邓艾因此功成名就，可以载入史册，名垂千古。七十高龄的老翁，还能有什么妄求呢！邓艾看到蜀后主刘禅刚投降，一些边远郡县还没有归附，故而假托遵照皇帝的诏令，采取措施使局势得到安定。这虽说违犯了常规，但也有合乎古人赤心报国的本意，若依据邓艾做事的动机和存心来定罪的话，此事还可以详加讨论。钟会有并吞天下之心，惧怕邓艾的威名，知道邓艾肯定不会与自己合作，就趁着邓艾的言行出现疑似（叛逆的）情况，而构陷成这一冤案。反叛绝非小事，如果邓艾真有反逆之心，就一定会拉拢一些豪杰之士，然后才能煽动大众（以谋反）。（臣）没有听说邓艾有一个同谋的心腹之人，就是到了临刑时，他也没有口吐恶言，而只是默然甘受极刑，这岂不令人痛心！此情此景令那些在刑场上看他受死的人也不禁流泪，听到这一消息的人也都不禁叹息，这正是西汉贾谊对汉文帝慨叹的原因啊！天下的事情可以令人伤心痛哭的，必然有其缘故。过去秦国民众痛惜白起无罪被杀，吴国民众哀伤伍子胥蒙冤致死，就建立起祠庙供奉他们。而今全国百姓为邓艾的死而哀心哀悼，也是同样的道理啊！因此我请求，允许邓艾的门生故吏，收敛他的尸骨装入棺材，送回他的祖坟安葬，并依照他平定巴蜀地区的功劳，追封他的后代做官，给他本人盖棺论定，封以谥号，使他死而无恨。这样做，既可以令黄泉下的冤魂得以平反昭雪，又能够让朝廷的信义流传于后世。那么天下能够舍身以求名的士人，能够为朝廷立下功勋的臣子，必能（为国）赴汤蹈火，甘为陛下而死。"武帝司马炎御览了段灼的表文，很赞赏他的意见。

虞悝，长沙州人。他的弟弟虞望，字子都。两人都有士节。他们

之称，乡党有廉信之誉。谯王承临州，王敦作逆，遣使招承，承不应，与甘卓相结，起义赴都。承于是命悝为长史、望为司马。敦遣魏乂等攻战转急，望临阵授首，悝为魏乂所害。临刑，乡人送以百数，与相酬酢，意气周洽，有如平日。子弟号泣，悝谓曰："人生有死，阖门为忠义鬼，亦何恨哉！"及敦被诛，诏书追述悝、望忠勋，赠悝襄阳太守、望荥阳太守，遣谒者至墓吊祭。

刑法志

侍中臣顾言：夫杀生赏罚，治乱所由兴也。人主所谓宜生，或不可生，则人臣当陈所以宜杀，人主所谓宜赏，或不应赏，则人臣当陈所以宜罚，然后治道毕耳。古之圣贤欲上尽理务，下收损益，莫不深闭慎密，以延良谟。兆庶内外咸知主如此，然后乃展布服心，竭其忠诚耳。

廷尉刘颂表曰："臣昔上行肉刑，从来积年，遂寝不论。臣窃以为议者拘孝文之小仁，而轻违圣王之典刑，未详之甚，莫过于此。今死刑重，故非命者众；生刑轻，故罪不禁奸。所以然者，肉刑不用之所致也。今为徒者，类性元恶不轨之族

在家族中有孝悌之名,在邻里乡党中有廉洁守信的美誉。谯王司马承到长沙作州官,当时王敦反叛朝廷,派遣使者招请司马承共同造反,司马承没有答应,而和甘卓互相连结、支持,发动义兵共赴京都(以保皇帝)。司马承此时任命虞悝为长史,虞望为司马。王敦派遣魏义率叛军和虞悝的军队激烈交战,虞望临阵牺牲,虞悝也被魏义杀害。虞悝临刑时,有一百多名乡亲为他送行。虞悝与乡亲们相互敬酒,其神情意态亲和融洽,有如平日。子弟们痛哭流涕,而虞悝对他们说:"人生总有一死,我全家都作了忠义之鬼,这还有什么可遗憾的!"等到王敦失败被杀后,朝廷颁诏追述虞悝、虞望的忠烈功勋,追封虞悝为襄阳太守,虞望为荥阳太守,并派遣使者到墓地祭奠。

刑法志

侍中臣顾进言说:"人的生、杀、赏、罚,和国家的安定与动乱有着密切的关系。君主说某人应该生,倘若不可以生,那么做人臣的就应陈述所以该杀的原因;君主认为某人该奖赏,倘若不该奖赏而该罚,那么做人臣的就应陈述其所以该罚的道理。然后才谈得上治国有道。古代的圣王,希望能更好地处理政务,能听到下面更多更好的意见和建议,无不将自己内心的真实想法深深地隐藏起来,以引发别人说出好的意见。天下的百姓和朝野内外,都知道君主能如此希望听到大家的意见,然后就都会推心置腹,竭尽忠诚了。"

廷尉刘颂向武帝司马炎上表说:"臣过去曾上奏建议陛下施行肉刑,但从那以后已过多年,终于还是搁置一旁未予采纳。臣以为,议论者多拘泥于孝文帝(废除肉刑的)小仁慈,而轻易违背了圣王用刑的精义,(后人)不明悉先圣用刑的深意,莫过于此。当今加重了死刑的判决,所以死于非命的人就多了。而对罪不当死者惩处过轻,

也。去家悬远，无衣食之资，饥寒切身，志不聊生，廉士介节者，则皆为盗贼，岂况本性奸凶无赖之徒乎？是以徒亡日属，贼盗日繁，得辄加刑，日益一岁，此为终身之徒也。自顾反善无期，而灾困逼身，其志亡思盗，势不得息，事使之然也。

"古者用刑以止刑，今反于此，以刑生刑，以徒生徒。诸重犯亡者，发过三寸，辄重髡之，此以刑生刑；加作一岁，此以徒生徒也。徒亡者积多，系狱猥蓄。议者因曰：'囚不可不赦。'复从而赦之，此为刑不胜罪、法不胜奸。民知法之不胜，相聚而谋为不轨，月异而岁不同。故自顷年以来，奸恶凌暴，所在充斥，渐以滋漫，议者不深思此，故：'曰肉刑于名忤听。'忤听孰与盗贼不禁？圣王之制肉刑，远有深理，其事可得而言，非徒心惩，其畏剥割之痛而不为也，去其为恶之具，使夫奸民无用复肆其志，止奸绝本，理之尽也。亡者刖其足，无所用复亡；盗者截其手，无所用复盗；淫者割其势，理亦如之。除恶塞源，莫善于此。今宜取死刑之限重，生刑之限轻，及三犯逃亡淫盗，悉以肉刑代之，其应四五岁刑者，皆髡笞使各有差，悉不复居作，然后刑不复生刑，徒不复生徒，而残体为戮，终身作诫，民见其痛，畏而不犯，必数倍于今，岂与全其为奸之手足，而蹴居必死之穷地同哉！而犹曰肉刑不可用，

所以惩罚起不到禁除邪恶的作用。之所以出现这样的情况，就是由于不用肉刑所致。现在被判处服劳役的犯人，其性情类似于恶极不法之辈。他们远离家乡，衣食没有来源，切身感受饥寒之苦，觉得没有生活的依赖，即使是平日品行正直有节操的人，也会成为盗贼以求活命，更何况是习性奸诈凶恶的无赖之徒呢！因此刑徒逃走之事连日发生，强盗抢掠之事日益增多，抓到的就予以加刑，逃亡一日，加刑一年，这些人就成了终身囚徒。因为他们自感弃恶从善遥遥无期，而自身灾难困苦威逼，所以一心只想着逃跑出去再做盗贼了。这种情况愈演愈烈不能停息，其原因就是现实情况导致他们这样的啊！"

"古时用刑罚来遏止人们犯罪，从而避免（进一步）使用刑罚，而现在却与此相反，是'以刑生刑，以徒生徒'。诸多重犯逃亡者，头发刚刚长过三寸，就（被抓回去）重新剃去头发，这就是所谓'以刑生刑'；又加服劳役一年，这就是所谓'以徒生徒'。囚徒逃亡者越积越多，关进监狱的囚犯就越积越多。因此有议论说：'囚犯已多到不能不赦免了。'于是，犯了罪的又被赦免，这就变成了刑罚已控制不了犯罪，法律已控制不了邪恶。老百姓清楚刑法无力制裁犯罪，就拉帮结伙合谋去做不法之事，犯罪方式不断花样翻新。因此近年来，奸诈邪恶欺凌残害之事到处都在发生，而且日渐滋长泛滥。评议政事的人不深思出现这些情况的原因，却说：'实施肉刑在名声上不好听。'（试问）名声上不好听与盗贼不能禁止相比，哪个危害更大呢？古代圣王之所以制定肉刑，是有其深刻道理的。就这种办法能有收效而言，不仅仅是使犯罪者内心有所警戒，而且使其害怕体肤剥割的痛苦而不敢作恶。去除他们作恶的身体器官，使奸恶之徒无法再放纵实施作恶的意图。遏止奸恶须断绝其根本，这是最高明的道理。对逃亡的罪犯，砍去其脚，他们就无法再逃跑；对行窃偷盗的罪犯，

窃以为不识务之甚也。"

卫展,字道野,河东人也。迁大理,上书曰:"今施行诏书,有考子正父死刑,或鞭父母问子所在。近主者所称庚寅诏书,举家逃亡,家长斩。若长是逃亡之主斩之,斩之虽重犹可也。设子孙犯事,将考父祖逃亡,逃亡是子孙,而父祖婴其酷,伤顺破教。如此者众,相隐之道离,则君臣之义废;君臣之义废,则犯上之奸生矣。秦网密文峻,汉兴,扫除烦苛,风移俗易,几于刑厝。大人革命,不得不荡其秽匿,通其圮滞。今诏书宜除者多,有便于当今,著为正条,则法差简易。"元帝令曰:"自元康已来,事故荐臻,法禁滋漫,大理所上,宜朝堂会议,蠲除诏书不可用者,此孤所虚心者也。"

剁掉其手，他们就无法再偷盗；对奸淫的罪犯，割除其生殖器，他们就无法再奸淫，道理也是一样。除恶塞源，再没有什么办法比这更好的了。当今应该对那些处以死刑则嫌太重，处以生刑则嫌太轻的罪犯，以及屡犯逃亡、奸淫、偷盗之罪的人，都以肉刑代之；应判处四至五年徒刑的罪犯，都加以剃发、鞭笞等刑罚，使各有差别，都不再留下服劳役。这样做才能使"刑不复生刑"；"徒不复生徒"，而肉刑后身体残缺成为耻辱标记，也会成为终身的警戒。人们看到受刑的痛苦会因畏惧而不敢犯法，（这样的情况）一定会比现行的制度有效许多倍。这和保全罪犯用以作恶的手足，却使他们踏上必死的穷途，岂可同日而语！如果还会有人说肉刑不可使用的话，我认为就太不识时务了。"

卫展，字道野，河东郡人。迁升为大理。他曾上书说："现在施行的诏书，其中有拷问儿子来证实父亲应判死刑，或鞭挞父母查问儿子下落的内容。近来主管刑律的人所依据的《庚寅诏书》中也规定，全家逃亡则家长应被处斩。如果家长确实是逃亡的主谋，斩杀他虽说量刑重了，但也还说得过去。假若子孙们犯罪逃亡，而却拷问其父亲和祖父逃亡之情。逃亡的是子孙，而（无辜的）父亲和祖父却遭受酷刑，那就不合乎情理，也有损于教化。如果这样的情况很多，就会破坏父子之间相互隐瞒罪过的人之常情，也会使得君臣之义渐遭废弃；君臣之义被废弃，犯上作乱的邪恶之事就会发生。秦朝法网严密律条严苛，汉朝建立后废除了烦苛的刑法，社会风气得以改变，刑罚几乎停止不用。而今圣上顺应天命，成功建立晋朝，不能不荡除先前那些污浊邪恶之事，理顺疏通那些阻滞壅塞之处。现在沿用的诏书中应予删除的条文很多，应只将对于当今适用的，确定为正式条文，如此法律才比较简便易行。"元帝司马睿诏命曰："自元康时期以来，

转廷尉,又上言:"古者肉刑,事经前圣,愚谓宜复古施行。"中宗诏曰:"可内外通共议之。"于是骠骑将军王导等,议以"肉刑之典,由来尚矣。肇自古先,以及三代,圣哲明王,所未曾改。班固深论其事,以为外有轻刑之名,内实杀人,轻重失当,故刑政不中也。且原先王之造刑名也,非以过怒也,非以残民也,所以救奸、所以当罪也。今盗者窃人之财,淫者好人之色,亡者避叛之役,皆无杀害也。刖之以刑,刑之则止,而加之斩戮,戮过其罪,死不可生。纵虐于此,岁以巨计,此乃仁人君子所不忍闻,而况行之于政乎?若乃惑其名而不练其实,恶其生而趣其死,此畏水投舟、避坎陷井,愚夫之不若,何取于政哉"。

百官志

中书郎李重,以为等级繁多,在职不得久,又外选轻而内官重,以使风俗大弊,宜厘改,重外选,简阶级,使官人。议曰:"古之圣王,建官垂制,所以体国经治,而功在简易。自帝王而下,世有增损。舜命九官,周分六职,秦采古制。汉仍

各种变故接连而至,法条禁令也滋生蔓延。大理卫展所上奏议,应在朝廷会商讨论。去除诏书中不宜再使用的,也正是我的愿望。"

不久卫展迁任廷尉,又上书说:"古代的肉刑,是前代贤人圣王所用过的,我认为应该恢复古制并施行。"元帝司马睿诏令:"可交内外大臣共同议之。"于是骠骑将军王导等人,经过议论认为:肉刑制度由来已久。它开始于上古,以至到夏、商、周三代,圣哲明王都未曾更改。东汉班固曾对此做过深刻的论述,认为虽从表面上看,(废除肉刑)有减轻刑罚之名,而实质上等于杀人。刑罚轻重失当,所以刑罚与政令就难适中公允。再说,本来先王制定刑罚,不是因为一时之怒,也不是用来残害民众的,是想用以遏止奸恶,用以使罚当其罪的。而今窃贼偷盗他人财物,邪淫的人贪图美色,逃亡者逃避徭役,他们都未曾杀人。对这些人即可处以砍足之刑。处以肉刑即能制止犯罪,如果再加以杀戮,则超过了他们应得之罪。人死不能复生,但被任意残害处死的人,每年都有很大的数目,这是仁人君子所不忍听闻的事,而何况把这种刑罚列入政令呢?如果只被废肉刑的美名所迷惑,而不顾及实情,厌恶人们有活路而把他们赶上死路,这等于是害怕被水淹却跳出船只,想避开坑穴却跃进深井一样,连愚昧无知的人都不这样去做,又有什么理由(将这样的刑罚)选列于政令之中呢?

百官志

中书郎李重,认为朝廷官吏的等级繁多,且在一个职位上时间不长,又轻视地方官选用而重视任用近侍臣僚,因而导致风气败坏,应改为重视地方官员的选派,简化官员的品级划分,使官得其人。他说:"上古圣王,设官建制,目的是为了治理好国家,其成功之处在于

秦旧，倚丞相，任九卿，虽置五曹尚书令仆射之职，始于掌封奏，以宣外内，事任尚轻，而郡守牧民之官重。故汉宣称所与为治，唯良二千石。其有殊政者，或赐爵进秩，谅为治大体，所以远踪三代也。及至东京，尚书虽渐优显，然令仆出为郡守，便入为三公，虞延、第五伦、桓虞、鲍昱是也。近自魏朝名守杜畿、满宠、田豫、胡质等，居郡十余二十年，或秩中二千石假节，犹不去郡。此亦古人'苟善其事，虽没世，不徙官'之义也。

"汉魏以来，内官之贵，于今最隆，而百官等级遂多，迁补转徙如流，能不以著，黜陟不得彰，此为治之大弊也。夫阶级繁多而望官久，官不久而望治功成，不可得也。《虞书》云：'三考，黜陟幽明。'周官，三年大计群吏之治，而行其诛赏。汉法官人，或不直秩。魏初用轻资，亦先试守，不称，继以左迁。然则隽才登进，无能降退，此则所谓'有知必试，而使人以器'者也。臣以为今宜大并群官等级，使同班者不得复稍迁，又简法外议罪之制，明试守左迁之例，则官人理事，士必量能而受爵矣，居职者自久，则政绩可考，人心自定，务求诸己矣。"

简单易行。从五帝三王以来，其设官建制世代各有增减。虞舜只任命九牧官长，周代分设六种职事，秦朝采用古制。汉沿用秦的制度，倚仗丞相，任用九卿，虽也增设了五曹、尚书令、仆射等官职，（这些担任内廷职务的官员）开始也只是掌管封呈奏报之事，将君主旨意向朝野内外转达而已，其职责任务尚不算重要，而郡守一类管理民众之官则处于重要地位。所以汉宣帝说，治理天下所要倚靠的是俸禄为二千石的好郡守。他们中政绩优异者，就赐给爵位或晋升官职、增加俸禄，这确实是治国的大根本，所以宣帝的政绩能够远追夏、商、周三代的盛世。到了东汉，尚书之位尽管逐渐优越显要，然而尚书令和仆射外派地方就是郡守，随即回到京城便位列三公。虞延、第五伦、桓虞、鲍昱就是如此。近世魏朝著名的郡守杜畿、满宠、田豫、胡质等人，做郡守十多年到二十年，有的品级达中二千石，皇上赐予节杖，也不让他们离开州郡，这也体现出古人"如果善于从事某项工作，即使干一辈子，也不离开这份官职"的大义。

　　汉、魏朝以来，在朝廷做官的尊贵，于今最为显著。于是百官的等级也就增多，官员的变更、补缺、调转、提升如同流水，有能力而不为人所知，人才的贤愚在进退升降中不能得到彰显，这是治理国家的极大弊端。官阶如此繁多，却希望官员在一个职位任职较长时间，在一个职位上时间短暂却又希望其治理很有成绩，这都是不可能办到的事。《虞书》上说："经过三次考核决定官员的升降。"《周官》上说："每三年广泛考察百官的政绩一次，据此赏罚任免。"汉代的办法是授予官职时，有的不直接确定官职的大小品级。魏朝在开始任用时不看重资历，也采取在职试用的办法，对其不称职者予以降职。这样，则使才能出众者得到升迁，无才能的予以降职或辞退。这就是所谓有才能的人一定经过试用，而按其才能高低来用人的办法。

裴頠以万机庶政,宜委宰辅,诏命不应数改,乃上疏曰:"臣闻古之圣哲,深原治道,以为经理群务,非一才之任;照练万机,非一智所达。故设官建职,制其分局。分局既制,则轨体有断。事务不积,则其任易处,选贤举善,以守其位,委任责成。立相干之禁,侵官为曹,离局陷奸。犹惧此法未足制情,以义明防,曰:'君子思不出位。'夫然,故人知厥务,各守其所,下无越分之臣,然后治道可隆,颂声能举。故称尧舜劳于求贤,逸于使能。分业既辨,居任得人,无为而治,岂不宜哉! 及其失也,官非其才,人不守分,越位干曹,竞达所怀,众言纷错。苴职者不得自治其事,非任者横干他分。主听眩,莫知所信,遂亲细事,躬自听断,所综遂密,所告弥众。功无所归,非无所责,群下弃职,得辞宜罚,以此望治,固其难也。

我以为当前应大力合并官员的品级，让同一官品班次者不得在短时间内调迁。另外，应简化在规定以外评议官员罪过的制度，明确在职试用、留用、不称职者降免的规定。这样一来，人各得其位、制度得到简化明确，士人也会根据其才干而接受爵位了。在某一职位任期持久，则政绩就可以考核，做官的人心安定，就必然会努力要求自己尽职了。

裴颜认为国家政务，应托付宰辅办理，已有的诏命不应频频更改，于是上疏说："臣听闻古代的圣哲，深入的探究治国之道，认为管理众多事务，不是凭一人之才就能胜任的；通晓熟练各种事务，也不是靠一人之智所能达到的。因而才设置各种官职，明确他们的分工职守，职责和规章制度就能确定下来。政务不积压，那么他的任务就易于完成；选贤任能，各守其位，各尽其责，制订好严禁相互干预的禁令，超越权限而侵犯其他官员职权的降为属官，离开自己职守的按奸臣处理。即便如此，还担心这样做尚不足以控制私情，于是又以道义来明确防范。明确提出'君子谋政不超越自己的职责'。这样一来，人人都知道他应做的事，各守其职，居下位没有超越职分之臣，国家的政治才得以兴隆，歌颂之声就可传扬。所以人们说尧舜为访求贤才而忙碌，因贤才得以任用而安享清闲。这是由于职务分工既已划分清楚，任职的又是合适的人才，君王无所为而能实现天下政治清明，难道不是很好吗？反之，选用官员不当，人人不守职分，他们超越职位干预下属机构的事务，竞相发表自己的意见。这样众说纷纭，使在职者不能自主的管好本职事务，不在职者蛮横干涉别人分内的事务；君主的听闻就会混乱，迷惑不知该信谁的话，于是就亲自处理具体事务，亲自决断。君主所综揽的事情多了，所奏告的人就越来越多，结果是有了成绩却不知是谁的功劳，有了过失也不知是谁的责

"昔杜蒉既数师旷,退而自酌,以罚干职之非,记称其善;陈平不知簿书之目,汉史美其守职。政不可多门,多门则民扰。于今之宜,选士既得其人,但当委责,若有不称,便加显戮,谁敢不尽心竭力?不当便有干职之臣,适不守局,则所豫必广;所豫适广,则人心赴之;人心通赴,则得作威福。臣作威福,朝之蠹也。帷幄张子房之谋者,不宜使多,外委群司,毕力所职,尊崇宰辅,动静咨度,保任其负。如此,诏书必不复数改。听闻风言,颇以诏命数移易,为不安静。臣不胜狂瞽,敢陈愚怀,乞陛下少垂省察。"

何曾,字颖孝,陈国人也。为司隶校尉,言于太祖曰:"公方以孝治天下,而听阮籍以重哀饮酒食肉于公坐。宜摈四裔,无令污染华夏。"太祖曰:"此子羸病若此,君不能为吾忍耶?"曾重引据,辞理甚切,朝廷惮焉。泰始九年为司徒,以疲疾求退。孙绥位至侍中,潘滔谮之于太傅越,遂被杀。初曾告老,时被召见,侍坐终日,世祖不论经国大事,但说平生常语。

任。下面的臣子放弃了自己的职守,又能逃脱责罚。这样还指望国家能治理好,确实是很难办到的事呀!"

"从前杜蒉数落责备师旷的过错(并罚他饮酒),退下时又自罚一杯,以惩罚自己干预他人职责的过错,史书上称赞他做得很对。汉朝陈平不能回答出帐簿的名目,史书称美他能恪守本职。颁布政令之处不可多,多则人民无所适从。当今最好的做法是,选拔官员既然有了能胜任岗位的人,就应该把相应的责任委托给他;若有不称职者,便给以公开的处罚,这样谁还敢不尽心竭力。(如果官职与责任)不相应便会产生干涉他人职责的官员,如果有人不遵守自己的权限,那么他所参与干涉的事必然涉及多方面;如果参与面过广,那么就会有官员去依附(这样的权贵),如果大家都要赶去依附(权贵),那些权贵就会作威作福。臣子作威作福,就会成为朝廷的蛀虫(而害国害民)。像汉代张良那样的谋臣,不宜使用得太多,应该把外面的事务委任给各个部门,使他们恪尽职守;君主应尊崇在朝的宰辅之臣,重大事项和他们谘询商量,保证他们做好自己的工作。如能这样去做,圣上的诏书定然不再会频加改动。臣听到一些传言,觉得屡次改动诏书,的确不是安稳妥当之计。臣语言狂妄、所知甚少,冒昧陈述自己的愚见,乞请陛下稍加垂目阅览审察。"

何曾,字颖孝,陈国人。在任司隶校尉时,曾对太祖司马昭说:"您现在正实行以孝道治理天下,而听任阮籍在(母亲去世的)重哀之时,公然饮酒吃肉。(像他这种蔑视礼教的人)应该放逐到四方边远之地,不要使他污染华夏的传统美德。"太祖说:"他现在瘦弱疲病到如此地步,您不能看我的面子而忍一忍吗?"何曾重新引经据典,言辞道理更为恳切,让朝廷的官员都有些害怕。泰始九年(公元273年),何曾官任司徒,因老迈多病请求退休。后来他的孙子何绥官

曾出每曰:"将恐身不免乱,能及嗣乎?"告其二子曰:"汝等犹可得没。"指诸孙曰:"此辈必遇乱死也。"及绥死,兄嵩曰:"我祖其神乎?"

羊祜,字叔子,泰山人也。都督荆州诸军事,征南大将军。上疏平吴,世祖深纳之,吴军人前后至者,不可胜数。祜将入朝而有疾,至洛阳遂薨。南州市会闻丧,举市悲号而罢,于是传哭接音,邑里相达。百姓乃树碑岘峰,立庙祭祀。行人望碑,皆涕泗垂泣。杜预代镇,名为"堕泪碑"。吴灭,诏曰:"祜建平吴之规,其封祜夫人夏侯氏为万岁乡君,邑五千户,绢万匹。"吴平庆会,群臣上寿,世祖流涕曰:"此羊太傅之功,岂朕所能为也。"

秦秀,字玄良,新兴人也。少以学行忠直知名,迁补博士。群率伐吴,诏以贾充为大都督。秀性恶憎佞,疾之如雠,轻鄙贾充,闻其为大统,心所不平,遂欲哭师。及充卒议谥,秀请谥为荒公。初,何曾卒,秀议曰:"曾事亲有色养之名,在官奏科尹之模。此二者,实得臣子事上之概。然资性骄奢,不循轨则,朝野之论,不可具言。俭,德之恭也;侈,恶之大也。曾

至侍中。有个叫潘滔的人在太傅司马越面前诬陷何绥，何绥遂被处死。当初何曾告老在家时，经常被武帝召见，何曾陪坐一整天，而武帝并不与他谈论经国大事，只说些日常生活的话。何曾从宫中出来常说："恐怕将来不能免于祸乱，不知是否牵涉到后代子孙！"他告诉他的两个儿子说："你们还可以得到善终。"又指着几个孙子说："你们这一辈必遭遇祸乱而死！"等到何绥被杀后，何绥的哥哥何嵩说："我们祖父料事如神啊！"

羊祜，字叔子，泰山郡人。他负责管理荆州的军事，官拜征南大将军。羊祜向武帝司马炎上平灭东吴之策，武帝十分赞同，采纳了他的意见。当时吴国军队前后来归降者，多得难以计数。羊祜将入朝时生病，到了京都洛阳就死了。当时荆州人上庙市，听到羊祜病逝的噩耗，整个集市上的人都悲哭号啕，停止了集市交易，哭声相连，从市镇传到了乡村。老百姓又为他在岘峰立碑，修庙祭祀。行路的人看到石碑后没有不流泪哭泣的。杜预接替羊祜镇守荆州，把百姓为羊祜所立的石碑称名为"堕泪碑"。晋灭吴以后，武帝颁诏曰："羊祜提出平吴的谋略，立下大功，封羊祜的夫人夏侯氏为'万岁乡君'，食邑五千户，赐绢万匹。"东吴平定后（朝廷开）的庆功会上，群臣祝贺。武帝流着泪说："这是羊太傅的功劳，岂是朕所能做得到的啊！"

秦秀，字玄良，新兴郡人，年轻时以才学品行忠直而闻名，后来补缺做了博士。诸军伐吴时，武帝诏命以贾充为大都督。秦秀生性憎恶奸佞之人，对这些人视如仇人一般。他轻蔑鄙视贾充，听到他被任命为统军首领，愤愤不平，曾打算以"哭师"的行动劝谏。待贾充死后，朝中商议给他定谥号，秦秀提出将贾充的谥号称为"荒公"。当年何曾病逝，秦秀也曾说："何曾侍奉父母有'色养'的美名，为官时上奏进言也能以伊尹为楷模，这两点上确实符合臣子事奉君主的

受宠二代,显赫累世,荷保傅之贵,秉司徒之均,而乃骄奢之名,被于九域,有生之民,咸怪其行,秽皇代之美,弃羔羊之节,示后生之懈,莫大于此。若生极其情,死又无贬,是则无正刑也。王公贵人,复何畏哉?谨案谥法,名与实爽曰缪,怙乱肆行曰丑。曾宜为缪丑公。古人阖棺之日,然后谇行,不以前善没后恶也。"秀性悻直,与物多忤,为博士前后垂二十年,卒于官。

李憙,字季和,上党人也。累辟三府不就,宣帝复辟为太傅属,固辞。世宗辅政,命憙为大将军从事中郎。憙到引见,谓憙曰:"昔先公辟君而不应,今孤命君而至,何也?"对曰:"先君以礼见待,憙得以礼进退;明公以法见绳,憙畏法而至。"帝甚敬重焉,迁太常司隶校尉。

标准。然而他生性骄傲,生活奢侈,不守规矩,朝内朝外对他的议论很多,不能详说。节俭是美德中最值得尊崇的,奢侈是恶行中最严重的。何曾受到司马懿、司马炎父子两代的宠爱,显赫几世。他身居太傅太保的尊贵,执掌司徒之职的大权,而其骄奢之名遍及国内,凡活着的人,都为他的行为感到惊异。他玷污了我煌煌晋朝的美德,抛弃了为臣子廉洁正直、进退有节的操行,显示给后辈人以傲慢失德的印象,没有比这更严重的了。若在世时尽情骄奢放纵,死后又不给以应有的谴责,这样就没有公正的刑罚了。那么王公贵人,还有什么顾忌呢?通过详细考查谥号的法则,臣看到名与实不合叫做'缪',仗势胡作非为叫做'丑'。何曾的谥号应该叫'缪丑公'。古人死后才能对其一生的是非善恶做出结论,不因他前半生好而掩盖后半世的罪过。"秦秀性情刚直固执,言行与众人多有抵触。任博士前后将近二十年,最后死在任上。

　　李憙,字季和,上党郡人。他多次被三公府征召,都不就职。司马懿又征召他做太傅的属官,他仍坚决辞让。司马师辅佐朝政时,命李熹作大将军从事中郎。李熹来到后引见入朝,司马师对他说:"当年先公征召您而您不回应,现在我命您做官,您就来了,这是为什么?"李熹回答说:"先君对我以礼相待, 所以我也能够以礼相推辞;明公您是以法令硬性相邀,我是畏惧法令而来的。"皇上对李熹的为人非常敬重。升任李熹为太常、司隶校尉。

卷三十 晋书(下)

传

刘毅,字仲雄,东莱人也。治身清高,厉志方直,为司隶校尉。皇太子鼓吹入东掖门,毅奏劾保傅以下。诏赦之,然后得入。世祖问毅曰:"卿以吾可方汉何帝?"对曰:"可方桓灵。"世祖曰:"吾虽德不及古人,犹克己为治,又平吴会,混一天下,方之桓灵,其已甚乎?"对曰:"桓灵卖官钱入官库,陛下卖官钱入私门,以此言之,乃殆不如桓灵也。"

习凿齿《阳秋》曰:毅答已,帝大笑曰:"桓灵之朝,不闻此言,今有直臣,故不同乎?"散骑常侍邹湛进曰:"世说以陛下比汉文帝,人心犹多不同。昔冯唐答文帝曰:'不能用颇牧。'而文帝怒。今刘毅言犯顺,而陛下乐,以此相校,圣德乃过之也。"帝曰:"我平天下,而不封禅,楚雉头裘,行布衣礼。今于小事,何见褒之甚耶?"湛曰:"圣诏所及,皆可豫先算计,以长短相推,慕名者能力行为之。至如向诏,非明恕内充,苞之德度,不可为也。臣闻猛兽在田,荷戈而出,凡人能之,蜂虿起于怀袖,勇夫为之惊骇。非虎弱蜂虿强也,仓卒出于意外故也。夫君臣有自然之尊卑,言语有自然之逆顺,向刘毅始言,臣等莫不变色易容,而仰视陛下者。陛下发不世之诏,出思虑之

传

刘毅,字仲雄,东莱郡人。他修身追求纯洁高尚,以品行端方正直自励。官拜司隶校尉。(有一次)他看到皇太子司马衷一行击鼓奏乐要从皇宫的东掖门入宫(来觐见皇上),刘毅便立即上奏弹劾(太子身边的)太保、太傅以及有关下属官员。(后经晋武帝)下令宽赦,然后太子才得以入朝。武帝问刘毅说:"你认为我可以和汉代的哪位皇帝相比?"刘毅回答说:"您可与东汉的桓帝、灵帝相比。"武帝说:"我的德行虽说不如古人,但我还能克制私欲去治理朝政,又平定了吴会地区,统一了天下,你将我比作桓帝、灵帝,这太过分了吧!"刘毅回答说:"桓、灵二帝能将卖官的钱收入国库,陛下却将卖官的钱归入自己腰包,就这一点而言,您大概还比不上桓、灵二帝!"

习凿齿《汉晋阳秋》中记录道:刘毅说完,晋武帝大笑说:"汉桓帝、汉灵帝两个朝代,朝中听不到这样的话。现在我朝有刘毅这样直言谏诤的臣子,可见(我朝还是和桓、灵两朝)不同啊!"散骑常侍邹湛向晋武帝进言道:"当今世人都拿陛下和汉文帝相比,但是陛下与汉文帝的用心还是非常不同的。当年,冯唐回答汉文帝说:'(就算廉颇、李牧这样的名将在世,)陛下您也不知道用他们。'汉文帝因而发怒。今天刘毅说话不恭顺,然而陛下很开心。两相比较,陛下您的圣德超过了汉文帝。"晋武帝说:"我平定天下而不封禅,焚烧了(珍贵华丽的)鸟毛大衣,平日只穿布衣,今天怎么为了这样的小事如此称赞我呢?"邹湛:"皇上诏书的内容都可以预先安排好,根据具体情况来反覆推敲。(因此)向往圣明的国君能够(根据情况而)尽力去(颁布好的诏书)。至于说刚才您的口头诏书,如果您的内心不能

外,臣之喜庆,不亦宜乎?"

迁尚书左仆射。龙见武库井中,车驾亲观,有喜色,于是外内议当贺,毅独表曰:"昔龙降郑时门之外,子产不贺。龙降夏廷,卜藏其漦,至周幽王,祸甝乃发。证据旧典,无贺龙之礼。"诏报曰:"政德未修,诚未有以膺受嘉祥,省来示,以为瞿然。贺庆之事,宜详依典义,动静数示。"

上疏陈九品之弊,曰:"臣闻立政者,以官才为本。官才有三难,而兴替之所由也。人物难知,一也;爱憎难防,二也;情伪难明,三也。三者虽圣哲在上,严刑督之,犹不可治。故尧求俊乂,而得四凶;三载考绩,而饕餮得成。使世主虽有上圣之明,而无考察之法,授凡庸之才,而去赏罚之劝,则为开奸,岂徒四族,侧陋何望于时哉!今立中正,定九品,高下任意,荣辱在手,操人主之威福,夺天朝之权势,爱憎决于心,

充满明察的智慧，没有宽广的胸襟，不能用您的道德气度包容臣子，陛下您就说不出那样的话了。我听说看到猛兽在田野里，普通人也能扛着矛戈去应对，但是看到有毒的螫虫从怀中飞出来，就算勇夫也要吓一跳。这不是因为老虎弱而螫虫强，而是由于（螫虫的出现）出乎意料造成的。君尊臣卑是自然之道，臣下的言语也自然要顺而不逆。刚才刘毅说话时，我们这些臣子都变了脸色，（惶恐地）仰望着陛下。（但是）陛下您刚才说的口头诏书却是非凡出众，出乎我们的意料之外。臣因此欢喜庆幸，对您称赞难道不是应该的吗？"

后来刘毅迁升为尚书左仆射。当时有龙出现在武库的水井中，武帝亲自坐车去观看，露出喜悦的神色。于是朝廷内外的官员建议应当庆贺，唯独刘毅上表说："以前（春秋时），有龙降落在郑国时门之外，子产并不称贺。夏朝时，有龙降落在宫廷中，占卜者将龙吐的涎沫藏在盒子里。后至周幽王时，最终因为龙的涎沫流出来而酿成亡国的祸患。臣查证从前的典籍，没有庆贺飞龙降临的礼仪。"世祖颁诏说："政事和德行都还没有修明，实在没有资格承受这样的祥瑞。我览阅了（刘毅的）上表，感到又惊又怕。庆贺之事，应审慎地依照经典大义，一举一动都要及时告知。"

刘毅上疏陈述"九品中正制"的弊端，（奏疏中）说："臣听说确立为政之道以量才授官为本。任用有才能的人为官有三种困难，而国家兴盛与衰败就由此产生：（候选人的）品格才干难以了解，这是第一难；（品评者）个人的爱憎（偏见）难以防备，这是第二难；（考察结果的）真假难以明辨，这是第三难。即使在上位者道德高尚、才智明达，并以严厉的刑罚来督促，以上这三方面的困难还是不易改变。所以，上古帝王唐尧访求才德出众的人，却还是让'四凶'得以做官；虞舜每三年考核一次官吏政绩，而饕餮（四凶之一）却能够成功地蒙

情伪由于己,公无考校之负,私无告讦之忌,荣党横越,威福擅行,用心百态,求者万端,廉让之风灭,苟且之俗成。天下讻讻,但争品位,不闻推让。流俗之过,一至于此,窃为圣世耻之。愚心之所非者,不可以一概论,辄条列其事。夫名状以当才为清,品辈以得实为平。治乱之要,不可不允。清平者,治化之美;枉滥者,乱败之恶也。不可不察。然人才异能,备体者寡,器有大小,达有早晚,是以三仁殊涂而同归,四子异行而均义。陈平、韩信笑侮于邑里。而收功于帝王,屈原、伍胥不容于人主,而显名于竹帛,是笃论之所明也。

今之中正,不精才实,务依党利,不均称尺,务随爱憎。

混过关。(因此)即使当代的君主具备前代圣王那样的英明,但如果没有考察官员的正确方法,使平庸之人得以授官,赏罚也难收劝勉之效,这就等于为天下的奸恶之人打开方便之门,哪里仅仅只会是'四凶'得到重用呢?这样一来,身处荒僻、地位低微的贤人还会有什么进身的希望呢?如今设立中正官,由他们将候选官员划分为九个等级,等级的高低由他们做主,士人的荣辱进退就落在他们手中。(他们)操控着唯君主才应有的赏罚之权,侵夺了朝廷的权势。候选人的好坏,取决于他们的爱憎,考察结果的真假也由他们的己见决定。于公没有被考课督责的压力,于私没有被人检举控告的顾忌。(结果使得)官员结党营私,威福自专。他们各怀目的,营求(官职)的方法多种多样,从而使廉直谦让的风气逐渐消失,不循礼法(求取官职)的恶俗日益形成。天下人纷纷攘攘,只是为了争夺品级官位,而再也听不到推贤让能的事情了。这种流俗竟恶劣到如此地步,臣实在为今天的圣明之世(还有如此恶劣的风气)而感到耻辱。臣心中所以为不当的,不能笼统地一概而论,于是分条列举这些事项。称说一个人的生平要与其才能相当才叫做清正,品评一个人要能够与他的实情相符合才叫做公平。这是关系到国家安定还是混乱的关键,不可不(公平处理而)使人信服。清正、公平是治国化民的美事,枉法恣肆是乱法败政的恶事,对此不能不详察。然而,人各有所长,德能俱全的人很少见,人的才器有大有小,得志也有早有晚。所以微子、箕子、比干三位仁人境遇、经历各不相同,但其贤名相同。义仲、羲叔、和仲、和叔的作为不同,而都能够体现道义。陈平、韩信都曾在其家乡被人耻笑侮辱,但后来都为帝王建立了功业。屈原、伍子胥也曾不为君主所容,但后来却扬名于青史。这些都是历史定论,向我们表明识人的不易。

"当今的地方中正官,选用人不精察其真才实学,致力于依据

所欲举者，获虚以成誉；所欲下者，吹毛以求疵。前鄙后修者，则引古以病今；古贤今病者，则考虚以覆过。质直者，罪以违时；阿容者，善其得和；度远者，责以小检；才近者，美其合俗；齐量者，以己为限。高下逐强弱，是非随爱憎，凭权附党，毁平从亲，随世兴衰，不顾才实，衰则削下，兴则扶上，一人之身，旬日异状。或以货赂自通，或以计协登进，附托必达，守道困悴。无报于身，必见割夺；有私于己，必得其欲。凌弱党强，以植后利。是以上品无寒门，下品无势族。暨时有之，皆曲有故；慢主罔时，实为乱源。昔在前圣之世，欲敦风俗，镇静百姓，隆乡党之义，崇六亲之行，人道贤否，于是见矣。然乡老书其善，以献天子；司马论其能，以官于职；有司考绩，以明黜陟。故天下之人，退而修本，州党有德义，朝廷有公正，天下大治，浮华邪佞，所无容厝。今一国之士，多者千数，或流徙异邦，或给役殊方，面犹不识，况尽其才力？而中正知与不知，其当品状，采誉于台府，纳毁于流言。任己则有不识之蔽，听受则有彼此之偏。所知者，以爱憎夺其平；所不知者，以人事乱其度。既无乡老纪行之誉，又非朝廷考绩之课。遂使进官之人，弃近求远，背本逐末，位以求成，不由行立。故状无实事，谐文浮饰；品不校功，党誉虚妄。上夺天朝考绩之分，下长浮华朋党之事。凡官不同事，人不同能；得其能则成，失其能则败。今品不状才能之所宜，而以九等为例。以品取人，则非才能之所长；以状取人，则为本品之所限。若状得其实，犹品状相妨，所疏则削其长，所亲则饰其短，徒结白论，以为虚

私党之利取舍；不按同一标准衡量人才，而是随自己的主观爱憎来判断。对想抬举的人，就采用不真实的材料来成就其美誉；对想贬低的人，则吹毛求疵加以压制。对曾经为人鄙陋而后来变得端正恭谨的人，就援引其过去的事例来损害他今天的形象；对过去贤德而现在有瑕疵者，就在考查中弄虚作假来掩盖其过错。对质朴正直的人，就以不识时务加以谴责；对迎合取容的人，则称赞其能谦和待人。对襟怀远大者，便责备其不拘小节；对才识浅近者，则赞美其合乎世俗；对才识与自己相当的人，就以自己为限度。评价的高低随被考察者的势力强弱而定，对是非的判断由个人的爱憎来决定。（他们）倚仗权势，依附私党，毁损公平，任人唯亲。随着家世的兴衰（来评定人才）而不看本人的真才实学，势衰者就贬低他，势盛者就抬高他。同样是一个人，很短的时间就会有完全不同的评判。有的人通过行贿而获取自己的显达，有的人通过苦心钻营而升级做官。依附权势的人一定会飞黄腾达，遵守道义的人只能穷困潦倒。对自己没有好处的人，必然会贬抑他；对自己有好处的人，就一定让他的欲望得到满足。欺凌弱势者，偏袒强势者，来谋求今后的利益。因此上等品级中没有寒门之士，下等品级中没有势族子弟。有时出现反常情况，那也是另有别的原因。这些人轻慢君主、欺骗社会，实在是世道混乱的根源。以前在（三代）圣王之世，（为政者）为了使社会风气能够敦厚、百姓生活能够安定，（必定首先）推崇乡邻族人之间的道义，倡导家庭成员崇尚六亲之间的人伦德行。这样则一个人的为人是否贤德，便可（在他日常的敦伦尽分中）看到了。然后，乡老记录他们的善行呈献给皇帝，由司马评议他们的才能，让其在相应的职位为官，然后由主管的官吏考核他们的政绩来明确对其是贬退还是提升。所以天下之人，都退回到修身立德的本分中，从而使州郡乡里讲求德

誉。以治风俗,则状无实行;以宰官职,则品不料能。百揆何以得理?万机何以得修?职名中正,实为奸府;事名九品,而有八损。自魏立以来,未见其得人之功,而生雠薄之累。愚臣以为宜罢中正,除九品,弃魏氏之弊法,更立一代之美制,愚臣以为便也。"

行道义,朝廷用人得以公正,天下为之大治。而浮华邪佞的人,再也无容身之处了。现在一个地方的读书人多达千余,有的漂泊迁徙于异方,有的供职服役于他乡,(地方的中正官)连他们的长相都不知道,更何况要尽知其才能呢!而中正官不管自己了解与否,在划定人才品级的时候,或者依据中央政府机构的赞誉,或者听从流言舆论的诋毁。(这样的品评)如果依据自己的意见决定人选等级的高低,则会造成不了解情况(而妄断)的弊病;如果听从接受他人的意见,又会因意见不一而有失偏颇。对于所认识的人,会因品评中带有个人的爱憎而有失公平;对不认识的人,又会因人事关系而扰乱了(国家选拔人才的)制度和标准。像这样既没有乡老记载其品行的好坏,又没有朝廷考核其政绩的评定。于是就会使想加官进爵的人,舍近求远,背本逐末,官职靠钻营而得到,而不是由品行的好坏而决定。所以对其生平的陈述没有事实,不过只是浮夸粉饰之辞;对其品位的划定也不比照功绩,偏私的称誉多为虚假捏造。这样一来,对上剥夺了朝廷考核官吏功过的职分,对下助长了华而不实、结党营私的风气。一般说来,官吏的职事各不相同,人的能力也各不相同,才能胜任职位就能成功,才能不胜任职位就会失败。当今的品级,不能够表现出一个人的才能适合什么样的职位,而只是把划定九品等级作为成例。如果以品级来选取官员,就会无法展现他所擅长的才能;如果按才能情况来选取官员,则会受到其人品级的限制。即使对其生平的陈述符合他的实际,品级和实际才能仍会互相妨碍。(甚者)对与自己关系疏远的人就削减他的长处,对与自己关系亲密的人就掩饰他的短处,虚构空谈一番,作为其人虚假的声誉。像这样以中正官的品评结论来整治社会风气,却是陈述的内容无法表现人的实际行为;以此来管理封官、定职之事,却是品级不能反映其才能的真实情

张华，字茂先，范阳人也。领中书令，名重一世。朝野拟为台辅，而荀勖、冯紞等，深忌疾之。会世祖问华："谁可付以后事者？"对曰："明德至亲，莫如齐王攸。"既非上意所在，微为忤旨，间言遂行，以华为都督幽州诸军事，领护乌桓校尉。于是远夷宾服，四境无虞。朝议欲征华入相。冯紞干没苦陷，以华有震主之名，不可保必，遂征为太常，以小事免官。

世祖崩，迁中书鉴，加侍中。遂尽忠救匡，弥缝补阙，虽当暗主虐后之朝，犹使海内晏然。迁司空，卓尔独立，无所阿比。赵王伦及孙秀等，疾华如雠。伦、秀矍起，遂与裴頠俱被害，朝野之士，莫不悲酸。

裴頠，字逸民，河东人也。迁尚书左仆射侍中。元康七年，以陈准子匡、韩蔚子嵩，并侍东宫。頠谏曰："东宫之建，

况。如此，怎能管理好百官，怎能处理好众多的国家事务呢？这些人的官职名称叫做'中正'，实际上却是奸诈之官。其所做之事名为'九品'，而实际有八种害处。自魏设立'九品中正制'以来，没有看到它在选用人才方面有什么成效，却反而造成仇恨、浮薄之风的患害。愚臣以为朝廷应该停设'中正'官，废除'九品'法，抛弃曹魏的有害法度，另创建一套堪为当代所用的好制度，愚臣认为这样才会对国家有利。"

张华，字茂先，范阳郡人。(武帝在位时)官居中书令，名声显赫一时，朝廷和民间百姓都认为他会出任宰相职位，而荀勖、冯紞等人非常忌恨他。恰好武帝询问张华："(我死之后)可以把天下大事交付给谁？"他答称："若论贤明仁德、关系最亲的人选，没有人能胜过齐王司马攸(武帝胞弟)。"立齐王并非是晋武帝的心意，此言便有点违忤皇上的意旨，攻击张华的言论便乘虚而入。武帝于是外派张华都督幽州诸军事，兼任护乌桓校尉。(张华戍边时期，)边远的外族臣服于晋朝，四方边境平安无事，朝廷又议论想征召张华入朝为宰相。而冯紞盘算自己的利害得失，竭力陷害张华，说他有声名震主之嫌，不能保证其一定会忠诚于君主。于是张华被征召为太常，后来又因小事被免了官。

武帝去世后，(惠帝启用张华)做中书鉴，兼任侍中。他便忠心耿耿拯救国家，弥补政事缺失，尽管处于昏庸的惠帝和残暴的贾后执政的朝代，仍能使海内平安无事。后来，张华又升迁为司空。他卓然独立于朝堂，不迎合结党，不偏袒勾结。赵王司马伦和孙秀等人，疾恨张华如同仇人。他们同谋作乱，张华遂与裴𬱟一起被害，朝野有识之士，无不感到悲痛辛酸。

裴𬱟，字逸民，河东郡人。官职升迁到尚书左仆射、侍中。晋惠帝元康七年(公元297年)，陈准之子陈匡、韩蔚之子韩嵩在东宫陪

以储皇极,其所与游接,必简英俊,宜用成德贤邵之才,匡嵩幼弱,未识人理立身之节,东宫实体夙成之表,而今有童子侍从之声,未是光阐遐风之弘理也。"

顾深患时俗放荡,不尊儒术。魏末以来,转更增甚。何晏、阮籍,素有高名于世,口谈浮虚,不遵礼法,尸禄耽宠仕,不事事。至王衍之徒,声誉太盛,位高势重,不以物务自婴,遂相放效,风教陵迟。顾著《崇有》之论,以释其蔽。世虽知其言之益治,而莫能革也。朝廷之士,皆以遗事为高。四海尚宁,而有识者知其将乱矣。而夷狄遂沦中州者,其礼久亡故也。伦秀之兴豐,顾、张华俱见害,朝纲倾弛,远近悼之。

傅玄,字休奕,北地人也。性刚劲亮直,不能容人之短。世祖受禅,加驸马都尉,与皇甫陶俱掌谏职。玄志在拾遗,多所献替,上疏曰:"前皇甫陶上事,为政之要,计民而置官,分民而授事。陶之所上,义合古制。前春,乐平太守胄志上欲为博士置史卒,此尊儒之一隅也,主者奏寝之,今志典千里。臣等并受殊宠,虽言辞不足以自申,意在有益,主者请寝,多不

侍太子。裴頠上书劝谏说:"东宫的设置,是为王朝培养储君的。与太子交往接触的人,一定要挑选才智出众的人士,应该任用盛德贤明的人选。而陈匡和韩嵩年纪小,还不懂得做人的道理和处世的节操。东宫皇太子应该具有聪慧早熟的仪表和气度,如今却有让未成年的孩子做他的侍从的名声,这不合乎光大道德教化的根本道理啊!"

裴頠深深担忧社会风气的放荡不拘、不遵从儒家的学说思想。从曹魏末年以来,这种风气更是与日俱增。(当年)何晏、阮籍一向在社会上享有盛名,他们谈论虚无玄理,行为不守礼法,空享俸禄却不能尽职尽责,心中贪恋荣宠,为官却无所事事。至于王衍之流,他们的声誉太盛,官位很高,势力很大,不把公务放在心上。结果天下的人都竞相仿效,风俗教化颓废败坏。(为此)裴頠撰写了《崇有论》,以阐释这种风气的弊端,但是世人虽然知道裴頠的言论有利于国家治理,但却没人能够真正革除这种颓废的风气。朝廷官员都把能够不理会本职事务作为清高的表现。当时天下还算平静,但有识之士却预料将要出现动乱。后来夷狄(五胡)攻陷中原,就是因为礼仪道德久已丧失的缘故。到了赵王司马伦和孙秀起而作乱,裴頠和张华同时被害,朝廷纲纪倾倒废弛,远近人士无不悼念他们。

傅玄,字休奕,北地郡人。他性格刚直果敢,不能容忍别人的错误。晋武帝司马炎接受曹魏的禅让后,加封傅玄为驸马都尉,与皇甫陶共同执掌劝谏的职务。傅玄志在补正朝政的过失,常常对武帝劝善规过。(他曾)上疏说:"前次皇甫陶上书称,治理国家的要点在于按照百姓的数量来设置官吏,分封土地以管理各地的居民。皇甫陶的上疏,内容合乎古代的制度。前年春天,乐平县太守胄志上奏,建议为博士设置'史卒'(即助手)一职,这是尊崇儒学的一种表现。

施用。臣恐草莱之士，虽怀一善，莫敢献之矣。"

诏曰："凡关言于人主，人臣之所至难。而人主苦不能虚心听纳，自古忠臣直士所忼慨也。其甚者，至使杜口结舌，每念于此，未尝不叹息也。故前诏，敢有直言，勿有所拒，庶几得以发蒙补过，获保高位。喉舌纳言诸贤，当深解此心，务使下情必尽。苟言有偏善，情在忠益，不可责备于一人。虽文辞有谬误，言语有得失，皆当旷然恕之。古人犹不拒诽谤，况皆善意，在可采录乎？近者孔晁綦毋和，皆案以轻慢之罪，所以皆原，欲使四海知区区之朝，无讳言之忌也。又每有陈事，辄出付主者。主者众事之本，故身而所处，当多从深刻，至乃云恩贷当由上出，出村外者，宁纵刻峻。是信耶？故复因此喻意。"玄迁侍中。

任恺，字元衰，乐安人也。为侍中。恺性忠正，以社稷为己任。帝器而昵之，政事多谘焉。恺恶贾充之为人，不欲令久

主管官员上奏,请求对此提议搁置不理。而今冑志在千里之外做地方官。臣等同受陛下恩宠,尽管言辞不足以表达自己的意见,但用意在于使国家有益。而主管官员却请求搁置提议,大多不采用施行。这样一来,臣恐怕民间的有识之士,即便心中有了好的建议,也不敢进献给您了。"

武帝下诏书说:"凡是对君主有所建议,对臣子来说是最难的。而遗憾的是君主不能虚心听取、采纳,这是从古至今忠臣和正直的人士深为叹息的事。其中过分的,甚至使进言者从此闭口不敢言政事。(朕)每想到这种情况,没有不深深叹息的。所以(朕)前次下诏说如果有人敢于直言进谏,不要将他们拒之门外,这样也许能够启发蒙昧、补救过失,以保住一国之君的显赫地位。出纳王命的国家重臣、贤士,应当深刻体会朕的这一用心,务求使下情无保留地上达,即使进言有不够完善之处,而其用心都在于尽忠效力,就不可以求全责备。即使文辞有谬误,议论有缺失,都应当以开明的态度予以宽容。古人尚能做到不拒绝诽谤之言,何况(现在这些进言)都是善意的、值得采纳的谏议呢!最近,孔晁、綦毋和二人,经查究,皆定为轻慢之罪。之所以(朕)都给予原谅,就是想让天下臣民知道,我朝没有什么言辞的忌讳。又每次有人陈述政事,就直接交付主管官员。主管官员是负责处理具体事务的核心人物,因此身处这一职位,往往评判标准苛刻严峻,至于说施恩、宽恕之事,应由皇帝做出决定。(将上书)交付宫外的主管官员(本意是要他们负起责任),难道是要放纵他们去苛刻严峻地对待提出建议的人士,并以此来信任他们吗?所以再次借这件事来表明朕的心意。"傅玄(后来)升迁为侍中。

任恺,字元褒,乐安郡人,官居侍中。任恺秉性忠直,能以国家社稷为己任。武帝非常器重他,并因此与他很亲近,朝廷大事多向他

执政,每裁抑之。充病之,后承间称恺忠公局正,宜在东宫,使保护太子。外假称扬,内斥远之。帝以为太子少傅,而侍中如故,充计画不行。会吏部尚书缺,好事者为充谋曰:"恺今总门下枢要,得与上亲接,宜启令典选,便得渐疏。此一都令史事耳,且九流难精,间隙易乘。"充即启,称恺才能宜在官人之职。世祖不疑充挟邪,而以选官势望,唯贤是任,即日用恺。恺既在尚书,侍觐转希。充与荀勖、冯紞,承间潛润,免官。恺受黜在家,充毁间得行,世祖情遂渐薄。然众论明恺为人,群共举恺为河南尹,甚得朝野称誉。而贾充朋党,日夜求恺小过,又讽有司,奏恺免官。后起为太常。不得志,遂以忧卒。

裴楷,字叔则,河东人也。为侍中。世祖尝问曰:"朕应天顺民,海内更始。天下风声,何得何失?"对曰:"陛下受命,四海承风,所以未比德于尧舜者,贾充之徒犹在朝也。夫逆取而慎守,汤武是也。今宜引天下贤人,与弘政道,不宜示之以私也。"

谘询。任恺憎恶贾充的为人，不想让贾充长期执政，常常排抑他，贾充（因而）十分忌恨任恺。后来（贾充）趁机在皇帝面前称赞任恺，说他忠诚为国，气度纯正，应当派往东宫来辅导护卫太子。从表面看这是称扬，其实是想排斥任恺，使他与皇上疏远。武帝遂任命任恺为太子少傅，但却仍担任侍中，贾充的计谋因而未能得逞。后来遇到吏部尚书的职位出现空缺，有好事者为贾充谋划说："任恺如今总揽门下省要职，可以和皇帝亲近来往，可启奏让其主管选拔官吏之事，这样他便会和皇帝逐渐疏远。（选拔官吏）不过是一个统领掌管文书官员的差使而已，而且官吏的人选来源复杂，难以审查清楚，容易找到攻击他的机会。"于是贾充当即启奏，说以任恺的才能，应该担任选任官吏的职务。武帝没有怀疑这是贾充的奸诈计谋，而认为选任官吏的职务位高望重，应唯贤是任，便当即任用了任恺。任恺成为吏部尚书后，侍奉和陪同武帝的机会渐渐稀少。贾充与荀勖、冯统一有机会便在武帝前不断说任恺的坏话，终于令他免官。任恺免官在家，贾充便更有机会毁谤、离间他。武帝对任恺的情谊逐渐淡薄。可朝中大臣多明了任恺的为人，大家一致推举任恺为河南尹。（他在职期间）很得朝廷内外的称赞。而贾充及其朋党，却日夜搜求任恺的小过失，又暗示主管部门奏请皇上罢免任恺河南尹的官职。后来朝廷起用任恺为太常，但是他始终不得志，最终在忧愤中死去。

裴楷，字叔则，河东郡人。官拜侍中。武帝曾经问他说："朕顺应天命民意，四海之内除旧布新。现在天下人是如何评价朕的功过得失的呢？"裴楷对答说："陛下承受天命，令政令、教化通行于天下。但是陛下的圣德之所以不能和古代圣王尧舜相比，就是因为有贾充之徒还在朝廷当权。说到以诸侯身分用武力夺取天下，而即位后偃武修文，法先圣，行仁义，走正道，商汤和周武王就是这样做

和峤,字长舆,汝南人也。迁侍中。峤见东宫不令,因侍坐曰:"皇太子有淳古之风,而季世多伪,恐不了陛下家事。"世祖默然。后与荀顗、荀勖同侍,世祖曰:"太子近入朝,差长进,卿可俱诣,粗及世事。"既奉诏而还,顗、勖并称皇太子明识弘雅,诚如明诏。峤曰:"圣质如初耳。"帝不悦而起。

峤以为国虽休明,终必丧乱。言及社稷,未尝不以储君为忧。或以告贾妃,妃衔之。愍怀建宫官,峤为太子少傅,太子朝西宫,峤从入。贾后使惠帝问峤曰:"卿昔谓我不了家事,今日定云何?"峤曰:"臣昔事先帝,曾有斯言。言之不效,国之福也。臣敢逃其罪乎?"

郗诜,字广基,济阴人也。举贤良对策,曰:"臣窃观乎古今,而考其美恶。古人相与求贤,今人相与求爵,此风俗所以异流也。古之官人,君责之于上,臣举之于下,得其人有赏,失其人有罚,安得不求贤乎?今之官者,父兄营之,亲戚助之,有人事则通,无人事则塞,安得不求爵乎?贤苟求达,达在修道,穷在失义,故静以待之也。爵苟可求,得在进取,失在后

的。现在应该网罗天下的贤人,和他们一起弘扬正确的治国方略,而不应表现出偏私不公道。"

和峤,字长舆,汝南郡人,官至侍中。他看到东宫太子司马衷不聪慧,借着在皇帝身边陪侍时说道:"皇太子有敦厚古朴的风度,但衰微的时代风气多狡诈,恐怕太子不能办理好您的家事。"武帝听了此话沉默不语。后来和峤与荀顗、荀勖一同侍奉圣驾时,武帝说:"太子近来入朝,(我看他)略微有些长进。你们可以一起去看看他,粗略地谈论一下世事。"当他们奉诏见过太子回来,荀顗、荀勖两人都称太子见识高明。聪明高雅,的确和皇帝所说的一样。而和峤却说:"太子的资质还跟从前一样。"武帝听了很不高兴地起身(离去)。

和峤认为国家当前虽然还算太平清明,但终究不免会陷于动乱。每谈到国家社稷,没有不为太子(不聪慧)的事情而忧虑的。有人把这个情况告知贾妃,贾妃怀恨在心。太子司马衷继位后,为愍怀太子司马遹设置东宫官员,和峤被命为太子少傅。(愍怀)太子去西宫朝见时,和峤也跟着一起入宫。贾后让惠帝质问和峤说:"你以前说我不能办理好家事,今天你有什么话说?"和峤回答说:"臣当年事奉先帝时曾说过这句话。我所说过的话没有应验,是国家的福气。臣怎敢逃避说这话的罪责呢!"

郄诜,字广基,济阴郡人。他被推举为贤良正直之士,在应诏对策中说:"臣私下里观察古今政事,考察其好坏,发现古人彼此交好是为了求贤才,今人彼此交好是为了求官爵,这是古今风气之所以不同的原因啊。古时候任用官员,君主在上面提出(选拔的)要求,臣子在下面保举推荐,所举荐的人得当就奖赏举荐者,所举荐的人失当就处罚举荐者。这样臣子们能不去访求贤人吗?而今天任用官员,父

时,故动以要之也。天地不能顿为寒暑,人主亦不能顿为治乱,故寒暑渐于春秋,治乱起于得失。当今之世,官者无关梁,邪门启矣;朝廷不责贤,正路塞矣。所谓责贤,使之相举也;所谓关梁,使之相保也。贤不举则有咎,保不信亦有罚。有罚则有司莫不悚也,以求其才焉。今则不然。贪鄙窃位,不知谁升之者;虎兕出槛,不知谁可咎者。网漏吞舟,何以过此?虽圣思劳于夙夜,所使为政,恒得此属,欲化美俗平,亦俟河之清耳。"

为左丞,劾奏吏部尚书崔洪,洪曰:"我举却丞而还奏我,此为挽弩自射。"诜闻曰:"昔赵宣子任韩厥为司马,厥以军法戮宣子之仆,宣子谓诸大夫;可贺我矣,吾选厥也,任其事。崔侯为国举才,我以才见举,惟官是视,各明在公,何故斯言乃至于此。"洪闻之惭服。

亲兄弟设法为之钻营，亲戚们设法帮助，有了关系就能诸事顺利，没有关系就会事事受阻，这样大家怎能不努力谋求官爵呢？国家以求贤为准则，贤良的人如果想要求得通达，全在于修养自身道德，而困窘不通是在于自己有失道义，所以他们能够平静地等待时机。官位假如可以通过钻营而得到，那么抢在前面就能加官进爵，落在后面就没有机会，这样人们就会想尽办法到处跑官要官。天地不能一下子由寒冬变为暑夏，君主也不能一下子（把国家）由乱世变为治世。寒冬暑夏都是由春天和秋天变迁逐渐形成的，治世乱世都是由政事的得失而导致的。当今选任官员者不严格把关，不正之门就会开启；朝廷不能责令举荐贤人，入仕的正道就会阻塞。所谓责令举荐贤人，就是让官员互相举荐；所谓从严把关，就是让保举人和被荐人互相担保。贤人得不到推荐，官员就有罪过；举荐不实，官员也要受罚。有了处罚就会让负责的官员有恐惧之心，因而能够尽力求贤。今天的情况恰恰不是这样，贪婪鄙俗的人窃据了官位，却不知道是谁提拔任命了他们，这真好比老虎、犀牛跳出栅栏，不知道该追究谁的过错。法令疏漏，让大奸得以脱身，没什么比这更为有害的了。虽然当今圣上日夜忧思操劳，但所任用的为政者，常常是这一类人，如此而想教化淳美、世风公平，就像等待黄河水变清一样困难呀！"

郗诜后来做了左丞，曾上奏弹劾吏部尚书崔洪。崔洪说："是我推荐了郗诜，而他却回过头来弹劾我，这真是自己挽弓射自己啊！"郗诜听到这话后说："春秋时晋国的赵宣子曾任用韩厥为司马，而韩厥按军法处死了宣子的仆人。宣子却向诸大夫说：'你们可以祝贺我了，是我推荐韩厥，他做了司马且能胜任其职事。'崔大人为国家举荐人才，我以自己的才能被推荐，都是为了执行公务，各自都明白这是为公，何故私下说出这样的话来呢？"崔洪听到郗诜这番话，感到

荀勖，字公曾，颍阴人也。为中书鉴，加侍中。勖才学博览，有可观采，而性邪佞，与贾充、冯𬘭共相朋党。朝廷贤臣，心不能悦。任恺因机举充镇关中，世祖即诏遣之。勖谓𬘭曰："贾公远放，吾等失势，太子婚尚未定，若使充女为妃，则不营留而自停矣。"勖与𬘭伺世祖间，并称充女淑令，风姿绝世，若纳东宫，必能辅佐君子，有《关雎》后妃之德。遂成婚焉。

冯𬘭，字少胄，安平人也。稍迁左卫将军，承颜悦色，宠爱日隆。贾充、荀勖，并与之亲善。世祖诏治金墉，废贾妃，已定，𬘭与勖干没救请，故得不废。转侍中，世祖笃病得愈，𬘭与勖乃言于世祖曰："陛下前者病若不差，太子其废矣。齐王为百姓所归，公卿所仰，虽欲高让，其得免乎？宜遣还藩，以安社稷。"世祖纳之。

初谋伐吴，𬘭与充、勖共苦谏，世祖不纳，断从张华。吴平，𬘭内怀惭惧，疾华如雠。及华外镇，威德大著，朝论当征为尚书令。𬘭从容侍帝，论魏晋故事，因曰："臣常谓钟会之反，颇由太祖。"帝勃然曰："何言邪？"𬘭曰："臣以为，夫善

惭愧而敬服。

荀勖,字公曾,颖阴人。任中书鉴,兼任侍中。他才学渊博,文采可观,但心性奸邪伪善,与贾充、冯紞结为朋党,朝廷中的贤臣,心中(对他)很厌恶。任恺寻找机会荐举贾充(离开朝廷)镇守关中,武帝即诏命派遣贾充赴任。此时荀勖向冯紞说:"贾公如果远派外地,我们几个人会失去倚靠。趁太子司马衷还未订婚,如果能让贾充的女儿做太子妃,那就不用营谋而贾充自然会留在朝中了。"于是荀勖和冯紞就找了个机会,一齐向晋武帝司马炎称赞贾充的女儿贤慧美丽,风韵姿色,天下无双,若能与太子婚配,一定可以辅佐太子,实在有《关雎》中所称颂的后妃的贤德。就这样终于使太子与贾充的女儿成婚。(译者注:贾充的女儿后来成为有名的败家亡国的丑陋皇后。)

冯紞,字少胄,安平郡人。逐渐升官至左卫将军。他善于察言观色,迎合皇帝的心意,武帝对他的宠爱一天比一天加深。贾充、荀勖都和他亲善。武帝诏命整修皇家禁地金墉城,要废掉太子妃贾南风,此事已决定下来。冯紞和荀勖考虑日后利害得失,竭力挽救,因而贾妃没有被废。冯紞后转任侍中。(有一次)武帝大病痊愈,冯紞和荀勖遂向武帝进言说:"陛下之前的疾病如果不能好转,那么太子就可能要被废掉了。齐王司马攸一向为百姓所拥护,为公卿大臣所崇敬,即使齐王想推辞不做天子,在这种情况下,齐王能推得掉吗?现在应该送齐王回自己的藩国封地,以使国家安定。"武帝采纳了他们的意见。

当初,武帝准备伐吴,冯紞和贾充、荀勖一起苦心竭力地规劝。世祖不听其劝阻,并断然听从张华力主伐吴的意见。吴国被平灭后,冯紞心怀羞惭与恐惧,嫉恨张华如同仇人。等到张华外任镇守一方时,其声威与德行大为显著,朝议认为,应征召他回朝任尚书令。冯

御者，必识六辔盈缩之势；善治者，必审官方控带之宜。是故汉高八王，以宠过夷灭；光武诸将，以抑损克终。非上之人有仁暴之殊，在下者有愚智之异。盖抑扬与夺，使之然耳。钟会才见有限，而太祖奖诱太过，喜其谋猷，盛其名位，授以重势。故会自谓算无遗策，功在不赏，钤张跋扈，遂构凶逆耳。向令太祖录其小能，节以大礼，抑之以权势，纳之以轨度，则逆心无由而生，乱事无由而成。"世祖曰："然。"统稽首曰："愚臣之言，宜慎坚冰之渐，无令如会之徒，复致覆丧。"世祖曰："当今岂有会乎？"统曰："陛下谋谟之臣，著大功于天下，四海莫不闻知。据方镇、总戎马之任者，皆在陛下圣虑矣。"世祖默然。征张华为太常，寻免华官。

刘颂，字子雅，广陵人也。除淮南相，上疏曰："臣窃惟万载之事，理在二端。天下大器，一安难倾，一倾难正。故虑经后世者，必精目下之治，政安遗业，使数世赖之。若乃兼建诸侯而树藩屏，深根固蒂，则祚延无穷，可以比迹三代。如或当身之治，遗风余烈，不及后嗣，虽树亲戚，而成国之制不建。

統一次陪侍武帝，不慌不忙地谈论起魏晋的旧事，说道："臣常说，钟会的反叛，多半是由太祖（司马昭）造成的。"武帝听了大怒说："你说的是什么话！"冯紞回答说："臣认为善于驾驭车马的人，一定懂得驾驭车马的六条缰绳松紧的形势；善于治理国家的帝王，一定清楚为官之道和控制官员权位等事宜。所以汉高祖分封的八个异姓诸侯王，因过于荣宠而导致诛灭；光武皇帝驾前的几位将领，由于给以限制而能够善终。这不是做君主者有仁爱、残暴的区别，也非做臣子的有愚钝、聪敏的不同，是因为妥善运用限制、显扬、赐予、剥夺的手段，才使他们有这样的结局罢了。钟会其人，才能有限，而太祖对他的夸赞奖赏过多，因欣赏他的谋略，而提高他的名位，授以重权，故而导致钟会自以为他的策略无与伦比。他的功劳极大，张扬跋扈，终于造成了他反叛朝廷的罪恶。如果往昔太祖约束住他的小聪明，又以礼法对他加以节制，限制他的权力，使他进入正轨，那么他的叛逆之心就无法产生，叛乱之事也就无从生成了。"武帝说："你说得对！"冯紞又向武帝跪拜行礼说："对愚臣的这番话，圣上应该想想坚冰之渐的道理，不要让像钟会那样的人，再次扰乱天下。"武帝问："当今还有像钟会那样的人吗？"冯紞说："陛下驾前有出谋献策的臣子，他的大功显露于天下，国内无人不知，作为军事长官占据镇守一方，统领兵马之重任者，都在陛下考虑的范围之内呀！"武帝沉默不语，随即征召张华任太常官。不久，又免去了张华的官职。

刘颂，字子雅，广陵郡人，被任命为淮南王司马允的宰相。他向武帝上疏说："臣私下考虑国家绵延千秋万代的事情，道理在于两个方面。国家政权，一开始就安稳了便难以倾斜，一旦倾斜也便难以扶正。所以为后世长治久安考虑的君主，必然精心治理眼前的政务，把国家治理得太平安定，然后将这份不朽的基业传给子孙，使后世几

使夫后世独任智力。，以安大业，若未尽其理，虽经异时，忧责犹追在陛下，将如之何？愿陛下善当今之治，树不拔势，则天下无遗忧矣。

"夫圣明不世及，后嗣不必贤，此天理之常也。故善为天下者，任势而不任人。任势者诸侯是也，任人者郡县是也。郡县之治，小政理而大势危；诸侯牧民，近多违而远虑固。圣王推终始之弊，权轻重之理，苞彼小违，以据大安，然后足以藩固内外，维镇九服。

"夫武王，圣主也；成王，贤嗣也。然武王不恃成王之贤，而广封建者，虑经无穷也。且善言今者，必有以验之于古。唐虞以前，书文残缺，其事难详。至于三代，则并建明德，及兴王之显亲，开国承家，以藩屏帝室，延祚久长，近者五六百

代人都能够有所依赖。若能同时建立诸侯国,树立保护中央政府的屏障,使国家的基业根深蒂固,就可使国运延续无穷,其政绩可以和夏、商、周三代相比。如果只考虑本代君主自身的安定,那么他所遗留下来的风教和功业,就不能让后代继承下去。这样的执政,虽然也培植了皇室的宗亲,但因为建立诸侯国的制度没有创立,从而使后世继位的君主只能凭借自身的才智和勇力来安定统治大业。如果后世子孙没能如理如法地统治国家(从而造成国家政权的倾覆),虽然那是很久以后才发生的事情,但是追究起覆灭国家之责任,还是会追算到陛下您的头上的。(果然如此)该怎么办呢?希望陛下能够完善当今的治国方略,树立起坚不可摧的国势,那么就不会为天下留下忧患了。"

"圣德英明不会世代相传,继承大统的国君不一定都是贤明的人,这是自然的规律。所以善于治理天下的君主,都是仰仗牢固的立国根基而不是倚靠个人的聪明才智。所谓确立牢固的立国根基便是指建立诸侯国,所谓凭借个人的聪明才智便是指设立郡县。以郡县制来治国,可以明察处理好小事而国家的大势则不稳固;以分封诸侯(的方式)来管理民众,眼前看来会有很多违背中央朝廷的情况出现,但从长远考虑会使中央朝廷更加稳固。圣明的君主思考事情整体的利弊,衡量是非轻重的道理,他会包容(诸侯国)一些小的违背朝廷的事情,而求得全局的安定,然后就足以巩固国家内外,使远近各个地区都拥护中央了。"

"周武王是一位圣明的君主,周成王是一位贤明的继承者,可是武王不倚仗成王的贤明,仍然大量封立诸侯国,就是因为他考虑到国家的长治久安。再说,善于谈论当前情形的人,必然是从古人的做法中求得了验证。唐尧、虞舜以前,文献残缺,那时候的事难以详

岁,远者延将千载。

"逮至秦氏,罢侯置守,子弟不分尺土,孤立无辅,二世而亡。汉承周秦之后,杂而用之,前后二代,各二百余年。揆其封建,虽制度舛错,不尽事中,然迹其衰亡,恒在同姓失职,诸侯微时,不在强盛也。昔吕氏作乱,幸赖齐代之援,以宁社稷;七国叛逆,梁王捍之,卒弭其难。自是之后,威权削夺,诸侯止食租俸,甚者至乘牛车,是以王莽得擅本朝,遂其奸谋,倾荡天下,毒流生灵。

"光武绍起,虽封树子弟,而不建成国之制,祚亦不延。魏氏承之,圈闭亲戚,幽囚子弟,是以神器速倾。天命移在陛下,长短之应,祸福之征,可见于此矣。然则建邦苟尽其理,则无向不可。故曰:'为社稷计,莫若建国。'夫邪正逆顺者,人心之所繋服也。今之建置,审量事势,使君乐其国,臣荣其朝,各流福祚,传之无穷。上下一心,爱国如家,视人如子,然后能保荷天禄,兼翼王室。今诸王裂土,皆兼于古之诸侯,而君贱

知。至于夏、商、周这三代，(帝王们)都树立起了光明美好的德行，同时又选用王室显贵，(分封到不同的地方)建立诸侯国以继承国家大业，来捍卫中央朝廷的安定，从而国运长久，短的有五六百年，长的将近千年。"

"到了秦朝，废弃了诸侯立国管理地方(的做法)，而在地方设立郡和县作为行政机构，皇室子弟没有分封尺寸土地，王朝因此孤立而没有诸侯作为辅佐，传位二世就亡国了。周和秦两代之后是汉朝，汉朝将封建制和郡县制混杂在一起使用，西汉和东汉两代，国运各二百余年。(臣)考量(汉代的)封建制度，(发现)尽管这个制度也存在错乱的地方，不能做到处处恰当，但是考查一下汉朝的衰亡，问题都出在同姓诸侯不能保卫国家，诸侯势卑力微之时，而不是诸侯强大兴盛之时。以前外戚吕氏作乱，幸亏依靠齐国、代国诸侯王的援助，才使得汉朝刘氏江山安定下来。(后来)七国叛乱，梁王(刘武)捍卫朝廷，终于平定了这一场灾难。从那以后，诸侯王的权力和威势被削夺，只能靠征收郡国租税以为生计，有的甚至穷困到只能乘坐牛车的地步。因此王莽才得以独揽朝政，实现了他篡逆的奸谋，并导致天下分崩离析，生灵涂炭。"

"东汉光武帝刘秀承继汉统，虽然名义上也分封子弟为诸侯王，但是由于没有建立起分封诸侯王国的制度，国运也没有延续多久。曹魏继承汉室天下，限制宗室，囚禁子弟，因而皇权迅速垮台，天命转移到陛下这里。国运的长短、祸福的征兆，都可以从这些历史事实中看出来。既然这样，那么，建立国家政权如果能够符合治国安邦的道理，那就没有什么办不成的。所以说，为国家社稷考虑，没什么比建立诸侯国更为重要的了。国家治理得是偏邪还是中正，百姓对君王是拂逆还是顺从，这都取决于人心的向背。今天(如果)建立(诸

其爵,臣耻其位,莫有安志,其故何也?法同郡县,无成国之制故也。今之建置,宜使率由旧章,一如古典。然人心系常,不累十年,好恶未改,情愿未移。臣之愚虑,以为宜早创大制,迟回众望,犹在十年之外,然后能令君臣各安其位,荣其所蒙,上下相持,用成藩辅。如今之为,适足以亏天府之藏,徒弃谷帛之资,无补镇国卫土之势也。

"古者封建既定,各有其国。后虽王之子孙,无复尺土,此今事之必不行者也。若推亲疏,转有所废,以有所树,则是郡县之职,非建国之制也。今宜豫开此地,使亲疏远近,不错其宜,然后可以永安。然于古典所应有者,悉立其制,然非急所须,渐而备之,不得顿设也。须车甲器械既具,群臣乃服彩章;仓廪已实,乃营宫室;百姓已足,乃备官司;境内充实,乃作礼乐。唯宗庙社稷则先建之。至境内之政,官人用才,自非内史国相,命于天子,其余众职及死生之断、谷帛资实、庆赏

侯国），应该审时度势，使诸侯国的国君能够以他的封国为乐，（诸侯的）臣子能够以在（诸侯国的）朝廷上做官为荣，使他们能够将各自的福祉传给后代子孙，无穷无尽。上下同心协力，爱国如家，视民如子，这样就能够使上天赐的福禄得以保持，并辅助护持中央王朝。今天各诸侯王分封土地，都和古代诸侯相似，但诸侯国君却轻视他们的爵位，诸侯国的臣子也不满于他们的官职，没有一个人安心的，这是什么缘故呢？那是由于法规体系来自于郡县制度，没有建立诸侯国立国运作的一套成规的缘故。今天建立（诸侯王国），应该遵循旧有的章程，完全像古代的做法那样。但人心不容易改变，不经历十年之久，人们喜好与厌恶的心理取向是不会改变和转移的。依微臣的愚见，应该及早创建（诸侯立国的）国家大法。即便这样，众人心理上对它的接受，还要花费十多年的时间，然后才能够使（诸侯国的）君臣各安其位，对自己的所得而感到荣耀，上下互相扶持，最终收到辅助（王室的）效果。今天的所作所为，只不过是在亏空国库的储备，白白浪费掉粮食和布帛等物资，却无助于形成镇守国家保卫国土的国势。"

"古时候，封邦建国既经确立，诸侯便各自拥有了自己的国家。可是到了后来，即使是帝王的子孙，也连一尺的封土都没有。这是今天施行诸侯封建制度一定不能做的事情。如果按照亲疏关系来分封诸侯，转眼之间就废除一个封地，把它分给新树的子弟，那是郡县制的方式，绝非分封诸侯国的制度。当今应该预先开列出诸侯国的封地，使亲疏远近合宜，然后就可以得到永久的安定。虽然按古代典章规定所应有的制度都要确立起来，但是如果不是急需的（制度），应该逐渐完善，不可以一下子建立起来。须将诸侯国的车甲器械配备齐全后，诸侯国内群臣方可以穿戴有彩色图案的衣服；仓廪存粮

刑威,非封爵者,悉得专之。

周之建侯,长享其国,与王者并,远者延将千载,近者犹数百年。汉之诸王传祚,暨至曾玄。人性不甚相远,古今一揆,而短长甚违,其故何邪?立意本殊,而制不同故也。周之封建,使国重于君,公侯之身,轻于社稷。故无道之君,不免诛放。敦兴灭继绝之义,故国祚不泯。不免诛放,则群后思惧,胤嗣必继,是无亡国也。诸侯思惧,然后轨道。下无亡国,天子乘之,理势自安,此周室所以长存也。

"汉之树置,君国轻重不殊,故诸王失度,陷于罪戮,国遂以亡;不崇兴灭继绝之序,故下无固国。天子居上,势孤无辅,故奸臣擅朝,易倾大业。今宜反汉之弊,修周旧迹,国君虽或失道,陷于诛绝,又无子应除,苟有始封支胤,不问远近,必绍其祚。若无遗类,则虚建之,须皇子生,以继其统,然后建国无灭。又班固称,诸侯失国,亦由网密。今又宜都宽

充实后,才可营建宫室;百姓生活富足,便可设置有关官吏;国内经济基础充实巩固了,方可着手进行礼乐建设。只有宗庙社稷首先要建设好,至于国境内的政务,封官用人,除了诸侯王身边的内史和国相要由天子任命以外,其余众多官职(的任免)以及生杀决断、谷帛财物、赏赐刑罚,如果不是与封爵有关的事,都应该让诸侯国自行决定。"

"周代建立的诸侯,长久享有他们的封国,其国运的延续与周王室是一样的。有的诸侯国存在的时间长达千年,短的也有数百年。汉代的诸侯王,封国的国运只传到曾孙或玄孙辈。人性相差并不很远,古时和今时没什么不同,可是享国的长短却相差甚大,这究竟是什么原因呢?那是由于汉朝和周朝建立诸侯国的用意本来就不同,于是所定的制度便有所不同啊。周代实行的封建制,封国的地位重于诸侯王的王位,公侯的身家性命轻于社稷,所以无道昏君免不了被诛杀或流放,(由于)崇尚兴灭继绝的道义,所以国运不灭。君王免不了被诛杀或逐放,这样则诸侯国国君就会有恐惧和警醒,子孙才可以继承国祚,所以就不会发生亡国的事情。诸侯感到畏惧,就会按照礼法行事。诸侯国没有亡国的危险,天子凭借他们,天下情势自然也就安定,这就是周王室所以能够长期存在的原因啊。"

"汉代建立的诸侯制度,君主和封国的轻重没有区别,所以当诸侯不守法度,以致犯罪而遭到杀戮时,封国也就随之灭亡。(由于)汉朝不遵循兴灭国、继绝世的礼序,所以下面不会有稳固的诸侯国。天子高高在上,孤立无援,因而使奸臣在朝廷中玩弄权力,很容易倾覆国家大业。现在应该吸取历史教训,摈除汉代建制的弊端,恢复周朝的旧制。诸侯王如果失去道义而遭致诛杀,又没有了嗣可以世袭其封国时,假使还有支族旁系,不论其关系的远近,一定要让

其检。且建侯之理，本经盛衰。虑关强弱，则天下同忿，并力诛之。大制都邑，班之群后，著誓丹青，书之玉板，藏之金匮，置诸宗庙，副在有司。寡弱小国，犹不可危，岂况万乘之主？承难倾之邦，而加其上，则自然永久。故臣愿陛下置天下于自安之地，寄大业于固成之势，则可以无遗忧矣。

"今阎闾少名士，官司无高能，其故何也？清议不肃，人不立德，行在取容，故无名士；下不专局，又无考课，吏不竭节，故无高能。无高能，则有疾世事；少名士，则后进无准。故臣思立吏课而肃清议也。天下至大，万事至众，人君至少，同于天日，故非垂听所得周览。是以圣王之治，执要而已，委务于下，而不以事自婴也。分职既定，无所与焉。非惮日侧之勤，而牵于逸豫之虞，诚以治体宜然，事势致之也。何则？夫造创谋始，逆睹是非，以别能否，甚难察也；既以施行，因其成败，以分功罪，甚易识也。易识在考终，难察在造始。故人君恒居其易则治，人臣不处其难则乱。今人主恒能居易执要，以御其下，然后人臣功罪，形于成败之征，无所逃其诛赏，故罪不可

其继承封国。如果连这些人也没有，就预先立一个诸侯名位，等到皇子出生，再来继承其国统，这样所设置的诸侯国就不会灭绝。再者，班固曾经说过：'诸侯之所以失国，是由于管束太严密。'那现在就应该放宽对诸侯国的限制。再者，（按照）封侯建国的常理来说，（各诸侯国的国运）本来就会经历盛衰。若考虑到会有诸侯国倚强凌弱，那么面对这种现象大家要同仇敌忾，合力讨伐它，同时要大力加强各诸侯国都城的设防。（要把这个公约）昭告给各诸侯国君，把誓词记录在史籍里，刻在玉版上，藏在金匮中，放在宗庙里，副本交给主管的职官备案。这样的话，即使是寡弱的小国，都是不可动摇的，何况万乘之君的天子，秉承难以倾覆的邦国，而君临于诸侯王国之上，那自然是能够永久平安的。所以臣希望陛下把天下建立在安全的基础上，把国家政权寄托在牢固的立国根基上，那就可以不再有隐忧遗患了。"

"当今地方乡里缺少名士，官府中没有才能杰出的人，其原因何在呢？那是由于朝廷清议不够严肃（公正），人们不重视树立自身的德业，一举一动都曲从讨好，取悦于人，所以就缺少名士。下边官吏不能专司其责，加之又无考核制度，具体办事的小吏不能尽心竭力，所以就不会有能力杰出的官员出现。没有很能办事的官吏，就会有害于政事的处理。缺少名士，则后继的官员、士人就没有可以效法的标准。因此，臣想当务之急就在于设立完备的官吏考核管理制度，并端肃朝廷清议。天下很大，人多事多，人君却最少（只有一个），如同天空的太阳。所以，即使多方听取下边的意见，也未必能体察周全。因此圣明的君王治理国家，要抓住关键，而把具体事务委托给下边的臣子去办理，不要让自己纠缠于繁杂的事务之中。百官的职分已定，（皇帝）就不必亲自参与具体的工作。这不是惧怕太阳偏西时仍在勤

蔽，功不可诬。功不可诬，则能者劝；罪不可蔽，则违慢日肃。此为治之大略也。

"天下至大，非垂听所周，又精始难校，考终易明。今人主不委事仰成，而与诸下共造事始，则功罪难分，能否不别。陛下纵未得尽仰成之理，都委务于下，至如今事应奏御者，蠲除不急，使要事得精，可三分之二。今亲掌者，受成于上，上之所失，不得复以罪下，岁终。事功不建，不知所责也。

政工作，以及总想着安逸快乐，而的确是治理国家本应该如此，是情势所必须。为什么呢？因为刚开始开创事业、谋划考虑时，想要看清楚是非，以区别（情势）能否（做成），这是很难辨别出来的。等到事情已然施行，按其成败来定其功过，这就很容易分辨。容易分辨是因为事情已经结束了再来考察，难以明察是因为事情刚刚开始（一切都不明朗）。所以，君主一直处于这种'易识'的状态，那么天下就能够得到大治；臣子如果不能身处这种'难察'的境地（尽心办事），那么天下就一定会混乱。现在君主若能够在这种'易识'的状态下抓住执政的纲要，统驭群臣，然后臣子的功和过，就会在政事成败的结果出现时自然显现出来，故而无法逃脱赏罚。因此，臣子的罪过就无法掩蔽，而他们的功劳也不会委屈埋没。功劳不会遭到诬陷埋没，则有才能的人就会尽力（为国效力）；罪过无法遮掩，那么违抗怠慢、办事不力的情况就会渐渐肃清。这就是治理国家的大要。"

"天下这么大，并不是俯身倾听下边的意见就可以事事周全。并且创业之初的情况很难考察得细致精密，而查看事情的最终结果就很容易明白。当今的君主不能（抓住执政的纲要）把繁杂的事务交托给臣下办理从而坐等事情的成功，反而要与群臣一起在事情刚刚开始时共同谋划，这样就使得功劳和罪过很难区分，而官员本身的贤能与否也难以辨别了。陛下纵然不能尽得坐享其成之理，不能将具体事务都委托到下边大臣处办理，到如今，也要在需要上奏皇帝的事情中，事先免除那些不紧急的奏疏，使（需要皇帝亲自处理的）紧要的事情得到精简，这样陛下的政务就减到三分之二了。而今亲自做事的人，是接受了上边的指令而照章办事，上边若有过失，就不能再罪责办事的官员了。这样到了年终，事务不能完成，功业无法建立，其责任也不知道由谁来负。"

"夫鉴司以法举罪,狱官案劾尽实,法吏据辞守文,大较虽同,然至于施用,鉴司与夫法狱,体宜小异:狱官唯实,法吏唯文,鉴司则欲举大而略小。何则?夫细过微阙、谬妄之失,此人情之所必有,而悉纠以法,则朝野无全人。此所谓欲治而反乱者也。是以善为治者,纲举而网疏。纲举则所罗者广,网疏则小罪必漏。所罗者广,则大罪不纵,则甚泰必刑;微过必漏,则为政不苛。甚泰必刑,然后犯治必塞。此为治之要也。

"而自近世以来,为鉴司者,类大纲不振,而网甚密。网甚密,则微过必举。微过人情所必有,而不足以害治,举之则微而益乱。大纲不振,则豪强横肆,豪强横肆,则平民失职。此错所急,而倒所务之由也,非徒无益于治体,清议乃由此益伤。古人有言曰:'君子之过,如日之蚀焉。'又曰:'过而能改。'又曰:'不贰过。'凡此数者,是贤人君子不能无过之言也。苟不至于害治,则皆天网之所漏也。所犯在甚泰,然后王诛所必加,此举罪浅深之大例也。故君子得全美以善事,不善者必夷戮警众,此为治诛赦之准式也。凡举过弹违,将以肃风论而整世教。今举小过,清议益颓。是以圣王深识人情而达治体,故其称曰:'不以一眚掩大德。'又曰:'赦小过,举贤

"鉴司官员依法检举罪行，狱官调查案件实情，法吏根据诉讼的供词中所陈述的事实处理案件，这些事情虽然大致上都一样，然而到了执行的时候，鉴司和法吏、狱官在具体做法上还是应该稍有区别。狱官主要考虑事实方面的问题，法吏主要考虑文案方面的事情，鉴司则应该检举大过而忽略小过。这是为什么呢？那是由于小过失、小缺点以及小错误，都是人们难免会犯的，如果都要绳之以法，那么朝野就不会有无罪过的人了，这就是所谓想把国家治理好却反而使国家遭致混乱的做法啊。因此那些善于治理国家的人，会抓住纲目要领而让法网稀疏一些。能够抓住总纲，那么它的涉及面就很广，而法网稀疏则小过失就得以忽略。涉及面广，则大的罪过不会得到纵容，重罪大过必然会依法得到处置。小的疏忽过失则得到忽略，那么为政就不会苛刻；大罪一定会得到惩处，则违法乱纪的行为就难以为继。这就是治理国家的关键啊。"

"可是近年来，担任鉴司官职的人，大多不能抓好总纲，却将法网做得很严密。法网严密，那么小过错必然会被检举出来。犯小过本是难免的事情，它不会危害到国家的统治。如果抓住小事不放，这些小问题就会一步步地扰乱国事。治国的大纲抓不住，那么豪强就会肆意横行。豪强肆意横行，平民就会流离失所。这是不明了事物的关键所在而本末倒置造成的。这样做的结果，不仅对治国的纲领和法度没有帮助，朝廷清议也会由此受到误导。古人曾经说过：'君子所犯的过失，就好像太阳发生了日蚀。'又说：'过失能够改正（就是大善）。'又说：'不犯同样的过错。'以上种种说法，都是为了说明即使贤人君子也是免不了犯错的。假若过失不至于危害到国家的治理，那么这些过失就都是应该为法网所忽略的。如果所犯罪过很大，那么王法就一定会加以诛灭。这是检举罪行的通则。这样，君子就因为

才。'又曰:'无求备于一人。'故冕而前旒,充纩塞耳,意在去苛察、举甚泰。善恶之报,必取其尤,然后简而不漏。大罪必诛,法禁易全也。今则当小罪甚察,而时不加治者,明小罪非乱治之奸也。害治在犯尤,而谨搜微过,何异放兕豹于公路,而禁鼠盗于隅隙。时政所失,少有此类。陛下宜反而求之,乃得所务也。"

江统,字应元,陈留人也。除山阴令。时关陇屡为氐羌所扰,牧守沦没,黎庶涂炭,孟观西讨,生禽齐万年,群氐死散。统深惟四夷乱华,宜杜其萌,乃作《徙戎论》,其辞曰:"夫蛮夷戎狄,谓之四海。九服之制,地在要荒。春秋之义,内诸夏而外夷狄。以其言语不通,法俗诡异,或居绝域之外、山河之表,与中国壤断土隔,不相侵涉,赋役不及,正朔不加,其性气贪婪,凶悍不仁。四夷之中,戎狄为甚,弱则畏服,强则侵叛。虽有贤圣之世、大德之君。,咸未能以道化率导,而以恩德柔

他的善行而得以保全，为恶不善的人必定要遭到诛杀的处罚，以此警戒大众。这是为政者决定惩罚或赦免的准则。大凡检举过错、弹劾违法的人或事，其目的是为了整肃社会舆论、整顿世俗教化。可是如今却总是追究小的过失，从而造成社会舆论和风气的日益败坏。因此圣王都深刻明了人之常情，并而通晓为政之道，所以他说：'不要因小的过错来掩盖大的德行。'又说：'原谅小的过错，任用有贤德的人才。'又说：'对于一个人不能求全责备。'因此，帝王戴的冠冕前后都悬挂着珠帘，冠冕两旁都有绵制饰物，用以塞住耳朵，其用意就是远离对于臣下的苛刻考察，只抓重大的事情。对臣子善行恶行的处置，必须抓住最重要的，然后才能做到简明而没有遗漏。犯有大罪的人必被诛杀，刑法和禁令就容易保全了。现今对于小罪过分地纠缠，而国家却没有因此被治理得更好，这表明小罪不是造成社会混乱的主要原因。危害天下安定的，主要在于大罪。如果只是严格地搜求小过，这与把犀牛和豹子一类的猛兽放到大路上，却严禁老鼠在角落狭小处偷食东西有什么区别呢？国政的失误，少有这样的情况啊。所以陛下应采取相反的做法，才会达到天下大治的目标。"

　　江统，字应元，陈留郡人，官拜华阴县令。（惠帝司马衷）时，关陇地区多次遭到氐族、羌族的侵扰，地方官吏被害，百姓生活苦不堪言。孟观率军西讨，生擒了（氐帅）齐万年，氐族众军旅溃败逃散。江统深感四夷乱华，应该防患于未然，于是作了一篇《徙戎论》，文章说："蛮、夷、戎、狄（所居之处），称作四海，在京城以外的九等地区里，他们所占据的地方最为边远。春秋时期的做法是将诸侯封国作为内部地区，夷狄外族为外围地区。这是因为夷狄和内地人民语言不通，他们的风俗习惯也非常怪异。有的远居边境之外、高山大河险峻之处，和中原地区山水相隔，因而与中原互不侵犯，不向朝廷

怀也。当其强也,以殷之高宗,而惫于鬼方;有周文王,而患昆夷猃狁;高祖困于白登,孝文军于霸上。及其弱也,周公来九译之贡;中宗纳单于之朝。以元成之微,而犹四夷宾服,此其已然之效也。故匈奴求守边塞,而侯应陈其不可;单于屈膝未央,望之议以不臣。是以有道之君牧夷狄也,唯以待之有备,御之有常,虽稽颡执贽,而边城不弛固守。为寇贼强暴,而兵甲不加远征,期令境内获安、疆场不侵而已。及至周室失统,诸侯专征,以大兼小,转相残灭,封疆不固,而利害异心,戎狄乘间,得入中国。或招诱安抚,以为己用。故申缯之祸,颠覆宗周;襄公要秦,遽兴姜戎;义渠大荔,居秦晋之域;陆浑阴戎,据伊洛之间;搜瞒之属,侵入齐宋;陵虐邢卫。南夷与北夷,交侵中国,不绝若线。始皇之并天下也,南兼百越,北走匈奴,当时中国,无复四夷矣。

交纳赋税,提供劳力,王朝使用的历法在他们那里也不被采用。这些民族的人生性贪婪,脾气凶暴,无仁厚之德。四夷之中,以戎狄二族最为凶狠不仁。他们势力衰弱了就敬畏朝廷,表示归服,强盛了就会侵略中原,反叛朝廷。即使是盛世明君,都未能以道德风化来感化和统领他们,而只能以给予恩惠的方式加以笼络和安抚。当他们强盛的时候,以殷代高宗(的圣德,依然)被西北边境的鬼方族弄得疲乏困顿,周朝的文王,也被昆夷和狻狁部族弄得忧心忡忡,汉高祖刘邦被(匈奴)围困在(平城的)白登山,汉文帝(因防守匈奴入侵而)屯军于霸上。当他们衰弱的时候(就归附朝廷),周公曾接纳过远方少数民族的朝贡,汉宣帝接受过匈奴单于的朝贺,就是汉元帝和汉成帝时,虽然国运衰微,但是四夷还能归顺于汉朝。这些都是既成的事实啊。所以(西汉时)匈奴要求守卫边塞,郎中侯应陈说此事不可行,匈奴单于到未央宫跪拜(和亲),萧望之议论说匈奴不会臣服。因此大凡有道的君王统御夷狄,只会对他们常加戒备,保持防御。即使他们低头称臣,进献贡奉,也依然不会放松对边塞的军事守卫。这都是因为寇贼强暴,不宜劳师远征,只期望做到国内安定,边境不受侵犯就行了。等到周王朝纲纪散坏之时,各诸侯国相互之间擅自进行征伐,大国兼并小国,进而互相残杀、毁灭,致使国家无法保有疆土,各诸侯内心考虑的利害关系也不一致。结果使戎狄统治者钻了空子,得以入侵中原。有的诸侯国对他们招降安抚,以为己用。故而造成了申侯请求缯国与犬戎(两个边远异族)来攻伐周幽王的祸乱,继而颠覆了西周王室。晋襄公想攻打秦国,于是招来了姜戎兴兵犯境。(自此之后)义渠、大荔两个部族杂居在秦、晋诸侯国境以内,陆浑、阴戎两个戎族占据了伊水、洛水之间,搜瞒侵入到齐、宋两国,欺压凌辱邢、卫等诸侯国。南方少数民族和北方少数民

"汉兴而都长安,宗周丰镐之旧也。及至莽之败,西都荒毁,百姓流亡。建武中,以马援领陇西太守,讨叛羌,徙其余种于关中,居冯翊、河东空地,而与华民杂处。数岁之后,族类繁息,既恃其肥强,且苦汉民侵之。永初之元,骑都尉王弘使西域,发调羌氏,以为行卫。于是群羌奔骇,互相扇动,二州之戎,一时俱发,覆没将守,屠破城邑。诸戎遂炽,至于南入蜀汉,东掠赵魏,唐突轵关,侵及河内。十年之中,夷夏俱弊。此所以为害深重,累年不定者,虽由御者之无方,将非其才,亦岂不以寇发心腹,害起肘腋,疾笃难疗,疮大迟愈之故哉?自此之后,余烬不尽,小有际会,辄复侵叛。雍州之戎,常为国患,中世之寇,唯此为大。汉末之乱,关中残灭。魏兴之初,与蜀分隔,疆场之戎,一彼一此。魏武皇帝遂徙武都之种于秦川,欲以弱寇疆国,捍御蜀虏,此盖权宜之计,一时之势,非所以保境安民,为万世之利也。今者当之,已受其弊矣。

"夫关中土沃物丰,厥田上上,帝王之都,未闻戎狄宜

族交相侵犯中原，中原危在旦夕。（后来）秦始皇统一了天下，在南方兼并了百越，在北边赶走了匈奴，当时的中国，再没有四夷（的祸患）了。"

"汉朝兴起后，建都长安，这是西周的丰、镐故都。等到王莽篡汉失败，西京荒芜衰落，百姓流离失所。东汉光武帝建武年间，任马援为陇西太守，讨伐叛乱的羌族，迁徙他们剩余的族人到关中，使其居住在冯翊、河东空荒之地，和华族杂处。几年以后，随着羌族族类的繁衍，他们既依恃自身的身强力壮，同时又苦于常常受到当地汉人的侵夺。安帝刘祜永初元年，骑都尉王弘出使西域，调派羌、氐兵力来做护卫，于是羌族各部震惊奔走串连，互相煽动，冯翊、河东二州西羌部族一时都起而暴动，杀伤将士守兵，攻破并屠杀城邑。其他少数民族叛乱日盛，以至于南入蜀汉，东掠赵、魏地区，并进攻轵关，侵犯到河内地区。十年之中，夷狄汉人双方都疲惫不堪。造成这样严重的祸害，多年不得平定的原因，虽然有防御失策、用人不当等方面的因素，难道不也是由于寇贼从中原腹地发生，祸害由身边兴起，病重难以治疗，疮口太大迟迟不能愈合的缘故吗？从此以后，反叛的余烬一直无法熄灭，只要一有机会，他们就会起来侵犯叛乱。雍州的戎狄，常为国家之大患。汉代中期时，外患以此为甚。汉代末年，关中因为战乱而凋零破败。曹魏建国之初，魏国的领地与蜀国分隔，在战场上作战的戎族士兵，处处都有。魏武帝遂迁徙武都的戎族部落到秦川（今陕西中部地区），原想用这种办法来削弱敌寇力量以加强魏国的防御，抗拒蜀汉的侵犯。但是这只不过是应付当时的情势所采取的临时措施，并非保境安民、为千秋万代的福祉着想的万全之策啊。今天已经遭受到这一做法的害处了。"

"关中土地肥沃，物产丰饶，是上等的土地，自古为帝王之都，

在此土也。非我族类，其心必异。戎狄志体，不与华同。而因其衰弊，迁之畿服，吏民玩习，侮其轻弱，使其怨恨之气，毒于骨髓。至于蕃育众盛，则坐生其心，以贪悍之性，挟愤怒之情，候隙乘便，辄为横逆。而居封域之内，无障塞之隔，掩不备之民，收散野之积，故能为祸滋蔓，暴害不测，此必然之势、已验之事也。当今之宜，宜及兵威方盛，众事未罢，徙冯翊、北地、新平、安定界内诸羌，著先零、罕开、析支之地；徙扶风始平京兆之氐，出还陇右，著阴平、武都之界。各附本种，反其旧土，使属国抚夷，就安集之。戎晋不杂，并得其所，上合往古即叙之义，下为盛世永久之规。纵有猾夏之心，风尘之警，则绝远中国，隔阂山河，虽为寇暴，所害不广。是以充国、子明，能以数万之众，制群羌之命，有征无战，全军独克。虽有谋谟深计，庙胜远图，亦岂不以华夷异处，戎夏区别，要塞易守之故，得成其功哉。"

难者曰："方今关中之祸，暴兵二载，征戍之劳，老师十万，水旱之害，荐饥累荒。凶逆既戮，悔恶初附，且款且畏，咸怀危惧。百姓愁苦，异人同虑，望宁息之有期，若枯旱之思雨露。诚宜镇之以静默，而绥之以安豫。而子方欲作役起徒，

还未听说过戎狄应该居留在这里的。戎狄不是我们的同族,他们的存心必然和我们不一致,他们的风俗习惯与中原也不相同。如果趁着他们衰败,将他们迁徙到京畿地区,当地的官吏与百姓会习惯性地欺侮他们势单力孤,从而使他们怨恨之气如病毒般深入骨髓。等到他们繁育发展壮大起来时,不愿归顺的思想就会随之产生。以其贪婪强悍的性情,再加上愤怨的思想情绪,等到一有可趁的机会,往往就会作乱。再加上他们居处于疆域之内,没有障碍险塞的拦挡,(想要)突袭没有防备的老百姓,收存散落在民间的财物谷粮,那就太容易了。所以能够为非作歹,使祸患滋生蔓延,且难以预测。这是必然的形势,也是已经验证了的事实啊。当前应该做的事,是趁着国家军事力量强盛,政事方兴未艾之时,把冯翊、北地、新平、安定境内各部羌族,迁移到先零、罕汧、析支等地,把扶风、始平、京兆的氐族迁回陇右,安置到阴平、武都境内,让他们归附于各自民族,返回故土,让附属国安抚他们,让他们就地安定和睦地生活。这样戎狄与晋人不再杂处,且各得其所,上合乎古代所说的道义,下也为今日盛世定立了永久的规范。纵然他们有侵犯中原的想法,出现了兵乱的惊扰,但由于他们远离中原,山河阻隔,即使暴乱,造成的祸害也不大。所以,西汉的赵充国、冯子明,能以数万的兵力制服各羌族部属。(他们)做到有征无战,全军独能克敌制胜,固然是由于制定了深谋远虑的计策,朝廷作出了运筹帷幄的战略方针,但更是因为华夷异地而居,敌我各在一方,要塞易守难攻,才取得成功的!"

"有人可能会提出不同的意见来质问我说:'当前关中的祸患,(在于)用兵已经有两年,远行屯边劳苦,疲惫不堪的士兵有十万之众,加上水旱的自然灾害,造成了连年的饥荒。而凶暴的叛乱者已经受戮诛灭,悔悟的恶人开始归附。(他们)一边归顺一边担忧,都

兴功造事，使疲悴之众，徙自猜之寇，以无谷之民，迁乏食之虏，恐势尽力屈，绪业不卒，羌戎离散，心不可一，前害未及弭，而后变复横出矣。"答曰："羌戎狡猾，伤害牧守，连兵聚众，载离寒暑。而今异类瓦解，同种土崩，老幼系虏，丁壮降散。子以此等，为尚挟余资，悔恶反善，怀我德惠，而来柔附乎？将势穷道尽，智力俱困，惧我兵诛，以至于此乎？"曰："无有余力，势穷道尽故也。""然则我能制其短长之命，而令其进退由己矣。夫乐其业者，不易事；安其居者，无迁志。方其自疑危惧，畏怖促遽，可制以兵威，使之左右无违也。迨其死亡散流，故可遏迁远处，令其心不怀土也。夫圣贤之谋事，为之于未有，治之于未乱，道不著而平，德不显而成。其次则能转祸为福，因败为功，值困必济，遇否能通。今子遭弊事之终，而不图更制之始，爱易辙之勤，而得覆车之轨，何哉？且关中之民，百余万口，率其少多，戎狄居半，处之与迁，必须口实，若有穷乏，故当倾关中之谷，以全其生生之计，必无挤于沟壑，而不为侵掠之害也。今我迁之，传食而至，附其种族，自使相赡，而秦地之民得其半谷，此为济行者以廪粮，遗居者以积仓。宽关中之逼，去盗贼之原；除旦夕之损，建终年之益。若惮暂举之小劳，而遗累世之寇敌，非所谓能开物成务，创业垂统，崇基拓迹，谋及子孙者也。

怀着恐惧的心情。老百姓忧愁（生计问题），异族人同样担心这件事情，大家都希望安宁和平的日子早日到来，就像大旱中盼望雨露一般。现在真正应该做的事情是以宁静沉默的方式管理他们，以安宁快乐的生活安抚他们。而您在这时候却打算兴师动众，没事惹事，让疲惫憔悴的民众来驱赶本自猜疑的外族人，让无粮可吃的平民来迁徙少食挨饿的俘虏，（这样做）恐怕就算费尽了力气，事情也不会有好结果。羌戎在离散之中，人心的想法不统一，先前的伤害还没来得及消弭，恐怕又会惹来新的祸患。'我可以这样回答他：'羌戎狡猾，伤害我地方官员，联合兵力聚众闹事，历经几年都是如此。而今这些少数民族的部族纷纷土崩瓦解，老人和孩子被俘虏，青壮年或投降或流散，您以为他们这些人会带着自己那一点仅剩的财产，悔恶迁善，怀念朝廷的德泽恩惠，回过头来归服于朝廷吗？还是他们眼看自己要走上穷途末路，心智和体力都疲惫到了极点，害怕我方用兵诛灭他们，所以才来归顺朝廷的呢？答案一定是：这些外族是因为没有余力，自己到了穷途末路的地步，才来归顺朝廷的。正是因为如此，我们才能决定他们的生死，并依照自己的意愿让他们或进或退。如果人们喜欢自己所从事的事情，他们就不会随便改变，如果人们能够安住在自己的居所，他们就不会想着搬家。当他们自己感到危险恐惧，害怕大难临头时，就可以用武力迫其屈从，使他们归顺而不敢违抗。等到他们死亡流散，就可以迁徙到远处，让他们不再惦记当初的故土。说到圣贤之人的谋事，首先在于未雨绸缪，在动乱还未兴起时就着手治理，其道义并不显扬，但是却能够平定万物，圣德并未彰显，但是却能够成就万物。次一等的人谋事在于能够转祸为福，转败为胜，转困难为助力，转闭塞为通达。'而今您已经遭受弊政的危害，却不想将这个契机作为改变制度的开端，您喜欢改弦易辙，得到的

"并州之胡,本实匈奴桀恶之寇也。汉宣之世,冻馁残破,国内五裂,后合为二。呼韩邪遂衰弱孤危,不能自存,依阻塞下,委质柔服。建武中,南单于复求降附。于弥扶罗值世丧乱,遂乘釁而作,虏掠赵魏。寇至河南。建安中,又使右贤王去卑,诱质呼厨泉,听其部落散居六郡。咸熙之际,分为三率。泰始之初,又增为四。今五部之众,户至数万;人口之盛,过于西戎。然其天性骁勇,弓马便利,倍于氐羌,若有不虞风尘之虑,则并州之域,可为寒心。今晋民失职,犹或亡叛,犬马肥充,则有噬啮,况于夷狄,能不为变?但顾其微弱,势力

却是一条走向翻车的道路，这是为什么呢？且关中的老百姓有一百多万人，大概估计一下，戎狄要占到半数，让他们留下来住或者迁走，必须解决他们的吃饭问题。假如外族生计穷乏，那就应该拿出关中全部粮食，来保证他们能够生活下去，这样他们就不会因处于困厄之境而积聚在山沟，做些侵犯掠夺的恶事。现在我们把他们迁走，一路上要保证他们的饮食供应，以便最终能够让他们回到本民族的聚居地，使他们得到本族的照应。秦地（即上文所说的关中地区）的汉人则只取一半的粮食，（剩下的一半充公，以此）作为外族在迁徙路途上的资粮，这样留在关中地区的汉人（就能够因为人口少了一半而）粮仓中有了存粮。（合理地迁走外族）既缓解了关中的紧张局势，也杜绝了盗贼产生的源头。虽然暂时付出一些代价，但获得了长远的利益。如果害怕一时的劳烦，而给后世遗留下生生世世的敌寇之患，这绝对不是了解事物的规律而成就事业，开创长远的基业以传给子孙后代，奠定坚实的立国基础，为子孙后代着想而深谋远虑的做法啊。"

"并州地方的胡人，本来是匈奴族中最为凶悍的敌寇。西汉宣帝刘询时，他们过着饥寒交迫的穷困生活。当时他们原本的国家已经四分五裂，后来合并成两个集团，呼韩邪单于继而衰弱孤危，不能自保，于是依附在边塞附近，向汉王朝臣服投降。到东汉光武帝刘秀建武年间，南匈奴单于再次投降归附汉朝。到了于弥扶罗主持匈奴政权的时候，正值汉王朝内部发生祸乱，他便趁机作乱，抢掠赵、魏等地，侵犯到黄河以南的地区。到汉献帝刘协建安年间，（曹操）又使右贤王去卑（去卑是右贤王的名字）诱骗扣押了呼厨泉，听任他的部落散居在六个州郡。到二国魏元帝曹奂咸熙年间，这个部落分成三个部分。到本朝泰始初，又增加到四个。今天南匈奴拥有五个部分，

不陈耳。夫为邦者,患不在贫,而在不均;忧不在寡,而在不安。以四海之广,士民之富,岂须夷虏在内,然后取足哉!此等皆可申喻发遣,还其本域,慰彼羁旅怀土之思,释我华夏纤介之忧,惠此中国,以绥四方,德施永世,于计为长。"

陆机,字士衡,吴郡人也。为著作郎。孙盛《阳秋》载机《五等论》曰:"夫体国经野,先王所慎,创制垂基,思隆后业,然而经略不同,长世异术。五等之制,始于黄唐;郡县之治,创于秦汉。得失成败,备在典谟,是以其详可得而言。

"夫王者知帝业至重、天下至广。广不可以偏制,重不可以独任。任重必于借力,制广终乎因人。故设官分职,所以轻其任也;并建伍长,所以弘其制也。于是乎立其封疆之典,裁其亲疏之宜,使万国相维,以成盘石之固,宗庶杂居,以定维城之业。

总数达到了数万户,人口兴旺,超过了西戎。匈奴族天性骁勇善战,擅长骑射,(其军队行动作战)敏捷灵活,(战斗力)是氐羌族的两倍。一旦遇到料想不到的战事爆发,那么并州地方的处境,就会令人胆颤心惊。今天晋朝的百姓失去自己的生计时,尚且会逃亡反叛,狗、马等动物养得肥壮充实的时候,就会有啃咬争斗的情况发生,何况夷狄外族,能不作乱吗?只是现在鉴于他们力量微弱,还无法陈兵作乱而已。治理一个国家,所要忧虑的不在于普遍的贫穷而在于贫富的不均,不在于人口稀少而在人心不安。(如今我晋朝)幅员广阔,百姓生活富足,难道要把外族都安顿在国内,然后才叫做广有四海、国富民强吗?凡是夷狄外族,都可以发布命令遣送他们回到本土,抚慰他们出行在外、怀念故土的思乡之情,让我华夏民族再没有这种微小的忧虑。(执行这样的政策,才能)惠利中原地区,安抚四方边境,恩德泽被万世。这才是长治久安的国策啊。"

陆机,字士衡,吴郡人。官拜著作郎。孙盛所著《晋阳秋》中收录了陆机的《五等论》,论中说:"创建国家,管理国政,这是古代圣王非常慎重的事情。创立基业传给子孙,期望后世永远昌盛(这是圣王们共同的想法)。然而治国的谋略和统治的方法却不尽相同。五等之制,始于黄帝、尧帝的时代,郡县之治,创立于秦汉。(这两种制度的)得失成败,都记录在历史的档案文献中,因此可以据此详加谈论。

(古代圣明的)君王知道建立王朝、统治国家的责任非常重大,而天下疆土又非常广阔,因为疆土广阔所以不能够独自控制,因为任务重大所以不能由一个人来承担。任务重大必须借助其他的力量,治理广阔的疆土最终要靠众人来完成。所以设置官吏,分掌职务,以此来分担和减轻治国的重任。同时在诸侯国中建立伍长,来发扬光大分封制。于是,建立起封疆而治的制度,裁定了按照亲疏关系封侯建国的适当方法,(最终)使大小邦国相

"又有以见绥世之长御,识人情之大方,知其为人不如厚己,利物不如图身,安上在于悦下,为己在乎利人。

"是以分天下以厚乐,而己得与之同忧,飨天下以丰利,而己得与之共害。利博则恩笃,乐远则忧深,故诸侯享食土之实,万国受传世之祚。夫然,则南面之君,各务其治;九服之民,知有定主。上之子爱,于是乎生;下之礼信,于是乎结。世治足以敦风,道衰足以御暴。故强毅之国,不能擅一时之势;雄俊之民,无所寄霸王之志。然后国安由万邦之思治,主尊赖群后之图身。盖三代所以直道,四王所以垂业也。

"故世及之制,弊祸终乎七雄。昔者成汤亲照夏后之鉴,公旦目涉商人之式,文质相济,损益有物。然五等之礼,不革于时,封畛之制,有隆焉尔者,岂玩二王之祸,而暗经世之算乎?固知百世非可悬御,善制不能无弊,而侵弱之辱,愈于殄祀,土崩之困,痛于陵夷也。是以经始获其多福,虑终取其少祸。

互维系，成就如磐石般坚固的统治基础，让长子和庶子混杂居住，形成城市彼此相连以保卫国土的稳定的局面。

（同时，圣王）又知道安定天下的长久国策，以及识别事理人情的基本法则。（他们）知道想要为民众服务不如首先增益自己（的品德），想要利益万物不如首先修身。在上者想要地位稳固，关键在于使在下者悦服，要使自己受益，其根本在于利益别人。

因此与人分享快乐，才能使别人愿意与我分担忧愁，与人分享利益，才能使别人愿意和我分担损失。利益分享得越多则感恩之情越深厚，给予的欢乐越久远则为国分忧的心就越深沉。所以诸侯享受封邑租税的收入，王位世代相传。这样诸侯们各自致力于自己国土的管理，各诸侯国的百姓们知道自己有确定的君主，君主因此生出把百姓当作子女来爱护的心，百姓因此形成好礼守信之风。天下太平的时候，（这种治世之经略）足以使民风淳厚，王道衰败的时候，也能够以此抵御暴乱。所以威猛强大的诸侯国，无法仰仗一时的势力而擅权；雄武豪俊的人，也不敢妄图称王称霸。然后由于各诸侯国向往治世，所以国家得以安定；由于各诸侯国君励精图治，于是天子的地位得到尊崇。这就是夏商周三代能够保持统治之正道，禹、汤、文、武四位圣王能够将功业留传于后世的原因。

世袭制度，由于七雄相争而衰败。从前，成汤以夏朝为借鉴，周公旦以殷商为借鉴，（因此夏商周三代的）文质三统相辅相成，但在具体做法上（后世）会随时代变迁而有所调整。然分封五等爵位的礼制，却没有因时代的改变而变更。诸侯封疆而治的制度，（甚至比前代）更加的尊崇和兴盛。难道是他们轻视夏桀、殷纣的祸乱，不明了治理政事之谋略吗？（他们）当然知道百世的基业难以凭空实现，再好的制度也有不足之处。（但是）王室的权威遭到（诸侯的）轻视，要好过宗祀的灭绝，而王权消亡要比王权削弱的灾祸更加惨痛。因此开创大业能够从中多获福庆，而考虑将来则希望其

"非谓侯伯无可乱之符,郡县非致治之具也,故国忧赖其释位,主弱凭于其翼戴。及其承微积弊,王室遂卑,犹保名位,祚遗后嗣,皇统幽而不辍,神器否而必存者,岂非事势使之然与?

"降及亡秦,弃道任术,惩周之失,自矜其得,寻斧始于所庇,制国昧于弱下。国庆独享其利,主忧莫与共害,虽速亡趋乱,不必一道,颠沛之衅,实由孤立。

"是盖思五等之小怨,忘万国之大德,知陵夷之可患,暗土崩之为痛也。周之不竞,有自来矣。国乏令主,十有余世,然片言勤王,诸侯必应,一朝震矜,远国先叛,故强晋收其请隧之图,暴楚顿其观鼎之志,岂刘项之能窥关、胜广之敢号泽哉!借使秦人因循周制,虽则无道,有与共亡,其覆灭之祸,岂在曩日。

"汉矫秦枉,大启王侯,境土逾溢,不遵旧典,故贾生忧其危,晁错痛其乱。是以诸侯阻其国家之富,凭其土民之力,势足者反疾,

弊害最小（所以反复权衡事情的利弊得失，决定仍然实行五等分封制）。

不是说分封诸侯就一定不会引起动乱，郡县制就一定不会使社会安定，而是国家处于忧患时需要诸侯来赞辅朝政，君王软弱的时候需要诸侯辅佐拥戴。当分封制中的小问题和弊端愈积愈多时，王室会逐渐衰微。但是无论怎样，王室的名位仍然得以保留，皇位依然能传给后世子孙。皇统衰微却没有断绝，国家陷于困厄但仍然存在，这难道不正是由于实行分封才导致的结果吗？

等到秦朝的时候，不行王道而行霸术。以为周朝因分封而导致国家灭亡，于是以此为戒，自鸣得意，以为找到了问题所在。用斧头砍去了庇护自己的树荫，十分愚蠢地废除了五等之制，通过剥夺诸侯的力量来治理国家。（其结果是）在国家安定的时期皇帝独享其利，当国家忧患之时，就没有人与朝廷共同承担灾难了。虽然王朝招致迅速灭亡和动乱的原因未必是一种因素，但是（秦朝）灭亡的原因，确实是由于取消了分封建而导致王室孤立无援所致。

所以只考虑五等制所产生的小仇怨，而忘记了诸侯国（维护天下）的大功德，只知道王权削弱令人忧患，却不明白政权消亡更加惨痛。周朝没有强盛下去，是有原因的。国家缺少贤德的君主，已有十余世了。但是一旦王室需要扶助，诸侯必然响应，一旦某一诸侯国对王室不恭，即便是偏远地方的诸侯国都会首先起来讨伐它。所以强硬蛮横的晋国收敛其僭越王室的图谋，强横凶暴的楚国停止其取代王室的想法。哪里会发生像刘邦、项羽乘机入关，陈胜、吴广在大泽乡起义那样的事情啊！如果秦朝沿袭周朝的分封制度，虽然秦王无道，但是有诸侯国与其共同承担，国家覆灭的灾祸哪能在那个时候发生呢？

汉代纠止了秦代的错误，大批分封诸侯王，但是诸侯王所划分的疆土，却过分广大，超过了上古先王的常例。所以贾谊为（这样不符合先王成

土狭者逆迟,六臣犯其弱纲,七子冲其漏网,皇祖夷于黥徒,西京病于东帝,是盖过正之灾,而非建侯之累也。

"逮至中叶,忌其失节,割削宗子,有名无实,天下旷然,复袭亡秦之轨矣。是以五侯作威,不忌万邦,新都袭汉,易于拾遗也。

"光武中兴,纂隆皇统,而犹遵覆车之遗辙,养丧家之宿疾,仅及数世,奸宄充斥,卒有强臣专朝,则天下风靡,一夫纵横,而城地自夷,岂不危哉。

"在周之衰,难兴王室,放命者七臣,干位者三子,嗣王委其九鼎,凶族据其天邑,钲鼙震于闾宇,锋镝流乎绛阙,然祸止畿甸,害不覃及,天下晏然,以治待乱,是以宣王兴于共和,襄惠振于晋郑,岂若二汉陛闼暂扰,而四海已沸,孽臣朝入,而九服夕乱哉!

"远惟王莽篡逆之事,近览董卓擅权之际,亿兆悼心,愚智同痛,然周以之存,汉以之亡,夫何故哉!岂世乏曩时之臣,士无匡合之志欤!盖远绩屈于时异,雄心挫于卑势耳。故烈士扼腕,终委寇雠

例而分封诸侯)而担忧(有叛乱的)危险,晁错则痛心(诸侯封地过大)会带来祸乱。因此诸侯依仗其封国的富强、百姓的力量,势力强大的就率先谋反,国土狭小的则随后谋反。汉高祖时六臣趁着纲纪不健全起兵谋反,汉景帝时七王窥视法网有疏漏而发动叛乱。汉高祖在平叛淮南王黥布的谋反中受伤,西京长安被自称东帝的吴王刘濞所侵占。这些是矫枉过正带来的祸患,不是分封诸侯制度本身的过错。

等到汉朝中期,朝廷恐怕诸侯谋反,于是削减宗族势力,致使诸侯制度有名无实,国家内部统治空虚,重新沿袭亡秦的旧制。所以王氏五侯作威作福,不再惧怕诸侯,王莽篡权,轻而易举。

光武中兴时代,恢复继承了刘氏帝系,然而仍然没有吸取西汉灭亡的教训,埋下国家败亡的祸根。仅过了几代,就奸佞充斥,腐败不堪。最终导致强臣(梁冀)独揽朝政,天下(趋炎附势之人)于是纷纷投靠,董卓肆意横行,无所顾忌,于是城池就不攻自破,东汉的天下还能不危险吗?

周朝衰微的时候,王室灾乱频起,有七个大臣违抗天子的命令(逆谋篡权),有三个大臣(子颓、叔带、子朝)试图僭位,(于是)周王室的继承人弃国出奔,离开了京城。叛乱的人占据京都,战鼓敲得震动京城,兵刃和乱箭落到皇家宫殿。但祸乱也仅仅局限在京师附近,灾害没有波及天下,天下依旧安定宁静。国家政权正是仰仗着这种安定严整的局面来抵御祸乱的,所以周宣王能在"国人暴动"之后,中兴周室于"共和"时期,襄王、惠王才能够借助晋国和郑国的力量重振王业。不像两汉,朝廷刚刚被侵扰(指王莽刚刚篡权),天下就随之大乱,孽臣(董卓)早晨才进入朝廷,晚上全国就陷入混乱了。

想想前代王莽篡位的事情,看看近世董卓专权的情形,天下百姓不论愚智,都感到痛心疾首。然而周朝因分封制而延续,汉因分封制而灭亡,到底是什么原因呢?难道是国家缺少周朝时候的治世能臣,士人没有匡正天

之手,忠臣变节,以助虐国之桀,虽复时有鸠合同志,以谋王室,然上非奥主,下皆市人,师旅无先定之班,君臣无相保之志,是以义兵云合,无救劫杀之祸,众望未改,而已见大汉之灭矣。

"或以诸侯世位,不必常全,昏主暴君,有时比迹,故五等所以多乱;今之牧守,皆官方庸能,虽或失之,其得固多,故郡县易以为政治。夫德之休明,黜陟日用,长率连属,咸述其职,而淫昏之君,无所容过,何则不治哉!故先代有以之兴矣。苟或衰陵,百度自悖,鬻官之吏,以货准才,则贪残之萌,皆群后也,安在其不乱哉!故后王有以之废矣。

"且要而言之,五等之君,为己思治;郡县之长,为利图物。何以征之?盖企及进取,仕子之常志;修己安民,良士之所希。及夫进取之情锐,安民之誉迟,是故侵百姓以利己者,在位所不惮,损实事以养名者,官长所夙夜也。

下的志向吗?(并非如此。)而是因为(能臣的)远大功绩无法在当时发挥出来,(士人的)伟大理想和抱负因势卑力微而受挫。所以忠烈之士(虽然对国家政事)愤慨惋惜,但最后也只能委身于寇仇;忠心耿直的臣子最终改变志节,辅助残害国家的凶暴之人。虽然不断有志士仁人聚在一起(力图匡扶汉室),然而在上没有深沉明睿的君主,下面参加义军的也多为市井流俗之人。军队没有事先确定好上下等级秩序,君臣之间没有相互保全的志愿,所以(虽然)义兵云集,却无法拯救王室面临的灾祸。百姓拥立汉室的心虽然没有改变,却只能眼见着汉室很快灭亡了。

有人认为,(虽然)诸侯的爵位是世代相传的,(但却)不一定能够永远保全;昏庸、暴虐的君主,有时也会一个接一个地出现,所以五等封爵制容易发生变乱。而当今郡县上的长官,任用的都是方正刚直有能力的人,虽然或许有时任用不当,但是称职的人还是居多,所以郡县制更易于政事的治理。当天下的德行清明美好的时候,各级官员的升降成为常例,地方诸侯都进京向天子述职,淫乱昏昧的国君也无法隐瞒其过失。如此,天下怎么能不大治呢?所以前代君王有因为实行了分封制而使国家兴盛起来的。如果一旦衰败陵夷了,那么国家的各种制度就会出现谬误混乱,卖官的官员,会以收受贿赂的多少而授予官职。这些贪婪凶残之民,都像(无道的)诸侯,国家怎么会不动乱呢?所以后代的君王有因为实施了郡县制而导致了国家的衰亡的。

而且举其大要而言之,五等制的诸侯,是为了自己才尽心治理领地;郡县的长官,是为财物以满足自己才去治理的。为什么这么说呢?努力进取(以求显达),是仕官之人夙有的志向;通过修养自身的德行以安定百姓的生活,是贤良之士所希求的。进取的心意通常很急切,而安民济世的名誉却来得缓慢。所以侵占百姓的利益以满足自己的私利,这是官员们极力追求的事情,不去做对国家切实有益的事情,而以(华而不实的事情)来博取

"君无卒岁之图,臣挟一时之志。五等则不然,知国为己土,众皆我民,民安己受其利,国伤家婴其病,故前人欲以垂后,后嗣思其堂构,为上无苟且之心,群下知胶固之义,使其并贤居政,则功有厚薄,而两愚处乱,则过有深浅。然则八代之制,几可以一理贯,秦汉之典,殆可以一言蔽也?"

胡威,字伯武,淮南人也。父质,字文德,清廉洁白。质之为荆州刺史也,威自京都定省。家贫,每至客舍,自放驴取樵。既至见父,停厩中十余日,告归。临辞,赐绢一匹,为道中资。威跪曰:"大人清高,不审于何得此绢。"质曰:"是吾奉禄之余,故以为汝粮耳。"威受之,辞归。荆州帐下都督,闻威将去,请假还家,持资粮于路要威,因与为伴,每事佐助,又进饭食。威疑而诱问之,既知,乃取所赐绢与都督,谢而遣之。后因他信以白质,质杖都督一百,除吏名。父子清慎如此,于是名誉著闻。

为安丰太守、徐州刺史,政化大行。后入朝,世祖因言次谓威曰:"卿清孰如父清。"对曰:"臣不如也。"世祖曰:"以何为胜邪?"对曰:"臣父清恐人知,臣清恐人不知,是臣不及

虚名，这是官员们日思夜想、梦寐以求的事情。

采用郡县制，做国君的没有长远打算，辅佐之人也只考虑短期利益，而五等分封制却不会这样。(诸侯)知道国土是自己的国土，人民都是自己的人民，人民安定则自己受益，国家衰亡则自己也会深受其害。所以前王希望政权世代相传，后君也希望继续祖业。君王没有苟且度日之心，群臣明白团结一心的道理。(假如分封制和郡县制双方都)让贤明的人居位治理，那么成效会有大有小；如果双方都让愚钝之人处于乱世之中，那么过失就会有轻有重。如此，那么上古八代的制度，几乎可以用同一个准则来贯通；秦汉制度(的失败)，大概也可以用一句话来说明。

胡威，字伯武，淮南郡人。他的父亲名质，字文德，清白廉洁。在胡质做荆州刺史的时候，胡威从京都洛阳前去探望，因为家贫，每到客舍，都是亲自喂驴，打柴(做饭)。到荆州拜见父亲，住在马厩中十多天。临走告别父亲时，父亲赐绢一匹作为路上的盘缠。胡威跪拜向父亲说："大人清白高洁，不知从何而得此绢？"胡质说："这是我官俸剩余的钱，给你做口粮钱。"胡威收下绢，辞别父亲回乡。胡质手下有位都督听说胡威要回去，就告假回家，带着钱粮在路上邀请胡威作旅伴。(一路上，)这位都督凡事都予以帮助，并买来饭菜给胡威吃。胡威感到怀疑，就询问他为什么要这样做。当胡威弄清原因后，就取出父亲所送的绢给都督，并向其道谢，请他回去。后来胡威因为别的事情写信给父亲，信中顺便提及此事，胡质为此打了都督一百板子，并免除了他在官府中的差事。胡氏父子就是这样的清廉谨慎，(因此)在当时其名望和声誉广为传扬。

胡威后来做了安丰太守，(又升迁为)徐州刺史，政治和教化施行得非常好。后来胡威入朝，武帝司马炎在言谈间问胡威道："你和你父亲比较，谁更清廉？"胡威回答说："臣不如父亲清廉。"武帝问

远也。"世祖以威言直而婉、谦而顺,累迁豫州刺史。入为尚书。

周𫖮,字伯仁,汝南人也。为尚书左仆射。王敦作逆石头,既王师败绩。𫖮奉诏往诣敦,敦曰:"伯仁卿负我。"𫖮曰:"公戎车犯顺,下官亲率六军,不能其事,使王旅奔败,以此负公。"敦惮其辞正,不知所答。左右文武,劝𫖮避敦,曰:"吾备位大臣,朝廷丧破,宁可复草间求活,外投胡越者邪?"俄而被收,于石头害

陶侃,字士行,庐江人也。为荆州刺史。政刑清明,惠施均治,故楚郢士女,莫不相庆。引接疏远,门无停客,常语人曰:"大禹圣者,乃惜寸阴;至于众人,当惜分阴,岂可逸游荒醉?生无益于时,死无闻于后,是自弃也。"诸参佐或以谈戏废事者,乃命取蒲博之具,悉投之于江。吏将则加鞭朴,曰:"樗蒲者,牧猪奴戏耳。老庄浮华,非先王之法言,不可行也。君子当正其衣冠,摄其威仪,何有乱头养望,自谓宏达邪?"于是朝野用命,移风易俗。

道:"为什么说他胜过你呢?"对曰:"臣父亲的清白唯恐别人知道,而臣的清白却唯恐别人不知道,这是臣远远不如父亲的地方。"武帝认为胡威的说法正直而委婉,谦虚而合理,数次调任他做豫州刺史,后来晋武帝又征召他入朝廷任尚书。

周𫖮,字伯仁,汝南郡人。(晋元帝司马睿时)官居尚书左仆射。王敦在石头城反叛朝廷,晋朝军队讨伐却被王敦打败。周𫖮奉诏前往见王敦,王敦说:"伯仁,你背叛了我。"周𫖮回答说:"您率军队背叛了朝廷,下官亲率六军讨伐,不能完成使命,使王师败北,我是在这件事情上对不住您。"王敦感到他义正辞严,不知如何回答。周𫖮左右的文武官,劝周𫖮避开王敦,周𫖮说:"我身为朝廷的大臣,现在朝廷衰落破败,我怎能逃奔到乡野民间去求保命,投奔到异族蛮夷那里去呢?"不久,周𫖮被王敦捉拿,在石头城被王敦杀害。

陶侃,字士行,庐江郡人。他任荆州刺史时,政令刑罚清正廉明,施恩公平,遍及辖境以内。所以楚地鄂城的男女百姓,没有人不为有这样的父母官而感到庆幸的。陶侃很少把时间花在与人亲近、结交上,因此门前没有等着见他的客人。他经常向人说:"大禹是位圣人,还珍惜每一寸光阴。至于一般人,更应当爱惜每一分光阴,怎么可以放纵游乐、沉湎于酒色呢?活着的时候对国家没有益处,死后也湮没无闻,无人知晓,这是自甘落后、不求上进啊!"他手下的僚属,有人因为谈笑、赌博而耽误职事,陶侃就下令没收他们的赌博用具,将这些用具悉数投于江中,对犯事的吏员将领则加以鞭打,并告诫说:"樗蒱这种赌博游戏,是那些牧猪奴仆的娱乐。老子、庄子的哲学浮华不实(当时的士大夫盛行借助老子、庄子的哲学思想而谈玄说妙,陶侃此话是针砭时弊),这不是合乎先王礼法的言论,不可以奉为行为的指导。作为有道德的君子,应当端正衣冠,保持自己的

高崧,字茂琰,广陵人也,累转侍中。哀帝雅好服食,崧谏,以为非万乘所宜,陛下此事,实是日月之一蚀也。帝欲修鸿宝礼,崧反覆表谏,事遂不行。

何充,字次道,庐江人也。为护军中书令。显宗初崩,充建议曰:"父子相传,先王旧典,忽妄改易,惧非长计。"庾冰等不从,故康帝遂立。帝临轩,冰、充侍坐。帝曰:"朕嗣洪业,二君之力也。"对曰:"陛下龙飞,臣冰之力也,若如臣议,不睹升平之世。"康帝崩,充奉遗旨,便立孝宗,加录尚书事侍中,临朝正色,以社稷为己任。凡所选用,皆以功臣为先,不以私恩树用亲戚。谈者以此重之。

吴隐之,字处默,濮阳人也。早孤,事母孝谨,爱敬著于色养,几灭性于执丧。居近韩康伯家。康伯母,贤明妇人,每闻隐之哭,临馔辍飡,当织投杼,为之悲泣。如此终其丧。谓伯曰:"汝若得在官人之任,当举如此之徒。"及伯为吏部,超选隐之,遂阶清级,为龙骧将军、广州刺史。州之北界有水,

威仪，怎能披头散发、培养虚名，还以此为才识宏大、广博通达呢？"于是朝野内外遵从他的要求办事，起到了移风易俗的社会效应。

高崧，字茂琰，广陵郡人。经多次升迁成为（在皇帝身边服侍的）侍中。哀帝司马丕平素喜爱服用丹药（以养生），高崧劝谏哀帝，认为"这不是身为万乘之尊的帝王所应该做的。陛下做这样的事，恰好是像日蚀月蚀一般（自行降低圣明的光芒）"。哀帝打算修行道教炼丹的鸿宝术，高崧反复上表劝谏，皇帝最终打消了这个念头。

何充，字次道，庐江郡人，曾经担任护军、中书令之职。成帝司马衍刚刚驾崩，（庾冰建议，因国家北方有强敌，应该立皇室中年长者为君，）何充建议说："父传位于子，这是先王旧典的定规，突然随便加以改变，恐怕不是长久之计。"庾冰等人不听从何充的建议，于是成帝司马衍的弟弟司马岳即位成为晋康帝。一天，康帝坐在前殿，庾冰和何充陪侍在皇帝左右。康帝说："朕得以继承皇位，都是你们二位的功劳啊！"何充回答说："陛下能登上皇帝的宝座，是庾冰的功劳。如果按照臣的意见，那就看不到现在的升平景象了。"康帝（两年后）驾崩，何充奉（康帝）遗旨，拥立（年仅两岁的太子）司马聃为穆帝。何充升任总领尚书事并加侍中一职。他在朝处理政事，神色庄重，以国家社稷为己任，凡所选用的官吏，都优先任用有功之臣，从不徇私任用亲戚，议论者因此对他很是敬重。

吴隐之，字处默，濮阳郡人。他早年丧父，侍奉母亲孝顺恭谨，特别是注重以和颜悦色来奉养母亲。（后来母亲过世）守孝之时，他差点（因伤悲过度而）丧命。他和韩康伯家是邻居。康伯的母亲是一位贤明的妇人，每次听到吴隐之哭，吃饭时就停下来，织布时就丢下梭子，为吴隐之哭泣。就这样，一直到丧期结束。她对韩康伯说："你以后如果做了负责选拔官吏的官员，应当推举任用像吴隐之这样（孝

名曰"贪泉",父老云:"饮此水者,使廉士变节。"隐之始践境,先至水所,酌而饮之,因赋诗曰:"古人云此水,一歃怀千金。试使夷齐饮,终当不易心。"在州清操愈厉,化被幽荒。诏曰:"广州刺史吴隐之,孝友过人,禄均九族,处可欲之地,而能不改其操,飨惟错之富,而家人不易其服,革奢务啬,南域改观,朕有嘉焉,可进号前将军,赐钱五十万、谷千斛。"

敬母亲)的人。"等到康伯到吏部做官时,便推荐提拔吴隐之。最终吴隐之晋升为身分显赫的官员,官拜龙骧将军、广州刺史。广州的北部有一处泉水,名叫"贪泉"。当地父老传说:"饮了这个泉的水,清廉的官员会改变节操而贪污。"吴隐之一踏入广州地界,便先到贪泉去,舀水来喝,并赋诗一首说:"古人云此水,一歃怀千金。试使夷齐饮,终当不易心。"他在广州刺史任职期内,清廉操守更为严格,他的教化影响都达到边远地区。(晋安帝)颁诏(褒扬、嘉奖他)说:"广州刺史吴隐之,孝友过人,把所得的俸禄,均分给他的九族亲属。他处于高名厚利的诱惑之中,却能够不改变清操;置身奇珍异宝的环境中,家人也不改变朴素布衣的穿着。他坚持革除奢靡,务求节俭,令南方(奢侈的社会风气)大为改变。朕要嘉奖他,恩准加封为'前将军',赐赏钱五十万,谷一千斛。"